다시 읽는
인도사
108
장면

다시 읽는

인도사 108 장면

박금표

HU:iNE

개정판 서문

학생들과 일반인들이 인도 역사를 쉽게 이해할 수 있는 책이 있었으면 좋겠다는 생각으로 『인도사 108장면』을 출간한지 10년이 훌쩍 지났다. 그 사이 인도에서는 인도국민회의가 집권했다가 다시 BJP가 집권하는 변화가 있었다. 한편으로 본 연구자는 『간디와 맞선 사람들』을 집필하면서 간디와 인도의 독립운동에 대한 연구를 했고, 지금은 인도의 신여성들을 비롯한 근현대 인도 여성에 대한 연구를 하고 있다. 이번 개정판을 집필하면서 이러한 인도의 변화와 본 연구자의 연구 내용을 반영했다.

세월이 흐르는 동안, 이 책을 볼 때마다 "저 부분은 이렇게 서술했어야 하는데…" 하는 생각이 드는 곳들만 유난히 눈에 띄어 마음이 불편했다. 이번에 개정판을 준비하면서 연구가 심화되어 내용을 고쳐야 할 곳, 연결되는 주제들을 합치고 새로운 항목을 추가할 곳들을 살핌과 더불어 그 동안 마음이 불편했던 곳들을 수정했다.

개정판 작업을 하면서 또 하나 신경을 쓴 부분은 연대 표시이다. 개정판 작업을 하고 있던 어느 날 재야 사학자 한 분을 만났다. 그 분이 "어느 왕이 세 살밖에 안 살고 죽었는데 언제 왕이 되어 무엇을 했을까요?"라는 질문을 받은 적이 있다고 한다. 그것이 무슨 말인지 몰라 눈을 껌벅거리고 있다가 '아~ 그렇게 생각할 수도'라는 생각이 들었다. 왕의 이름 옆에 넣은 괄호 안의 숫자, 예를 들어 '아무개 왕(기원후 27-29)'이라는 표기를 보고, 출생한지 3년 만에 사망한 왕이 언제 즉위하여 무슨 일을 할 수 있었느냐고 질문한 것이었다. 역사를 연구하는 사람들이 무의식적으로 표기하는 왕의 재위 연대가 일반인들에게는 생몰연대로 인식될 수도 있음을 생각하지 못했었다. 이런 대화를 나누고 돌아와 원고를 재검토해 보았다. 경우에 따라 인물들의 생몰 연대와 직위 혹은 재위 연대들이 혼재하여 오해의 소지가 있고 구분도 어렵다는 생각이 들었다. 그래서 이 책에서는 왕과 총독의 경우에만 직위에 있던 연대를 표시하고 그 외의 인물들은 모두 생몰연대를 표기하는 것으로 통일하여 수정하고 이러한 설명을 일러두기에 넣어두었다.

역사는 '역사가의 역사'라는 말이 있다. 어떤 사건이나 상황은 기술하는 역사가의 시각에 따라 다른 의미로 부각되기 때문이다. 아무리 '사실'에 입각하여 기술했다고 해도 그 행간에는 역사가의 견해가 들어 있기 마련이다. 사실보다 견해를 우선하면 날조된 역사 기술이 되기 십상이고, 사실만 나열하다보면 생명력이 없는 죽은 과거의 기록에 불과하게 된다.

처음 책을 쓸 때도 그랬고, 지금 개정판을 쓰면서도 '쉽게 읽을 수 있어야 하는 책'이어야 한다는 생각에는 변함이 없다. 이 책은 교양서이기 때문에 전문가들이 연구하는 연구 논문과는 달라야 한다는 생각으로 가급적 편안하게 읽을 수 있게 서술을 하려고 노력했다. 물론 전문적인 내용을 너무 깊이 다루면 읽기 어려운 책이 되듯이, '쉽게 읽기'에 치중하면 내용이 부실해질 수도 있다. 이러한 문제의식을 갖고, 누구나 쉽게 읽을 수 있으면서도 내용은 탄탄한 그러한 책이 되기를 희망하며 집필했다.

일반적으로 어느 나라 역사 전체를 서술하려면 정치, 경제, 문화 등의 다방면에 걸친 내용을 다루어야 한다. 특히 인도 역사에서는 종교와 철학 분야가 차지하는 비중이 적지 않기 때문에 그 부분 역시 빼놓을 수는 없다. 그러나 한 사람의 연구자가 이 모든 분야를 다루는 역사서를 쓰는 데는 한계가 있다. 이 책에서는 역사의 한 장면을 차지하는 부분을 제외하고는 철학과 종교 이론을 깊이 있게 다루지 않았음을 미리 밝힌다.

끝으로, 어려운 출판계의 여건에도 불구하고 기꺼이 이 책을 출판해주신 '지식출판콘텐츠원' 관계자들께 감사의 마음을 전하고 싶다. 또한 가족들에게도 고마운 마음을 전하고 싶다. 연구와 집필을 위해 서재와 연구실에서 많은 시간을 보내느라 한동안 가족들에게 필요한 손길을 내어 주지 못했다. 그럼에도 불구하고 불평하지 않고 격려를 아끼지 않는 가족들에게 글로나마 감사의 마음을 전한다.

목차

[일러두기]

1. 지명과 인명 표기

1) 영어 지명과 인명 한글 표기는 국립국어원 외래어 표기법에 따른다.

2) 인도어 표기: 인도어의 한글표기가 정립되어 있지 않다. 기본적으로 인도어의 경우 k, t, p는 경음 까, 따, 빠로, kh tha pha는 카, 타, 파로 표기하는 것이 현지 발음에 가깝다. 따라서 현지발음과 가깝게 표기한다는 외래어 표기법에 따른다면 k, t, p를 경음으로 표기해야 하지만 일반 독자들에게는 낯선 표기이다. 이 책에서는 이미 경음으로 표기된 용어가 널리 쓰이고 있는 경우를 제외하고는 영어식 발음에 따라 표기한다.

예) 마하뜨마(x), 마하트마(o), 굽따(x) 굽타(o) . 암베드카르(x), 암베드까르(o)

3) 현재의 지명과 당시의 지명이 다른 경우 당시의 지명으로 표기하고 필요한 경우 현재의 지명을 병기했다. 예: 캘커타(콜카타).

2. 연대표기

이름 뒤에 괄호에 넣은 연대표기는 왕과 총독의 경우는 재위 연대이며 그 외에는 생몰연대이다.

예) 재위연대: 찬드라 굽타 2세(Chandra Gupta II: 380-413)

생몰연대: 간디(M. K. Gandhi: 1869-1948)

3. 출전과 참고문헌

용어 설명을 위한 각주를 제외하고는 출전 표시를 위한 각주는 넣지 않았다. 이 책에서 참고한 자료들은 말미의 '참고문헌'에 정리해 두었다.

1. 돌을 사용하며 살던 사람들

인도에 인류가 살았던 흔적이 남아 있는 것으로 가장 오래된 것은 소안문화(Soan Culture) 유적이다. 펀잡(Panjab)의 작은 강가에서 발견된 소안문화는 제2간빙기인 10만 년 전의 유적으로 추정되고 있다. 소안문화의 구석기 도구들은 다른 지역의 구석기 유물들과 유사하다. 그래서 자바와 중국의 원시 유인원인 피테칸트로푸스(Pithecanthropus)와 같은 사람들에 의해 만들어진 것으로 추정된다.

구석기시대에는 주로 있는 그대로의 돌을 떼어 내거나 깨뜨려서 도구로 사용했다. 그래서 뗀석기 혹은 타제석기시대라고 부른다. 그 가운데 박편석기(core tools)는 껍질을 벗기듯 돌에서 조각돌을 떼어내고 남은 뾰족한 부분을 사용하는 도구이다. 인도의 구석기시대 유적은 인도 반도 북부에서부터 남부까지 고루 분포되어 있는데, 특히 남부의 마드라스에서는 솜씨가 돋보이는 돌도끼들도 볼 수 있다.

그림 1. 뗀석기: 콜카타 인도 박물관 소재 소안문화 구석기

뗀석기 혹은 박편석기들은 그림에서 보듯이 지금 우리들의 눈으로는 조잡하기 짝이 없는 것들이다. 그러나 당시에는 매우 유용한 도구였을 것이다. 인류가 사냥을 하던 모습을 상상해보라. 숲에서 동물 한 마리를 만났을 때 처음에는 맨주먹으로 잡았을 것이고, 그 다음에는 주변에 있던 돌멩이를 집어서 던졌을 것이다. 시간이 지나면서 뭉툭한 돌멩이를 그냥 던지는 것보다 그 돌멩이 귀퉁이를 떼어 낸 날카로운 돌멩이를 사용하는 것이 훨씬 더 효과적이라는 것을 알게 된 것이다. 박물관에 전시된 '뗀석기'들을 볼 때 저렇게 엉성한 돌멩이로 무엇을 할 수 있을까 하는 생각이 들기도 한다. 그러나 수십만 년 전, 맨주먹으로 동물과 싸워야 했던 사람들에게 그 뾰족하게 만든 돌멩이는 최첨단 도구였던 셈이다.

인도에서 뗀석기를 사용했던 인류가 수천 년 동안 살았을 것으로 생각되지만, 그들이 누구였는지, 그들의 피가 지금의 인도인들의 몸에도 흐르고 있는지는 명확하지 않다. 소안문화를 만든 주인공들은 오래 전에 역사에서 사라졌기 때문이다. 그 후 호모사피엔스에 속하는 인류들이 새로운 도구를 만들며 살아가게 되는데, 이때 만들어진 도구들을 신석기라고 부른다. 뗀석기와는 다른 진보된 도구라는 의미이다. 돌을 툭툭 떼어내어 사용하던 사람들이 이번에는 돌을 더욱 정교하게 떼어내거나 갈아서 뾰족하고 날카로운 도구를 만들어 사용하게 되었다. 이로서 뗀석기에 이어 또 한 번의 기술 혁신이 이루어진 것이다. 발루치스탄(Balochistan), 라후라데와(Lahuradewa) 등의 지역에서는 기원전 7000~6000년경에 신석기 도구들이 만들어졌다. 작고 섬세한 돌화살촉과 그 밖의 세석기(細石器, 혹은 간석기)를 만들 수 있게 되었는데, 이러한 신석기 도구들은 서북 변경 지역에서부터 반도 남단에 이르는 인도의 여러 지역에서 발견되고 있다. 이와 유사한 세석기들은 극동 지역과 아프리카의 여러 지역에서도 발견되었다.

도구의 변화는 생활의 변화를 반영하는 것이기도 하고, 생활의 변화는 또 다른 도구를 만들어 내는 계기가 되기도 한다. 들과 산에서 열매를 따서 먹고, 돌멩이로 작은 동물을 잡던 사람들이 불을 사용하면서 생활에 변화가 생기기 시작했다. 불을 사용하게 된 동기에 대해서는 여러 학설이 있지만, 자연 현상의 번개가 떨어져 나무에 불이 난 것을 이용했을 가능성도 있고, 돌끼리 부딪치면서 생기는 불을 사용했을 가능성도 있다. 구석기시대 사람들이 돌을 깨뜨리기 위해 돌을 서로 부딪치는 순간에 일어나는 불을 발견하여 점차 불을 '만들어' 사용할 수 있는 단계에 이르렀을 것이다.

이처럼 도구의 사용, 불의 사용이 구석기시대에 일어난 변화라고 한다면, 신석기시대에는 '생산'이라는 혁명이 일어난 시대이다. 채집에서 생산으로의 변화를 신석기 혁명이라고 한다. 산과 들에 있는 그대로의 것을 '채집'하여 먹고 살던 시대에서, 먹을 것을 길러내어 '생산'하는 시대로 바뀐 것이다. 움집이 몇 개 줄지어 있고,

그림 2. 인도의 마을에서 연료로 사용하기 위해 말리고 있는 소똥들(콜카타의 수꾸마리 촌락)

그 주변에 작은 텃밭들이 있으며, 움집을 세운 기둥에 몇 마리의 가축을 묶어둔 모습을 상상하면, 신석기시대에 살았던 사람들의 모습이 그려질 것이다.

인도를 여행하다 보면, 도로 주변에 쌓인 소똥이나 집의 벽에 붙여놓은 소똥을 볼 수 있다. 그런데 신석기시대의 유적지 발굴 조사 보고서에 의하면 인도에서는 신석기시대에도 소똥을 땔감으로 사용했던 흔적이 있다고 한다.

지금의 인더스 강 유역은 상당히 건조한 지역이다. 그러나 기원전 4세기경 알렉산더가 인도에 다녀갔던 기록들을 보면 당시까지도 습기가 많은 지역이었던 것으로 보인다. 물론 석기시대와 인더스 문명 시대에도 인더스 강 유역은 강수량이 많은 지역이었다.

인더스 유역 전체가 울창한 숲으로 뒤덮여 있어서 벽돌을 구울 연료, 야생 코끼리와 코뿔소가 먹을 수 있는 식량 등을 제공해 주었다. 지금은 사막이 되었지만 당시의 발루치스탄은 강물이 풍부했기 때문에 신석기시대의 사람들은 발루치스탄과 인더스 강 저지대의 기름진 평야에 집을 짓고 모여 살았다.

집을 짓고, 마을을 이루어 살면서, 지역마다 조금씩 다른 토기를 사용하고, 다른 문화를 만들었다. 브라후이 언덕(Brahui Hill)의 북부 촌락에서는 붉은 색 토기를 만들었고 남부의 촌락에서는 황토색 토기를 만들었다. 마크란(Makran) 지역의 쿨리(Kulli)문화에 속하는 사람들은 시신을 화장한 반면에, 브라후이 언덕의 날(Nal) 문화에 속하는 사람들은 시체를 태우거나 썩게 해서 부분적으로 해체한 후에 뼈를 매장하는 부분 매장을 했다.

또한 이들 유적지에는 모신(母神)을 숭배하고 다산제(多産祭)를 지낸 것으로 추정되는 흔적들도 남아 있다. 이러한 종교적 파편들이 메소포타미아 유적지에서도 발견되고 있기 때문에 이 시기에 이미 인도와 메소포타미아 지역 사이에 교류가 있었음이 추정된다.

이렇게 오랜 시간, 인류의 초기 역사는 아주 느리게 진행되었다. 현대의 몇 년 동안 진행된 변화보다 변화의 폭은 적으면서 더 오랜 시간에 걸쳐 서서히 변화되었다. 그러나 그렇게 느리게 진행된 신석기시대는 인간을 동물의 범주에서 '사람'으로 만든 시대였다.

2. 목욕탕과 하수도가 있는 도시에 살았던 인더스 사람들

떼어낸 돌 혹은 갈아서 만든 돌 도구를 사용하며 살던 인더스 유역의 사람들은 기원전 3000년 무렵 '문명' 시대로 진입했다.

인더스 문명, 이집트 문명, 메소포타미아 문명, 황하 문명 등을 세계 4대 문명 발상지라고 한다. 문명의 발상지라고 명명하거나 문명 시대로 진입했다고 표현하는 것은 이 시대가 앞선 시대와는 다른 특징을 보이고 있기 때문이다.

인더스 문명이라 이름 붙여진 인더스 강 유역의 유적지가 세상에 모습을 드러내기 시작한 것은 제국주의 국가들이 인도에 와서 철도를 부설하면서였다. 제국주의 국가들은 식민지에서 더 많은 것들을 수탈하여 본국으로 보내기 위해 철도와 도로를 건설했다. 영국 역시 그러했는데, 1856년에 서북인도의 카라치(Karachi)와 라호르(Lahore)를 연결하는 철도를 건설하는 과정에서 하라빠(Harappa) 유적지가 발견되었다. 1920년에는 불교 사원을 발굴하다가 모헨조다로(Mohenjo-daro) 유적지가 발견되었다. 이들에 대한 본격적인 발굴이 1920년대부터 시작되었고 1931년에 마샬(John Marshall)의 종합보고서가 발표됨으로써 '하라빠 문명' 혹은 '인더스 문명'으로 불리게 되었다.

그렇다면 앞 시대와는 달리 '문명 시대'로 명명될 수 있는 기준, 즉 문명 시대의 지표라 불리는 것들은 무엇인가. 도시의 형성, 지배 계층과 피지배 계층의 분화, 문자의 사용 등이 바로 문명 시대의 지표이다. 다시 말해서 문자를 사용하는 단계에 이르렀고, 계층이 분화되어 지배자 계층이 있고 이들의 지배를 받는 피지배 계층이 존재하고 있었으며, 작은 촌락을 이루어 살고 있던 단계를 넘어 도시를 형성하여 살고 있었던 것이 확인된다면 '문명 시대'라 명명할 수 있다는 것이다.

이것을 뒤집어 생각해보면 4대 문명 발상지라고 이름 붙여진 곳의 유적지에서는 모두 위와 같은 요소들을 공통적으로 볼 수 있는 셈이다. 그렇다고 해서 모든 문명 발상지의 유적이 똑같기만 한 것은 아니다. 공통의 요소인 지표를 가지고 있는 것과 더불어 각 문명 유적지만의 독특한 문화 요소들도 존재하기 때문이다. 그렇다면 인더스 문명만의 독특한 모습은 무엇일까. 그 첫 번째로 꼽히는 것이 거대한 목욕탕과 하수도이다.

하라빠와 모헨조다로에는 길이가 12미터 폭이 7미터 정도 되는 대형 목욕탕이 있다. 이 대형 목욕탕은 몸을 씻어 청결하게 하는 위생적 관점에서 만들어진 목욕탕이라기보다는 종교적 의식과 관련이 있는 것으로 추정되고 있다. 지금도 인도의 힌두교 사원과 시크교 사원에는 물이 가득 찬 저수지처럼 생긴 곳이 있다. 이

그림 3. 모헨조다로의 대욕장

곳은 종교 집회를 갖기 전에 정화의례를 위해 몸을 담그는 용도로 사용되고 있다. 인더스 문명 유적지의 대형 목욕탕 역시 이러한 기능을 했을 것으로 추정된다.

하라빠와 모헨조다로에서 발견된 우물의 수는 상당히 많다. 그래서 개인의 집 대부분에 우물이 있었을 것으로 추정된다. 또한 각 집에서 우물의 물을 길어 사용하고 나서 버리는 물이 따로 흘러갈 수 있도록 만든 하수도도 발견되었다.

인류가 정착생활을 시작한 이래 사람들은 식수 공급을 위해 다양한 시설을 만들었다. 그렇기 때문에 우물을 비롯한 상수 시설의 역사는 매우 오래되었다. 그러나 하수도 시설이 등장한 것은 그보다는 훨씬 뒤였다. 유럽의 경우는 16세기 무렵에 하수도가 본격적

그림 4. 모헨조다로의 하수도와 로탈의 우물

으로 건설되기 시작했다. 그 계기는 페스트의 유행이었다. 전염병과 생활하수의 관련성이 인식되면서 하수도를 건설하기 시작했다. 그러므로 인도에서는 유럽보다 거의 4000년이나 앞선 시기에 하수도가 만들어진 것이다. 그런데 인더스 문명 유적지의 하수도는 위생 관념과는 큰 관계가 없어 보인다. 모헨조다로와 하라빠의 하수도는 목욕탕과 마찬가지로 의례적 혹은 종교적 관념과 관련이 있는 것으로 추정되고 있기 때문이다. 인더스 문명보다 후대에 만들어진 카스트 제도의 근간에는 청정(淸淨)과 부정(不淨)의 관념이 자리 잡고 있다. 여기서의 깨끗함 혹은 순수성 그리고 오염의 개념은 위생적인 개념이 아니라 관념적 혹은 종교적 개념이다. 이러한 측면에서의 오염은 다른 사람이 사용한 물에 접촉함으로써 생길 수 있다. 그래서 생활하수를 함부로 버려서는 안 된다는 의식이 강했고 이로 인해 하수도가 일찍부터 건설되었던 것으로 보인다. 그러므로 유럽의 하수도는 위생관념에서 출발한 것이고, 인도의 하수도는 종교적 혹은 의례적 관념에서 출발한 것으로 대비시켜 이해해도 그리 틀린 것은 아닐 것이다.

인더스 사람들에게 종교적 의식이 강했던 것은 그들이 남긴 인장을 통해서도 엿볼 수 있다. 하라빠와 모헨조다로에서 '인더스 인장'이라 명명된 3-4 센티미터 크기의 정방형 유물 2000여 개가 발견되었다. 이 인장에는 다양한 동물들의 모습과 기호 그리고 그림들이 새겨져있다. 이렇게 많이 발견되는 것을 보면, 대부분의 인더스 사람들이 가지고 있었던 것 같고, 도장처럼 생겼기 때문에, 물건을 거래할 때 혹은 물건이 자신의 소유임을 나타낼 때 사용했을

그림 5. 삼면신상

그림 6. 모헨조다로 인장: 보리수와 여신 경배

것으로 생각되고 있다. 그런데 이 도장에는 단순히 글자나 기호만 새겨져 있는 것이 아니라 황소, 물소, 호랑이, 코끼리, 여신, 숭배의 대상이 되는 나무 등도 새겨져 있다. 그렇기 때문에 종교적 역할 즉 몸에 늘 지니고 다니는 부적과 같은 역할도 했을 것으로 추정되고 있다.

인장에 새겨진 그림 가운데 종교와 관련성이 있는 대표적인 것은 원형 쉬바(Proto-Shiva)라고 불리는 것이다. 탁자 위에 요가 자세로 앉아 있는 사람의 머리에는 뿔이 돋아 있고, 뿔 사이에서 식물이 자라는 모양이 새겨져 있으며, 얼굴의 왼쪽과 오른쪽에는 약간 돌출된 부분이 있다. 이 얼굴 모습은 정면과 좌우에 얼굴이 있는 것을 조각한 것으로 추정되고 있다. 그래서 삼면신상이라고 부르기도 한다. 이것을 원형 쉬바라고 부르는 것은 세 개의 얼굴이 있는 힌두교 쉬바신의 모습과 유사하기 때문이다.

또 다른 인장에는 좌측 상단에 나무 한 그루가 있고, 그 안에 여신이 있으며, 그 나무 아래에 뿔 달린 사람이 무릎을 꿇고 여신을 경배하는 모습이 새겨져 있다. 재미있는 것은 이 무릎 꿇은 여인 뒤에 서 있는 동물인데, 목에는 여러 겹의 주름이 있고, 몸은 동물인데 얼굴은 사람 얼굴을 하고 있다. 그 아래쪽에는 7명의 뿔 달린 여인이 지켜보고 있는 모습이 새겨져 있다. 이 인장에 새겨진 그림을 통해 당시의 종교적 풍습을 추정해볼 수 있다. 일찍부터 나무를 숭배하는 사상이 있었을 것으로 추측되고 있는데 이 나무는 이후 힌두교, 불교, 자이나교 등에서 신성시하는 보리수(Pipal: 학명 Ficus religiosa)였을 것으로 추정된다. 또한 어떤 형태로든 뿔은 종교적 의식 혹은 종교적 권위와 관련이 있었던 것으로 추정되고 있다.

황소를 신성하게 여겼음을 보여주는 인장도 있다. 뿔이 한 개 달린 소가 여물통같이 생긴 물건 앞에 서 있는 이 인장에는 문자도 몇 개 새겨져 있다. 여물통처럼 보이는 물건에 곡식을 길렀다고 생각하는 학자들도 있다. 다른 인장에는 여물통에서 식물이 자라는 모양이 새겨진 것도 있기 때문이다. 종교의식을 치르는 동안 여물통에서 자라고 있는 식물을 이 황소가 먹는, 일종의 다산(多産)을 비는 종교의식 일부를 조각한 것으로 추측되기도 한다.

그림 7. 여물을 먹고 있는 소

그림 8. 인더스 문명과 메소포타미아 문명 교류

인장 이외에도 인더스 사람들의 종교의식을 엿볼 수 있는 유물들이 있는데, <테라코타 소상>이라고 부르는 유물들이다. 진흙으로 빚은 조잡한 형태의 여인상들인데, 대부분의 학자들이 이것을 '모신상'이라 부르고 있다. 이 조잡한 조각품을 모신상이라고 부르는 이유는 배꼽 때문이다. 배꼽은 인간의 생명줄이며, 출산을 상징하는 것이다. 정교한 조각품 뿐 아니라 대충 빚어 만든 것처럼 보이는 조각품에도 배꼽만큼은 빼놓지 않고 표시하고 있기 때문에 출산 혹은 생산과 관련된 여신상으로 보고 있는 것이다.

인장에는 뒤에 줄을 메달 수 있는 구멍이 있다. 그래서 줄을 메달아 목에 걸고 다녔거나 옆구리에 차고 다녔을 수도 있고, 난추처럼 옷에 달고 다녔을 수도 있다. 어떤 형태로든 인장은 늘 몸에 지니고 다니는 물건이었고, 가지고 다니다가 필요한 때에 진흙처럼 무른 곳에 눌러서 찍었던 것으로 추정되고 있다.

고고학자들이 이 인장이 교역에 사용되었다고 보는 것은 당시에 그만큼 교역이 활발했기 때문이다. 바닥이 평평한 배로 인더스 강과 지류를 오가면서 인더스 유역의 도시들 사이에는 활발한 교류가 있었었다. 또한 메소포타미아와 바레인에서 인더스 유역에서 만든 홍옥수 목걸이를 비롯한 유물들이 발견되고 있는 것으로 보아 이들 지역과도, 직접 혹은 간접적으로 교류가 있었던 것으로 추측되고 있다. 인장은 이러한 교류와 무역에 상업적 목적으로 사용되기도 하고, 한편으로는 종교적 의미 즉 자신을 지켜주는 부적의 역할도 함께 하면서, 유용하게 쓰였을 것이다. 그런데 이러한 인장은 인더스 유역에서만 만들어진 것은 아니다. 메소포타미아 지역에서도 이러한 인장이 발견되었는데, 정방형의 인더스 것과는 달리 원통형이었고, 진흙 판처럼 무른 곳에 누르면서 굴려서 찍는다. 이 원통형 인장 가운데 인더스 문명 지역과 메소포타미아 문명 지역의 통역관이 함께 있는 그림이 새겨진 인장이 있다. 인장에는, 인더스는 멜루하(Meluhha), 바레인은 딜문(Dilmun)이라고 기록되어 있다. 또한 바레인 지역과 메소포타미아 지역에서도 인더스의 인장

그림 9. 메소포타미아 원통형 인장
(기원전 1900-1600년경)

이 발견되기도 한다. 때로는 둥근 모습으로 때로는 정방형의 것 그대로. 어쨌든 인더스 문명에서 발견된 많은 인장들은 인더스 문명과 메소포타미아 문명, 그리고 바레인과의 교역 등을 알 수 있는 중요한 자료가 되기도 한다.

대형 목욕탕과 하수도가 있는 도시에 살면서 다양한 그림이 새겨진 인장을 지니고 다녔던 인더스 유역의 사람들, 그들의 이야기는 다른 문명 발상지에 살았던 사람들의 이야기만큼 아직 명확히 드러나지 않고 있다. 왜일까?

3. 인더스 문명은 왜 아직도 미스터리인가

문명 시대라고 명명할 수 있는 지표 가운데 가장 중요한 것이 문자라고 해도 과언이 아니다. 유물이나 유적과 더불어 그 시대 사람들이 남겨 놓은 기록을 통해서 그 시대를 알 수 있는 시대가 역사시대이며, 문명 시대는 그 역사시대의 시작점이기 때문이다.

당대의 사람들이 파피루스에 써 놓은 글을 통해 이집트 문명에 대한 것을 알 수 있고, 갑골에 새겨 놓은 글을 통해 우리는 황하 문명에 대하여 알 수 있다. 인더스 문명 시대에도 분명히 문자가 사용되었고, 그들이 인장에 새겨 놓은 문자들이 있다. 그러나 우리는 그 문자들을 그저 구경할 수 있을 뿐이다. 파피루스의 글자들과 갑골의 글자들이 우리에게 말을 걸어오지만, 인장에 새겨진 인더스의 글자들은 우리에게는 아직 구경거리일 뿐, 말을 걸어오지 않고 침묵하고 있는 것이다. 유구무언(有口無言)이 아니라 유문무전(有文無傳), 즉 문자는 있으나 우리에게 그 의미를 전해주지 못하고 있는 것이다.

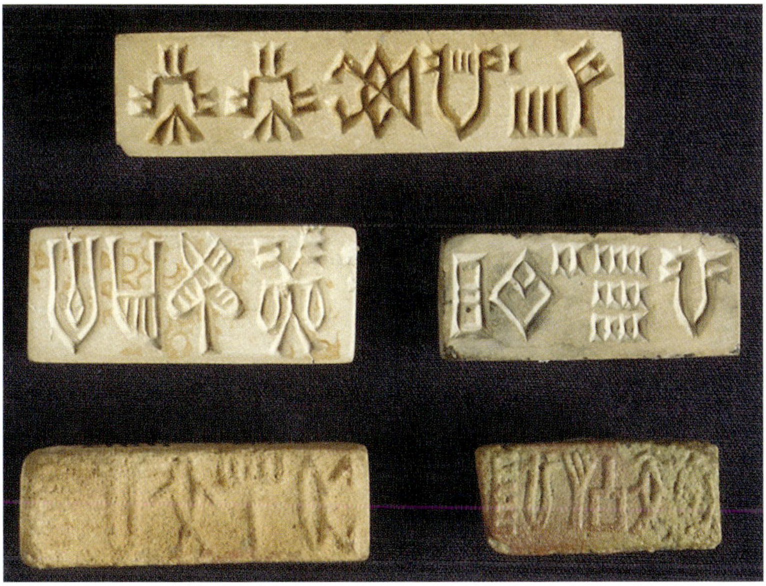

그림 10. 모헨조다로 인장에 있는 문자

그래서 일부 학자들은 인더스 문명을 역사시대로 분류하지 않고, 원사시대(原史時代: Protohistory)라고 부르기도 한다. 문자를 통해서 그 시대에 대해 알 수 있는 시대가 역사시대인데, 문자는 있으나 우리가 그 문자를 통해서 그 시대를 알 수는 없는 시대이기 때문에, 선사시대와 역사시대 중간에 놓인 시대라는 의미이다.

왜 다른 문명 지역의 문자와는 달리 인더스의 문자들은 아직 해독되지 못하고 있는 것일까. 여러 이유가 있는데 가장 중요한 것은 인더스 문명의 주인공들과 이후 역사의 주인공들이 다르다는 점이다. 현재 인도 역사의 주인공들은 인더스 문명 다음 단계에 등장한 사람들이다. 다시 말해서 인더스의 주역들은 다음 단계의 주역들에게 밀려 무대에서 내려갔고, 새로운 사람들이 무대에 등장하면서 역사적 단절이 생긴 것이다. 인더스 문명 시대에 살았던 사람들이 이후 인도 역사 무대에 등장한 사람들과 어떠한 형태로든 이어졌다면 인더스 문자 역시 갑골문처럼 해독이 가능했을 것이다. 그러나 인도 역사의 주역이 바뀌는 바람에, 인더스 문자들은 입을 다물게 되었고, 침묵하고 있는 문자들을 우리는 구경만 하고 있는 것이다.

그러나 주인공이 바뀌었다고 해도, 문자를 해독할 수 있는 열쇄는 있을 것이다. 드라비다인들이 인더스 문명의 주인공이었을 것이라고 추론하고 있는 학자들이 많다. 그렇다면 현재 남부 인도에 살고 있는 드라비다인들의 문자나 언어와 비슷한 점이 있을 것이고 그것을 열쇄로 삼아 인더스 문자를 해독할 방법도 찾을 수 있을 것이다. 그러나 불행하게도 드라비다 문자와 인더스 문자의 연결점을 찾지 못했다. 한편으로 인더스 문명 시대에 발굴된 두개골 가운데 원시오스트레일리아 인종과 유사한 두개골이 발견되어, 오스트레일리아 원주민들과의 언어적 유사성을 찾으려는 시도도 있었다. 그러나 그것 역시 아직 뚜렷한 연결점을 찾아내지 못한 상태이다.

인더스 문자를 해독하는 것이 어려운 또 하나의 이유는 남겨진 인더스 문자들이 단편적이라는 점이다. 즉 긴 문장으로 되어 있지 않기 때문에 이들을 관통하는 실마리를 찾기가 쉽지 않다.

인더스 문자가 기록되어 있는 곳은 주로 인장이다. 인장에는 문자가 겨우 5-6개 정도 많아야 17개가 기록되어 있다. 그러나 다른 지역의 초기 문자들은 적어도 몇 개의 문장이 연결된 것들이어서

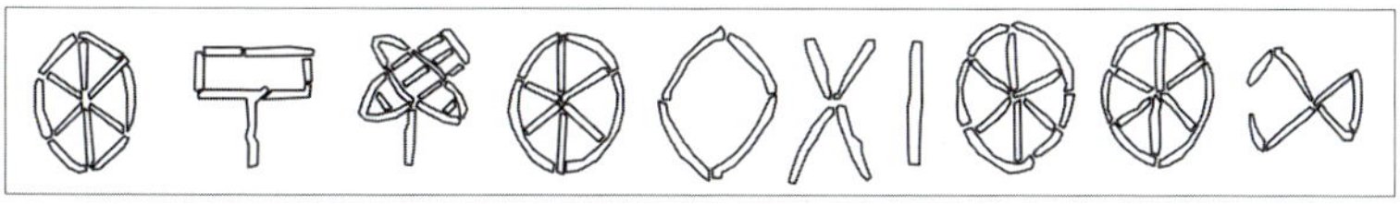

그림 11. 돌라비라 북쪽 문에 있는 10개의 글자

한두 글자가 불분명하다 해도, 문맥상의 해독도 가능하다. 그러나 겨우 대여섯 개로 이루어진 인더스 인장에 새겨진 문자로는 해독이 쉽지 않은 것이다.

그렇다면 인더스 문자의 해독은 불가능한 것일까. 현재로서는 바레인에 있는 무덤들의 발굴에 가장 큰 기대를 걸고 있다. 바레인은 고분의 섬이라고 부를 정도로 고분이 많으며 현재까지 발견된 고분만 8만 개가 넘는다. 그런데 인더스 문자 해독의 희망을 바레인에 있는 무덤에 걸고 있는 이유는 무엇일까? 메소포타미아의 인장에 인더스에서 온 통역관과 메소포타미아에서 온 통역관이 함께 있는 기록이 있었듯이, 이 고분 어딘가에서 같은 내용의 메소포타미아 문자와 인더스 문자가 나란히 쓰인 유물이 발견되기를 희망하기 때문이다. 즉 같은 내용의 글이 메소포타미아 문자 본과 인더스 문자 본으로 나란히 기록되어 매장되어 있는 고분이 발견된다면, 비교 대조가 가능하여 해독이 가능할 것으로 보기 때문이다.

그러나 아직 희망적인 발굴 보고서는 나오지 않고 있다. 결국 문자들이 침묵하고 있기 때문에 인더스 문명의 실체는 베일에 싸인 미스터리로 남아 있는 셈이다. 그래서 인더스 문명과 인도 고대사를 연구하는 일은 조각 몇 개를 잃어버린 퍼즐 맞추기 게임을 하는 것과 같다고 말하는 학자들도 있다.

4. 말을 타고 온 사람들: 아리아인의 민족 이동

아리아인들은 말을 타고 인도에 들어왔다. 그들이 원래 어디에 살던 사람들인지는 명확히 알려지지 않았지만 카스피 해와 중앙아시아 그리고 남러시아 근처에 살던 유목민이었을 것으로 추정된다. 늪지대를 중심으로 유목 생활을 하며 살던 아리아인들은 기원전 2000년 무렵에 말을 타고 이동을 시작했다. 이들이 왜 이동을 시작했는지 역시 분명치 않다. 그들이 살고 있던 곳에 인구가 증가하고 기후가 건조해지면서, 목초지가 부족했던 것이 주요 원인이 아닐까 생각된다.

아리아인 일부는 서쪽으로 이동하여 유럽의 여러 지역으로 퍼져나가 유럽의 켈트족, 게르만족, 이탈리아족, 그리스족, 셈족, 색슨족 등의 조상이 되었다. 동쪽으로 이동한 아리아인들의 일부는 이란고원에 정착했다가 다시 이동하여 이란 아리아인과 인도 아리아인이 되었다.

일단 이란고원에 정착했다가 2차 이동을 시작해서 인도로 왔다

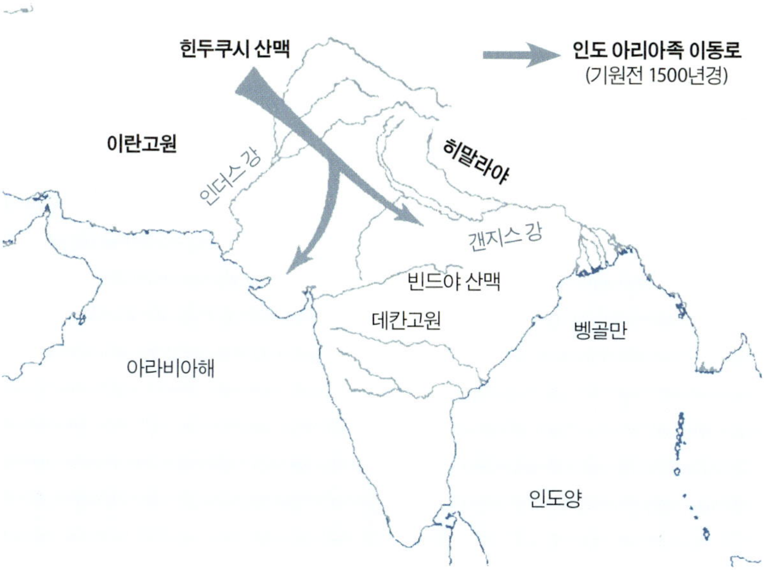

그림 12. 아리아족 이동로

는 것을 뒷받침 하는 자료들이 몇 가지 있는데, 두 지역에서 사용되는 언어가 비슷하다는 것도 그 중의 하나이다. 베다에 등장하는 신들 가운데 인드라(Indra), 바루나(Varuna), 미트라(Mitra) 등은 조로아스터 경전인 『젠드아베스타(*Zend-Avesta*)』에도 등장한다.

말이 끄는 전차를 타고 가족을 거느린, 말 그대로의 '대이동'이었을 것이다. 그러나 인더스 강을 넘어 펀잡 지역으로 이동하고, 좀 더 동쪽지역으로 영역을 확대하면서 갠지스 강까지 진출한 때는 이동보다는 '침략'이라는 표현이 더 어울리게 되었다. 이들이 이동하는 과정에서 토착인과의 전쟁은 피할 수 없는 것이 되었을 것이기 때문이다. 이들 아리아인의 이동이 인더스 문명 멸망의 직접적 원인이었는지는 확실하지 않다. 어떤 학자들은 인더스 문명과 아리아인의 이동 사이에는 천년 가까운 공백이 있다고 주장하기도 한다.

인더스 문명이 몰락한 원인은 여러 가지였을 것이다. 첫째로는 기후의 변화를 들고 있다. 지금은 인더스 강 유역의 상당 부분이 건조한 지역이다. 그러나 인더스 문명이 발전하던 시기에는 이 지역이 지금보다 훨씬 강수량이 많은 지역이었고, 습한 지역이었다. 인더스 문명 후기에 점차 기후가 건조해지면서, 인더스 강의 수위가 낮아지고, 주변의 지류들도 물이 말랐다. 인더스 문명은 기본적으로 인더스 강을 이용하여 주변지역과의 교류를 통해 성장한 문명이다. 모헨조다로와 하라빠 역시 강으로 연결되어 있었고, 인더스 문명 지역과 주변 국가 역시 인더스 강을 통해 해로로 연결되어 있었다. 인더스 강이 말라버리면서 인더스 문명 지역들 사이에 교통로가 막혔고, 주변국과도 자연히 단절되어 버린 것이다. 이러한 기후의 변화가 인더스 문명을 쇠퇴시킨 주요 요인일 수도 있다.

한편으로 인더스 문명은 외부 침략에 의해 멸망했을 가능성도 있다. 하라빠 사람들이 처음 성을 만들었을 때는 성곽 자체가 방어 기능을 위해 만들어진 것이 아니었던 것 같다. 성곽들의 둘레나 높이를 다른 문명 지역의 것들과 비교해봤을 때 방어용으로 만들어진 것으로 보이지 않기 때문이다. 그런데 후대로 갈수록 외부로부터 심각한 위협이 있었다는 증거는 없지만 벽이 종전보다 견고한 형태로 개축된 흔적들이 남아 있다. 하라빠 시대 말기로 갈수록 그 방어력은 더욱 보강되었고 한 쪽 문은 완전히 봉쇄되었다. 봉쇄된 쪽은 서쪽이다. 그러니까 서쪽으로부터 무언가 위협을 느끼고 있었던 것을 예측하게 하는 것이다. 뿐만 아니라 후기의 유골들이 흐트러진 모습으로 발굴되었기 때문에, 외부의 침입이 인더스 문명을 멸망시킨 결정적 요인이 되었을 가능성도 크다. 결국 인더스 문명은 인더스 유역의 기후 변화와 외부의 침입 이 두 요소의 합작으로 멸망했다고 볼 수 있다.

아리아인들이 민족 이동을 시작하여 인도에 정착하기까지는 상당한 시간이 필요했다. 서북인도로 들어온 아리아인들은 기원전 15세기경 카불(Kabul)을 넘어서 펀잡으로 이동한 후에, 더 동쪽으로 갠지스(Ganges) 유역으로 이동하고 다시 남쪽으로 향했다. 펀잡으로 이동한 시기는 기원전 13세기경이었고, 남인도까지 아리아인의 발길이 닿은 것은 기원전 8세기경으로 추정된다.

이렇게 인도에 들어온 아리아인 부족들 가운데 중요한 부족은 바라타족(Bhāratas)인데 이들은 동부 펀잡(East Panjab)의 사틀라즈(Satlaj) 강과 야무나(Yamuna) 강 사이의 브라흐마바르타(Brāhmavarta) 지역에 자리를 잡았다. 철기 문화 단계에 있던 아리아인들은 철제 무기와 도구들을 가진 강력한 힘 그리고 기마 민족의 기동력을 가지고 있었기 때문에, 청동기 단계에 있던 인더스 문명 지역을 정복하고 새로운 주인공으로 등장 할 수 있었다.

5. 굴러온 돌이 박힌 돌 밀어내기: 아리아인들과 토착민들의 싸움

아리아인들이 인도로 들어 올 무렵 인도에는 인더스 문명의 주역들과 그 이후 인도에 들어온 종족들이 뒤섞여 있었을 것이다. 이들 중 일부는 아리아인들에 밀려 산악으로 이동하여 산악 부족이 되었고, 일부는 아리아인들과 끝없는 투쟁으로 자신들의 터전을 지키려했다. 이들의 투쟁은 농경민과 유목민의 투쟁이며, 정착민족과 기마민족의 투쟁이었다.

아리아인들은 흰 피부에 코가 오뚝하며 키가 큰 인종이다. 그에 비하여 인도의 토착 인종은 검은 피부에 얼굴이 넓적하고 코가 낮으며 키도 작은 인종이다. 아리아 인종이 인도에 들어오면서 생긴 충돌은 문화적 충돌과 더불어 외형이 현격히 다른 인종 간의 충돌이기도 하다. 이런 외형적 차이가 선주민과 아리아인들의 갈등을 더욱 심화시켰을 것이다.

아리아인과 원주민 사이에 벌어진 전투와 대학살의 장면은 『리그베다(*Rig Veda*)』를 통해서 짐작할 수 있다. 『리그베다』에는 전쟁의 신 인드라(Indra)가 하리야피야(Hariyapiya)라는 악마의 성을 파괴했다는 기록이 있고, 화신 아그니(Agni)가 나르미니(Narmini)라는 도시를 불태웠다는 기록이 있다. 또한 『리그베다』 전체 찬가의 약 1/4이 전쟁의 신 아그니를 찬양하는데 바쳐질 정도로 그들에게는 '전쟁'이 중요했다. 동시에 유목민인 아리아인들이 농경지를 개척하고 밀림을 개간하는 데에는 아그니의 불도 중요했을 것이다. 그리하여 아리아인들은 때로는 전쟁으로 때로는 불을 질러 토착민들을 밀어내고 땅을 개간하면서 인도 땅의 주역으로 등장한다.

아리안들이 인도에 정착하면서 인도 역사의 새로운 장이 열렸다. 아리아인들은 유목 생활을 하던 민족이었지만 인도로 이주하여 촌락 중심의 농경생활을 시작했다. 아리아인들은 철기를 사용했지만 철기가 생산도구로 사용될 만큼 발전한 상태는 아니었다. 그렇기 때문에 초기 정착과정에서는 불을 이용하여 밀림 지대를 개간한 화전이 농경지의 중심이 되었으며, 이를 바탕으로 씨족 중심의 촌락이 형성되었다. 점차 철제 농기구가 개발되고 황무지를 개간하면서 생산이 확대되었으며, 이로 인한 인구의 증가를 배경으로 부족국가의 틀이 형성된다.

그렇기 때문에 인더스 문명 시대의 도시 중심의 문화는 새로 이주한 아리아인들의 촌락생활 중심의 문화로 후퇴하는 모습을 보인다. 이들은 벽돌로 구운 2층 집을 만들거나, 정교한 조각품들을 만들지도 않았다. 물론 거대한 목욕탕도, 하수도도 건설하지 않았을 것이다. 오늘날 인도에서 볼 수 있는 오래된 대욕장이나 조각품들은 아리아인 이동 이후 오랜 시간이 지난 뒤에, 즉 시간이 흐르면서 토착문화를 받아들여 문화 융합 현상이 일어난 시기에 만들어진 것들이다.

아리아인들은 인도에 들어오면서 토착 세력들과 끝없는 전쟁을 치렀다. 말하자면 굴러온 돌이 박힌 돌을 빼버리고 터를 잡은 것이다. 그 다음에는 터를 잡은 굴러 들어온 돌들끼리 주도권 쟁탈과 영토 확장 전쟁이 시작된다.

아리아인들은 다섯 부족으로 분열되어 있었는데 이들을 판차 자나(Pañca Jana)라고 한다. 판차 자나 가운데 바라타족과 트리트슈족(Tṛtsus)이 주도권을 장악하고 있었다. 이때 바라타족은 10명의 왕으로부터 도전을 받아 전쟁을 치르게 되는데 5명은 아리아인이고 5명은 비-아리아인이었다. 이 전쟁이 10왕의 전쟁(Daśarājña Yuddha)이다. 이 전쟁에서 바라타족의 일파인 수다족(Sudas)이 패권을 자치함으로써 바라타족의 지배권이 확립되었다. 그리고 바라타족은 전쟁에서 패한 부족인 푸루족(Purus)과 연합하여 쿠루족(Kurus)이라는 새로운 지배 부족을 형성했으며 그 다음에는 판찰라(Pañcāla)와도 연합하여 갠지스 상류 유역까지 지배권을 확대했다.

인도의 대서사시 『마하바라타(*Mahābhārata*)』는 기원전 5세기쯤에 저술되어, 기원후 5세기경 지금의 형태로 완성된 것으로 추정된다. 그런데 『마하바라타』의 내용은 기원전 10세기를 전후한 바로 이 시기, 즉 굴러 온 돌이 박힌 돌을 빼낸 후에, 굴러온 돌들끼리 힘겨루기를 하여 누가 더 큰 돌인가를 결정하는 그러한 시대를

그림 14. 마하바라타 전쟁 모습을 그린 그림

배경으로 하고 있다. 주요 줄거리는 바라타족의 하스티나푸라 왕국에서 사촌간인 카우라바군과 판다바군이 왕위를 다투며, 쿠르크쉐트라(Kurukshetra)에서 18일간 치른 전쟁이야기이다. 핏줄의 정통성을 가진 카우라바와 도덕적 정통성을 가진 판두 5형제가 벌이는 싸움에서 도덕적 정통성을 가진 판두 5형제의 승리로 끝난다. 부족들의 대전투를 통해 정통성이 확립되면서 아리아인들의 초기 역사, 말하자면 인더스 강과 갠지스 강의 상류시절인 초기 베다 시대가 마감되고 후기 베다 시대인 갠지스 시대가 시작된다.

수만 년 전부터 인도 땅에 살았던 사람들, 그들이 구석기시대부터의 피를 유지했든 아니든 간에 적어도 수천 년 동안, 인더스 강 유역에서 인도의 문화를 만든 주인공이었다. 그러나 이제 말을 타고 달려온 사람들에게 무대를 내어 주고 물러났다. 무대를 지키려던 사람들과 새로 무대를 차지하려고 달려온 사람들은 어디에서나 충돌하게 마련이고, 이들이 치른 대전투를 통해, 한쪽은 승자 한쪽은 패자가 되었다. 굴러온 돌은 박힌 돌을 빼내고, 그 자리에 단단히 뿌리를 내린 채 현재까지 3천년이 넘는 세월을 주인공으로 살아가고 있다.

6. 베다(Veda)가 만들어진 시대

아리아인들이 인도에 정착한 이래 그들이 어떻게 살아왔는지에 대해 알 수 있는 사료는 많지 않다. 아리아인들의 초기시대인 기원전 1500년경~1200년경을 배경으로 만들어진 문헌이 베다이다.

베다는 『리그베다(*Rig Veda*)』, 『사마베다(*Sāma Veda*)』, 『야주르베다(*Yajur Veda*)』, 『아타르바베다(*Atharva Veda*)』 등 네 종류가 있다. 『리그베다』는 여러 가문에 속하는 시인이나 성자들이 아그니(불의 신), 인드라(전쟁의 신), 미트라(자비의 신), 바루나(비의 신), 루드라(폭풍의 신) 등의 신들에게 바치기 위하여 읊는 기도문 형식의 찬가 모음집이다. 그렇기 때문에 후대 시인들이 사용한 것과 같은 난해한 기교나 수식 구절이 없는 간결하고 소박한 문구들로 되어 있다. 물론 동형구(同形句)의 반복으로 인해 너무 단조롭기도 하고 산만하기도 한 느낌을 주기는 하지만 문학적 가치는 뛰어난 것으로 평가되고 있다. 10권으로 나뉘어 있는데 1권과 10권은 후대에 첨가된 부분일 가능성이 높다.

『사마베다』는 『리그베다』 찬가에서 뽑아내어 운율을 붙인 노래 모음집이다. 신들을 찬양하고 노래하면서 신들에게 공양물을 바치는 의식에서 사제들이 읊는 성스러운 만트라(mantra)와 게송들을 모아 놓은 것이 『야주르베다』이다. 『아타르바베다』는 재앙을 물리쳐줄 것을 신들에게 비는 주문과 마법 등이 들어 있다. 또한 『아타르바베다』에는 비-아리아인들 즉 아리아인 이주 이전부터 살고 있던 원주민들의 신앙과 풍습이 반영되어 있어서 사회·문화 연구의 대상이 되기도 한다.

우리가 일상적으로 베다라고 부르는 것은 정확히 말하면 상히타(Saṃhitā, 本集)이다. 정확히는 '리그베다 상히타'라고 불러야 하지만 일반적으로 베다라고 하면 상히타를 말하는 것이기 때문에 상히타를 생략하고 베다라고 부르고 있다.

베다 각각의 상히타에 일종의 지침서라고 할 수 있는 부속의 문헌들이 생겨났다. 그것이 『브라흐마나(*Brāhmaṇa*)』이며, 이 『브라흐마나』를 보충하는 것으로 『아란야카(*Āraṇyaka*, 森林書)』와 『우파니샤드(*Upaniṣad*)』가 생겨났다. 이 『우파니샤드』는 '베다의 마지막 결론 부분'이라는 의미로 베단타(Vedānta)라고 부른다.

말하자면 베다는 『리그베다』로부터 시작되어 『우파니샤드』에 이르러 마무리된다고 할 수 있는 셈이다. 베다에 속하는 문헌들은 모두 슈루티(Śruti)라고 부른다. 즉 신의 계시를 귀를 통해 듣고 적은 문헌이라는 의미이다. 이후에 만들어지는 문헌들은 스므리티(Smṛti)라고 하는데 이것은 성현들의 이야기를 기억하여 기록한 것이라는 의미이다. 슈루티가 신에 의한 말씀을 듣고 그대로 기록한 것에 비하여, 스므리티는 신의 계시에서 파생된 인간의 작품으로 평가되는 것이다. 스므리티에는 수트라(sūtra), 샤스트라(Śāstra), 서사시 등이 속한다.

베다 시대라고 하면 보통 본집이 만들어진 시대까지를 말하고, 이후를 브라흐마나시대, 우파니샤드시대, 수트라시대 등으로 나누기도 한다. 브라흐마나 이후의 문헌들은 복잡한 형태의 절차를 담은 일종의 절차법과 같은 성격이거나, 고도의 철학적 지식을 담고 있다. 그러나 베다에는 많은 자연 현상들이 그대로 신의 모습으로 등장한다. 주변에서 볼 수 있는 모든 자연현상을 신으로 등장시키면서, 때로는 두려운 존재로 때로는 베푸는 존재로 등장시키고 있다. 아울러 생각의 영역들도 때로는 신이 되고, 객관적인 모습으로 현상계에 나타나기도 한다. 이러한 모든 신들은 강력한 힘과 사랑을 함께 가진 인간의 모습이 그대로 비춰진 모습이기도 하다. 그래서 베다는 단순하고 간결하며, 따듯함이 묻어나오는 종교 문학서인 것이다.

그런데 베다가 아리아인들의 초기 시대를 배경으로 하고 있기는 하지만, 이 시대에 기록된 문헌은 아니다. 오래 동안 구전되어 오다가 훨씬 후대에 기록된 것으로 추정되고 있다. 그래서 혹자는 이 시기 역시 문헌적 자료의 뒷받침이 없는 시대로서 역사시대로 보기 어렵다고 주장하기도 한다. 그러나 아리아인들의 초기 문화를 '문자로 기록된 문헌'이 없다는 것을 근거로 선사시대로 편입시키는 것 역시 간단한 일은 아니다. 그래서 인도의 경우, 문자가 있있다는 증거는 있으나 해독되지 않은 인더스 문명 시대로부터, 무자 기록물을 통해 그 시대의 역사를 알 수 있는 확실한 시기인 붓다 시대(기원전 6세기)까지를 원사시대로 분류하기도 한다.

인더스 문명이 몰락하고 아리안들이 인도의 서북지역에 정착한 시기 즉 베다가 만들어지던 시대는 고고학적 유물도 부족한 상태이기 때문에 베다 문헌에 의존할 수밖에 없는 시대이다. 물론 각각의 베다는 그 성립 연대라든지 편찬 시기가 다양해서 역사를 연구할 사료로 보기는 어렵다. 그러나 이 시기에 대해 알 수 있는 문헌, 이 시기를 배경으로 하고 있는 문헌이 베다이기 때문에 '베다 시대'라고 부르기도 한다.

7. 사회의 중심 세력이 된 브라만들

인도 고대국가의 특징은 왕과 브라만[1]과의 관계에 있다고 해도 과언이 아니다. 국가가 형성되고 왕이 생겨난 초기 단계에는 왕이 제사장 역할을 함께 하는 제정일치의 사회였다. 이후 왕과 사제의 역할이 분리되고, 점차 왕권이 강화되는 한편으로 제사장의 권한은 약해지는 제정분리의 사회가 형성되는 것이 일반적인 양상이다. 다시 말해서 통치권과 제사권이 분리되면서 세속적 지배자가 최고의 위치를 차지하고, 의례를 담당하는 사제권은 쇠퇴하거나 통치의 중심에서 멀어지는 모습을 띠게 된다.

---

1) 인도 관련 서적을 읽다보면 브라흐만, 브라흐민, 브라만, 브라민, 바라문 등의 다양한 용어를 접하게 된다. 브라흐만은 신을 지칭하기도 하지만 사제계층을 지칭하는 말로도 쓰인다. 인도 고대 문헌에 브라흐만이 신과 계급 모두를 칭하는 용어로 쓰이고 있으며, 사제 계층의 경우 브라흐민 혹은 브라민으로 표기되어 있기도 하다. 바라문은 브라흐만을 한자로 음역한 것을 한글로 표기한 것이다. 이 책에서는 사제계급을 지칭하는 경우에는 '브라만' 그 외에 신이나 종교 혹은 문헌을 지칭하는 것으로 사용되는 경우는 '브라흐만'으로 표기한다.

그런데 인도의 경우 왕권이 강화되면서 사제권이 약해지는 방향으로 진행되지 않았다. 사제(prohita)들 즉 브라만들에 의해 왕의 정통성을 보장받으면서, 왕권은 왕권대로 강화되고, 동시에 사제인 브라만들의 권한과 역할도 확대되는 독특한 현상이 일어난 것이다.

인도 고대의 역사에서, 왕권이 강화되면서도 사제의 권한이 약화되지 않고 함께 상승하게 된 여러 요인이 있다. 그 가운데 가장 중요한 요인을 『리그베다』에서 찾는다면, 10장의 우주창조과정에서 찾을 수 있다. 『리그베다』에 의하면 우주가 생겨나는 과정에서 브라만들이 상당히 중요한 역할을 담당한다. 『리그베다』에 의하면 신들이 푸루샤(Puruṣa, 原人)를 공물로 바치는 희생제를 치렀는데, 이때 푸루샤가 분화되어 우주만물이 형성되었다고 한다. 즉 입에서 브라만(Brahman), 팔에서 크샤트리야(Kshatriya), 다리에서 바이샤(Vaishya), 발에서 수드라(sudra)가 생겨났으며, 푸루샤의 마음에서 달이 생겨나고, 눈에서 태양이, 배꼽에서 허공계(空界)가, 머리에서 하늘(天界)이, 다리에서 땅(地界)이 생겨났다.

이 이야기에 따르면 우주 생성에서 중요한 역할을 한 것은 '희생제'였다. 푸루샤를 제물로 바치는 희생제를 치름으로써, 푸루샤가 분화되고 우주만물이 형성된 셈이다. 이 희생제를 가능하게 한 것은 제단을 차리고 공물을 바치며, 제사를 주관한 사제이다. 그러므로 희생제에서 사제인 브라만들이 의식을 주관함으로써, 우주가 생겨났다는 가설이 가능해진다. 즉 제사가 우주생성의 수단이었고, 이것을 제대로 수행하여 완성한 것은 브라만 사제들이다.

리그베다에서 강조된 제사 혹은 희생제의 중요성은 브라흐마나 시대에 이르면 더욱 강조된다. 모든 사상과 행위의 중심에 제사가 놓이게 되고, 제사의 만능화가 이루어졌다. 제사와 의례의 복잡한 발달은 브라만 계층의 권위와 사회적 지위를 강화시켜, 우주의 질서를 유지하는 것은 신들이 아니라 올바른 제사 행위 그 자체이며, 제사가 우주질서를 유지하는 힘을 갖고 있다고 생각하게 되었다. 따라서 제사의 체계가 복잡하게 발달했고, 제사를 주관하는 브라만은 단순히 신에게 봉사하는 사제자로서의 차원을 넘어서, 제사를 통해 신을 마음대로 움직일 수 있는 절대적 힘을 가진 자라는 인식이 생겼다. 또한 '학식이 있고 베다에 정통한 브라만은 인간의 모습을 한 신'이라는 의식이, 베다 시대 전반을 통하여 확대되었다. 이로써 제사만능주의 분위기가 조성되고 브라만이 지식과 종교 그리고 사상을 독점하는 브라만 중심 사회가 형성되었다.

왕권이 강화되면서 브라만 사제들의 권한이 왕권과 더불어서 성장하게 된 이유는 수트라 시대에 만들어진 법전들에서 더욱 분명히 드러난다. 『가우타마 다르마수트라(*Gautama Dharmasūtra*)』에는 다음과 같은 구절이 있다.

> 베다에 조예가 깊은 왕과 브라만, 이 둘은 세상의 도덕적 질서를 장악한다. 왕은 베다를 잘 배우고 귀족 가문이며 도덕을 갖추고 올바르고 근엄하게 생활하는 브라만을 프로히타(prohita)로 임명해야 한다. 이 프로히타의 도움으로 왕은 종교적 의무를 다할 수 있다. 왜냐하면 베다에 '브라만의 원조를 받는 크샤트리야는

번영하며 재난에 빠지지 않는다.'고 되어 있기 때문이다.

프로히타는 말하자면 고려시대의 국사(國師)와 같이 종교적으로 최고의 위치에 있는 사제이다. 왕은 브라만 출신으로 베다에 조예가 깊은 자를 프로히타로 임명해야 하며, 이들의 도움으로 강력한 왕권을 형성할 수 있고, 국가의 번영도 꾀할 수 있으며, 왕으로서의 임무도 완수할 수 있다. 그러나 왕이 아무리 뛰어나도, 프로히타의 도움 없이는 세속적 질서의 완성을 이루기 어렵다는 것이다. 아울러 사제들이 아무리 뛰어나도, 왕을 통한 권력으로 세상을 지배하지 않으면 정신적 질서 역시 완성되지 않는다는 것이다. 그렇기 때문에 왕권의 강화와 프로히타를 비롯한 사제권의 성장이 동시에 진행되는 상황이 발생했고, 그러한 모습이 일반적 역사의 보편성을 벗어난 인도 고대사의 특수성이라고 할 수 있다.

그러므로 왕의 즉위식을 비롯하여 전쟁 시기는 물론 평화 시기에도 국가의 의례를 브라만 사제가 집전했다. 또한 가뭄이나 홍수 등의 자연 재해가 발생할 때에도 브라만 사제를 불러 의례를 행하게 했고, 개인은 탄생으로부터 죽음에 이르기까지 중대사를 브라만이 집전하는 제사와 의례에 의존하게 되었다. 이로써 제사만능주의, 브라만 중심주의가 형성되었다. 요컨대 인도의 고대는 브라만의 권력이 왕권과 더불어 성장하고 이들을 통해 사회 질서가 유지되는, 브라만 중심 사회라는 독특한 모습을 띤 시대가 된 것이다.

8. 카스트제도의 원형 바르나

인도라는 말을 들으면 가장 먼저 떠오르는 것이 카스트(caste)라고 할 정도로, 카스트제도는 잘 알려진 인도의 계급제도이다. 카스트가 인도인들의 일상생활 전반을 지배하고 있지만 카스트라는 말은 인도 고유어가 아니라 포르투갈이 인도에 들어온 이후 생겨난 근대적 언어이다. 여기에 해당되는 인도어는 바르나(varna)이며 브라만, 크샤트리아, 바이샤, 수드라 등 4개의 계층을 가리키는 말이다. 그리고 혈연의 동족 집단을 뜻하는 3000-4000개의 자티(jati)라는 것이 있다. 현재 사용되는 카스트라는 말은 이 바르나와 자티를 모두 포함하는 계급제도의 통칭이며, 바르나보다는 카스트가 더 넓은 의미를 가진 말이다.

리그베다 시대에는 정복 아리아인과 피정복 선주민 사이의 구별이 있기는 했지만, 현대의 카스트제도와 같은 엄격한 구별이 있지는 않았다. 다만 전쟁에 패한 선주민들이 노예가 되어 최하층에 있었는데 이 노예들은 생산을 담당하는 계층은 아니었고, 하인과 비슷한 수준의 가내 노예였다. 한편으로 부족사회 내에서는 무사와 사제 그리고 평민의 구별이 이루어지기 시작했고, 직업에 의한 사회분화도 일어났지만, 이것 역시 엄격한 신분적 구별은 아니었다.

그러나 후기 베다 시대에 접어들면서 사제인 브라만과 정치적 지배자인 크샤트리야들이 사회의 주도세력이 되면서 평민과의 차별이 심화되었고, 수드라 계층이 노예 계층으로 전락했다. 또한 전쟁에 패한 부족과 피정복 원주민 대다수의 수드라화도 진행되었다. 그래서 후기 베다 시대에 해당되는 기원전 8세기 무렵에는 바르나라고 불리는 4개의 계급적 구별이 확연히 드러나기 시작한 것으로 보인다.

세계 역사에서 그 유례를 찾아보기 힘들만큼 독특한 제도인 카스트제도가 생겨난 배경은 무엇일까. 많은 인류학자들이 카스트 제도의 발생 원인을 규명하려 했고, 그 결과 다양한 학설들이 나와 있다. 그러한 학설들을 정리해보면 다음과 같은 두 가지 방향에서 설명될 수 있다.

그 첫 번째는 어떠한 제도가 생겨날 때 그 제도로 인해 가장 혜택 받는 집단이 누구인가를 밝혀보는 일이다. 어떠한 법률이나 제도를 만들면서 그것을 만드는 사람들에게 불리한 제도를 만들지는 않을 것이기 때문에 이 제도를 통해 가장 혜택 받는 자들에 의해 만들어졌다고 볼 수 있는 것이다. 그렇다면 카스트 제도 안에서 가장 혜택 받는 집단이 누구인가. 두말할 필요도 없이 카스트 제도 최상층에 자리 잡고 있는 브라만이다. 이들 브라만은 적어도 이론상으로는 순수한 아리아인종의 피를 가진 집단이다. 아리아인들이 인도에 들어와서 혼혈이 생겼는데 가장 순수한 아리아인의 피를 가진 집단이 최상층 브라만이 되었고, 그 다음이 크샤트리아와 바이샤의 순서이며 수드라는 원주민이라는 것이다. 피부색을 기준으로 보자면 상위 세 계층은 백색의 피부를 가졌고, 최하층 수드라는 검은 피부를 가진 원주민인 셈이다. 이들은 각기 종교적 지배자인 브라만, 정치와 군사를 담당하는 크샤트리아 그리고 경제활동을 담당하는 바이샤가 되었고, 흑색 피부의 원주민 노예는 수드라가 되었다는 것이다. 카스트에 해당되는 인도어가 바르나인데 그 바르나는 색(色)을 뜻한다. 그래서 바르나 즉 4개의 계층은 피부색에 따라 나뉜 것이라는 이론의 근거가 되기도 한다.

이 이론이 카스트 발생의 배경을 완벽하게 설명하지는 못한다. 아리아인들이 유럽과 이란 그리고 인도로 이동했는데, 순수혈통과 혼혈을 근거로 카스트제도가 만들어졌다면, 이란을 비롯한 다른 지역에도 이와 유사한 제도가 생겨났을 것이 아닌가. 그런데 유독 인도에서만 이런 제도가 만들어진 이유를 설명하지 못하기 때문이다.

이번에는 생각의 방향을 반대로 돌려보자. 카스트제도가 발생한 원인을 인도 내부, 즉 원주민들과의 관계 속에서 찾아보자는 이론이 등장했다. 인더스 유역의 토착민들은 정(淨), 부정(不淨)에 대한 관념이 강했던 것으로 여겨진다. 인더스 문명 유적지에서 관념적인 깨끗함을 추구하는 여러 유적들이 발견되었기 때문이다. 그러므로 아리아인과 원주민이 충돌했을 때 배타적 특성을 드러낸 것은 아리아인이 아니라 원주민이었을 것이며, 초기 충돌 과정에서 보이는 토착민들의 강한 배타성에 영향을 받아, 아리아인들이 토착민을 차별할 때도 강한 배타성을 드러냈다는 추측이 가능해진다. 이러한 배타성과 차별 의식이 점차 카스트제도로 발전했다고 보는 것이다.

일반적으로 두 인종이 충돌하는 초기에는 토착민이 훨씬 배타적이다. 정복자들은 그 인구가 토착민들에 비하여 적고, 한편으로는 민족이 이동하는 경우 남녀 비례가 맞지 않아서 정복자들에게는 여자가 부족한 경우가 많다. 초기의 충돌에서 정복자들은 토착의 인종들과 혼혈에 대한 배타적 의식이 크지 않지만 토착 인종들은 강한 배타성을 갖게 마련이다. 정복지가 확대되고 시간이 흐

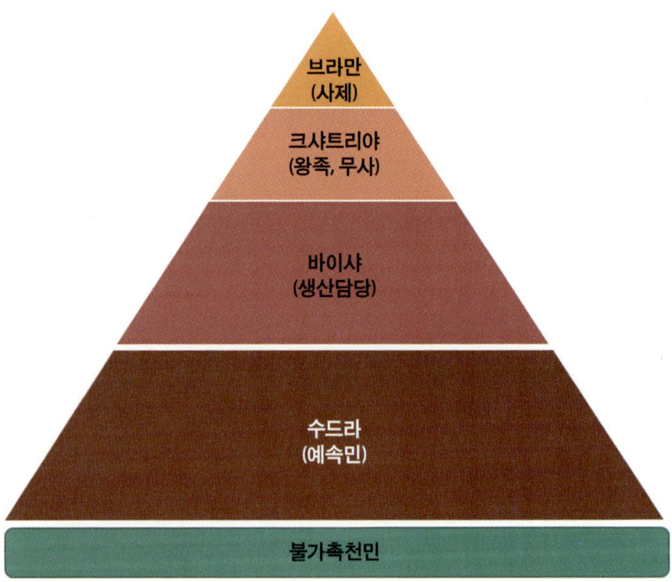

그림 15. 바르나(카스트) 제도

르면서 정복자들은 토착민으로부터 여자를 공급받지 않아도 될 정도로 남녀 비례의 균형을 이루게 된다. 이 때 쯤부터 혼혈을 꺼리는 쪽은 정복자들이며, 토착민들과 혼혈되는 것은 피를 더럽히는 것이라는 의식이 생기기도 한다. 게다가 정복자는 상층, 피정복민은 하층이라고 하는 계급관계가 형성되고 나면 상층 사람들은 배타적 집단을 형성하여 하층민과의 혼혈을 더욱 꺼리게 된다.

이러한 현상은 정복자와 피정복민이 충돌하는 역사의 현장 어디에서나 일어날 수 있다. 그런데 인도의 경우에만 엄격한 계급제가 발달하게 된 것은 정복자와 피정복민의 충돌과정에서 다른 지역의 경우와는 다른 요인이 있었기 때문이 아닐까하는 생각을 하게 한다. 그 요인이 바로 인더스 문명에서 보이는 정(淨)의 개념과 관련이 있는 것은 아닐까. 토착민의 독특한 배타성, 그것이 바로 아리아인들이 토착민을 극도로 차별하여 절대로 노예상태에서 벗어날 수 없는 예속민 즉 수드라를 만든 요인으로 작용한 것이 아닐까 하는 생각을 해 볼 수 있다.

위에서 설명한 두 가지가 카스트 발생 요인을 설명하려는 이론의 큰 줄기이다. 어떠한 요인에 의해서였든 인도의 카스트제도는 후기 베다 시대(기원전 1000-600년 경) 무렵에 형성되었다.

바르나는 기본적으로 브라만, 크샤트리야, 바이샤, 수드라로 구성되어 있으며, 브라만은 최상층에 있는 사제 계층으로 베다를 가르치고 학습하는 일, 자신과 다른 사람을 위해 희생제를 올리는 일, 보시를 하거나 받는 일을 할 수 있다. 크샤트리야는 백성을 보호하고, 보시를 행하며, 희생제를 올리고, 베다를 학습하는 일 등을 할 수 있다. 바이샤는 보시, 희생제의 거행, 베다의 학습, 상업, 금융업, 목축, 그리고 경작 등을 할 수 있는 생산계층이다. 마지막으로 수드라는 오직 상위의 세 계층에 대한 봉사만 할 수 있다고 규정되어 있다.

카스트제도의 원형인 바르나 제도가 성립된 초기에는 이들 계급 간의 구별이 그리 강하지 않았으나 점차 그 벽이 두꺼워져서 최하층 수드라에 대한 차별이 더욱 심해졌다. '수드라는 아무리 많은 가축을 갖고 있어도 의례를 행할 자격이 없으며, 상위에 있는 계층의 발을 씻어주는 일과 같은 천한 일을 해야 한다.'는 규정으로 수드라는 종교적 의례를 행할 자격이 없는 계층이 되었다. 최하층 수드라는 주로 종교, 관습, 피부색 등이 다른 피정복민이었기 때문에 아리아인들의 종교 의식에 참여할 수 없게 만들었다는 학설도 있다. 시간이 흐르면서 브라만과 크샤트리야는 지배계층으로서 그 배타성을 수드라뿐만 아니라 생산계층인 바이샤에게로 확대시켰다. 그리하여 상층의 두 계층은 비교적 상호 수용하는 경향이 있었지만 바이샤와 수드라에 대한 배타성은 더욱 강해졌다. 네 계층 간의 구별은 기원전 600년 무렵부터 더욱 명확해졌고, 각 바르나의 권리, 의무, 생활 규칙 등이 자세히 규정된 『마누법전』을 비롯한 다르마수트라(Dharmasūtra)들이 만들어짐으로써(기원전 600-기원전 200년경) 바르나 제도의 기본 틀이 완성되었다. 이 바르나 제도가 오늘날 인도 카스트 제도의 원형이다.

9. 인도의 창조신화

어느 지역에나 그들이 최초로 어떻게 생겨났는지에 대한 궁금증과 그것을 설명하는 다양한 이야기가 있다. 우리나라의 단군신화나 중국의 반고신화 혹은 여와신화가 그러한 이야기에 속한다. 곰과 마늘이 등장하거나, 홍수와 진흙이 등장하는 이야기들은 그 민족 고유의 사고방식을 바탕으로 형성되기 마련이다.

인도의 경우 소위 창조신화라 할 수 있는 이야기들은 『리그베다』, 『마하바라타』 등에서 볼 수 있다. 『리그베다』 10장에 있는 푸루샤(Puruṣa Sūkta. 10장 90), 히란야가르바(Hiraṇyagarbha Sūkta. 10장 121), 그리고 나사디야(Nasadiya Sūkta 10장 129) 찬가 등이 창조신화라 할 수 있는데 푸루샤 찬가의 줄거리를 요약해보면 다음과 같다.

> 푸루샤를 제물 삼아 신전에 제사를 올렸다. 성스러운 풀 위에 푸루샤를 올려두고, 물을 뿌린 후 선인들이 모여 제사를 지내자, 리

그베다와 사마베다 그리고 야주르베다가 생겨났으며, 말(馬)과 소와 동물들이 생겨났다. 그리고 푸루샤가 나뉠 때 머리는 브라만이 되었고, 두 팔은 라잔야(크샤트리야)가 되었으며, 그 두 정강이는 바이샤, 두 발은 수드라가 되었다. 그의 마음에서는 달이 생겨나고, 두 눈으로부터는 해가 태어났으며, 입에서는 인드라와 아그니가 그리고 숨결로부터는 바람이 생겨났다. 배꼽은 허공이 되었고, 머리에서는 하늘이 생겨났으며, 두 발로부터 대지(大地)가, 귀로부터 방향들이 생겨났으니, 이처럼 세상들이 이루어 졌다. 일곱 개의 나무로 둘러치고 스물한 개의 나무로 화목을 삼아, 신들은 푸루샤를 제전에 올렸다. 신들이 올린, 이 제사는 첫째가는 의식이었다.

나사디야 찬가에서는 '없음도 없었고, 있음도 없었고, 세상도 없었고, 허공도 없었으며'로 시작하여 '아무 것도 없는 곳에서 하나의 열(熱)이 일어나, 마음에 씨앗이 생기고, 가슴속 지혜로 생각하여 세상을 넘어 보는 이들은, 없음 가운데 있음의 원인을 찾아냈다.'라는 표현으로 없음에서 있음이 생겼다고 한다. 또 이어서 '누가 이 세상에서 이야기하리요 어디서 어떻게 이 창조가 시작되었음을. 신들 또한 창조 이후에 비롯된 것이니, 그 누가 모든 것이 생겨난 그곳을 알리요.'라고 하여 신들 역시 창조에 대해 말할 수 없는 것이며, 창조란 그 누구도 알 수 없는 곳에서 이루어진 것이라고 설명하고 있다. 다시 말해서 우리가 '이 바람이 어디에서 일어나서 어디로 가는지' 말 할 수 없지만 바람은 일어났고 제 갈 길로 가는 것처럼, 자연스럽게 생겨난 것이 바로 나사디야 찬가에서 설명하는 창조이다.

창조에 관한 이야기들은 베다 외에도 여러 문헌에 등장하는데 『마하바라타』에 있는 창조에 관한 이야기를 간단히 요약해보면 다음과 같다.

> 태초에는 생겨난 것도 없고 빛도 없었다. 이 세상은 온통 어둠에 덮여있었는데, 그 어둠 속에서 불멸의 존재인 거대한 알, 바로 생명의 씨앗이 하나 있었다. 태초에 바로 그 거대한 알이 원인이 되어 신과 인간 그리고 우주 등 모든 것들이 생겨났다. 바로 그 알속에는 영원이며 진리이며 빛인 브라흐마(Brahma)가 있었다. 그 브라흐마는 신묘하고, 불가사의하며, 모든 곳에 동일하게 두루 존재하며, 드러나지 않은 원인이며, 미세한 존재이며, 그 브라흐마는 또한 없는 것이기도 하고 동시에 있는 것이기도 하다. 바로 그 브라흐마로부터 창조의 신인 브라흐마아(Brahmaa)가 생겨났고, 브라흐마아에서 모든 천신(天神)들과 악신(惡神)들, 반신반인(半神半人)의 존재들, 인간의 조상들, 물, 하늘, 땅, 바람, 허공과 방위들이 생겨났다. 브라흐마아로부터 차례로 해, 계절들, 달들, 보름이라는 기간, 낮과 밤이 생겨나고 그 외의 세상에서 보이는 모든 것들이 생겨났다.

베다를 비롯한 여러 문헌에서는 창조가 아니라 무(無)로부터 <생각>, <알>, <열>로 '생겨난 것'이라고 설명하고 있다. 이와 유사한 태초의 이야기는 중국에서도 볼 수 있다.

중국의 경우 두 가지 유형의 창조 신화가 있는데 그 첫째는 구약성서와 비슷하게 진흙으로 인간을 만드는 '여와신화'이다. 여와는 황토를 빚어 인간을 만들다가, 점점 지루하고 싫증이 나서 하나씩 빚기를 포기하고 새끼줄 같은 것에다가 진흙을 묻혀서 허공에 흔들어댔다. 이렇게 하여 한꺼번에 많은 사람을 만들어냈는데, 여와가 하나씩 정성스레 빚은 인간은 귀족이고, 새끼줄에 진흙을 묻혀 한꺼번에 대량생산한 인간은 서민이다. 이것은 중국에서 귀족과 서민의 존재를 당연한 것으로 여기는 사고방식을 설명해주는 인간 창조의 신화이다. 또 다른 신화인 '반고신화'에서는 반고가 천지창조의 원인으로 등장한다. 태초에 우주에 가득 찼던 기운이 점차 거대한 바위로 변하고 반고는 그 바위 사이에서 태어났다. 그가 점차 자라자 바위는 둘로 갈라져 한 조각은 하늘이 되었고, 다른 한 조각은 땅이 되었다. 반고가 일을 마치고 숨을 거두자 그의 눈은 태양과 달이 되었고, 그가 내쉰 숨은 공기가 되었고, 뼈는 산이 되었으며 육체는 흙이 되었고, 그의 피는 강과 바다가 되었다. 이 신화는 분화로 인한 창조 신화라 할 수 있는데 리그베다에 등장하는 푸루샤 찬가의 창조 유형과 유사하다.

앞에서도 말한 것처럼 어느 나라에나, '태초에' 어떻게 이 우주와 인간이 존재하게 되었는가를 설명하려는 신화가 있고, 그 신화의 세계에는 그 민족이나 그 국가의 사고방식과 환경이 반영되어 있다. 창조주의 존재가 있고, 그들의 초자연적인 힘으로 자연과 인간을 만들었다는 신화가 있는가 하면, 존재 하는 모든 것들은 '미세한 존재'에서 분화 되거나, 어떤 것에 시간의 흐름이 합쳐져서 생성된 것이라는 유형의 신화가 있다. 인도의 신화는 후자에 속하는 유형으로 우주의 존재와 인간의 존재는 모두 '그렇게 생겨난 것'이라고 설명하고 있다. 그러므로 '누가 만들었다'는 주어가 없는 인도의 신화에는 엄밀히 말해서 '창조'라는 의미는 존재하지 않는다.

10. 무리지어 살아가는 모습

창조되었거나, 진화되었거나 혹은 자연적으로 생겨난 존재이거나를 불문하고, 인간은 존재하기 시작했고, 존재하는 인간들은 여럿이 무리 지어 살게 되었다. 움집에서, 동굴에서, 들판에서 이들은 어떻게 살아갔을까?

가족이라는 개념이 생기면서, 가족은 무리의 가장 작은 단위가 되었다. 그리고 이들이 모여 씨족사회와 부족사회를 이루며 살게 되었고, 국가라는 개념도 생겼다. 씨족국가 혹은 부족국가의 형태를 띤 초기의 국가들은 규모가 작아서 한 개의 읍이나 도시 정도 크기의 국가였다. 그래서 도시국가 혹은 읍제국가(邑制國家)라고 부른다. 방대한 지역에 이러한 도시국가들이 다수 존재했고, 국가의 경계도 명확하지 않았을 뿐만 아니라 서로 맞닿아 있는 것이 아니어서 국가와 국가 사이에 공터가 많은 상태였다.

이러한 단계에서 각 국가들은 점차 영역을 확대하기 시작했는데, 주요 수단은 개간과 전쟁이었다. 한편으로는 국가 사이의 공터와 황무지를 개간하여 경작지를 넓혔고, 다른 한편으로는 전쟁을 통해 이웃 나라를 병합함으로써 영역을 확대했다. 이러한 정복 전쟁이 시작된 후 전쟁에서 승리한 국가는 강대국으로 성장하고 패한 나라는 역사에 흔적만 남긴 채 사라졌다. 이것이 세계 역사에서 전개된 고대국가 초기의 양상이다.

아리아인들이 인도에 들어온 초기에는 인더스 강과 다섯 개의 지류가 있는 펀잡 지역에 부족국가들이 생겨났다. 후기 베다 시대라 불리는 기원전 1000년경부터 갠지스로 이동을 시작해서 갠지스 유역까지 소규모의 국가들이 건설 되었다. 이곳에서 씨족을 중심으로 한 농촌 사회를 만들어가던 아리아인들은 점차 갠지스 중하류로 이동했다. 갠지스 중하류 지역은 비옥한 땅이어서 농업 생산량이 꾸준히 증가되었다. 생산이 늘어나고 인구가 증가하면서 소도시가 형성되었으며 소도시를 중심으로 도시국가가 생겨났다. 브라흐마나시대 말기에 이르면 작은 도시국가들이 점차 세력을 확대하여 그 가운데 몇 개의 도시국가들은 대국으로 성장했다. 도시국가들 사이에 약육강식의 전쟁이 전개되면서 강대국들이 소국들을 점령하여, 기원전 6세기경에 이르면 대표적인 16개 국가들이 세력을 다투게 되었다.

이렇게 틀을 갖춘 국가들의 형태는 크게 두 가지로 분류 될 수 있는데 그 하나는 왕이 다스리는 왕국이며 다른 하나는 부족 연합회의(sabha)에 의해 지배되는 공화제국가이다. 공화제 형태의 국가들은 히말라야의 구릉 지대와 서북인도 지역에 자리 잡고 있었으며, 갠지스 강 주변에는 왕국들이 생겨났다. 공화제 국가 가운데는 샤캬(Shakyas), 콜리야(Koliyas), 말라(Malla) 등과 같이 단일 부족으로 형성된 국가도 있었고 밧지(Vajji), 야다바(Yadavas) 등과 같이 여러 부족이 연합한 국가들도 있었다.

소규모의 국가들은 이웃한 나라들과 전쟁을 치르며 강대국으로 성장한다. 고대의 경우, 전쟁과 생산력 향상은 상호 보완의 관계에 있다. 얼핏 보면 전쟁이 확대되는데 생산력이 향상되고, 경제가 성장한다는 것은 어울리지 않아 보일 수도 있다. 그러나 현대와 달리 고대는 생산력이 향상되어야 전쟁이 가능하고, 전쟁으로 농경지를 확대해야 경제가 활성화 되며, 국가가 발전한다.

정착 농경이 시작된 초기에는 온 가족이 농업에 매진하여 생산을 담당해야 먹고 살 수 있었다. 그러던 것이 점차 단위 면적당 생산량이 증가하게 된다. 이것은 철제 농기구를 사용하여 땅을 깊이 팔 수 있게 되면서 땅이 비옥해졌고, 한편으로는 풀과 분뇨 등을 썩힌 비료가 사용되면서 생산력이 비약적으로 발전한 덕분이다.

생산력 향상과 잉여 생산물의 증가로 인하여 전쟁이 가능하고 그 전쟁을 통하여 확대된 농토와 노동력을 바탕으로 한층 더 생산량을 증가시킴으로써 강대국으로 성장하는 경제적 바탕을 마련한다. 경제력이 없으면 전쟁은 불가능할 수밖에 없다. 경제력 향상으로 비축된 물량과 인력을 전쟁에 투입할 수 있을 때 이웃나라를 넘볼 수 있는 셈이다. 즉 경제적으로 성장해서 힘이 생긴 나라들이 이웃나라를 넘보고 침략하는 것이다.

그래서 전쟁이 일어나는데, 전쟁의 모습도 시대의 발전과 더불어 변화된다. 초기의 전쟁은 주로 공터에서 벌어진다. 나라와 나라

사이에 있는 넓은 벌판에서 두 나라가 힘겨루기를 하는 것이다. 이 전쟁에는 군사들만 참여하기 때문에 생산을 담당하는 사람들에게는 큰 영향을 미치지 않는다. 공터에서 양쪽 군대가 힘으로 대결하여 지는 쪽은 이기는 쪽에 합쳐지는 것이다. 다윗과 골리앗의 싸움에서 보는 장면이 이러한 양상이다.

그러나 전쟁의 규모가 점점 확대되면 전쟁의 모습이 달라진다. 공터에서 싸우는 것은 나라 사이의 경계가 분명하지 않고, 나라와 나라 사이에 공터가 있을 때의 전쟁양상이다. 그러나 영토가 확장되면서 지금의 국경과 같은 모습은 아니더라도 나라와 나라 사이의 공터가 사라지면, 전쟁은 말 그대로 '쳐들어가는 전쟁'이 되어버린다. 출동한 군대는 이웃나라의 경계를 넘고, 성을 공격한다. 이러한 전쟁이 되면, 생산을 담당하는 비-전투 인원들도 전쟁에 휩싸인다.

보통 도시국가라고 불리는 단계의 전쟁은 공터에서 벌어지고, 영역국가 혹은 영토국가라고 불리는 강대국들의 전쟁은 성을 넘어 공격하는 침략전쟁이다. 그래서 성을 높이 쌓고, 성 주변에 호수를 만드는 등으로 난공불락의 요새를 만들게 된다.

인도의 경우 대개 16국 시대까지를 도시국가의 단계로 보고, 4국 시대를 영역국가 시대라고 분류한다. 무리지어 살기 시작하면서, 가족이라는 최소의 단위로부터 마을, 씨족, 국가의 단위로 무리의 범위가 커진다. 이렇게 확대된 무리들은 더 큰 힘을 가진 무리, 더 넓은 땅을 가진 무리가 되기 위해 끝없이 전쟁을 치른다.

11. 작은 나라 큰 나라: 영역 정하기

전쟁을 통해 작은 나라들은 역사의 무대에서 사라지고, 거대한 영토를 확보한 국가들은 영역국가라 할 수 있는 강대국으로 성장하게 된다. 이 시기의 인도는 16개 대국들(Mahājanapadas)이 전쟁을 벌였고, 여기서 살아남은 4개의 강대국이 형성되었다. 16국의 이름은 사료에 따라 차이가 있으나 앙가(Anga), 마가다(Magadha), 카시(Kasi), 코살라(Kosala), 밧지(Vajji 또는 Vrijji), 말라(Malla), 체디(Chedi), 밤사(Vamsa, Vatsa), 쿠루(Kuru), 판찰라(Panchala), 맛챠(Matsya 또는 Maccha), 수라세나(Surasena), 앗사카(Assaka), 아반티(Avanti), 간다라(Gandhara), 캄보자(Kamboja) 등을 들 수 있다.

이들 국가들 사이에 전쟁이 확대되면서 약육강식의 시대가 전개되고 기원전 6세기 말에는 마가다, 코살라, 밤사, 아반티 혹은 밧지 등을 중심으로 하는 4국 시대를 맞이했다. 4국 가운데 가장 먼저 영토 확장 정책을 추진한 것은 마가다였다. 라자그리하

그림 16. 기원전 500년경의 인도: 16개의 주요 국가

(Rājagṛha, 王舍城)를 수도로 한 마가다의 빔비사라왕(Bimbisara, 기원전 545-494년경)은 코살라, 밧지연합국(Vajjis) 등과 결혼 정책을 맺었고, 동쪽 해안에 접해있던 앙가를 점령했다. 앙가 왕국의 수도는 참파(Campa) 강과 갠지스 강 사이에 위치한 참파였다. 이 도시는 붓다 시대 6대 도시의 하나로 꼽힐 정도로 번영했던 도시이다. 참파의 상인들은 갠지스 강 연안의 도시들과 교역을 했을 뿐 아니라 해로를 통해 남인도, 버마(지금의 미얀마)와도 교역을 확대했다. 이를 바탕으로 성장한 앙가는 인접한 마가다와 패권을 다투었으나, 마가다의 빔비사라에게 패하여 점령당했다. 마가다는 앙가를

점령함으로써 전략적 측면에서나 상업적 측면에서 매우 중요한 해안 지역을 차지하게 되었고 이것이 이후 마가다 왕국 성장의 발판이 되었다.

빔비사라는 주변 강대국과는 결혼정책으로 외교적 안정을 꾀하는 한편 북쪽과 서쪽으로 영토를 넓혀갔다. 빔비사라의 적절한 외교정책과 정복정책으로 마가다는 최강국으로 부상하게 된다. 빔비사라의 아들 아자타사트루(Ajatasatru, 기원전 494-462년경)는 아버지 빔비사라를 투옥하여 죽게 하고 왕위에 올랐다. 빔비사라와 그 왕비가 죽자 혼인관계를 맺고 있던 코살라와 마찰이 생겼다. 빔비사라가 코살라의 공주를 왕비로 맞이했을 때, 결혼 지참금으로 카시(Kasi)의 한 촌락을 가지고 왔었다. 그런데 아자타사트루가 빔비사라를 죽였고, 왕비도 죽었으니, 지참금으로 주었던 촌락을 돌려달라고 요구한 것이다. 이로 인해 마가다와 코살라는 여러 차례 전쟁을 치렀다. 4대 강국 가운데 가장 막강한 힘을 가진 마가다와 코살라의 싸움은 쉽게 끝이 나지 않았다. 결국 두 나라는 다시 결혼 정책으로 전쟁을 중단했다.

코살라는 슈라바스티(Śrāvastī, 舍衛城)를 수도로 하여 현재의 동부 우타르프라데시 지역을 차지하고 있었다. 마가다의 빔비사라 왕과 아자타사트루 왕이 지배하고 있던 시기에 코살라의 왕은 프라세나짓(Prasenajit, 波斯匿)이었다. 프라세나짓 왕 시기에 융성하여 카시를 정복했다. 마가다와는 아자타사트루 왕이 즉위한 후 여러 차례 전쟁을 치렀지만 이후 결혼정책으로 비교적 평화를 유지했다. 프라세나짓 왕은 붓다와 동시대 인물로 알려져 있다. 마가다의 빔비사라 왕과 코살라의 프라세나짓 왕은 불교에 귀의했다고 전해진다. 그러나 프라세나짓 왕의 아들인 비두다바(Vidudabha, 毘流離) 왕은 붓다의 고향인 카필라바스투를 침공하여 사캬(Sakya)국을 짐령했다.

아반티의 수도는 우자인(Ujjain)이었으며, 붓다 시대에는 파죠타(Pajjota) 왕이 다스리고 있었다. 파죠타왕은 두려운 자(Canda), 혹은 대군을 가진 자(Mahasena) 등으로 불릴 정도로 강력한 군대를 가지고 있어서, 마가다의 아자타사트루 왕도 완전히 정복하지 못했던 나라였다.

밤사는 바트사(Vatsa)라고도 하며 수도는 코삼비(Kosambi)였다. 기원전 6세기경 우데나(Udena, Udayana) 왕이 다스리고 있었으며, 코삼비는 부유한 상인들이 많이 살고 있던 번창한 도시였다. 우데나 왕에 대하여는 호전적인 왕, 불교를 지지한 왕이었다는 이야기가 전해지고 있으며, 우데나 왕 이후에 아반티에 병합되었다.

밧지는 동에는 앙가, 서에는 코살라, 남에는 마가다, 북에는 설산으로 둘러싸여 있는 지역에 위치하고 있는 나라였다. 여러 종족들이 연합한 공화제 국가였기 때문에 밧지 연합이라고 불렀다. 연합한 종족 가운데 리챠비족(Liccavi)과 비데하족(Videha)이 가장 큰 영향력을 갖고 있었으며 리챠비족의 베살리(Vesali) 성이 통치의 중심이었다. 이 밧지 연합은 단결이 잘되고 있는 나라였기 때문에 아자타사트루가 이들을 정복하기 위해, 붓다에게 자문을 구했을 때 "밧지는 연합이 잘되고, 옛 전통을 잘 지키고 있으므로, 무력으로 정복할 수 없을 것"이라고 답했다는 이야기가 불교 경전에 전해지고 있다. 그러나 아자타사트루는 이들의 연합 상태를 와해시키는 뛰어난 외교술로 밧지를 점령했다. 밧지가 마가다에 패하자, 마가다와 코살라의 팽팽한 균형관계가 무너져 버렸고, 이로 인해 마가다가 코살라를 붕괴시키고 통일을 할 수 있는 계기가 마련되었다.

이처럼 16개의 나라가 전쟁을 치렀고 이 가운데 강대국으로 성장한 4개의 국가를 중심으로 4국시대가 전개된다. 그 가운데 마가다가 가장 큰 세력을 형성했다. 마가다는 특히 빔비사라와 아자타사투르 왕 시기에 비약적인 성장을 했다. 마가다가 갠지스 강 주변의 평야를 장악하고 최강국이 될 수 있었던 근본적인 이유는 터를 잘 잡은데 있다고 해도 과언이 아니다. 인도에서는 기원전 800년 무렵부터 철기를 사용한 것으로 추정되는데, 16국이 전쟁을 치르던 시기에는 이미 철기가 무기와 농기구에 사용되기 시작했다. 그런데 마가다 지역은 철광석이 풍부한 지역이다. 이곳의 철을 이용하여 다른 지역보다 철제 무기로 무장하는 것이 수월했다. 철제 무기로 무장한 마가다 군대는 말과 마차뿐만 아니라 코끼리도 전투에 사용함으로써 군사력의 강세를 보였다. 또한 수도 라자그리하는 5개의 산으로 둘러싸인 곳으로 대포와 같은 무기가 개발되지 않은 시대에는 점령할 수 없는 난공불락의 자연요새였다. 뿐만 아니라 마가다 지역은 충적토로 기름진 평야지역이다. 이 지역은 특별한 관개 시설 없이도 경작이 가능한 지역이다. 그래서 '잘 잡은 터'를 배경으로 비약적인 성장이 가능했던 것이다.

강대국으로 성장한 마가다는 주변국들을 점령하여 최강국으로 성장했지만, 아자타사트루 이후의 왕에 대해서는 별로 알려진 것이 없다. 그러나 마가다 지역에는 마가다 왕국 이후에도 시수나가 왕조(Sisunaga, 기원전 430~362년경)와 난다 왕조(Nanda, 기원전 362년경~321년경)가 건설되었고, 난다 왕조 때 주변의 아반티와 코살라 등을 완전히 병합하여 통일국가의 모습을 갖추었다.

소규모의 왕국들이 떼 지어 생겨나고, 이들이 서로 다투는 가운데 살아남은 국가는 점점 더 큰 나라로 성장했다. 약육강식의 시대에 16개의 나라가 힘겨루기를 시작하여, 4개의 강국이 형성되었고, 4개의 나라는 서로 팽팽히 밀고 당기는 균형을 유지하고 있었지만, 마가다가 밧지를 점령하면서 균형은 붕괴되고 하나의 나라로 통일될 기운이 형성되었다. 결국 하나의 나라로 통일되어 가는 길목에는 작은 나라와 큰 나라들이 서로의 영역을 정하고 세력을 확대하기 위해 끝없이 싸워야 했던 시대가 놓여있었고, 그 길의 끝에는 고대사의 절정기인 통일 제국이 기다리고 있었다.

12. 새로운 생각이 일어나다

도시국가들이 힘겨루기를 하는 약육강식의 시대에 신흥사상이라고 부르는 새로운 사상들이 등장했다. 약육강식의 시대를 배경으로 새로운 사상이 등장하는 것은 동서양을 막론하고 비슷하게 벌어진 현상이다. 도시국가들이 멸망하고, 새로운 강자들이 등장하는 격동기에, 그러한 사회적 현상에 대한 해답을 찾는 사상들이 등장하는 것이다. 그리스에서 소피스트와 소크라테스의 사상이 등장하던 시대 그리고 중국의 제자백가들이 등장하던 시대 역시 도시국가들이 몰락하고 강대국들이 힘겨루기를 하던 시대였다. 이 시기에 중국에서는 붕괴된 구질서에 대한 대안을 모색하고 새로운 가치관을 정립하는 정치 철학이 발달했다. 그러나 인도의 새로운 사상은 정치학보다는 궁극적 진리에 대한 다양한 탐구의 방식으로 전개되었다.

새로운 사상의 첫 번째 페이지는 우파니샤드가 열었던 셈이다. 베다 시대를 지나 브라흐마나 시대를 거치면서 형식적인 의례와

그림 17. 스승과 제자들

제사들이 발달했고, 브라만들에 의한 지식 독점 현상이 심각해졌다. 탄생에서 죽음에 이르는 모든 과정마다 의례를 행하고, 국가 대소사도 의례에 의존하는 현상이 심화되자, 외형적인 의례 치르기에 바쁜 행위주의에 대한 반작용이 내부에서 일어난 것이다. 그래서 인간 내면의 진리를 탐구하는 새로운 물결이 일어나게 되었는데 그것이 바로 우파니샤드 철학이다.

우파(upa-가까이) 니(ni-아래로, 확실하게) 샤드(ṣad-앉는다, 마치다)의 합성어인 우파니샤드는 스승과 제자가 '가까이 앉음'을 뜻하기도 하고, '확실히 깨달아 마치는 것'을 의미하기도 한다. 우파니샤드의 근본 사상은 우주의 근본원리를 탐구해서, 대우주의 본체인 브라흐만(Brāhman: 梵)과 개인의 본질인 아트만(Ātman: 我)이 일체임을 깨닫는 범아일여(梵我一如)의 사상이다. 우주의 본체와 개인의 본질이 하나라는 것을 깨닫는다는 의미를 잘 드러내고 있는 우파니샤드 한 대목을 보자.

"저 보리수에서 열매 하나를 따와 보거라."

"여기 따왔습니다."

"그것을 쪼개라."

"예, 쪼겠습니다."

"그 안에 무엇이 보이느냐?"

"씨가 있습니다."

"그 중 하나를 쪼개 보아라."

"쪼겠습니다."

"그 안에 무엇이 보이느냐."

"아무 것도 보이지 않습니다."

그는 아들에게 계속해서 말했다.

"총명한 아들아, 네가 볼 수 없는 그 미세한 것,

그 미세함에서 비롯된 이 큰 나무가 서 있는 것을 보아라.

비록 보이지 않으나 그것이 있음을 믿어야 할 것이다.

그 미세한 존재,

그것을 세상 모든 것들이 자신의 근원으로 삼고 있다.

그 존재가 바로 네가 찾는 진리이다.

그 존재는 아트만이다.

그것은 바로 너이다."

(찬도기야 우파니샤드 제6장 12편 1절 ~ 3절)

우주의 '나'를 브라흐만이라고 한다면 개체로서의 '나'는 아트만이다. 브라흐만과 아트만은 다르지 않으며 이 둘은 하나이다. 우파니샤드에서는 계속해서 '네가 바로 그것이다(tat tvam asi)', '나는 브라흐만이다(Aham brahm asmi)'라는 진리를 가르친다. 보이지 않는 것, 그 작은 것에서 보이는 씨앗을 볼 수 있고, 보이는 씨앗에서 보이지 않는 미세함을 볼 수 있는 그것, 그리고 그것이 하나의 근원에 있다는 것을 깨달아 아는 것, 그것이 우파니샤드에서 말하는 '범아일여'인 것이다.

외형적인 의례 행위로 해탈에 이르거나 천상에 태어난다는 생각에서 벗어나 우주적 실재와 개인의 구성요소를 대응시켜 궁극적 진리를 깨달아야 한다는 것에 주안점을 두고 있는 것이 우파니샤드의 사상이다. 우파니샤드를 통해 형식적이고 희생제 위주의 행위주의를 벗어나, 진리를 탐구하는 새로운 생각이 일어난 것이다. 이러한 생각의 전환을 계기로 해탈에 이르는 길에 대한 다양한 견해가 표출되었으며, 우파니샤드에 이어 육사외도와 불교 그리고 자이나교 등의 신흥 사상이 생겨나게 되었다. 행위주의에서 사색과 탐구라는 생각의 전환이 생김으로써, 다양한 새로운 사상들이 등장하는 밑거름이 된 셈이다.

13. 벌레도 죽이지 말자: 자이나교

새로운 생각들이 등장하던 시기에 새로운 종교도 생겨났다. 그 가운데 하나가 자이나교이다. 자이나교의 창시자로 알려진 마하비라(Mahavira : 위대한 자)의 원래 이름은 바르다마나 나타푸타(Vardhamana Nataputta: 기원전 540-468년 경)이다. 바르다마나는 크샤트리야 출신으로 바이샬리(Vaishali) 근처에서 태어났다. 왕족 출신이었으나 30세에 출가하여 수행자가 되었으며 12년의 고행으로 해탈하여 마하비라(Mahavira : 위대한 자)로 불리게 되었고, 그의 사상과 종교는 승자(jina)의 가르침 이라는 의미의 자이나교(Jainism)라 불린다.

자이나교의 핵심 교리는 불살생, 상대주의, 무소유이다. 이 세 가지 교리에 근거하여 자이나교도들이 지켜야 할 다섯 가지 계율이 있는데 살생 하지 않으며(Ahimsa) 진실만을 말하며(Satya), 자기 것이 아닌 것은 갖지 않으며(Asteya), 성적 쾌락을 금하며(Brahmacharya), 모든 집착을 버리는 것(Aparigraha)이다.

자이나교도는 특히 살생을 하지 않아야 한다는 계율을 철저히 지킨다. 살생에는 고의적 살생, 방어적 살생, 가정생활에서의 살생, 직업적 살생 등이 있는데 자이나교 수행자들은 모든 살생을 피해야 하며, 신도들은 고의적 살생을 피하기 위해 사냥이나 낚시를 하지 않으며 직업적 살생을 피하기 위해 농업에 종사하지 않는다. 농사를 짓기 위해 땅을 파다가 벌레들을 죽일 수도 있고, 작물 재배를 위해 해충을 죽이기도 해야 하기 때문이다. 그래서 자이나교도들은 전통적으로 상업에 종사했고, 현대에는 출판과 IT 산업에 종사하는 자들이 많다. 또한 생활 속에서도 살생을 피하기 위해 수행자들은 신발을 신지 않으며, 신도들은 가죽신을 신지 않는다. 수행자들은 살생을 피하기 위해 맨발로 다닐 뿐만 아니라 빗자루로 길을 쓸어 내며 걷기도 하고 자리에 앉을 때는 빗자루로 털고 앉는다. 또한 입에서 뿜어 나오는 열기로 미생물을 죽이는 것을 피하기 위해 손수건을 입에 대거나 마스크를 쓰고 다닌다.

그림 18. 카우랄리에 있는 사원(Shri Mahaveer Ji temple)의 마하비라 동상

또한 자이나교도는 불살생 계율을 지키기 위해 채식을 한다. 채식 역시 식물의 생명을 죽이는 일이므로 살생을 하지 않아야 한다는 계율에 어긋나는 것이기는 하지만 채식조차 하지 않으면 자신

그림 19. 자이나교 심벌
마하비라의 열반 2500주년인 1974년에 제정된 자이나교의 공식 상징(Jain Prateek Chihna).
테두리는 '우주', 불살생(Ahimsa)이 그려진 바퀴를 든 손을 올리고 있는 것은 살생의 '중지', 스와스티카(卍)는 4개(천상, 인간, 지옥, 동식물)의 '존재'를 상징한다. 3개의 점은 자이나교의 삼보인 바른 믿음, 지식, 행위를 상징하며 상단에 있는 1개의 점은 해탈한 영혼(siddha)을 뜻하며 그를 둘러싸고 있는 반원은 해탈한 영혼들의 거처를 의미한다. 테두리 아래 글자는 생명체, 모든 존재가 상호 의존하고 영향을 주며 공존한다는 뜻이다.

의 생명을 죽이는 살생을 하는 것이기 때문에 최소한의 채식으로 자신에 대한 살생을 피하는 것이다. 그러나 죽음을 앞두고는 모든 살생을 금하기 위해 단식을 한다. 자이나교에서는 단식으로 마지막을 맞이하는 것을 가장 이상적인 죽음으로 여기는데 이것을 살레카나(Sallekhana)라고 한다.

자이나교 교리는 이원론에 근거하고 있으며 상대주의를 강조한다. 모든 존재는 지바(jiva)와 아지바(ajiva)로 나뉘며 지바는 땅, 물, 불, 동물, 식물, 인간 등에 들어 있는 생명의 실체를 뜻한다. 아지바는 지바가 아닌 물질적인 것을 의미한다. 지바 즉 영혼은 물질의 업에 속박되어 있어서 현실의 고통이 생겨나는 것이기 때문에, 고통에서 벗어나 궁극적 해탈 상태에 도달하기 위해서 고행을 해야 한다고 한다. 즉 과거의 업을 소멸하고 새로운 업의 유입을 방지하기 위해 지바를 청정하게 유지해야 하는데 그 방법으로 육체(물질)적 고통을 견디는 고행이 바람직하다는 것이다.

자이나교에서는 일체의 속성도 이원론으로 해석하고 있다. 사물의 실체와 형식은 상주(常住: 늘 그러하여 변하지 않음) 하는 것이나 그 사물의 상태와 내용은 무상(無常: 늘 변화하는 것)이라고 본다. 이것을 쉽게 이해하자면 우리가 '자이나교'라고 부를 때 작년에도 재작년에도 그리고 오늘도 내일도 그 종교를 '자이나교'라고 부르는 그 자체는 변하지 않는 것(상주)이다. 그러나 작년의 자이나교와 오늘의 자이나교와 내일의 자이나교의 내용은 변화하는 것(무상)이다.

무소유 역시 자이나교의 핵심 교리 가운데 하나이다. 고통은 영혼이 물질에 속박되어 생겨나는 것이기 때문에 소유할수록 업은 증가되고 해탈과는 멀어진다. 그래서 마하비라는 옷도 입지 않은 알몸으로 수행했고, 음식을 담는 그릇조차 소유하지 않고 손바닥에 음식을 받아서 먹었다고 전해진다.

이러한 자이나교의 교리들은 속박을 벗어나 해탈하기 위한 것이다. 마하비라는 육사외도 가운데 하나로 알려진 니간타 나타푸타(Nigantha Nataputta) 파에 속한다. 니간타는 속박을 떠난다는 의미이며 나타푸타는 종족이름이다. 이들이 후일 자이나교의 근원이기 때문에 이 교파를 원시 자이나교라고 부르기도 한다. 마하비라가 자이나교의 창시자라고 불리기는 하지만 자이나교에서는 마하비라보다 앞선 성인들이 있다고 여긴다. 이들을 티르탕카라(Tirthankara) 라고 하며 마하비라는 24번째 티르탕카라이다. 티르탕카라는 '나루를 만드는 자'라는 의미인데 사람들이 건널 수 있는 나루터를 만드는 자, 즉 해탈하여 다른 사람들이 해탈할 수 있도록 길을 만들어 주는 사람이라는 의미이다.

자이나교에서는 기원전 4세기 무렵 수행자의 규율에 관한 문제로 교파가 분열되기 시작했다. 핵심 문제는 여성의 출가 허용 여부와 수행자의 의복이었다. 디감바라파(Digambara, 空衣派)는 마하비라가 수행했던 모습 그대로 알몸으로 수행하고, 여성은 구원받을 수 없기 때문에 수행자로 받아들이지 않는다. 슈베탐바라파(Svetambara : 白衣派)는 흰색 옷을 입는 것을 허용하고 여성의 수도와 해탈을 인정하여, 여성을 위한 사원을 허락한다. 이러한 교파의 분열은 기원전 1세기 무렵에 확고해졌고 이후 그 내부에 여러 지파가 생겼다.

한편으로 마하비라는 인간이 초월적인 존재에 대해서 안다고 하거나, 신적인 존재에게 예배하는 것에 대하여 반대했다. 그러나 마하비라는 그의 추종자들에 의해 신격화되어 추앙받고 있다.

14. 천상천하 유아독존: 불교

불교와 자이나교는 신흥사상 형성기에 등장한 개혁적인 종교이다. 이들의 개혁적인 성격은 베다의 권위를 인정하지 않는 것에서 시작되었다. 베다의 가르침이나 의식 규범은 해탈에 아무런 도움이 되지 않는다고 배척함으로써 정통 브라흐만교의 흐름에서 벗어나 개혁적 성격을 띠고 등장한 것이 불교와 자이나교이다. 이 두 종교는 개혁적인 사상이라는 공통점을 갖고 있을 뿐만 아니라 종교적 배경과 교단 성립의 경위 등도 비슷하다. 또한 창시자가 크샤트리야이며 왕자였다는 출신의 공통점도 있다.

불교는 고타마 싯다르타(Gatama Siddhartta)가 왕자의 자리를 버리고 출가하여 깨달음을 얻은 붓다(Buddha)가 됨으로써 탄생했다. 고타마 싯다르타의 탄생 연도에 대해서는 기원전 624년, 566년, 463년 등 여러 가지 설이 있다. 네팔의 카트만두에서 1956년 6월에 제4차 세계불교도대회가 개최되었다. 이 대회는 불기(佛記) 2500년이 되는 해를 기념하여 개최된 것인데, 불기는 붓다의 입멸을 기점으로 정해진 것이기 때문에 1956년을 불기 2500년으로 규정하면, 80세를 산 것으로 알려진 붓다의 탄생 년도는 기원전 624년이 된다. 물론 붓다의 탄생 년도 혹은 입멸 년도에 대한 이견이 꾸준히 제시되고 있지만 현재로서는 남방불교의 전통과 제4차 세계불교도대회 개최에 근거한 불기를 사용하고 있다.

그림 20. 간다라의 로리얀 탕가이(Loriyan Tangai)에서 발견된 붓다 탄생도 조각

붓다는 룸비니 동산에서, 마야부인의 옆구리로부터 태어났다고 한다. 태어나자마자 일곱 걸음을 걷고 한 손은 하늘을 가리키고 한 손은 땅을 가리키며 '천상천하 유아독존, 삼계개고 아당안지(天上天下唯我獨尊 三界皆苦 我當安之)'라는 탄생게송을 한 것으로 전해지고 있다. 물론 이 탄생게 혹은 탄생설화는 여러 경전에 조금씩 다른 문구로 전해지고 있지만 현재 보편적으로 알려진 탄생게는 위와 같다. 탄생게에 대하여도 여러 이견들이 많으나 어찌 보면 이 탄생게 안에 불교의 기본 교리와 불교의 존재 이유가 모두 들어 있다고 해도 과언이 아니다.

탄생게의 시작인 '천상계와 지상계에 오직 나 홀로 존귀하다(천상천하 유아독존)'라는 말은 신과 제사에 묶여 있는 당시의 상황을 비판하고 인간의 존엄성을 외친 말이다. 지금은 '유아독존'이라는 말이 이기적이거나 자기중심적인 사람을 일컫는 말로 사용되기도 한다. 그러나 이것은 후대에 의미가 변화되어 그렇게 된 것이고 탄생게에서 '유아독존'의 의미는 생명체 각각 모두 존귀하다는 의미이다. '나와 너'로 분별된 개인이 아니라 모두 각각 '나'라는 말로 표현된 것이기 때문에 '동일성'을 드러내는 말이기도 하다. '모든 세상이 고통 속에 잠겨 있으니 내가 마땅히 이것을 편안하게 하리라(삼계개고 아당안지)'는 말에는 모든 생명체들을 고통과 차별 그리고 속박으로부터 구제하겠다는 자비 사상이 들어 있다. 즉 탄생게에는 신이 아닌 인간 중심 사상, 살아 숨 쉬는 모든 생명체를 중심으로 하는 사상, 분별없는 평등사상, 고통을 제거하는 자비사상 등 불교의 기본 정신이 모두 들어 있다. 그러므로 불교 존재의 의미와 기본 교리가 모두 녹아 있는 게송이라 할 수 있다.

종교적으로 불교 등장의 의의는 다양할 것이지만, 역사적으로 불교의 의의는 업에 대한 새로운 해석과 카스트의 부정에 있다고 해도 과언이 아니다. 인도의 모든 사상들은 업과 윤회설을 인정하고 있다. 업을 어떻게 해석하고 윤회를 어떻게 받아들이는가의 차이가 있을 뿐이다. 업(karma)이라는 말은 작용, 기능, 행위 등을 뜻하는 말이고, 윤회(samsara)는 변천, 흐름 등의 의미를 가진 말이다. 세상에 태어난 자는 수레바퀴가 도는 것과 마찬가지로 끝없이 삶과 죽음을 반복하는데, 과거에 지은 업에 따라 현재의 삶이 결정되고, 현재의 업에 따라 내세의 삶의 형태가 결정된다는 것이 업과 윤회 사상의 근간인 셈이다. 현재의 차별 현상은 개인이 과거에 지은 업의 결과이기 때문에, 내세에 더 나은 존재로 태어나기 위해서는 현재의 주어진 삶에 충실해야 한다. 그래야 내세에 더 높은 계층으로 태어날 수 있는 것이다.

이러한 업과 윤회에 대한 의식은 고대로부터 현대까지 인도인의 삶을 수동적으로 만들어, 계급적이고 차별적인 현실을 인정하는 사상적 근거가 되었다. 붓다 시대에 업에 대한 해석은 다양하여 과거의 행위가 숙명적으로 현재에 나타난다고 보는 견해, 절대자의 의지에 의해 결정된다는 견해, 원인과 결과에 상관없이 우연히 그렇게 되는 것이라는 견해, 여러 가지 요소들이 결합되어 나타난다는 견해 등이 있었다. 이처럼 다양한 해석이 있지만 이들의 공통점은 현세의 삶에 작용하는 '인간의 의지'가 끼어들 틈이 없다는 것이다. 개인이 노력하거나, 극복할 수 있는 여지가 없고, 우연히 그렇게 되기를 바라거나, 절대자의 의지가 좋은 방향으로 결정되기를 바랄 수밖에 없다. 그래서 업을 이렇게 해석하는 한 인간은 '업'에 대하여 수동적일 수밖에 없다.

불교에서도 업을 전생의 결과물이라고 보지만, 현재에 나타나는 결과는 하나의 원인이 하나의 필연적 결과를 낳는 것으로 보지 않는다. 여러 원인이 결합된 종합적 결과물이 현재의 모습인데, 현재의 모습 혹은 현재의 삶을 결정하는 가장 중요한 요소는 '개인의 의지'라는 것이다. 전생에 악행을 했다면, 그 결과로 현재의 삶은 당연히 고통스러울 수밖에 없다는 것이 기존의 업에 대한 해석이라고 한다면, 불교에서는 전생에 악행을 했다하더라도, 현재의 시점에서 그 악을 벗어나 바른 삶을 살겠다는 의지를 갖는다면, 전생의 악행보다는 현재의 의지가 더욱 중요한 요소로 작용한다고 보는 것이다.

그래서 붓다는 '현재의 삶이라고 하는 것은 개개인의 의지로 만들어지는 것이며, 그 자신이 지은 업의 열매 또한 자신이 거둔다.'라고 했다. 업과 윤회의 주체를 과거와 현재라는 시간의 흐름이 아닌 '현재 자신의 의지'라고 해석함으로써 기존의 업에 대한 해석과는 근본적인 차이를 드러냈다.

업에 대하여 이렇게 해석할 때, 카스트를 비롯한 계급제도에 대한 이해도 달라질 수 있다. 브라흐만교나 힌두교에서 카스트를 비롯한 계급제도가 유지 될 수 있는 것은 업에 대한 해석 때문이라고 해도 과언이 아니다. 현재 브라만이 된 것은 전생에 착한 업을 쌓았기 때문이고, 수드라와 불가촉천민으로 태어난 것은 전생에 그렇게 될 업을 쌓았기 때문이므로 태어나면서부터 차별되는 것은 당연하다는 것이다. 그러나 불교에서는 무엇보다도 '현재의 의지'가 더 중요한 것이라고 보기 때문에, 출생에 의한 차별이 아니라 현재의 행위로 인한 차별이라고 해석한다. 태어날 때 천한 계급으로 태어났더라도, 성자와 같은 생각과 성자와 같은 행위를 하고 있다면 그가 바로 브라만이라고 설파함으로써, 인도 사회에 존재하는 출생에 의한 카스트 차별을 부정했다. 불교에서는 이러한 업에 대한 해석을 바탕으로 절대자의 존재, 제사, 카스트 제도 등을 부정하고 누구나 깨달음을 얻으면 붓다가 된다는 평등사상을 주장할 수 있었다.

한편으로 불교에서 카스트를 부정한 것은 당시의 시대적 변화를 반영한 것으로 해석할 수도 있다. 불교가 성립되던 시기인 기원전 6세기는 왕족이나 상인 계층이 성장하여 사회의 실력자로 등장하면서 브라만 중심의 카스트 제도에 대한 의구심이 일어나고 있던 시기였기 때문이다. 절대자의 존재와 희생제 등을 부정한 것 역시 우파니샤드 철학의 등장으로 진리탐구를 강조하며 외형적 의례를 부정하는 분위기가 반영된 것으로 볼 수 있다. 우파니샤드는 브라만들의 제사 중심의 행위주의에 대한 반작용으로 등장했다. 그런데 우파니샤드 역시 지나친 철학적 사색이라는 극단적인 모습이 보임으로써, 이에 반발하는 육사외도가 등장했다. 이들은 모든 것을 물질적 요소로 분석하거나, 원인과 결과는 우연히 그렇게 되는 것이라는 극단적 태도를 보였다. 불교는 절대자의 존재와 계급적 사상을 부정함으로써 모든 인간의 해탈 가능성을 제시하고 있을 뿐 아니라, 운명론이나 물질주의 사상에 대하여도 비판적 태도를 취함으로써, 브라흐만 사상과 그에 반발하는 유물론적인 신흥사상의 양극단을 지양하는 종합적인 사상의 역할을 했다. 형식적인 브라흐만교를 정(正)이라고 한다면, 육사외도의 사상은 반(反)으로 볼 수 있고, 이것을 종합(綜合)했던 것이 바로 불교의 업과 윤회 그리고 카스트에 대한 해석이었다고 할 수 있다. 불교가 이렇게 양극단의 사상을 종합하는 역할을 할 수 있었던 핵심사상을 드러낸 것이 바로 '천상천하 유아독존, 일체개고 아당안지'라는 탄생게이다.

15. 상인들은 왜 불교와 자이나교를 지지했는가

인도에서는 베다 시대 말기 혹은 브라흐마나 시대에 이르러 철기를 사용하기 시작했다. 초기에는 활촉이나 창촉 등과 같은 무기 제작에 주로 사용되었다. 그러다가 점차 생산에 필요한 도구를 철기로 만들었고 이러한 철제 농기구 사용으로 생산력에 변화가 일어난 시기는 기원전 6세기쯤이다. 이 무렵 세력을 겨루던 16국 가운데 상당수가 갠지스 강 유역에 자리 잡고 있었다. 갠지스 강 중하류 유역은 토지가 비옥했는데, 여기에 철제 농기구를 사용함으로써 생산량이 증가했고, 잉여 생산량이 많아지자 다른 지역과의 교류도 활발해졌다. 교통로의 발달 역시 교역을 더욱 촉진시켰다. 또한 철기 그 자체가 상품이 되었으며, 화폐 발달도 촉진시켜 상업이 비약적으로 발전하게 되었다.

상업의 발전과 더불어 교역의 중심이 되는 도시에서는 생산자금을 조달하고 생산자들을 통솔하는 상인 세력의 대표가 도시의 중심인물이 되었다. 뿐만 아니라 상인들은 자신들의 이익을 보호하고 생산과 유통 질서를 확립하기 위해 동업조합인 슈레니

(śreni)[2)]를 결성했고, 그 조합의 대표들 가운데 일부는 관리의 역할도 맡게 되었다.

한편으로 왕들은 왕권을 강화하기 위해 상인들의 경제적 지원이 필요했다. 그래서 왕들은 상인 세력의 대표에게 관리적 성격을 부여하여 이들을 국가권력 내부로 끌어들이려 했다. 이 때문에 왕권과 상인 세력의 유대는 강화될 수밖에 없었고, 이러한 시대적 상황 속에서 상인 세력은 사회의 상층부로 성장하게 된다.

그런데 이론적으로는 아리아인 사회의 일원이었으나 카스트 서열 세 번째인 바이샤는 생산 계층으로써 지배계층과는 분리 되어 있었다. '크샤트리야와 브라만은 바이샤와 수드라의 뒤에 갈 수 없다'는 표현에서 볼 수 있듯이 상위 두 계층과 하위 두 계층은 분리되어 지배자와 피지배자를 구분하는 선이 점차 굵어지고 있었다. 그러나 경제력을 바탕으로 국가 경제의 중추적 역할을 담당하며 사회적 영향력을 증대시킨 바이샤 계층으로서는 브라만의 차별을 그대로 감수하기는 어려운 것이었다. 브라흐만 사상을 바탕으로 하면, 바이샤인 상인 세력의 대표나 부호는 경제적으로 성장하여 사회적 실세로 자리를 잡아도 브라만이나 크샤트리야와 동등해질 수 없고, 지배 계층에 소속 될 수는 없었다.

경제적 능력 상승과 카스트 차별이라는 부조화 속에서 경제력을 가진 자들이 자신들의 경제력과 일치되는 사회적 신분을 인정

2) 슈레니는 동종의 직공과 상인들의 단체이다. 이러한 조직들은 기원전 6세기부터 등장하기 시작한 것으로 추정되며, 길드(guild)와 유사한 기능을 했던 것으로 보인다.

받고자 하는 것은 당연한 것이다. 이 때문에 바이샤, 특히 경제력을 향상시킨 가하파티(gahapati)나 세티(setthi)[3]들은 신분적인 차별을 극복하기 위하여, 계급제도를 부정하고 있는 새로운 사상을 필요로 하게 되었다. '개인의 낮은 사회적 지위와 높은 경제적인 위치 사이의 모순'을 해결하여 사회적 지위를 높일 수 있는 사상 혹은 종교를 찾게 된 것이다.

그러나 이 시기의 브라만들은 여전히 일상적인 생활을 의례에 의존하게 했다. 또한 농업과 상업에서의 잉여를 비생산적인 의례 행위로 소비하게 함으로써 잉여 축적을 불가능하게 했고, 의례를 행하여 부를 축적한 브라만들의 도덕적 타락과 퇴폐 현상이 증가함으로써 이에 대한 혐오감도 증가했다. 그러나 우파니샤드 말기부터 붓다 시대에 이르는 동안에도 브라만의 계급제도에 대한 태도는 그다지 변화되지 않았고, 카스트제도에 대한 관념의 변화와 신흥 사상의 발달에 대한 브라만들의 대응은 오히려 계급적 한계를 강조하고 신분에 따른 의무를 강조하는 것이었다.

불교의 성립으로 평등사상이 등장하자, 출생에 의한 계급 차별의 모순을 절감하고 있던 부유한 상인들은 자신들이 받고 있는 사회적 차별에 대한 부당함을 더욱 깊이 인식하게 되었다. 이들은 카스트 상의 지위와 실제적 신분 사이의 모순을 극복하여 사회적

3) 가하파티는 가장(家長: house holder) 혹은 거사(居士)로 번역되며 세티는 호상(豪商: merchant prince), 장자(長者), 재무관 등으로 번역된다. 이들은 대개 농업과 상업을 바탕으로 경제적 기반을 형성한 자들로 상인 단체를 통솔하기도 하며 국가 재정과 관련하여 왕과 관계를 맺고 있기도 했다.

그림 21. 대상인이었던 아나타핀디카(Anathapindika)의 기증으로 건립된 제타바나 사원 (Jetavana: 기원정사) 유적

지위를 확립하기 위해 불교를 받아들였고, 이를 바탕으로 더욱 더 세력을 확장할 수 있기를 기대했을 것이다

불교에 귀의한 상인들은 불교 교단의 사회적 기반이 되었으며, 이들의 지원으로 불교교단의 중심이 된 사원들이 건립되었다. 그리고 불교는 이와 같은 상인 계층의 경제적 지원과 지지를 바탕으로 성장했기 때문에 불교경전에서는 내세에 태어나기를 희망하는 가문으로 '부유한 상인 가문'을 꼽기도 했다.

상인들의 자이나교 지지는 좀 다르게 평가 할 수 있다. 상인들이 자이나교를 지지하기도 했지만, 한편으로는 자이나교에 귀의한 사람들이 직업을 상업으로 전환하기도 했을 것이다. 농민이나 전쟁에 참여하는 군인들은 불살생의 계를 지키기 어렵기 때문이다. 동아시아에서 직업의 귀천을 논할 때 일반적으로 농업이 상업보다 높게 평가 되는 것을 볼 수 있다. 사농공상(士農工商)에서 보듯이 농업이 상업보다 높게 평가되는데, 인도의 경우는 농업보다 상업을 높게 평가한다. 그러한 인식의 차이가 생긴 것에는 여러 이유가 있겠지만, 농업이 살생을 피할 수 없는 직업이기 때문이기도 하다.

결론적으로 상인 계층은 신분 문제와 계율 문제를 해결하기 위해 불교와 자이나교를 지지했고, 한편으로 불교와 자이나교 교단도 상인 세력의 지지에 힘입어 성장했기 때문에 신흥 사상과 상인 세력은 같은 배를 타게 되었던 것이다.

16. 전쟁에서 반드시 이겨야 한다: 브라흐만교의 왕권 사상

고대 인도에서 왕은 어떠한 존재였으며, 왕이 존재해야 하는 이유에 대해서는 어떻게 설명하고 있을까. 브라흐마나 문헌 가운데 하나인 『아이타레야 브라흐마나(*Aitareya Brāhmaṇa*)』에서 신들과 악마들이 전쟁을 하는 장면을 설명하는 부분에 등장하는 왕과 왕권에 대한 이야기를 요약해서 잠시 살펴보자.

> 악마와 신들 사이에 전쟁이 벌어졌다. 이 전쟁에서 신들이 계속 졌다. 전쟁을 치르면서 신들이 악마의 무리를 살펴보니, 악마 가운데는 한 명의 우두머리가 있어서, 전쟁을 승리로 이끌고 있었다. 이것을 보고 신들이 회의를 열었다. 지금까지 왜 신들이 계속 패할 수밖에 없었던 것인가를 논의한 끝에, 신들에게는 신들 전체를 이끄는 대표가 없기 때문이라는 결론을 내렸다. 그리고 신들 가운데서 소마(Soma)가 왕이 되었다(1장 14).

이렇게 신들 가운데 대표를 정하고 나서 소마가 전쟁을 이끌자, 신들이 악마와의 전쟁에서 승리했다. 다른 브라흐마나에서는 인드라(Indra), 바루나(Varuna) 등이 왕이 되었다고 되어 있다. 소마, 인드라, 바루나 등이 왕이 되었던 것은 그들이 특별한 능력을 갖고 있었기 때문이다. 소마와 인드라는 신들 가운데 가장 힘이 세고 연장자였기 때문에 왕이 되었다. 바루나는 왕이 되기에는 부족했으나 아버지인 프라자파티로부터 특별한 주문(呪文)을 배웠고, 프라자파티는 바루나를 신들 가운데 가장 뛰어난 자로 만들어 주었기 때문에 바루나가 왕이 될 수 있었다고 한다.

위와 같은 브라흐마나 문헌의 이야기를 종합해보면, 전쟁에서 이기기 위해 전체를 대표하여 통솔할 자가 필요하여 왕이 생겨났다는 것이다. 그리고 왕이 되기 위해서는 특별한 능력을 갖추었거나 신으로부터 특별한 능력을 부여 받아야 한다는 것이다. 그러므로 이미 왕이 된 사람들은 어떠한 형태로든 무리 가운데 가장 뛰어난 자이거나 신으로부터 권능을 부여 받은 자인 셈이다. 그리고 왕이 되고자 하는 사람들 혹은 더 강력한 지배권을 장악하고자 하는 왕은 신들의 힘을 빌어야 한다. 그래서 왕들은 즉위식에서뿐만 아니라 다양한 형식의 의례를 통해 신들로부터 능력을 인정받거나 특별한 권능을 부여 받으려 했다.

일반적인 왕의 즉위식은 라자수야(Rājasūya)라고 한다. 왕권을 과시하거나 왕권을 강화시켜 주는 역할을 하는 의식은 아슈바메다(Aśvamedha)와 바자페야(Vajapeya)이다. 아슈바메다는 말을 제물로 바치는 의식이기 때문에 한역으로는 마사제(馬祠祭)라고 하며 소마(Soma)제 가운데 하나로서 왕에게 주권을 수여하는 의식이다.

아슈바메다는 두개의 부분으로 나누어진다. 첫째는 준비단계이며 둘째는 절정이다. 준비단계에서 말을 고르고, 사제들이 만트라를 읊은 후에 그 말을 동북쪽을 향하여 풀어 준다. 그 말이 나아가는 방향은 신들이 안내하며 주로 정복되지 않은 지역이다. 이 말을 1년 동안 마음대로 돌아다니게 놓아두고 왕자들과 수많은 병사들이 뒤따른다. 병사들과 함께 마음대로 뛰어다니는 이 말이 주변국의 경계를 넘는 경우 주변국 지배자는 도전을 하거나 묵인한다. 뛰어다니는 이 말을 잡거나 공격하는 것은 아슈바메다를 거행하는 왕에 대한 도전으로 간주되어 전쟁이 벌어진다. 만일 이 말과 수행자들이 공격당하여 패하면, 말은 즉시 잡히고 이 의식을 수행한 왕은 의식을 더 이상 진행할 수 없으며, 비웃음거리가 된다. 사방으로 돌아다니던 말이 무사히 본래의 자리로 돌아오면 절정에 이르게 된다. 말은 중앙에 묶이고 그 주위에 많은 동물들이 묶이며, 이 의식을 치른 말은 제주인 왕을 하늘로 이끄는 큰 새가 된다고 믿어졌다. 이렇게 아슈바메다가 완료 된 후에는, 아슈바메다를 행한 왕의 지배권이 1년 동안 말이 돌아다닌 모든 영토에 미치게 된다.

아슈바메다와 더불어 강력한 왕권을 과시하는 것이 '승리를 보증하는 힘의 음료'라는 의미를 갖고 있는 바자페야이다. 바자페야에서는 다섯 계절을 뜻하는 다섯 개의 바자페야 컵을 높이 들어 올리고, 소마(Soma)의 17개의 컵과 수라(Sura)의 17개의 컵을 들어 올리는데, 이것은 삼십삼천(三十三天)과 프라자파티(Prajāpati)를 뜻하는 34개로써 전체를 의미한다. 17대의 전차가 둥근 트랙을

도는 경주에서 제주(왕)의 전차가 항상 승리자가 되며, 이 승리는 지상세계의 획득을 의미한다. 이것은 제를 올리는 왕의 지위를 확인하고 신하들에게 왕의 권력을 인식시키기 위하여 치르는 의식이다. 이러한 의식을 거쳐 왕은 강력한 능력을 과시함으로써, 전쟁에서 승리하고, 백성들을 보호 할 수 있다.

왕이 생겨나게 된 과정과 왕권을 강화시켜주기 위한 의식들을 종합해 보면, 브라흐만교의 왕권 사상의 근본은 전쟁에서 이기는 데 있고, 전쟁에서 이기는 것은 신의 도움으로 가능하다는 의식이 작용하고 있는 것을 볼 수 있다. 전쟁이 확대되고 있던 고대사 전반기(前半期) 국가에서 전쟁에서 이기는 것보다 더 중요한 일은 없었을 것이다. 아무리 다른 능력이 뛰어나더라도 전쟁에서 패한 국가는 역사에서 사라지며, 전쟁에서 패한 국가의 백성들은 노예가 되고 만다. 그러니 백성을 보호하는 일, 그것의 시작과 끝은 전쟁에서 승리하는 일이었을 것이다.

전쟁에서 승리하기 위해 특별한 능력을 신들로부터 받은 왕들은 신과 같은 존재로 인식되어 왕권의 신성화 경향이 생겨났다. 신으로부터 부여 받은 왕권이라는 사상은 인도 역사 전체를 지배하는 브라흐만교 혹은 힌두교 왕권 사상의 근간이 되었고, 여러 의식(儀式)을 집전하는 브라만들의 세력이 왕권과 함께 성장하게 된 배경이 되었다. 왕권의 강화로 사제들의 세력이 약화되는 것이 아니라, 오히려 왕권강화와 더불어 사제 세력이 확대되는 인도 특유의 현상, 그 배경에는 브라흐만교의 왕권 사상이 자리 잡고 있었던 것이다.

17. 분쟁 해결을 위해 필요한 중재자: 불교의 왕권 사상

불교가 등장하던 시기에 마가다의 빔비사라와 아자타사트루, 그리고 코살라의 프라세나짓 왕 등이 불교를 받아들였다. 이 시기에 불교와 왕권은 여러 가지로 밀접한 관계에 있었다. 그렇다면 불교에서는 왕이나 왕권에 대해 어떠한 견해를 갖고 있었을까. 불교 문헌에서 왕이 생겨난 배경을 설명하는 경전으로는 한역경전인 『장아함』의 '세기경'과 '소연경' 그리고 『디가 니카야(*Dīgha Nikāya*: 長部)』의 '악간냐 숫타(Aggañña Sutta)' 등이 있다. 이들 경전에서는 세상의 기원에 대하여 설명하고 있는데 그 내용들은 비슷하다. 이들 경전에 기술된 왕이라는 직위 혹은 존재가 탄생하게 된 배경을 요약해서 살펴보자.

지상에 사람들이 처음 살기 시작했을 때는 생각을 먹고 살았는데, 어떤 사람이 단 샘에서 맛있는 것을 먹어 본 이후 음식을 먹고 살게 되었다고 한다. 아침에 먹을 것은 아침에 구해오고 저녁에 먹을 것은 저녁에 구해서 먹었다. 그러던 어느 날 게으른 사람이 아침, 저녁으로 먹을 것을 구하는 것이 번거로워, 하루 동안 먹을 것을 한 번에 구해버렸다. 이것을 본 다른 사람은 이제 3일분의 식량을 한 번에 구해 놓았다. 이렇게 점차 욕심을 내게 되고, 나아가서는 식량을 마련할 땅의 경계를 만들게 되었다. 그러자 자신의 식량을 구할 땅이 있음에도 불구하고, 다른 사람의 땅에서 남의 것을 훔쳐 자신의 욕심을 채우는 사람이 생기게 되었다. 이때 사람들은 '사람들이 점차 악해지고 다툼이 생기니, 한 사람을 택해 다스리게 하여, 보호할 자는 보호하고 꾸짖을 자는 꾸짖게 하자. 그리고 모든 사람들은 쌀을 걷어 그에게 주면서 분쟁을 다스리게 하자'는 생각을 하게 되었다. 그래서 자신들을 다스릴 한 사람을 선택했다. 신택된 사람은 형체가 장내하고 아름다웠다. 그는 백성들이 원하는 것을 따르고, 백성을 위로했다. 백성들은 이에 기뻐하여 '좋도다. 대왕이여!'라고 하니 이로써 세상에 처음으로 왕이라는 이름이 생겼다. 그는 정법으로써 백성을 다스렸기에 찰제리(크샤트리야)라고 칭해졌다.

이것이 왕이 생겨난 배경을 설명하는 경전의 줄거리이다. 이 이야기에 따르면 왕이 필요하게 된 것은 사유물이 생기면서 분쟁이 발생했기 때문이다. 분쟁의 조정자로써 왕이 필요하게 되자, 통치를 받을 사람들이 모여 정법으로 백성을 다스릴 왕을 직접 선출했다. 정법이 무엇인지에 대해서는 구체적으로 언급되어 있지 않지만 '개인적인 욕심을 억제하여 악행을 하지 못하게 하고, 공평무사의 정신을 바탕으로 사회의 질서를 세우는 것' 정도로 이해될 수 있다. 그리고 정법으로 백성을 다스리는 사람들을 크샤트리야라 불렀다는 것이다.

이러한 불교의 왕권 기원설에 의하면 특별한 능력이나 신의 권능을 가진 사람이 왕이 된 것이 아니라 백성들이 자신들을 다스릴 왕을 직접 뽑았다는 것이다. 이렇게 선거로 뽑힌 왕을 마하삼마타(Mahāsammata)라 했다. 마하삼마타는 특정 왕의 이름이 아니다. 마하삼마타는 '위대한 당선자(the Great Elect)'라는 뜻을 가진 용어이기 때문에 백성들이 선택하여 뽑은 왕이라는 의미이다. 물론 후대에 불교국가에서 마하삼마타가 불교지배자의 고유명사로 언급되기도 하고 강력한 통치력을 가진 불교의 이상적인 군주로 언급되기도 했다. 그러나 마하삼마타 원래의 의미는 많은 사람들이 선택하여 뽑은 왕이라는 의미였다. 그러므로 신이 부여한 왕의 권력이라거나, 백성들 위에 군림하여 절대적 지위와 권력을 갖는 왕이라는 개념은 찾아보기 힘들다. 그래서 불교에서 이상적인 국가로 생각한 것이 공화제 형태의 국가였다. 공화제 형태의 국가라고 하는 것은 왕이 있기는 하지만 회의 기구인 상가(sangha) 혹은 가나(gana)가 국가의 중심이 되는 국가이다. 불교 교단을 '상가'라고 부르는 것도 이러한 민주적인 체제를 갖춘 단체임을 뜻하는 것이다.

브라흐만교에서는 전쟁에서 이기기 위해 왕이 필요했고, 전쟁에서 적을 이기는 것은 천상에 태어날 복을 짓는 것이라고 설명하고 있다. 그러나 붓다는 '왕이 되어서도 살생하지 않고, 남을 시켜 살생하지도 않으며 한결같이 법을 행하고, 법 아닌 것을 하지 않도록 할 수 없을까'에 대해 고심했다고 한다. 또한 경전의 여러 곳에서 전쟁을 하지 않고 나라를 다스려야 한다는 것을 강조했으며, 적이 백성을 죽이고 학살할 경우 정법의 군주는 백성을 고통으로부터 구해주어야 하는데, 가능한 무기를 사용하지 않고 평정하도록 애써야 하고, 적을 죽이지 않고 포로로 잡아 무력을 행사하지 못하도록 하는데 힘써야 한다고 강조했다. 이와 같이 불교는 전쟁을 가능하면 하지 않아야 하고, 전쟁에서도 살생이 일어나지 않도록 애써야 한다고 강조한 점이 브라흐만교의 왕권과 전쟁에 대한 생각과는 다른 점이다.

그렇다고 불교에는 강력한 통치력을 가진 이상적 군주상이 없는 것인가? 그렇지는 않다. 불교의 이상적인 군주로 언급되고 있는 것이 전류성왕(轉輪聖王, Cakravartin)이다. 전륜성왕은 불교의 독창적인 이념은 아니다. 숫타니파타(Sutta Nipāta)[4]에 의하면 고타마 싯다르타가 태어났을 때 아시타(Asita)라는 현자가 '왕자는 출가하면 깨달음의 최고봉에 오를 것이며, 왕위를 계승하면 전륜성왕이 되실 것'이라는 예언을 했다고 한다. 전륜성왕은 천하를 지배하는 절대적인 지배권을 갖는 군주이며, 전륜성왕은 덕을 갖추고 이를 바탕으로 백성을 포용하고 주변국을 지배할 수 있는 능력을 갖추고 있으며, 무력에 의한 정복이 아니라 정법으로 나라를 다스려, 주변의 왕국들이 스스로 복종하게 하는 왕이다.

4) 숫타니파타는 숫타(sutta: 經)와 니파다(nipāta: 集)의 합성어로 경집 속 여러 이야기를 모아놓은 경전이라는 의미이다. 초기 경전에 속하는 숫타니파타는 5개의 장으로 구성되어 있으며 각 장에는 10여 개씩의 이야기들이 들어 있다. 제 3장인 마하바가(Mahā-Vagga: 大品)에 붓다의 탄생과 관련된 이야기가 들어 있다.

브라흐만교의 절대적이고 신성을 갖춘 군주상과 비교하면 불교의 전륜성왕은 무력을 사용하지 않는 평화적 성격의 절대 군주의 상이다. 그러나 이 전륜성왕은 왕의 절대적인 지배권과 무력에 의한 지배를 부정하고 있기 때문에, 16국 시대와 4국 시대의 정치사상, 혹은 왕권 사상으로는 부족한 면이 있다. 이 때문에 무력으로써가 아니라 법(dharma)으로써 천하를 통일하여 지배한다는 전륜성왕 사상은 무력적인 통일 전쟁이 완성되는 아쇼카(Ashoka, 기원전 269-232년경) 시대에 이르러서 실현될 수 있었다.

18. 알렉산더의 발걸음

기원전 4세기경부터 그리스와 페르시아는 대 격전을 치렀고, 마케도니아의 알렉산더는 이집트와 페르시아를 정복했다. 이때 인도의 서북 지역은 페르시아 제국의 일부로 인식되었기 때문에 이를 구실로 알렉산더는 인도 정복에 나섰다(기원전 327년). 알렉산더가 인도에 침입한 시기, 서북인도는 군주국과 공화제 국가들이 난립하여 영토 확장을 위한 패권 다툼이 한창 진행되던 때이다. 그래서 힌두쿠시 산맥을 넘어 알렉산더의 군대가 인도에 들어올 때, 이에 대항할 만한 주축 세력이 없었다.

이를 이용하여 알렉산더는 군소 국가들을 차례로 공략하는 전략으로 북인도의 많은 지역을 정복했다. 학문과 상업이 번창한 도시인 탁실라를 점령한 알렉산더 군대는 더 동쪽으로 진군하려 했으나 포러스(Poros) 군대의 저항에 부딪혔다. 인더스 강의 지류인 젤룸(Jhelum) 강 유역에 있던 파우라바 왕국(Paurava kingdom)의 왕인 포러스는 알렉산더 군대와 젤룸 강을 마주하고 진지를 구축했다. 알렉산더 군대가 젤룸 강을 건너 진군하기는 어려운 상황이었지만 매일 밤낮으로 포러스 군대를 강둑을 따라 이동시키도록 기습하는 전략을 세워 공격했다. 이에 결국 포러스 군대는 패배했다. 그러나 다음과 같은 일화가 남아 있을 정도로 당시 포러스는 당당하게 알렉산더와 마주했던 것으로 전해지고 있다.

> 놀라운 솜씨로 젤룸 강을 넘은 마케도니아 군대는 어렵게 포러스 군대를 물리치고 그를 생포했다. 포러스는 키가 아주 크고 잘생긴 왕이었으며, 그의 용맹함과 당당함은 그리스 군대에게 큰 감명을 주었다. 생포되어 알렉산더 앞에 끌려왔을 때 포러스는 아홉 군데나 부상을 입고 있어서 서 있기도 힘들 정도였다. 알렉산더가 그에게 어떠한 대접을 받기를 원하는가를 물었을 때 그는 대담하게도 '나에게 왕에게 걸 맞는 대우를 하라'고 당당하게 대답했다. 알렉산더는 포로가 된 포러스에게 깊은 감명을 받아 그에게 왕국을 돌려주고 속국으로 삼았으며 그리스 군대가 퇴각할 때에는 펀잡을 그에게 맡겼다.

포러스 군대를 물리친 알렉산더는 계속 진군하여 많은 부족들과 소왕국들을 정복했으나 베아스(Beas)에서 퇴각할 수밖에 없었다. 알렉산더 휘하의 장군들은 한편으로는 군대가 미지의 땅으로 더 진군한다면 폭동이 일어날 수 있다고 우려했고, 또 한편으로는 포러스의 군대와 격전을 치르면서 경험한 코끼리 군대에 대한 두려움으로 진군을 거부했기 때문이다. 알렉산더가 퇴각을 결

그림 22. 포러스의 코끼리부대와 마주친 알렉산더 군대

정하고 펀잡을 지나 인더스 유역의 라비 강 근처에 이르렀을 때 10만 명의 연합세력이 이들을 공격했다. 알렉산더 군대는 이미 지친 상태였고 수적으로도 연합세력이 훨씬 우세했다. 그러나 알렉산더의 뛰어난 전략을 감당하지 못하고 연합세력이 패했다. 다시 퇴각을 시작한 알렉산더의 군대는 둘로 나뉘어 일부는 바다를 건너 메소포타미아로 갔고, 알렉산더가 이끄는 부대는 마크란(Makran)을 지나 해안선을 따라 육로로 이동했다. 분산하여 이동한 두 부대는 고난 끝에 유프라테스에 도착했다. 그러나 알렉산더는 결국 마케도니아까지 돌아가지 못하고 페르시아의 바빌론에서 사망했다(기원전 323년).

알렉산더는 정복지에 주둔군을 남겨 두고 총독을 임명했던 것으로 보아 인도 점령지에 대한 지배권을 계속 유지하려고 했던 것 같다. 그러나 인도 점령지에서 반란이 일어났고, 알렉산더의 갑작

스러운 죽음으로 마케도니아의 인도 지배는 불가능해 졌다. 이에 인도에 마지막까지 남아 있던 알렉산더 군대의 장군 에우다무스(Eudamus)는 기원전 317년에 서북인도를 떠났다.

알렉산더의 침입 이전에 그리스인들이 인도에 대하여 알고 있었다 하더라도, 그들이 알고 있는 지식이라는 것은 대개 인도에 다녀온 여행자들이 하는 환상적인 이야기에 근거한 것일 뿐이었다. 그러나 이제 그리스와 인도는 밀접한 관계를 맺게 되었다. 알렉산더 원정에 관해 기술한 문헌들을 보면, 그리스인들이 인도에 대하여 깊은 감명을 받았다는 것을 짐작 할 수 있다. 그러한 문헌들에는 인도 군대의 용맹성, 탁실라에서 만난 벌거벗은 고행자들의 근엄함, 그리고 펀잡과 신드에 있는 부족들의 성실함과 소박함 등이 기록되어 있다.

알렉산더 침입 이후 박트리아와 아프가니스탄 그리고 서북인도에 그리스의 식민지가 세워졌다. 칸다하르(Kandahar) 지역에서 발견된 아쇼카 비문(Kandahar Edict of Ashoka)은 그리스어와 아랍어로 새겨져 있다. 이 비문은 알렉산더의 인도 침략으로부터 대략 70년 후에 세워진 비문으로, 그 당시까지 이 지역에 그리스 식민지가 유지되고 있었고 그리스어가 주요 언어로 사용되고 있었음을 추측하게 한다.

알렉산더 침입이 인도에 미친 직접적인 영향은 그다지 크지 않았다. 그러나 알렉산더 원정이 이후 인도 역사에 미친 간접적인 영향은 적지 않다. 정치적으로는 군소 국가들로 분열되어 있던 인도 서북지역을 점령하여 정치적 공백상태를 만들었기 때문에 새로운 왕조가 탄생할 여백을 만든 셈이다. 한편으로 마케도니아의 원정으로 지리적 시야가 넓어졌고, 무역과 해상활동을 위한 교통로가 열림으로써 상업이 발전하는 계기가 되었다. 사상과 문화적 교류도 활발해져서 로마의 화폐를 모방한 화폐들이 만들어졌고, 그리스 건축양식도 전래됨으로써 두 문화가 융합되는 간다라미술의 예고편이 만들어진 셈이다.

19. 이제는 하나가 되자: 마우리아 왕조 건설

알렉산더가 인도를 침략해서 직접적으로 남긴 영향은 아주 미미했지만 알렉산더의 침입과 퇴각으로 서북인도에 정치적 공백 상태가 생겼다는 것은 간접적이긴 하지만 매우 중요한 사건이었다. 침입의 직접적인 영향이 미미했던 것을 반증하듯이, 인도의 문헌에는 알렉산더의 침입에 대한 기록이 없다. 그런데 그리스 문헌에는 산드로코터스(Sandrocottus)라는 인물에 대한 기록이 있다. 그리고 플루타르크(Plutarch) 영웅전에 의하면 알렉산더에게 베아스(Beas)를 넘어 난다 왕을 공격하라는 조언을 했던 사람이 산드로코터스이며, 당시 인도를 지배하고 있던 최대 강국인 마가다의 난다왕은 덕망이 없어서 그의 백성들이 침입자들을 도왔다고 한다. 이후 알렉산더는 산드로코터스를 죽이려 했지만 그는 탈출하여 많은 고난을 겪은 후에 서북인도에 왕국을 건설했다는 기록도 있다. 그리스 문헌에 보이는 산드로코터스와 인도 문헌에 보이는 찬드라굽타 마우리아(Candragupta Maurya)는 동일 인물로 여겨진다. 그리스 문헌과 플루타르크 영웅전의 기록이 사실이든 아니든 이 기록은 찬드라굽타 마우리아와 난다 왕조 그리고 알렉산더가 동시대의 연결고리를 갖고 있다는 것을 반증하는 자료라 할 수 있다.

찬드라굽타의 왕조 건설과 영토 확장과정은 3단계로 나눠 볼 수 있는데, 1차 정복은 왕조 건설과 서북인도의 정복이었다. 왕조의 건설 연대는 기원전 324년 혹은 기원전 313년 등으로 문헌마다 좀 다르다. 왕조를 세운 찬드라굽타 마우리아는 인더스 지역까지는 쉽게 영토를 확대했다. 인더스 서북쪽에는 막강한 셀레우코스(Seleucid) 왕조가 있었기 때문에, 더 이상의 정복이 어렵게 되자 북인도 중심부로 방향을 돌렸다. 북인도의 중심부에는 난다 왕조가 있었다. 군사력에 있어서는 난다 왕조가 훨씬 우세했지만 찬드라굽타의 재상이었던 카우틸랴(Kautiliya)의 뛰어난 전략 덕분에 난다 왕조를 정복하게 된다. 카우틸랴의 전략은 막강한 난다의 병력과 정면 대결은 불가능하기 때문에 변방을 계속적으로 공격하여 난다 왕조를 약화시킨 후에, 마지막 일격으로 난다 왕조를 무너뜨린다는 것이었다.

카우틸랴의 이 전략은 찬드라굽타가 어린 시절에 경험한 일화와 연결되어 있다. 어린 시절 찬드라굽타가 어느 집에 갔을 때, 한 아이가 음식을 먹고 있었다. 이 때 아이의 어머니가 '접시의 한 가운데는 바깥쪽보다 뜨겁기 때문에 접시의 바깥쪽부터 음식을 먹기 시작해야지 한 가운데부터 먹으면 안 된다.'고 꾸짖는 것을 보았다. 찬드라굽타가 난다 왕조를 정복해야 하는 시점에서 이 일화가 전략적으로 떠올랐다. 군사적으로 우세한 난다 왕조의 중심부를 공격해서는 이길 수 없다는 것을 자각하고, 변방을 끝없이 공략하여 힘을 뺀 후에 중심을 공격하여 난다 왕조를 무너뜨렸다.

난다 왕조를 정복한 찬드라굽타는 다시 서북지역에 있는 셀레우코스 왕조와 전쟁을 치렀다. 알렉산더의 장군이었던 셀레우코스 니카토르(Seleucus Nicator)는 마케도니아 제국이 차지했던 아시아 지방의 대부분을 장악하는데 성공하고, 이어 동쪽으로 관심을 돌려 기원전 305년경 찬드라굽타와 마주치게 되었다. 이 전쟁에서 치명상을 입은 셀레우코스는 알렉산더가 차지했던 인도 지방을 차지하겠다는 생각을 접었다. 셀레우코스는 아프가니스탄 지방을 찬드라굽타에게 넘겼고, 찬드라굽타는 코끼리 500마리를 보냈으며, 양국은 결혼 동맹으로 평화조약을 맺었다. 이 결혼 동맹으로 인해 찬드라굽타의 계승자들이 그리스 혈통을 물려받았을 가능성도 없지 않다.

찬드라굽타는 마가다 지역을 차지하고 이어 아프가니스탄, 인더스 지역을 포함한 서북인도, 갠지스 지역 그리고 중앙 인도를 장악하면서 장차 인도 최초의 통일 국가가 될 마우리아 왕조의 기틀을 닦았다.

자이나교 문헌에 따르면 찬드라굽타는 재위 말기에 왕위를 버리고 자이나 승려가 되었고, 지금의 마이소르(Mysore)지방에 있는 슈라바나 벨골라(Sravana Belgola) 사원에서 자이나 성자들의 방식인 단식으로 생을 마감했다. 그리고 그의 아들 빈두사라(Bindusara, 기원전 293-273)가 왕위를 계승했다고 하는데, 빈두사라에 대해서는 잘 알려져 있지 않다. 빈두사라가 시리아의 셀레우쿠스 왕조의 안티오쿠스 1세(Antiochus I)와 교류했다는 기록이 있고 그에 관한 일화가 전해지고 있다. 아테네우스(Athenaeus: 2세기 후반 그리스의 철학자)에 따르면 빈두사라가 안티오쿠스에게 무화과와 포도주 그리고 철학자를 선물로 보내달라고 요청하자, 안티오쿠스 1세가 무화과와 포도주를 보내면서 '그리스 철학자는 수출용이 아니다'라는 답변을 했다고 한다. 이 재치 있는 일화를 통해, 빈두사라 시기에 그리스의 안티오쿠스 왕조와 우호적 관계를 유지하면서 헬레니즘 세계와 교류를 갖고 있었음을 알 수 있다.

티베트의 자료에 의하면 빈두사라는 '적의 살육자(Amitraghata)'라고도 불렸으며, 16개 도시의 왕과 귀족들을 무찌르고 동서해(東西海) 중간의 모든 영토를 차지한 주인이 되었다고 하는데, 이런 것들로 미루어 보아 빈두사라가 데칸고원을 넘어 아라비아 해와 벵골 만 사이의 중남부 인도까지 지배영역을 확대했던 것 같다.

찬드라굽타와 빈두사라는 마우리아 왕조를 건설하고 서북인도와 갠지스 유역 그리고 중남부 인도까지 세력을 확대했다. 이로써 인도 반도에도 '하나의 통일된 국가'가 등장하게 된 것이다. 무리지어 살기 시작한 이래, 작은 나라와 큰 나라들이 자신들의 영역을 정하기 위해 싸웠고, 영역을 정한 후에도 전쟁은 끝이 없었다. 그 전쟁의 끝에 기다리고 있었던 것이 '하나의 나라' 통일국가였다.

20. 고대 인도의 정치 경제학: 아르타샤스트라

마우리아 왕조 초기의 문헌으로 가장 중요한 사료가 되고 있는 것은 『아르타샤스트라(*Arthaśāstra*: 實利論)』이다. 이 책의 저자는 카우틸랴라고 알려져 있다. 인도 문헌들에 의하면 찬드라굽타는 제국을 건설하는 과정에서 카우틸랴(Kauṭilya), 차나캬(Cāṇakya), 비슈누굽타(Visnugupta) 등으로 불리는 매우 유능하고 헌신적인 브라만 재상의 도움을 받았다고 한다. 찬드라굽타가 난다 왕을 제압하는 마지막 단계를 묘사하고 있는 것으로 보이는 '재상의 옥쇄 반지(The Minister's Signet Ring: 기원후 6세기의 작품)'라는 희곡에는 왕은 나약하고 힘없는 젊은이였고, 실제적 지배자는 차나캬였던 것으로 묘사되어 있다. 이렇게 희곡의 주인공으로 등장하여 실제로 왕국을 세운 찬드라굽타보다 훨씬 중요한 인물로 묘사될 정도로 마우리아 제국 건설에 큰 역할을 했던 사람이 카우틸랴이다.

'아르타'는 실리(實利), 부(富)를 뜻하는 말이고 '샤스트라'는 논(論) 혹은 전(典)을 뜻하는 말이다. 그래서 실리론 혹은 국부론 등으로 번역되고 있다. 왕자들의 교육, 행정, 사법, 외교 등 국가 통치에 관련된 것들을 총망라하고 있는 국가 경영론이라 할 수 있으며 총 15권으로 되어 있다.

카우틸랴는 찬드라굽타와 그의 후계자들이 세계를 지배할 수 있는 강력하고 현명한 왕이 되기를 기대하면서 이 책을 쓴 것으로 보인다. 현명한 왕은 어떻게 통치해야 하는지를 가르치는 책이기 때문이다. 왕의 업무는 힘겹고 어려운 일이다. 장차 왕이 될 왕자들은 이러한 힘겨운 의무를 제대로 수행할 수 있도록 교육을 받아야 한다. 그래서 첫 장에서는 왕자의 교육 방법을 다루고 있다. 학문 분야에 대하여 특히 정치학을 강조하고 있고, 국가 경영에 있어서 필요한 대관과 다른 관리들을 임명하는 문제를 중요하게 다루고 있다.

『아르타샤스트라』에 의하면 왕은 회초리(danda)를 사용해야 하고, 왕이 적당한 회초리를 잘 사용해야 약육강식의 물고기 법칙이 작용하는 것을 막을 수 있다고 한다. 왕의 회초리는 엄격한 법을 공정하게 실행하는 것을 의미하는데, 무정부 상태가 되면, 물고기의 세계처럼 약자에 대한 강자의 전횡이 심해지기 때문에, 왕은 회초리를 필요할 때 제대로 사용해야 한다고 강조하고 있다. 회초리를 사용함과 더불어 약자를 보호할 장치로 복지의 중요성도 강조했다.

당시의 시대가 주변 국가들을 병합하여 대 통일을 이루던 시대인 만큼 『아르타샤스트라』에서는 특히 외교와 군사 문제를 중요하게 다루고 있는데, 이러한 대목에서 그의 탁월한 식견을 볼 수 있다. 주변 국가들을 동맹국과 필연적인 적국으로 분류하여 '모든 인접국은 적이다. 그 인접국의 인접국은 우방국이다.'라는 유명한 외교적 전략을 말하기도 했다. 또한 소리 없는 전쟁에 대한 내용도 들어 있다. 도발이 의심되는 왕을 암살하거나 스파이를 파견하여 적들의 우두머리와 불만이나 폭동을 일으킬 사람들을 암살하는 것이다. 뿐만 아니라 전쟁에서 이기기 위해서는 여성의 미모를 활용한 미인계를 활용할 것을 권장하기도 했다. 이것은 어떠한 수단을 사용하든 승리자는 정당화된다는 생각을 반영하고 있는 것이어서 비도덕적이라는 비판을 받는 부분이기도 하다. 승리를 위해서는 종교와 미신적 요소들도 동원된다. 즉 군대의 사기를 높이거나 상대방 군대의 사기를 꺾기 위한 수단으로 종교적 요소와 미신적 루머들을 퍼트리는 것이다. 그러나 전쟁에 승리할 모든 방법을 정당화하면서 '정복된 지역의 군인이나 백성을 자애롭게 대하라'는 말도 잊지 않고 덧붙인 지혜가 돋보이는 책이다.

이 책은 제목 자체에서 드러나듯이 실리를 위한 책이고, 특히 국가의 부를 창출하여 왕권을 강화할 수 있는 방법에 중점을 둔 책인 만큼, 군사 강국이 될 수 있는 방법과 더불어 경제 강국이 될 수 있는 다양한 방법도 다루고 있다. 카우틸랴는 경제와 군사 문제가 국가의 두 기둥이라고 보고, 왕은 이 두 가지에 주력해야 한다고 강조한다. 특히 재난이나 경제 불황기에 취할 수 있는 수단을 언급하면서, 필요하다면 정상적 범주를 벗어난 방식을 택해도 무방하다는 설명을 하고 있다. 매춘 제도 역시 국가의 재원으로 삼아 수입을 늘리는 수단으로 설명하고 있는 것에서도 볼 수 있듯이, 군사적인 승리를 위해서 비정상적 수단을 써서라도 이겨야한다고 강조한 것처럼 재정문제도 곤궁할 때 혹은 국가적 재난의 시기에는 어떠한 수단을 동원해서라도 재난을 극복하는 것을 최우선으로 해야 한다고 강조한다.

그리고 재미있는 것은 왕의 의무를 규정하면서 제시한 왕의 일과표이다. 이 일과표는 1권 19장에 들어 있는데 밤과 낮을 각각 8개의 날리카(nálikas, 1 시간 30분)로 나누어 모두 16개로 된 일과표를 제시하고 있다. 낮의 첫째 날리카에는 회계보고를 받고, 둘째 날리카에는 백성들을 만나 돌보고, 셋째 날리카는 목욕, 만찬, 공부 등을 하는 시간이다. 넷째 날리카에는 세금을 받고 관리를 임명하고 다섯째 날리카에는 법률적인 업무와 스파이 관련 정보를 보고 받고 여섯째 날리카에 오락과 명상시간을 가진다. 일곱째 날리카에는 코끼리와 말 그리고 마차나 보병 등 전쟁과 관련된 것들을 살피며 여덟째 날리카에 지휘관들과 군사작전을 짜고 나서 저녁 기도의 시간을 갖는 것으로 낮 시간의 8개 날리카를 마무리 한다.

저녁에 해당되는 밤의 첫째 날리카에 첩보원을 만나고, 둘째 날리카에 목욕과 저녁식사 그리고 공부시간이 있으며, 셋째 날리카에 트럼펫 소리가 나면 침실로 가서 다섯째 날리카까지 잠을 잔다. 여섯째 날리카를 알리는 트럼펫 소리가 나면 일어나서 새로운 날을 준비하고, 일곱째 날리카에 통치 전반에 대한 생각을 구체화하고 첩자를 파견하며, 마지막 여덟째 날리카에 승려와 스승 그리고 의사 등을 만나며 소와 황소에게 경배하고 왕의 집전실로 들어

간다. 그러니까 우리식으로 하면 밤의 여섯째 날리카부터 하루가 시작되는 셈이다.

이렇게 상세히 하루의 일과표를 만들어 두고 있는 『아르타샤스트라』에서는 최우선 과제를 국가의 부강과 왕권의 강화에 두고 있기 때문에 종교도 왕권 강화라는데 바탕을 두고 설명하고 있다. 그러나 여전히 브라만 위주의 사상을 바탕에 깔고 있는 것도 엿볼 수 있다. '고귀한 가문에서 태어나 세력이 있고 학식이 높으며 현명한 자를 프로히타로 임명해야 한다.'는 대목이 그 대표적인 것인데 브라만을 국가 종교 최고의 자리에 두고 왕을 보좌하도록 해야 한다는 표현은 고대 인도 문헌에 일관되게 흐르고 있는 브라만주의의 연장선상에 있음을 보여주는 것이다. 아울러 카우틸랴 자신이 마우리아 왕조의 프로히타와 같은 위치에 있었기 때문이기도 할 것이다.

한마디로 카우틸랴의 『아르타샤스트라』는 왕자의 교육을 시작으로 왕의 세세한 일상생활 시간표까지 치밀하게 짜 놓은 종합 교과서이고, 고대로부터 현대까지 인도에서 보기 드문 정치 경제학 지침서이다.

21. 생각 모으기

찬드라굽타와 빈두사라의 영토 확장정책으로 마우리아 제국의 영토는 인도아대륙 대부분에 미치게 되있다. 그러나 지금의 오디샤(Odisha) 지역에 위치한 칼링가(Kalinga) 왕국은 아쇼카 왕이 즉위한 후에도 제국을 위협하는 존재로 남아 있었다. 칼링가는 남인도로 갈 수 있는 해로와 육로 모두를 장악하고 있었기 때문에 경제적으로나 군사적 측면에서 중요한 지역이었고 인도아대륙의 통일을 위해서는 반드시 정복해야 하는 지역이었다. 그러나 막대한 군사력을 보유한 칼링가를 점령하는 것은 쉽지 않았다. 아쇼카 왕은 즉위 8년이 되던 해에 칼링가 정복을 감행했다. 칼링가를 정복하고 아쇼카가 세운 비문에 따르면 이 전쟁에서 10만 명이 살해되고 15만 명이 포로로 이송되는 대 참사가 벌어졌다. 칼링가를 정복함으로써 마우리아는 양육강식의 전쟁에서 최종 승자가 되었으며 인도아대륙에 '하나의 나라' 즉 통일제국이 완성되었다.

기원전 10세기부터 마우리아에 의해 인도아대륙이 통일되기까

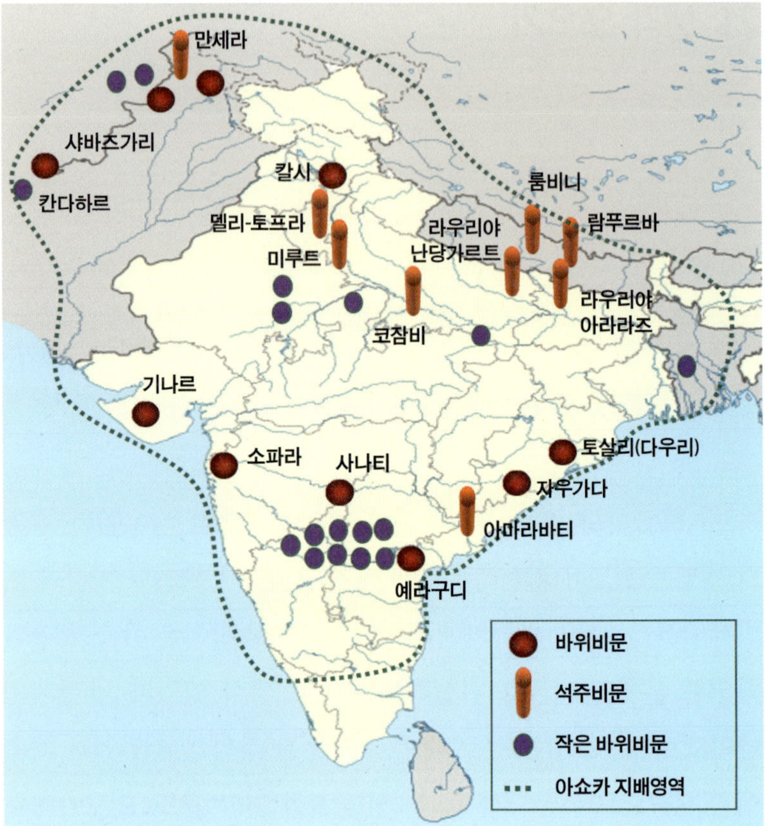

그림 23. 아쇼카 왕의 비문과 지배영역

지 거의 7세기 동안은 전쟁 그리고 또 전쟁의 시대였다. 무엇을 위하여? 통일을 위하여. 이러한 생각은 지난 역사를 돌아보는 역사학자들의 눈에 비친 고대사이다. 당시의 사람들은 생존을 위해 싸웠을 뿐이다. 옆의 나라에게 패하지 않으려면 나라를 부강하게 해야 하고, 그 부를 바탕으로 군대를 양성해야 했다. 또한 적국에게 패하지 않아야 함은 물론 살아남아 더 큰 나라로 성장해야 하는 것이 당시에 살았던 사람들과 지배자들의 과제였다. 패전국이 되면, 나라와 백성 모두 사라지는 운명에 놓이게 되기 때문이다.

그러므로 고대의 국가들은 서로 싸우고 또 싸워서 이웃나라가 없는 나라, 즉 통일 국가가 되어야 전쟁이 끝나는 것이다. 그 종착지에 마우리아 제국이 우뚝 섰다. 그래서 이제 전쟁이 없는 평화시대가 왔지만, 평화시대에는 또 다른 문제가 기다리고 있었다.

도시국가 형태의 작은 나라는 언어와 풍습이 같은 사람들끼리 살아가는 국가라 할 수 있다. 그런데 통일을 이룬 제국이 형성되면 각각의 언어와 풍습으로 살던 사람들이 '하나' 혹은 '동질'로 묶여야 한다. 그 묶음의 과정이 간단하지 않았기에 통일을 달성한 국가들은 많은 정책을 내놓아야 한다.

그 정책의 첫째 목표는 전쟁에 지친 백성들에게 정신적 휴식을 주는 것이어야 한다. 그래서 강력한 법적 제제를 가하는 사상보다는 수용의 사상을 국가의 중심사상으로 받아 들여야 한다. 중국에서는 하나가 되기 위해 달려가던 춘추전국시대에 많은 사상가들이 등장했는데, 그 가운데 공을 세운 자는 상을 주고, 전쟁에 패했거나 잘못을 저지른 사람에게는 가혹한 처벌을 해야 한다고 강조한 법가 사상이 득세했다. 그러나 통일이 달성 된 후에는 유가사상이 국가의 중심사상이 되어 유교의 국교화가 추진된다. 간단히 말해서 유가사상은 처벌보다는 역할을 강조하는 사상이다. 군주가 군주답고 아버지가 아버지다울 때, 신하와 자식들이 신하답고 자식다워진다는 역할을 강조하는 사상이며 온정주의 사상이다. 이러한 사상은 전쟁 시에는 득세하기 어렵다. 군주가 군주다워야 한다는 주장을 신하들이 한다면, 전쟁에서 강력한 힘을 발휘하는 왕권을 형성하기 힘들기 때문이다.

마우리아 왕조의 아쇼카 왕에 의해 통일이 달성된 때도 마찬가지이다. 기존의 강력한 왕권과 군사력을 강조하는 사상만으로는 통일 시대를 이끌어가기 힘들다. 이 문제를 아쇼카 왕은 어떻게 해결했을까?

아쇼카 왕은 신의 대리인이 아닌 아버지가 되겠다고 선언한다. 아쇼카 왕은 칼링가를 정복한 이후 제국의 여러 곳에 바위를 깎아 교시의 글을 새겼다. 각 지방에 비문을 새기면서 관리들에게 백성들을 다스리는 왕의 마음가짐과 생각을 전달했다. 그 가운데 칼링가의 토살리(Tosali, Dhauli) 지역에 새긴 비문(다울리 암벽비문)에는 "내가 옳다고 생각하는 일들을 행동으로 실행하고 모든 수단을 다하여 성취하기를 원한다. 이러한 목적을 위하여 가장 중요한 수단은 대관을 비롯한 관리들을 가르치고 깨우치는 일이다. 모든 백성은 나의 자식이다. 나는 자식들을 위하는 것과 같이 그들이 현세와 내세의 이익과 안락을 얻기를 원한다."는 내용이 새겨져 있다.

영토를 정복하고 나서 그곳에 비석을 세우는 경우, 그곳을 정복한 왕의 업적과 공덕을 칭찬하고 힘을 과시하는 내용을 새기는 것이 일반적이다. 그런데 아쇼카 왕은 칼링가를 정복하면서 발생한 참상, 참상이 일어난 것에 대한 참회 그리고 '모든 백성은 나의 자식'이라는 내용과 함께 관리에게 내리는 교시의 글을 주로 새겼다.

이것은 무엇을 의미하는가. 통일을 달성한 후에 기나긴 전쟁에

그림 24. 다울리의 아쇼카 암벽 비문(위: 전경 아래: 비문이 새겨진 곳)

지친 백성들에게 정신적 휴식을 가져다주기 위한 선언이라 할 수 있다. 아쇼카는 칼링가에서 벌어진 전쟁의 참상에 대하여 참회한다고 말하고 있지만 이 전쟁은 불가피한 것이었다. 그리고 이제 칼링가처럼 강력히 맞서는 세력이 존재하지 않는다. 그러므로 이제는 우리 모두 휴식을 취해보자는 것이며, 그러한 휴식을 위해 백성들을 '나의 자식'처럼 보살펴야 한다는 교시를 관리들에게 내린 것이다.

통일을 한 후에 해야 할 일 가운데 첫 번째가 정신적 휴식이라면 두 번째는 생각을 한 곳으로 모으는 일이다. 소위 사상의 통일이라고 하는 것이 그것이다. 모든 사람들이 보편적으로 받아들일 수 있는 사상이나 종교를 내 세워 그 깃발 아래 백성들을 모으는 일을 해야 한다. 아쇼카는 불교를 선택했다. 왜 불교였을까? 그가 불교를 택한 역사적 배경은 여러 가지가 있다. 그 가운데 생각을 한 곳으로 모아야 한다는 과제를 풀기 위한 이유도 포함된다. 기존의 인도 사상의 대표는 브라흐만교이다. 브라흐만교는 카스트를 근간으로 하고 있는데 이것은 기본적으로 아리아인과 상층 브라만들이 중심이 되는 사상이며 종교이다. 북인도에서 출발하여 남인도로 진출하기 시작한 아리아인들이 남부 깊숙한 지역까지 퍼졌지만, 아대륙이라 부르는 인도에는 다양한 종족과 다양한 풍속을 가진 사람들이 살고 있었다. 아리아인과 브라만 중심의 종교인 브라흐만교의 깃발 아래 모든 사람의 생각을 모으기는 어렵다. 그래서 아쇼카는 '평등'을 주장하고 있는 불교를 내세웠다. 그러나 철저히 전면에 내세우지는 않았다. 카스트로 나뉘어 있고, 다양한 민족으로 구성된 인도아대륙의 모든 백성을 포용해야 하지만, 그렇다고 하여 브라만들의 반발을 일으켜서는 안 된다. 그래서 아쇼카는 불교를 내세워 '모든'이라는 개념을 끌어낸다. 브라흐만교의 문헌에는 백성들을 언급할 때 '모든'이라는 표현보다는 '브라만, 크샤트리야, 바이샤, 수드라' 등 4개의 카스트를 나열하는 것으로 전체를 표현하고 있다. 이렇게 해서는 '하나가 되기'를 바라기 어려웠을 것이다. 그래서 아쇼카의 비문에는 4개의 바르나를 차례로 나열 하는 대신에 '모든 백성(sava loka)'이라는 말로 바꾸어 '우리는 하나'를 드러내면서 동시에 브라만을 최우선으로 하지 않는, 왕중심의 통일 제국의 모습을 드러냈다. 그 '하나'라는 깃발 아래 모든 생각을 모으려는 것이었고, 그 깃발 아래 모인 백성들의 아버지가 되겠다는 선언을 한 것이다.

22. 백성들에게 부채를 갚는 왕 아쇼카

아쇼카는 칼링가를 정복한 후 그가 세운 비문에서 '왕의 통치행위는 백성들에 대한 부채를 갚는 것'이라고 밝혔다. 이러한 아쇼카의 왕권 개념은 어디서 나온 것일까. 마우리아 초기의 통치이론을 담고 있는 『아르타샤스트라』에 근거한다면 이러한 왕권 개념이 등장하기 어렵다. 즉 브라흐만교의 왕권 사상은 '신에 의해 부여된 왕권'이기 때문에 '백성에 대한 부채'라는 개념이 성립할 수 없다. 불교의 왕권 사상은, 왕은 백성들에 의해 선거로 선택된 자이며 왕은 그렇게 선택해준 백성들을 온정과 정법으로 다스려야한다 것이다. 이에 근거한다면 선택해준 백성들에게 왕이 부채를 갚는다는 생각이 가능하다.

그렇다면 야쇼카는 자신의 왕권 사상의 기초로 왜 불교 사상을 선택한 것일까? 국가적 차원에서는 통일된 제국을 하나로 묶을 새로운 사상이 필요했기 때문이다. 개인적 차원에서는 왕조의 신분 문제 역시 중요한 역할을 했을 것이다. 문헌들에 의하면 마우리아 왕조를 세운 찬드라굽타 마우리아는 난다 왕조의 마지막 왕과 수드라 여인 사이에서 태어났다고 한다. 또 한편으로는 찬드라굽타는 모리야(Moriya)부족 출신으로 바이샤로 추정된다고 한다. 그런데 찬드라굽타를 도와 마우리아 왕조를 건설했던 카우틸랴의 영향으로 마우리아 왕조 초기에는 브라흐만 사상의 영향력이 강했을 것이다. 이러한 상황 속에서 출신이 불분명한 마우리아 왕조로서는 신분적 차별을 강조하는 브라흐만교 보다는 신분의 평등을 주장하는 불교에 관심을 갖게 되었을 가능성이 크다. 아쇼카 왕의 비문에 '칼링가 정복의 대 참상에 대한 회한으로 불교에 귀의하게 되었다.'고 되어 있지만 단순히 '참회'의 차원으로만 볼 수는 없다. 아쇼카가 불교를 선택한 것은 통일 제국의 새로운 사상의 필요성 그리고 왕조의 신분문제가 복합적으로 작용한 것으로 보는 것이 타당할 것이다.

이러한 시대적 필요성과 아쇼카의 참회가 결합되어 불교를 받아들였고, 불교 사상을 바탕으로 새로운 정책을 펼쳤는데 그것이 바로 다르마(dharma) 정책이다. 아쇼카 왕은 다르마를 근간으로 통일의 과정에서 일어난 사회적 불안과 여러 모순들을 극복하고 통일제국의 윤리적 질서를 확립하려 했다. 암벽비문에 드러난 아쇼카의 모습을 보자.

> 보고를 담당하는 관리는 내가 어디에 있더라도 언제나 백성들의 일을 보고해야 한다. 내가 어디에 있더라도 백성에 관한 일을 재가할 것이다. (중략) 긴급한 사건에 관하여 논쟁이 발생하거나 재

> 심의 필요가 있다면 내가 어디에 있거나 어느 때나 즉시 나에게 보고해야 한다. (중략) 모든 백성의 안락을 도모하는 것이 나의 의무라고 생각한다. 백성들의 안락을 도모하는 근본은 열정과 일의 신속한 처리이다. 백성의 안락을 증진시키는 것보다 더 중요한 나의 의무는 없다. 내가 하는 모든 노력은 생명을 가진 모든 것들에게 입은 부채를 갚는 일이다.

아쇼카는 백성들에 관한 일을 보고 받거나 처리하는데 있어서 신속히 처리하기 위해 왕이 언제 어디에 있더라고 보고를 받고 즉시 처리하여, 백성을 돌보는 데에 때와 장소를 가리지 않았다고 한다. 이러한 왕의 모습은, 주나라 때 주공이 밥을 먹고 있을 때라도 손님이 방문하면 입에 넣었던 음식을 뱉고, 머리를 감고 있을 때는 감던 머리를 움켜쥐고 나가서 손님을 맞이하여 인재를 구했다는 고사성어 토포악발(吐哺握髮)을 떠올리게 한다. 주공은 당시에 필요한 인재를 구하기 위해 토포악발 했지만 아쇼카 왕은 백성들을 돌보기 위해, '백성에 대한 부채를 갚는 왕'이 되기 위해 이러한 노력을 했다.

왕이 언제 어느 곳에서나 백성들에 관한 보고를 받아 처리할 뿐 아니라, 왕의 의견과 다른 의견을 관리들이 제시하면 왕이 검토하여 받아들인다는 문구도 있다. 왕의 의견을 관리들이 수정할 수 있다고 왕 자신이 천명하는 예는 고대 역사 어디에서도 찾을 수 없는 독특한 모습이다. 더구나 전제군주로 불려 마땅한 통일제국의 군주가 '내가 하는 모든 노력은 생명체에게 입은 부채를 갚는 일'이라고 말하는 것은 흔치 않은 일이다. 대부분의 고대 통일 제국에서는 왕이 절대적 권력을 행사하여 왕, 관리, 백성으로 된 3층 구조라기보다 왕 이외에는 모두 통치의 대상이 되는 2층 구조가 일반적이고, 이러한 구조에 왕이 백성들에게 빚을 갚는다는 생각이 들어갈 틈은 없다.

또한 아쇼카 왕은 강력한 권력을 바탕으로 명성을 얻기보다는 백성들을 교화하고 다르마를 충실히 따르게 함으로써 명성을 얻게 되기를 희망한다고 밝히고 있고, 도덕적 측면을 강조하면서 그의 통치 목표는 백성들이 비도덕적 고난에 빠지지 않게 하는 것이라고 밝히고 있다. 이것은 전륜성왕의 모습과 상당히 유사하다. 대외적 관계에 있어서도 주변 국가를 무력으로 정복하는 것이 아니라 도덕적으로 교화시켜 주변국의 왕들이 스스로 복종하도록 해야 한다는 '다르마에 의한 승리(Dharma-vijaya)'를 강조하고 있다.

> 즉위 8년 칼링가를 정복하고 이후 다르마를 배우고, 다르마를 사랑하며 다르마로 사람들을 교화하는데 헌신했다. 이것은 칼링가 정복에 대한 나의 회한이다. (중략) 다르마에 의한 승리야말로 진정한 승리라고 생각한다. 그리고 이러한 승리는 변경지역 여기저기에서 이루어졌다. (중략) 이러한 다르마에 의한 승리는 나에게 깊은 만족을 주었다.

아쇼카 비문에 나타나는 군주의 모습은 근본적으로 불교사상에 바탕을 둔 군주의 모습, 전륜성왕의 모습이다. 한편으로 통일제국의 전제 군주로서의 모습도 어느 정도 보이지만, 아쇼카가 추구한 강력한 집권력이란 무력과 강제에 의한 것이 아니고 다르마를 따르고, 다르마를 바탕으로 백성을 지배함으로써 이룩되는 것이다. 이러한 아쇼카의 왕권 사상을 다른 왕권 사상과 잠시 비교해 보자. 『아르타샤스트라』에서는 강력한 왕에 대하여 다음과 같이 서술하고 있다.

> 철학과 베다학과 경제학을 보존하고 실현시키는 것은 회초리(danda)이다. 회초리를 사용하는 방법이 정치학이다. (중략) 회초리를 가혹하게 사용하는 왕은 공포의 대상이 되지만, 회초리를 잘 사용하면 백성들에게 법과 실리와 향락을 가져다준다. 그러나 만일 회초리를 전혀 사용하지 않는다면 물고기의 법칙(약육강식)을 일으킨다. (중략) 왕이 회초리로 수호하면 네 개의 바르나와 삶의 네 주기(āśrama)를 지키는 사람들은 본분에 충실하고 각각의 도리를 지킨다.

카우틸랴가 『아르타샤스트라』에서 강조한 것은 강력한 왕이 되기 위해서는 회초리를 제대로 휘둘러야 한다는 것이다. 그러나 금지와 규제의 회초리를 휘두르는 것으로는 군주와 백성들 사이의 신뢰를 만들기 어렵다. 그렇기 때문에 아쇼카는 다르마에 의한 지배로 제국의 기초를 강화하려고 했던 것이다. 이러한 모습은 공자의 사상에서도 볼 수 있다. 공자는 『논어』 '위정편'에서 "정치로써 인도하고, 형벌로 다스리면 백성들은 형벌이나 면하려 들지 수치는 모르게 된다. 덕으로써 인도하고 예로써 다스리면 수치를 알고 마음이 바르게 될 것이다.(道之以政, 齊之以刑, 民免而無恥. 道之以德, 齊之以禮, 有恥且格)"라고 하여 아쇼카와 비슷한 견해를 드러냈다.

백성들에게 부채를 갚는다는 아쇼카의 사상은 사법제도에도 반영되었다. 『아르타샤스트라』에서는 범죄자와 범죄 대상자의 신분에 따라 각기 다른 처벌을 규정하고 있다. 예를 들어 브라만에게 악담을 한 경우 크샤트리야는 100파나,[5] 바이샤는 150파나의 벌금형에 처하고 수드라는 체형(혀를 자름)을 받는다. 거꾸로 브라만이 악담을 한 경우, 대상이 크샤트리야이면 50파나, 바이샤이면 25파나, 수드라이면 12파나의 벌금형이다. 또한 『아르타샤스트라』에서는 '왕은 죄를 지은 자에게 벌주는 일을 한시도 게을리 해서는 안 된다'는 규정에서 드러나듯이 전반적으로 범죄 행위에 대하여 엄벌주의를 택하고 있다. 그러나 아쇼카는 재판의 과정과 처벌에서의 평등성을 강조하고 관용주의를 택하고 있으며, 사형이 선고된 사람에게 3일 간의 유예기간을 주어 참회할 수 있는 시간을 주고 가족과 작별 인사를 할 시간을 주는 규정을 명시하는 등에서 드러나듯이 온정주의를 택하고 있다. 아쇼카는 불교에 귀의하고, 백성들이 비도덕적인 고난에 빠지지 않게 하려고 애썼기 때문에 엄벌주의 대신 온정적이고 평등한 정책을 펼 수 있었을 것이다. 그것이 무력에 의한 지배와 정복이 아닌 다르마에 의한 통치와 정복이었으며, 왕이 백성들에게 진 빚을 갚는 일이었다.

5) 여기서의 파나(paṇa)는 동전의 단위이다. 파나가 무게 단위로 쓰일 때는 9.33그램 정도에 해당된다.

23. 왜 마우리아 제국의 역사는 그리도 짧은가

아쇼카 왕은 다르마 정책을 실시하여 제국 내의 통치 질서를 확립했다. 영토 확장을 달성한 이후 인민들에게 심리적 안정을 가져다주었으며, 모든 백성을 대상으로 평화 지향적 정책을 폄으로써 아쇼카 왕 시대에 마우리아 왕조는 비약적인 발전을 이루었다. 그뿐만 아니라 대제국을 힘보다 정신적 감화로써 통치할 수 있다는 가능성도 보여주었다. 그러나 아쇼카 왕 사망 이후 제국은 양분되고 오래지 않아 붕괴되고 말았다. 아쇼카 왕 이후 7-8명의 왕들이 존속하여 약 반세기 정도 유지되던 마우리아 왕조는 마지막 왕인 브리하드라타(Brihadratha) 때 군사령관이던 푸샤미트라(Pushyamitra)에 의하여 반란이 일어나고 왕이 살해됨으로써 멸망했다.

대부분의 고대 제국들은 통일을 달성한 후 500년 가까이 유지되었다. 로마제국이 기원전 27년부터 500년 가까이 유지되었고, 중국의 진한 제국이 기원전 221년부터 500년간 유지되었다. 그런데 마우리아 제국은 아쇼카 이후 분열했고 이후에는 점차 세력이 약화되다가 멸망했기 때문에 실제로 제국의 모습을 유지한 것은 100년도 채 안 된다. 세계적으로 유래가 없는 대단한 현군으로 평가되고 있는 아쇼카 왕과 같은 통치자가 있었음에도 불구하고 마우리아 왕조가 단명했던 원인을 여러 학자들이 다각적으로 분석하고 있다.

첫째로는, 아쇼카 왕의 불교정책과 그에 대한 브라만들의 반발을 들 수 있다. 이러한 주장이 설득력을 갖는 것은 마우리아를 붕괴시키고 슝가 왕조를 세운(기원전 185년) 푸샤미트라(Pusyamitra Sunga)가 브라만 출신이기 때문이다. 아쇼카 왕은 불교를 제국의 중심사상으로 삼아 불필요한 의식 행위를 금지시키고 모든 백성에게 평등한 정책을 폈는데, 이러한 것들이 브라만 계층의 여러 특권들을 침해하는 결과를 낳았을 가능성이 높다. 이 때문에 브라만들이 반발하게 되었고 결과적으로 푸샤미트라에 의한 계급적 반란으로 마우리아 제국이 멸망하게 되었다고 분석하는 것이다.

둘째로는, 아쇼카 왕이 다르마 정책을 선포하여 평화주의 대외정책을 추진했는데 이 때문에 제국의 무력이 약화되었다는 것을 들 수 있다. 아쇼카 왕이 죽자마자 제국이 분열되었고, 이 틈에 주변국들이 무력으로 마우리아를 공격하지, 군대와 군비를 증강하지 않았던 마우리아 제국이 쉽게 무너졌다는 것이다.

셋째로는, 마우리아 제국의 경제적 위기가 주요 요인이었다고 보기도 한다. 마우리아 왕조는 경제적 기초가 되는 농업 생산을 확대하기 위해 2모작을 실시하고 관개시설을 확충했다. 이렇게 향상된 농업 생산을 바탕으로 상업도 발전했고, 통일제국의 형성으로 인도아대륙 내의 교류도 활발히 일어났다. 또한 그리스 지역과의 교류로 대외무역도 증가되었다. 일부 학자들의 견해에 따르면 당시 인도의 상업경제는 소규모의 산업규모로 발전하였고, 상인들이 집단을 형성하여 길드의 성격을 띤 슈레니를 결성하기도 했다. 이 같은 상업과 경제적 발전을 바탕으로 아쇼카 왕 시대에는 복지시설을 확충하여 빈민과 노인을 보호하고 여행자들을 위한 편의시설도 만들었다. 또한 여러 종교교단에도 상당한 보시를 했던 것으로 비문에 기록되어 있다.

그런데 마우리아 제국이 단명했던 원인으로 경제적 동요를 지적하고 있는 것은 어떤 것을 근거로 하고 있는 것인가. 한 나라의 경제를 위태롭게 하는 것은 대부분 토목공사이다. 이 토목공사가 재생산을 위한 경우, 즉 도로를 건설하고 댐을 만드는 등의 시설투자를 위한 공사일 경우는 국가 경제 발전에 큰 도움이 된다. 그러나 귀족들의 사치와 풍류를 위한 것이거나, 종교적 목적으로 사용되는 소비적 토목 공사일 경우 국가 경제에 부정적으로 작용할 수밖에 없다. 아쇼카 왕은 칼링가를 정복한 후에 새로운 정책과 왕의 교시를 전하려는 비문을 세웠다. 재위 10년부터 13년 사이에 남쪽의 싯다푸라(Siddapura)로부터 북쪽의 사흐바즈가리(Shahbazgarhi)까지 서쪽의 기나르(Ginar)부터 동쪽의 토살리(Tosali)까지 전 제국에 걸쳐 바위에 새긴 비문(Rock Edict)들이 세워졌다. 또한 재위 26년경부터 그 동안 행한 다르마 정책의 성과 보고를 겸한 석주 비문(Pillar Edict)들을 인더스 강 유역부터 인도 중부의 빈드야(Vindhya) 산맥 사이의 여러 곳에 세웠다. 이러한 비문 공사는 왕의 정책을 널리 알리고 관리와 백성들을 교화시키기 위한 비문이기에 사치와 풍류를 위한 공사는 아니지만 그렇다고 재생산을 위한 투자 가치가 있는 토목공사도 아닌 셈이다. 그러므로 전 제국의 영토에 걸쳐 이러한 대형 토목 공사를 한 것은 제국 경제에 부담이 될 수 있는 것이다.

또 하나는 아쇼카 왕이 종교 교단에게 희사한 것에 대한 경제적 부담이다. 비문에 의하면 다르마 정책을 널리 알리기 위하여 256일 동안의 순례를 했으며 이때 브라흐만교, 불교, 아지비카교 등의 성자들과 기념 장소에 많은 보시를 했다고 한다. 『아육왕경(阿育王經)』에는 "아쇼카 왕이 최대의 보시자가 되고자 하여 지금까지 가장 많이 보시한 자가 누구냐고 물었다. 이에 어느 장자가 100천만금을 불교교단에 보시했다고 답하자, 아쇼카 왕도 그와 같은 보시를 하겠다고 약속했다. 왕이 가진 모든 재산을 희사했지만 94천만금에 불과했다. 아쇼카 왕은 남은 4천만금을 채우기 위하여 대지(大地: 국가)를 보시했다. 놀란 신하들이 대신 4천만금을 내고 교단으로부터 대지를 돌려받았다."는 내용이 들어 있다. 물론 이러한 내용은 아쇼카 왕이 불교에 얼마나 헌신적이었는지를 드러내고자 하는 불교 문헌에 기록되어 있는 것이기 때문에 '사실'로 보기는 어려운 면이 있다. 그러나 아쇼카 왕이 국가 재정에 무리가 될 정도로 보시를 했다고 추측할 수 있는 근거가 되고 있다. 뿐만 아니라 모든 종교에 대한 평등한 대우를 강조한 왕이므로 불교

교단을 비롯하여 여러 교단에 보시했을 것으로 추측된다. 그러므로 아쇼카 왕의 종교 교단에 대한 보시로 제국의 재정이 어려워졌을 가능성이 있다.

여기에 덧붙여 마우리아 제국의 조세수입이 감소되었을 가능성도 보인다. 『아르타샤스트라』에는 희생제를 거행하는 사람(ritvik), 정신적 지도자(acarya), 프로히타(prohita), 베다에 조예가 깊은 사람(Srotriya) 등에게 벌금과 조세가 면제된 땅을 주어야 한다고 되어 있다. 그런데 아쇼카 왕의 비문에 불교성지에 조세를 감면해 주었다는 기록이 있는 것으로 보아 아쇼카가 순례 기간에 방문한 다른 교단에도 이와 같은 면제 혜택을 주었을 가능성이 있다. 정확한 기록은 없지만 『아르타샤스트라』에서 말한 브라만 종교 지도자들에 대한 혜택을 박탈하지 않고 추가로 다른 종교 지도자들에게 혜택을 주었을 것으로 추정된다.

이렇게 하여 제국의 조세 수입이 감소될 소지가 있는데, 토목공사와 종교적 희사로 인한 지출은 늘어난 상황, 이것이 마우리아 제국을 경제적으로 어렵게 만들었고, 이 때문에 마우리아의 수명이 단축되었을 가능성이 높은 것이다.

마우리아 제국에는 나라의 부강을 위해 『아르타샤스트라』를 저술한 카우틸랴가 있었으나 그는 여전히 브라만 제국의 꿈에서 벗어나지 못했고, 세계적 현군이었던 아쇼카 왕이 있었지만 도덕적 덕치국가 건설에 매진하여 부국강병에 소홀했기에, 마우리아는 세계의 다른 여러 나라의 통일 제국처럼 장수하지 못하고 단명했다.

24. 인도인들의 생각이 궁금한 왕: 밀린다

푸샤미트라 슝가는 마우리아의 마지막 왕 브리하드라타를 몰아내고 슝가 왕조를 건설했다(기원전 183년). 푸샤미트라는 정통 브라흐만교의 지지자였기 때문에 슝가 왕조에서는 아쇼카가 금지했던 아슈바메다를 비롯한 베다 시대의 희생제들이 부활되었다. 아울러 불교를 박해했다는 일부 기록도 있는데 바르후트(Bharhut)를 비롯하여 슝가 왕조 시기에 건설된 불교 유적 그리고 슝가 왕조의 왕족들이 불교 사원을 후원했던 흔적 등을 종합해볼 때, 직접적인 박해가 심각한 정도였다고 보기는 어려운 점도 있다.

슝가 왕조는 마우리아와 같은 조직화된 중앙집권체제를 갖추지는 못했으며, 왕이 직접 통치할 수 있었던 지역도 수도인 비디사(Vidisa) 정도였고, 주변 지역은 대부분 독립성을 유지하는 상태였다. 푸샤미트라는 왕이라는 칭호를 사용하지 않고 재위 기간 내내 세나파티(Senapati) 즉 '장군'이라는 칭호를 사용했다. 이러한 칭호에 왕조의 위상이 반영된 것이라고 단정할 수는 없지만 이전 시대 같은 큰 세력을 형성하지는 못했음을 추측하게 한다.

슝가 왕조가 건설된 후 100년 만에 바수데바(Vasudeva)가 슝가의 마지막 왕인 데바부미(Devabhumi)를 살해하고 칸바(Kanva) 왕조를 세웠다(기원전 75년경). 바수데바 이후 4명의 왕이 왕위를 계승했는데 모두 브라만이었다. 그렇기 때문에 마우리아 왕조 이후 마가다 지역은 브라만 왕조가 지배한 시대였다고 할 수 있다. 칸바 왕조 역시 대국으로 성장하지 못하고 마가다 지역만을 다스리는 소왕국에 불과했다.

이 시기는 서양의 헬레니즘 시대에 해당된다. 헬레니즘 시대의 대표적 왕국은 이집트의 프톨레마이오 왕국, 시리아의 셀레우코스 왕국, 마케도니아 등이었다. 알렉산더가 죽은 후에 제국이 분열되면서 여러 소왕국들이 건설되었고 이들에 의해 그리스 문화가 주변으로 전파되었다. 헬레니즘시대는 기원전 1세기를 전후하여 쇠퇴한다. 헬레니즘 중기에 해당되는 기원전 3세기와 2세기에 그리스의 여러 왕국들이 아프가니스탄에 건설되고 이들에 의한 인도 서북부 침입이 잦아졌다. 마우리아 왕조의 찬드라굽타에서 아쇼카 왕 시기까지는 마우리아의 통치력이 강성하여 이들의 침입을 저지할 수 있었으나 마우리아의 강력한 정치력이 붕괴되자 박트리아 지역에서 온 그리스인들이 힌두쿠쉬 산맥을 넘어 펀잡 지역까지 진출했다. 이 그리스인들이 인도를 통치한 역사에 대해서는 알려진 것이 거의 없기 때문에, 그들이 만든 주화를 통해서 대강의 모습을 재구성할 수 있을 뿐이다. 대개 주화의 앞면에는 그리스어로 뒷면에는 프라크리트(Prākṛt, 산스크리트 속어 형)로 된 글과 그림이 새겨져 있다. 이 시기부터 인도 문헌에는 외래인을 뜻하는 말로 야바나(Yavanas)라는 말이 자주 보이는데, 이것은 '이오니아인(Ionians)'이라는 그리스어가 페르시아를 거쳐 인도로 들어오면서 와전된 외래어이다.

그리스 왕국이 인도를 지배한 시기에 쓰인 문헌이 남아 있는데, 밀린다(Milinda 또는 Menandros)라는 그리스 왕과 불교 수행자 나가세나(Nagasena)가 남긴 대화체 형식의 『밀린다 팡하(*Milinda Panha*)』가 그것이다. 『밀린다 팡하』라는 말은 팔리어로 '밀린다 왕의 질문'이라는 말이다. 한문 경전에는 『미란타왕문경(彌蘭陀王問經)』, 『나선비구경(那先比丘經)』 등으로 되어있다. 이 책의 원본은 1~2세기경 북인도에서 산스크리트로 저술되었을 것으로 추정되나 저자는 알려지지 않았다.

『밀린다 팡하』는 불교에 처음 접하는 초심자의 궁금증을 풀어낼 수 있는 문답식 문헌이며, 서양의 시각으로 동양의 사상 특히 인도 불교에 접하면서 생길 수 있는 질문을 밀린다 왕이 하고, 그에 대하여 나가세나가 답하는 형식으로 되어 있다.

대표적으로 이름에 관한 질문을 하고 있는 장면에서 밀린다 왕이 나가세나에게 이름을 묻자 "나의 이름은 나가세나로 알려져 있고 동료들은 나가세나라고 부르며 부모는 나가세나라는 이름을 붙여주었습니다. 그러나 나가세나라는 이름은 명칭이요, 호칭이며 통칭에 지나지 않으며 인격적 개체로 인정될 수는 없습니다."라고 답한다. 이에 대하여 다시 밀린다는 "나가세나 존자시여, 만일 인격적 개체를 인정할 수 없다면 수행하는 주체도 없고, 계를 지키는 주체도 없으며, 계를 지키지 않는 주체도 없는 것입니다. 그렇다면 나가세나라고 불리는 것은 대체 무엇입니까, 존자여 머리털이 나가세나입니까?"라는 질문으로 도대체 무엇이 나가세나인가를 묻는다. 이에 대하여 나가세나는 수레를 예로 들어서 "대왕께서는 수레를 타고 오셨다고 하는데, 무엇이 수레입니까? 수레바퀴가 수레입니까? 수레의 굴대가 수레입니까? 바퀴살이 수레입니까?"라고 계속 묻고 답하면서 "이름은 그것에 속하는 여러 요소들이 서로 인연 지어져 있는 명칭이나 통칭일 뿐"이라고 설명한다.

이와 같이 궁금증 많은 밀린다 왕은 불교의 주제인 무아, 윤회, 업, 해탈, 지혜, 평등과 불평등, 영혼의 문제, 열반하신 부처님이 계신 곳, 신통력 등에 대하여 묻고, 나가세나는 왕에게 불교적 주제를 바르게 이해하도록 설명하고 대답했다. 이 대화에 등장하는 핵심적 논제들은 정통 상좌부 불교의 입장을 따르고 있는 것으로 분석되고 있으며, 후대에 첨가된 것 같은 부분도 있다.

이 책에서 눈길을 끄는 부분은 어떤 방식으로 대화를 할 것인가를 묻는 대목이다. 나가세나는 대화에 앞서 '왕으로서 대화할 것인가, 현자로서 대화할 것인가'에 대해 질문하면서 현자의 토론은 '문제를 해명하고, 비판받고, 수정받고, 반박하지만 그것으로 성내는 일이 없다.'는 것이며 왕으로서의 토론은 '왕이 한 가지를 주장하고, 한 가지 방향으로 밀고 나가면서 만일 그것에 따르지 않는다면 그것에 대하여 벌을 주라고 명령하는 것'이라고 설명한다. 그렇기 때문에 진정한 토론은 현자로서 대화할 때만 가능하다. 궁금증 많은 메난드로스왕의 질문은 현자의 태도로 이어지고 있다.

그림 25. 왕좌(왼쪽 중앙)에 앉은 밀린다와 그 앞에 앉아 대담하는 나가세나

오늘날의 토론장에서도 학술적인 문제나 사회적인 문제들을 '현자로서의 태도'로 토론했으면 좋겠다는 생각이 들게 하는 책이다. 동양 정신을 대변하는 불교 수행자와 서구적 사고를 가진 왕과의 대담을 통해 철학적 주제를 토론함으로써 동양과 서양의 대화가 이루어지고 있는 책이기도 하다. 또한 2000년 전에 인도에 온 밀린다 왕이 궁금해 하던 그 모든 것, 그것이 오늘을 사는 우리들에게도 궁금하여 질문하고 싶은 내용들로 가득 차있다는 점이 흥미롭다.

불교가 궁금했던 왕, 불교로 개종했던 밀린다 왕은 죽은 후에 불교 의식에 따라 화상했고 그의 유골은 여러 지역에 나누어 뿌려졌다.

25. 카니슈카 왕과 불교결집

서력기원을 전후하여 인도 서북부와 아프가니스탄 그리고 중국은 큰 변화를 겪고 있었다. 가장 큰 요인은 중국의 흉노 정책이었다. 흉노족이 세계 역사의 흐름을 바꾸는 일은 몇 세기 뒤에 일어나지만 이 시기에 중국의 한 무제는 흉노족을 몰아내기 위해 장건(張騫)을 대월씨국(大月氏國: Yuechi)으로 파견하고 위청, 곽거병, 이광 등에게 흉노를 토벌케 하여 빼앗겼던 오르도스 지방을 회복했다. 기원전 119년에는 위청이 흉노를 외(外)몽고로 내쫓았다. 이때 쫓긴 흉노족은 대월씨국 즉 유치를 공격했고, 연쇄적으로 유치는 샤카족을 밀어내는 역할을 했다. 샤카족은 박트리아에서 그리스 세력이 약화되는 틈을 타서 서북인도까지 차지하고 있었으나 쿠샨족(Kushans)에게 밀려났다. 쿠샨족은 원래 유치의 일부였는데, 힌두쿠쉬 산맥을 넘어 인도로 들어오면서 쿠샨족이 되었다. 이들이 인도 서북부뿐 아니라 인도의 중부 이북의 대부분의 영토를 차지함으로써 쿠샨 제국이라고 불리게 되었다.

쿠샨왕국을 건설한 쿠줄라 카드피세스(Kujula Kadphises)에 의해 카불, 카슈미르, 간다라, 남아프가니스탄 지역이 정복되었고, 비마 카드피세스(Vima Kadphises: 카드피세스 2세로도 불림) 때는 펀잡과 마투라 지역까지 세력이 확대 되었다. 그리고 이어서 카니슈카(Kanishka: 기원후 78-103 혹은 128-151년) 왕이 즉위하여 쿠샨 왕조의 절정기를 맞이한다.

쿠샨 왕조의 영토가 확대되어 중국 및 중앙아시아와의 교역이 활발하게 전개되자 인도는 중국, 서아시아, 그리고 로마까지 무역을 확대하게 되었다. 그리스 왕국을 시작으로 인도 서북지역에 자리 잡은 이민족 국가들은 금화를 많이 만들었다. 이 금화는 서양 세계와의 활발한 교역의 촉진제가 되었다.

쿠샨 왕조의 카니슈카 왕은 여러 면에서 중요한 인물로 꼽히고 있는데 불교결집도 그 가운데 하나이다. 그리스 왕조의 밀린다 왕이 불교에 관한 궁금증을 질문하여 동양과 서양의 대화를 남겼다면, 카니슈카는 불교의 역사상 네 번째 결집을 추진하여 부파 사이의 이론(異論)을 조정하고 표준화하는 계기를 마련했기 때문이다.

결집(結集, Saṃgīti)은 합송이라고도 한다. 붓다가 입멸한 후에 그 가르침에 대한 해석의 오류나 논란을 해결하기 위해 자격 있는 사람들이 모여 가르침의 내용을 함께 암송하여 내용을 확인하거나 경전을 편찬한 불교회의(Buddhist councils)인 셈이다. 제1차 결집은 붓다 입멸 직후에 마하가섭(Mahakasyapa)의 주재 하에 라자그리하의 사따파니 동굴(Sattapanni Caves)에서 개최된 것으로 알려

그림 26. 제1차 결집이 개최된 라자그리하의 사따파니 동굴

져 있다. 붓다의 설법을 가장 많이 들었다는 아난다(Ananda)[6]가 붓다로부터 들은 내용을 먼저 말하고, 500명의 아라한이 승인하고 합송하여, 지금까지 전해지고 있는 경전이 만들어졌다. 경전의 첫 구절이 모두 '여시아문(如是我聞: 이와 같이 내가 들었다)'으로 시작하는 것은 이 때문이다. 500명이 결집에 참여했기 때문에 오백결집이라고도 한다.

제2차 결집은 붓다가 세상을 떠난 후 100년경에 바이샬리에서

6) 아난다는 한역으로는 아난(阿難)이다. 아난다는 붓다의 사촌이기도 하며, 늘 붓다를 수행하였기 때문에 붓다의 설법을 가장 많이 들었다는 의미로 다문제일(多聞第一)로 불리기도 한다.

소집되었다. 제2차 결집에서는 규정된 시간 외에 식사를 하거나 탁발을 하는 것, 스승의 행위를 선례로 삼아 자신의 행위를 정당화하는 것, 금과 은을 보시로 받는 것 등을 비롯한 10가지 계율(十事)의 문제에 대해 토론했다. 여기서 정통보수파인 상좌부와 개혁파인 대중부가 대립하여 분열된다. 제2차 결집은 700명이 참석하여 칠백결집으로 불리기도 한다.

제3차 결집은 붓다 입멸 후 200년경 아쇼카 왕 당시의 수도 파탈리푸트라(현재의 파트나)에 1,000명의 대표들이 모여 해이해진 교단을 정비하고 해외에 불교를 전파하기 위해 개최되었다. 제3차 결집 후에 스리랑카 등 각 지역에 전법사(傳法師, 포교사)들이 왕명(王命)으로 파견되었다고 전해진다. 이때의 제3차 결집과 전법사의 파견으로 인도의 불교는 세계의 종교로 발전할 큰 걸음을 옮겨 놓은 셈이다.

그림 27. 제4차 결집 유적지
카니시카 왕 때 제4차 결집이 이루어진 곳으로 추정되고 있는 카슈미르의 하르완 사찰(Harwan monastery) 유적지. 현장의 발문(跋文)에는 환림사(環林寺)라고 기록되어 있다.

제4차 결집은 쿠샨 왕조의 카니슈카 왕 때 파르스바(Parsva)가 발의하여 카슈미르의 쿤달라바나(Kundalavana)에서 개최되었다. 이 결집은 불교 경전의 필사본을 수집하여 토론하고 20여 부파로 분열되어 있던 종파 간의 이론(異論)을 조정하여 교리를 체계화하기 위해 소집되었다고 한다. 이 결집에서 중요한 역할을 한 것은 바수미트라(Vasumitra)와 아슈바고사(Asvaghosa)였다. 두 인물의 주도 하에 기존의 경전에 대한 토론을 정리한 주석서가 만들어졌고, 이것이 후일 『아비달마대비바사론(阿毘達磨大毘婆沙論: *Abhidharma Mahāvibhāṣa Śāstra*)』으로 집대성 되었다. 또한 이 제4차 결집은 인도불교 역사와 세계 불교 역사에 새로운 장을 여는 결집이 되었는데, 이 결집을 통하여 대승불교의 기초가 만들어졌고, 대승불교는 중앙아시아, 중국, 한국 등에 전파되어 아시아의 대표 종교가 되는 계기가 되었다.

제4차 결집은 대승불교와 밀접한 관련을 갖고 있기 때문에 상좌부 불교 즉 소승불교 권에서는 카니슈카 왕 때의 제4차 결집을 인정하지 않고 스리랑카 결집을 제4차 결집으로 보기도 한다. 제3차 결집으로 전법사들이 파견되었는데 아쇼카의 아들인 마헨드라(Mahendra)가 스리랑카에 파견되어 불교가 전파되었다. 스리랑카에서 기원전 1세기경에 500명의 학승이 참여한 알로카비하라(Alokavihara) 결집이 개최되었는데 이것을 제4차 결집으로 인정하는 것이다. 이 알로카비하라 결집에서는 구전되어 오던 경전들이 패엽(종려나무 잎사귀)에 팔리어로 기록되었는데 이것이 스리랑카의 패엽경이라 불리는 것이다.

중국과 한국 등의 대승불교 지역에서는 아쇼카 때의 제3차 결집으로 동남아와 스리랑카에 불교가 전파되었으며, 카니슈카 때의 제4차 결집이 계기가 되어 아시아 여러 나라에 불교가 전파되었다고 보고 있다. 현대에는 붓다 입멸 2500년을 기념하여 1954년 버마(지금의 미얀마)에서 개최된 제6차 결집이 있었으며 이때 붓다 입멸 연대가 확정되었다.

26. 모계제 풍속이 강했던 사타바하나 왕조

사타바하나(Satavahana)의 초기 역사는 불분명하다. 특히 시무카(Simuka)가 사타바하나 왕조를 세운 연대에 대하여 많은 이론(異論)이 있다. 일부에서는 아쇼카 왕 지배 말기 혹은 사후(기원전 240년 또는 230년경)에 사타바하나 왕조가 시작되었다고 보는 반면에 사타바하나 왕조의 15대 왕인 풀로마비 1세(Pulomavi I)가 칸바 왕조의 마지막 왕인 수사르만(Susarman: 기원전 40-30년경)을 살해했다는 기록을 근거로 계산하여 기원전 270년경 즉 아쇼카 즉위 무렵에 시작되었다고 보기도 한다. 또 다른 한편에서는 수사르만을 죽인 사람이 바로 사타바하나 왕조를 건설한 시무카라고 보아 사타바하나 왕조의 시작을 기원전 73년으로 보기도 한다. 이 책에서 표기한 왕들의 재위 연대는 기원전 230년경에 왕조가 세워진 것을 기준으로 추정된 연대이다.

사타바하나의 연대가 불확실하기는 하지만 어쨌든 왕조는 건설되었고 왕국의 초기 수도는 현재의 푸네(Pune) 지역에 있는 주나

그림 28. 기원후 2세기 중엽의 사타바하나와 쿠샨 영토

르(Junnar)였다. 이후 시무카가 고다바리(Godavari) 강과 크리슈나 강 사이의 지역을 점령하면서 사타바하나 왕조 혹은 안드라 왕조로 불리게 되었다.

일반적으로 푸라나(Purāṇas)를 비롯한 문헌에는 사타바하나라는 이름보다는 안드라 왕조라는 이름이 자주 등장하지만, 왕조에서 세운 비문이나 주화에는 사타바하나로 되어 있다. 현재 안드라 프라데시(Andhra Pradesh) 주의 이름은 안드라 왕조에서 유래된 것이다.

시무카의 동생인 캉하(Kanha, Krishuna라고 도 함)가 왕이 되었고, 이어서 그의 아들 사타카르니 1세(Satakarni I)가 즉위했다. 사타카르니 1세는 슝가 왕조를 공격하여 슝가 왕조의 영토 일부를 차지하고 이 승리를 자축하면서 베다 희생제인 아슈바메다를 거행했다는 기록도 있다.

사타바하나 왕조는 그리스 왕조, 샤카 왕조, 쿠샨 왕조 등 서북 인도에 들어온 외래 왕조들과 세력 다툼을 벌였고, 마가다 지역에 건설되었던 칸바 왕조와도 전쟁을 치렀다. 사타바하나 왕조를 반석에 올려놓은 왕은 고타미푸트라 사타카르니(Gautamiputra Satakarni, 106-130년경) 왕이었다. 그는 샤카족과 크샤트리야 왕들을 물리친 브라만이라고 자처했으며, 그에 의해서 사타바하나 왕조는 북쪽으로는 말와(Malwa)에서부터 남으로는 카르나타카(Karnataka)까지 차지하는 대국의 모습을 갖추게 되었다.

그의 아들 바시슈티푸트라 풀루마이(Vasishtiputra Pulumayi, 130-158년경) 왕은 프라티슈타나(Pratishtana)지역으로 수도를 옮겨 세력을 북으로 확대했으며, 왕의 초상을 주화에 새긴 최초의 사타바하나 왕이었다. 그의 동생인 바시슈티푸트라 사타카르니(Vasishtiputra Sātakarni)는 샤카족의 루드라만 1세(Rudradaman I)의 공주와 결혼했다. 그럼에도 불구하고 두 나라의 전쟁이 시작되었다. 사타카르니는 루드라만 1세에게 패하여 사타바하나의 위신에 큰 손상을 입혔다. 이 때 많은 영토를 상실했고, 스리 야즈나 사타카르니(Sri Yajna Satakarni, 165-195년경)가 즉위해서야 그 일

그림 29. 바시슈티푸트라 풀루마이의 초상과 배가 새겨져 있는 주화

부를 되찾았다.

사타바하나 왕조의 혈통은 기본적으로 남부 토착인종과 아리아인종이 섞인 혼혈로 보이지만 이들은 아리안이라고 주장하고 있고, 그들이 세운 국가는 브라만 중심의 국가였다. 그러나 한편으로 이 시기에 불교도 성행하여 불교미술과 건축도 발전했다. 사타바하나 왕조의 경제적 기반에 해상무역이 차지하는 비중은 상당히 컸다. 그래서 바시슈티푸트라 풀루마이 왕이나 스리 야즈나 사타카르니 왕은 주화에 배를 조각하기도 했다. 해상무역과 상업의 중요성은 불교의 상인 세력과도 밀접한 관계가 있기 때문에, 브라만 국가를 자처하고 베다에 언급된 희생제를 지내는 사타바하나 왕조였지만 불교를 배척할 수는 없었다. 왕실의 후원으로 세워진 스투파와 불교 건축이 많이 남아 있는 것이 그러한 사실을 뒤받침하고 있다. 크리슈나 강 언덕의 아마라바티(Amaravati)에 그들이 세운 스투파들은 대리석으로 장식되었고 거기에 붓다의 생애가 조각되어 있다. 이러한 사원에는 궁중의 여인들이 기증한 사

례도 기록 되어 있다. 그러나 붓다의 형상이 구체화 되지 않은 모습이고 붓다가 있어야 할 자리에 연꽃이나 보리수가 대신하고 있는 것으로 보아 간다라미술의 영향을 받지 않은 무불상 시대(붓다의 형상을 구체화 하지 않은 시대)의 불교미술로 볼 수 있다.

사타바하나 왕조에서는 여성의 역할이 두드러졌던 흔적을 볼 수 있다. 사타카르니 1세의 왕비였던 나야니카(Nayanika), 고타마푸트라의 어머니인 고타미 발라스리(Gautami Balasri) 등이 세운 비문들도 있다. 뿐만 아니라 고타미푸트라를 비롯하여 그 후대의 왕들의 이름에는 푸트라(~putra)가 붙어 있다는 공통점을 볼 수 있는데 이것은 '~ 어머니의 아들'이라는 의미로 모계제 풍속을 보이는 것이다. 즉 고타미푸트라는 '고타미 성을 가진 여인의 아들'이 되는 것이다. 그래서 왕위가 부자 상속으로 이어짐에도 불구하고 성에 해당되는 부분에 공통점이 없이 고타미푸트라, 바시스티푸트라라는 이름으로 되어 있다. 고타미푸트라와 바시스티푸트라는 아버지와 아들이지만 어머니가 다르기 때문이다. 또한 바시슈티푸트라 풀루마이와 바시슈티푸트라 사타카르니(Vasishtiputra Sātakarni)는 모두 고타미푸트라의 아들이며, 같은 어머니 '바시스티'의 아들이기 때문에 앞에 붙은 이름이 같다.

이러한 형태로 이름을 짓는 것은 북인도의 아리아인들에게서는 찾아보기 힘든 풍속이다. 그러나 드라비다 계통의 남부 인도에서는 이러한 모계제 형태의 풍속이 오래도록 남아 있었다. 그렇기 때문에 사타바하나 왕조의 기원을 남방토착민과 아리아인의 혼혈로 보는 이론적 뒷받침이 되기도 한다.

사타바하나 왕조에는 대략 30명의 왕이 있었던 것으로 보이며 왕조가 멸망하기 시작한 것은 기원후 3세기 무렵이다. 말기에는 왕조의 서북쪽에 아브히라(Abhiras), 남부 마하라슈트라에 추투(Chutus), 북부 카르나타카에 카담바(Kadambas), 안드라 지역에 이크슈바쿠(Ikshvākus) 등의 소왕국으로 분열되었다가 굽타 왕조의 영향권에 들어갔다.

왕조의 지배 체제와 경제 체제 등에 대한 자세한 사료가 남아 있지는 않지만, 비문과 화폐들을 통해 상당히 경제적으로 발전했던 것을 엿볼 수 있다. 또한 기원후 2세기경에는 데칸 반도를 횡단하여 인도양에서 아라비아 해에 이르는 지역을 차지할 정도로 세력이 확대됨으로써 외래 왕조인 그리스, 샤카, 쿠샨 왕조 등의 남하를 저지하는 역할도 했다. 그러나 기원후 3세기경부터 분열되고 약화된 사타바하나 왕조는 기원후 4세기 무렵 역사 속으로 사라졌다.

27. 함께 가세 저 언덕으로: 대승불교 운동

마우리아 제국 이후 브라흐만교 성향의 왕국들이 세워졌지만, 불교는 왕가와 부유한 상인들의 후원으로 계속 발전했다. 특히 서북인도의 이민족 지배지역에서는 불교의 번영시대를 맞이했다. 인도에 침입한 이민족들은 아리아인 중심의 브라흐만교 보다는 평등을 주장하는 불교를 받아들이기 쉬웠기 때문일 것이다.

불교의 변화를 세단계로 나누면 그 첫째는 근본불교 시대이고, 둘째는 부파불교 시대, 셋째는 대승불교 시대이다. 근본불교란, 붓다가 생존해 있던 시기로부터 붓다가 열반에 든 후 100년경까지의 초기불교를 말한다. 이 시기는 붓다에게 직접 가르침을 받은 제자들이 살아 있던 시기이기 때문에 그 근본 가르침이 생생하게 살아 있던 시기이다. 붓다 열반 후 100년경 출가자의 생활 계율에 관한 해석 문제로 상좌부와 대중부의 분열이 일어나게 되는데, 이것을 근본분열이라고 부르고, 분열 이후의 시대를 부파불교 시대라고 한다. 근본분열은 전통적이고 보수적인 입장의 상좌부와 진보적인 입장을 대변하는 대중부를 중심으로 일어났다. 이 근본분열은 붓다 시대의 계율을 엄격히 지켜야 한다는 상좌부의 주장과, 형편에 따른 융통성을 발휘해야 한다는 대중부의 대립에서 비롯되었다. 두 파의 분열을 시작으로 서력기원 전후한 시기까지 20개의 부파가 형성되었다.

부파불교 시대의 불교는 학문적 불교로 변화되고 있었다. 파벌 혹은 분파가 생기면 자기 분파의 정당성을 주장해야 한다. 이 때문에 논리적, 학술적 연구가 병행될 수밖에 없다. 붓다는 출가하여 깨달음을 얻고 나서 80세에 입멸할 때까지, 이곳저곳을 돌아다니며 대중들과 함께했고 대중들에게 가르침을 폈다. 그러나 분파가 형성되면서, 이곳저곳을 돌아다니며 대중들에게 붓다의 가르침을 펴기보다는 한 곳에 머물면서 붓다의 가르침을 연구하고 수행하는 불교로 변화되기 시작했다. 또한 붓다 생존 당시부터 아나타핀디카가 기원정사를 만들어 보시했던 것과 같이 부유한 상인들은 불교 사원을 위해 기증했고, 여기에 왕들도 한 몫을 했다. 이러한 사원이 생기면서 출가자들은 걸식을 하고 대중들과 함께 하던 생활을 버리고, 한 곳에 머물러 수행하며 붓다의 가르침을 연구하는 일에 몰두하게 되었다. 이 때문에 출가자들은 대중과 멀어지고, 불교는 출가자 중심의 불교로 변했는데, 시간이 갈수록 이러한 현상은 더욱 심해졌다.

이처럼 부파불교 시대에는 출가자들이 자신의 해탈을 위한 명상과 붓다의 가르침을 연구한 논서를 저술하는 일 그리고 자신들이 속한 종파의 권위를 높이기 위한 경전 편찬에 주력함으로써 학문 불교는 발전했지만 대중과는 점점 더 멀어진 종교가 되었다.

열반경에 의하면, 붓다는 '자신을 등불로 삼아 자신을 귀의처로 삼으며, 법을 등불로 삼아 법을 귀의처로 하라(自燈明 自歸依, 法燈明 法歸依)'는 최후의 가르침을 열반에 들기 전에 남겼다고 한다. 출가자들은 스스로(自)와 붓다의 가르침(法)에 의지하여 수행하고 해탈을 추구할 수 있다. 그러나 일상생활을 하는 재가자들이 자신과 법에 의지하여 해탈하기는 어려운 일이다. 그래서 재가자들은 붓다에게 의지했던 것인데 붓다가 입멸하고 나니 귀의할 곳을 잃어버린 셈이다. 게다가 부파불교 시대에 이르러 출가자들과 대중의 거리가 멀어짐으로써 대중들은 의지할 곳이 없어진 것이다.

이러한 상황에서 일부 재가자들을 중심으로 붓다의 육신은 없으나 붓다의 대중에 대한 구제의 힘은 그대로 존재한다고 믿는 사상이 생겨났다. 그래서 그들은 법에 의지하고 자신에게 의지하기보다 붓다의 구제력에 의지하여 해탈을 추구하는 운동을 일으키게 되었는데 이것이 대승불교 운동이다. 이러한 대승불교 운동과 더불어 불교는 대중 불교로 거듭나게 된다.

이러한 변화는 불교 내부의 변화이기도 하고, 시대의 변화에 적응하는 모습이기도 하다. 대승불교가 형성되던 시기는, 브라만 중심의 브라흐만교가 민간의 토속신앙을 모두 포용하는 대중성을 띤 힌두교로 변화하고 있던 시대이다. 그러한 시기에 불교 역시 대중적 성격을 띠는 대승불교로 전환되었기 때문이다. 또한 이것은 고대국가의 사회·경제적 변화를 반영하는 측면도 있다. 고대국가의 성장과 발전 그리고 신흥종교의 발흥이 맞물려 있던 시기에는 일부 지배계층과 부호들의 후원과 비호가 신흥 종교의 사회·경제적 기반이었다. 그러나 점차 사회적 기반이 대중들에게로 이동하게 되는데 불교 내부에서 이러한 변화를 주도한 것이 대승불교운동이다.

붓다의 사리탑(佛塔)을 세우고, 그 주변에 붓다의 가르침을 그림으로 그리거나 상징물을 만들어 놓고, 법사(法師)들이 그 내용을 재가자들에게 설명한다. 대승불교 운동은 그렇게 일어났다. 대승불교 운동을 통해 붓다를 신앙의 중심에 두고, 붓다의 덕을 찬양하고, 그 자비의 힘으로 일반 대중들도 해탈할 수 있다는 믿음이 확산되었다. 이러한 믿음의 확산으로 부파불교 시대의 출가자 중심의 불교는 대중 중심의 불교로 전환되기 시작했다.

대중 중심 불교운동을 추구한 사람들은 모든 사람의 해탈과 구제를 목표로 하는 큰 수레(Mahāyāna, 大乘)라는 의미로 자신들을 대승이라고 불렀다. 기존의 출가자 집단은 사찰을 중심으로 출가자 자신의 해탈만을 추구하는 것이기 때문에 작은 수레(Hīnayāna, 小乘)이며, 자신들은 큰 수레라는 것이다.

부파불교에서는 궁극적인 목적을 열반(涅槃)에 두고 있다. 따라서 부파불교에서는 세속을 벗어나, 수행으로 열반을 이룩한 아라한(阿羅漢)을 이상적인 인간상으로 삼는다. 그러나 대승불교에서의 목표는 붓다와 같은 깨달음을 얻는 것이다. 붓다가 실천한 보시와 이타행(利他行)을 강조했다. 자신의 해탈을 최종목표로 삼기보다는 중생 구제에 힘쓰겠다는 서원을 세우는 사람들이 등장한다. 이러한 서원을 실천하는 자는 출가자와 재가자를 불문하고 모두 붓다의 전신(前身)인 보살(菩薩, Bodhisattva)이라고 불렀다. 이 보살이 대승불교의 이상적 인간상이다. 그래서 대승불교에서는, 궁극적 목표는 열반이 아니라 성불(成佛)이며, 추구해야 할 인격은 아라한이 아니라 보살이라고 강조하고 있다.

한편으로 깨달음을 보편화하면서 삼세(三世)와 시방(十方)에 걸친 많은 붓다를 상정하고 그 각각에게 중생구제의 힘을 위탁했다. 때로는 유력한 보살들을 붓다가 행하는 자비의 대행자로 보아 숭배하는 사상도 발달하게 된다. 자비의 상징인 관세음보살(Avalokiteśvara Bodhisattva), 지옥에 가는 사람이 단 한명이라도 있다면 해탈하지 않겠다는 서원을 세운 지장보살(Kṣitigarbha Bodhisattva), 지혜를 상징하는 문수보살(Mañjuśrī Bodhisattva), 그리고 실천의 화신 보현보살(Samantabhadra Bodhisattva) 등 4대 보살도 등장했다.

중국과 한국에서는 특히 아미타불과 미륵불 사상이 발전했다. 미륵신앙은 미륵불이 있는 도솔천에 태어나기를 희망하는 미륵상생설과 우리가 살고 있는 사바세계에 미륵불이 태어나 중생을 구제할 것이라는 미륵하생설로 발전했는데, 특히 한국의 미륵하생 신앙은 민중운동의 사상적 뒷받침이 되어 스스로를 미륵이라고 칭하는 혁명 주도세력이 등장하는 배경이 되기도 했다.

한편으로 여러 불보살의 등장은 무신론의 불교를 유신론 성격을 갖는 불교로 변화시켰다. 인격신인 붓다와 보살을 숭배하는 불교의 변신은 출가자와 지식 계층의 좁은 테두리를 벗어나 불교를 대중화시키는데 큰 역할을 하여 불교의 세계화에 공헌했다. 그러나 불교의 보살들은 힌두교의 신들과 대비시켜보면 각각 그 대응하는 신을 힌두교에서 찾을 수 있을 정도로 대승불교가 힌두교와 비슷한 성격을 띰으로써 인도에서 불교가 사라지는 원인이 되기도 했다.

모든 사람들이 함께 수레를 타고 저 언덕 해탈의 세계로 가자는 대승불교 운동은 기원 전후한 시기부터 발달하여 굽타 시대까지 인도불교사에 새로운 바람을 일으켰다. 잘 알려진 반야심경의 끝부분에 있는 주문(呪文)이 대승불교 운동의 핵심을 잘 나타내고 있는 말이다. 범어로 하면 <가테 가테 파라가테 파라상가테 보디 스바하>로 발음되는 이 주문은 한자로 번역되어 우리나라에서는 <아제 아제 바라아제 바라승아제 모지 사바하>로 독송되고 있다. '가세, 가세, 저 언덕으로. 우리 함께 저 언덕으로 가세, 깨달음이 성취된 그 자리로'라고 해석 될 수 있는 이 주문이야 말로 대승불교 운동의 핵심이다.

28. 간다라에 꽃핀 불교미술

불교가 탄생한 후에도 오래 동안 붓다의 신체를 구체적으로 표현한 불상은 제작되지 않았으며 발자국, 빈 좌석, 보리수, 법륜, 연꽃 등과 같은 상징물로 붓다를 표현했다. 이러한 시기를 '무불상(無佛像) 시대'라고 한다. 불상을 만들지 않았던 이유에 대해서는 의견이 분분하다. 성인들의 신체를 형상화하는 전통이 없었기 때문이라는 견해도 있고, 초기불교에서는 석가모니 붓다의 깨달음을 중시하여 석가모니를 숭배의 대상으로 삼는 의식이 없었기 때문이라는 주장도 있다. 어떠한 이유였든 붓다 입멸 후 거의 500년 동안은 불상이 만들어지지 않았다.

기원전 1세기 무렵부터 불상이 조각되기 시작했는데, 그 계기 역시 다양하게 해석된다. 무불상 시대에 대한 이해와 연결하여 대승불교가 형성되면서 붓다가 숭배의 대상이 되었던 것을 주요 이유로 꼽기도 한다. 초기불교 혹은 부파불교에서는 붓다는 깨달은 자일뿐 숭배의 대상은 아니었으나 대승불교에 이르러 신격화되면

그림 30. 무불상 시대
(좌) 산치 스투파 동쪽 입구에 새겨진 보리수
(우) 2세기 무렵 간다라 지역에서 조각된 붓다의 족적(예일대학교 미술관 소장)

서 숭배의 대상이 되었기 때문에 예배의 대상으로서의 형상 즉 불상이 만들어지기 시작했다고 보는 것이다. 다른 한편에서는 헬레니즘 세계와의 접촉을 통해 그리스 신상들을 접했고, 그 신상과 같은 붓다의 형상을 만들려는 생각들이 일어났다고 보기도 한다. 그런데 이 두 견해는 사실 따로 떼어놓고 보기 어려운 점이 있다. 대승불교 운동이 일어나던 시기 그리고 헬레니즘 세계와 인도의 교류가 확대되던 시기가 거의 맞물려 있기 때문이다.

기원전 1세기경부터 간다라 지역을 중심으로 물결형의 머리카락, 양쪽 어깨에 걸쳐 입은 옷, 잘록한 허리 등으로 표현된 불상들이 제작되었다. 간다라 지역은 서북인도에 터를 잡은 외래 왕조의 중심지였을 뿐만 인도와 헬레니즘 문화가 교차되던 지역이다. 이러한 지역에서 불교 주제를 헬레니즘 기법으로 표현하는 조각품들이 만들어졌기 때문에 불상 제작이 그리스 신상의 영향을 받았다는 주장의 뒷받침이 되기도 한다. 이러한 것들을 간다라미술

그림 31. 간다라 미술 조각 입상
(좌) 도쿄 박물관 소장 간다라 불상(1~2세기)
(중앙) 사흐바즈가리에서 발견된 보살 입상(관세음보살로 추정됨)
(우) 뉴욕 메트로폴리탄 박물관 소장 미륵보살 입상(3세기)

양식이라고 부르는데, 간다라미술은 기원후 7세기까지 지속된 그리스-불교미술(Greco-Buddhist Art)의 시발점이다. 일부 학자들은 간다라미술이 기존의 인도 전통 양식에서 발전된 것이라고 평가한다. 이들의 주장처럼 간다라미술 양식의 표현기법 전체를 보면 기존의 인도 미술 양식과는 완전히 다른 새로운 양식이 탄생한 것이라고 볼 수는 없을지도 모른다. 그러나 간다라미술을 '새로운 양식의 탄생'이라 볼 수 있는 것은 그 주제에 있다고 할 수 있을 것이다. 즉 붓다나 불교를 조각이나 건축의 주제로 삼고 있다는 점이 이전의 인도 미술과는 다른 점이다. 간다라 지역에서 불상이 만들어지던 무렵 훨씬 동남쪽에 위치한 마투라에서도 불상이 제작되었다. 그런데 간다라의 불상과 마투라의 불상은 상당히 다른

그림 32. 마투라 미술 조각 좌상과 입상
(좌) 쿠샨 시대의 마투라 미륵보살 좌상
(중앙) 우타르프라데시 국립박물관에 소장되어 있는 쿠샨 시대의 마투라 보살 입상
(우) 우타르프라데시 국립박물관에 소장되어 있는 쿠샨 시대의 불상(1세기말)

모습을 하고 있다.

이 조각들에서 볼 수 있듯이 양쪽 어깨에 걸쳐 입은 옷에 주름이 깊게 패여 있으며, 큰 눈과 물결형의 긴 머리카락 그리고 콧수염이 묘사되어 있는 것이 간다라 양식의 특징이다. 또한 간다라 불상은 대부분 날씬한 몸매와 근엄한 얼굴로 표현되어 있으며 검은 편암 혹은 회색 사암을 주 재료로 사용했고 좌상과 입상이 고루 발견되고 있다.

이와는 달리 머리카락이 없고, 소라모양의 육계를 하고 있으며 눈은 부릅뜨고 입술은 두터우며, 강건하고 힘찬 몸매에 미소 띤 얼굴을 하고 있는 것이 마투라 양식의 특징이다. 재료는 주로 붉은 색 사암을 사용하고 있으며 입상보다는 좌상이 주를 이루고 있다. 또한 간다라 양식은 주로 불교적 소재를 활용했기 때문에 불상이 주를 이루고 있지만 마투라에서는 불교뿐 아니라 힌두교와 자이나교를 소재로 한 조각들도 함께 조성되었다. 이것은 마투라와 간다라의 지역적 차이 혹은 문화적 차이에 기인하는 것이라 할 수 있다. 마투라는 야무나 강과 가까운 곳에 있으며 비슈누의 화신인 크리슈나의 탄생지로 알려져 있는 힌두교 성지이다. 또한 지역적으로도 불교뿐 아니라 다양한 종교의 중심지이기도 하다. 이에 비해 간다라는 헬레니즘 세계와 인도 문화의 융합이 일어난 곳이지만 그 융합의 중심은 불교였기 때문에 다른 종교보다는 불교적 주제를 표현한 것으로 볼 수 있다. 그렇기 때문에 간다라 불상은 인도에 정착한 그리스인의 손으로 불교의 정신을 표현하고 있다고 평가되고 있으며, 마투라 불상들은 간다라미술에 비하면 훨씬 인도 토착적인 미술 양식이라고 평가되고 있다. 물론 기원후 2세기경 이후에는 마투라미술에도 간다라미술의 영향이 나타난다. 그러나 기본적으로 마투라미술은 인도의 전통이 더 짙게 배어 있기 때문에 고대 인도미술이 발전한 양식이라고 할 수도 있다.

간다라미술의 절정기는 불교가 융성했던 쿠샨 제국 시대이다. 간다라미술은 기원후 2세기경 잠시 쇠퇴했으나 3세기 초에 다시 발전하여 한국, 중국, 일본 등의 불교미술에 영향을 미쳤다.

29. 인도인들의 종교: 힌두교

힌두교(Hinduism)라는 용어는 '힌두들이 믿는 종교'라는 포괄적 개념이다. 전통적으로 인도 사람들은 자신들이 거주하는 곳을 아르야바르타(Āryāvarta: 아리아인들이 사는 곳), 바라트바르샤(Bharatvarsha: 바라타 후손들이 사는 곳)라고 칭했다. 그러다가 점차 신두스탄(Sindhustan), 힌두스탄(Hindustan)으로 칭해졌는데, 그리스어의 Indos 혹은 Indus, 산스크리트어의 Sindhu, 페르시아어 Hindu에서 유래된 것이라고 한다. 산스크리트어 Shindhu는 원래 '하천' 특히 '인더스 강'을 의미하는 말이었지만, 나중에는 인더스 강 유역의 신드 지방을 의미하게 되었고, 그 복수형은 '신드 지방의 주민'을 뜻하는 말로 쓰였다. 이러한 신드라는 말은 페르시아어를 거쳐 유럽어인 Hindu가 된 뒤 인도인 전체를 나타내는 의미로서 쓰여 히말라야 산 이남의 전 인도아대륙을 힌두스탄(Hindustan)이라고 부르게 되었다.

이 힌두스탄의 사람들이 믿는 종교라는 의미로 쓰이는 것이 힌두이즘이기 때문에 '힌두교'라는 말은 넓게는 '인도인의 종교'를 뜻하며 '본래 인도에서 발생한 인도인이 받드는 독특한 가르침'이라고 정의되기도 한다. 그러나 인도인이 신봉하는 종교일지라도, 실제로는 베다계의 종교가 있는 반면, 불교나 자이나교와 같이 베다의 전통을 부정하는 것도 있기 때문에 힌두교를 말할 때, 이들 모두를 포함하는 개념인가, 아니면 보다 더 한정적인 의미로 사용되는 것인가라는 문제가 발생한다. 가장 일반적이면서도 좁은 의미의 힌두교는 '인도에서 발생한 종교 사상 가운데 불교, 자이나교, 시크교 등의 구분된 정체성을 가진 종교를 제외한 것'이라는 의미로 쓰인다.

브라흐만교를 바탕으로 하고 있는 힌두교이기 때문에 '힌두교의 성립'이라는 용어 자체가 불합리하다는 견해도 있지만 이 시기의 인도 종교는 이전 시대와는 다른 모습으로 변화되었기 때문에 브라흐만교와 구분되는 힌두교가 성립된 것이라고 보고 있다.

마우리아 붕괴 이후 브라만 왕조인 슝가 왕조와 칸바 왕조가 건설되면서 브라만 세력이 확대되었다. 이때 브라흐만교에서는 사회적 저변확대를 위해 교학을 재정비하고, 민간 신앙인 동물과 나무 숭배 그리고 비슈누신과 쉬바신 등을 포함한 토속적인 신앙을 모두 포용하게 되었다. 베다, 우파니샤드 등 아리아계의 것에서 원주민의 토착적인 요소, 샤크티, 링가의 숭배에 이르기까지 다양한 요소들을 포용하게 된 것이다. 다양한 신들과 종교를 화신(化神, avatāra)이라는 개념으로 포용하게 되었는데 이러한 화신의 개념은 아리아적인 요소로 보기는 힘들다. 화신이란 것은 비슈누신이 다른 신이나, 인물, 동물 등의 다양한 모습으로 이 세상에 나타난다는 것으로, 여러 지방의 부족과 다양한 카스트가 숭배하는 신을 비슈누를 통해 통일하는 이론적 근거가 되기도 한다. 불교의 교조인 붓다 역시 비슈누의 여덟 번째 화신으로 포용함으로써 인도에서 발생한 모든 종교를 힌두교로 포용할 방편을 마련해 준 것이 바로 이 화신 사상이다.

다양한 토착 종교를 포용하는 한편 종교와 일상생활 윤리를 다루는 여러 수트라(sūtra: 경전)들이 편찬되었다. 슈라우타수트라(Śrautasūtras: 천계경), 그르햐수트라(Gṛhyasūtras: 가정경), 다르마수트라(Dharmasūtras: 법전), 슐바수트라(Śulvasūtras: 제단경) 등이 여기에 속한다. 일상생활의 윤리를 제시한 경전들에서는 업, 윤회, 해탈 사상 등을 바탕으로 계급적 의무가 강조되었으며, 사회계급과 개인의 삶의 법도를 상세하고 체계적으로 정비하여 제시하고 있다. 이것은 재가자들의 구체적인 삶의 윤리와 재가자 집단의 체계 정비에 소홀했던 불교에 비하여 힌두교의 우위를 드러낼 수 있는 강점이 되었고, 수트라의 편찬을 통해 힌두교는 초세속적인 해탈의 추구와 세속적 삶의 윤리를 균형 있게 추구할 수 있는 기틀을 마련했다.

힌두교는 사회사상으로서의 카스트제와 일상생활의 아슈라마(āśrama) 그리고 다양한 방법의 해탈 추구를 근본 축으로 하고 있다. 힌두교도가 지켜야 할 다르마를 규정하고 있는 『마누법전』에 의하면 힌두인은 4개의 바르나 중 한 구성원으로서, 인생의 네 단계인 아슈라마 가운데 하나에 속하는 각기 자신의 계급과 인생의 단계에 맞는 의무를 이행해야 한다고 한다.

인생을 4개의 주기로 나누어 각 단계에 맞는 삶의 방식을 규정한 것이 아슈라마인데, 그 첫 단계는 학습기(Brahmacārya)이다. 입문식(upanāyana)을 거친 후 청년기까지로, 스승을 찾아가 베다를 학습하는 시기이다. 두 번째는 가정생활기(Gṛhastha)인데, 이 시기에 결혼을 해서 자식을 낳고, 출가 수행자들을 경제적으로 지원하는 시기이다. 이렇게 일상적인 생활인으로서 살아가다가 손자를 보고 나면 세 번째 단계인 은둔기(Vānaprastha)로 접어든다. 물질적 욕심과 집착을 버리고 숲 속에서 은둔하면서 고행과 요가 수행을 하는 단계이다. 마지막 단계인 유랑기(Sannyāsa)에는 은둔 생활을 벗어나서, 가진 모든 것을 버리고, 음식도 이곳저곳에서 얻어서 먹는 탁발 생활을 하며 오로지 정신적이고 영원한 것에 관심을 집중하는 시기이다.

이러한 네 단계의 삶을 살아가는 힌두들이 추구하는 인생의 네 가지 목표(Puruṣārtha)가 있다. 첫째는 다르마(Dharma)로 자신에게 주어진 의무를 다하는 것이다. 카스트와 아슈라마에 따른 자신의 의무를 다하는 것이 힌두들의 삶의 목표인 셈이다. 둘째는 아르타(Artha)로 번영과 부를 추구하는 것이다. 셋째는 까마(Kama)인데, 까마는 욕망, 열정, 감정, 즐거움 등을 의미하며, 삶의 즐거움을 추구하는 것을 목표로 삼는다는 의미이다. 마지막으로 모크샤(Moksha)를 목표로 삼는데, 이것은 해탈을 의미하는 것으로 인도에서 태어난 사람들이 궁극적으로 추구하는 목표이기도 하다.

모크샤 즉 해탈에 이르는 길은 다양한데, 『바가바드기타』에는 세 가지 해탈의 길이 제시되어 있다. 그 첫째는 지혜의 길(Jñāna yoga)이다. 이것은 영혼과 육체, 정신과 물질, 우주와 개개인의 본체 등의 궁극적 진리를 올바르게 인식하고 수행하여 얻을 수 있는 해탈이다. 둘째는 행위의 길(karma yoga)로써 자신에게 주어진 상황에서 결과에 집착하지 않고 주어진 일을 충실히 행하는 것이다. 셋째는 신애의 길(bhakti yoga)로써 신에 대한 헌신과 사랑 그리고 절대적 귀의를 바탕으로 해탈에 이르는 길이다.

이러한 모든 것들이 초기부터 완성된 것은 아니지만 카스트, 아슈라마, 해탈이라는 세 기둥이 바치고 있는 거대한 건축물 같은 인도인들의 종교, 힌두교가 기원 전후한 시기에 성립되었다.

30. 힌두교도의 윤리 규범서: 마누법전

힌두교가 성립되면서 편찬된 수트라들 가운데 일상생활의 윤리를 제시한 대표적인 것이 『마누법전(*Mānava Dharmaśāstra* 혹은 *Manu Smṛti*)』이다. 『마누법전』 외에도 『아파스탐바 다르마수트라(*Āpastamba Dharmasūtra*)』, 『바우다야나 다르마수트라(*Baudhayāna Dharmasūtra*)』, 『가우타마 다르마수트라(*Gautama Dharmasūtra*)』, 『바시슈타 다르마수트라(*Vasiṣṭha Dharmasūtra*)』, 『비슈누 다르마수트라(*Viṣṇnu Dharmasūtra*)』, 『야갸발캬 다르마샤스트라(*Yājñavakya Dharmaśāstra*)』 등의 다르마수트라들이 있다. 이 가운데 가장 내용이 풍부하고 구체적인 것이 『마누법전』인데 정확한 저자나 저술연대는 알려져 있지 않으며, 대략 기원전 2세기에서 기원후 2세기 무렵에 편찬된 것으로 추정되고 있다.

『마누법전』은 세계의 창조로 시작하여 우주의 생성과 소멸, 카스트와 아슈라마에 따른 다르마, 왕의 다르마 그리고 규정된 다르마를 충실히 따른 행위에 대한 과보 등을 다루고 있는 총 2680여

개의 운문(śloka)으로 구성되어 있으며, 전통적으로 12개의 장으로 분류되고 있다.

제1장은 현자들이 마누를 찾아가 바르나(카스트)의 다르마에 대하여 질문하는 것으로 시작된다. 질문의 주제는 카스트였지만 마누는 우주창조의 이야기를 시작한다. 카스트의 의무를 설명하기 위해서는 우주가 어떻게 창조되었고, 그 창조된 우주에 존재하는 카스트의 탄생원리는 무엇인지를 이해해야 하기 때문일지도 모른다. 마누가 설명하는 우주의 창조는 『마하바라타』의 창조 이야기와 유사하다. 태초에 존재한 거대한 알인 히란야가르바(Hiranyagarbha)에서 브라흐마가 생겨나고 그 알 속에 머물던 브라흐마가 분화되어 하늘과 땅 그리고 허공을 창조한다. 이어서 모든 존재들의 개별적인 이름과 행위 그리고 다르마를 베다로부터 만들어서 베다에 기초한 세계를 정립한다. 이러한 우주 창조의 이야기를 마친 후에야 마누는 각 카스트들의 의무를 설명하고 다르마를 완수하는 것이 최상의 행복을 지향하는 길임을 확신시킨다.

제2장은 아슈라마의 첫 단계인 학습기에 대한 규정을 설명한다. 여기서 중요한 것은 '올바른 배움을 가진 선한 자'를 스승으로 삼아 다르마를 배워야 한다는 것이다. 학습기의 시작은 입문식 즉 우파나야나(upanāyana)인데, 이 입문식을 할 수 있는 나이 역시 카스트에 따라 다르다. 규정에 의하면 브라만은 수태한 시 여덟 번째 해에, 크샤트리야는 열한 번째 해에 바이샤는 열두 번째 해에 입문식을 행한다. 상층일수록 일찍 하층일수록 늦게 입문식을 하는 것으로 규정되어 있다. 또한 나이를 계산할 때 출산을 기준으

로 하지 않고 수태를 기준으로 한다는 것도 독특한 점이다.

이처럼 카스트에 따른 '차별' 규정은 입문할 수 있는 나이 규정뿐만 아니라 인사를 하는 규정에서도 볼 수 있다. 가령 사람을 만나서 안부를 묻는 인사를 할 때 브라만에게는 '평안'을 물어야 하고, 크샤트리야에게는 '건강'을 묻고 바이샤에게는 '안락'을 물으며 수드라에게는 '무병'을 묻는 인사를 해야 한다고 규정하고 있다. 예를 들자면 브라만들에게는 "평안하시지요?"라고 물어야 하고, 크샤트리야에게는 "강령하시지요?"라고 물으며, 바이샤에게는 "사업 번창하시지요?"라고 물어야 하고, 수드라에는 "무탈하지요?"라고 물어야 한다는 규정인 셈이다.

제3장에서부터 제5장까지는 아슈라마의 둘째 단계인 가정생활기의 다르마에 대해 설명한다. 학습기를 마치고 나서 집으로 돌아오면 결혼을 하고 가정을 이루어야 한다. 가정생활기의 시작은 결혼이기 때문에 다양한 형태의 결혼 방식과 가장 바람직한 결혼에 대해 설명한다. 그리고 가정생활기에 생계를 유지하는 방법을 설명하고 행해야 할 것과 금해야 할 규정들을 설명한다. 근대에 들어 여성의 지위 문제와 관련하여 자주 거론되는 제5장에서는 여성의 독립성에 대해 다음과 같이 규정하고 있다.

> 어린이든, 젊은이든, 늙은이든 간에 여자는 집안에서조차도 그 어떤 일도 독립적으로 해서는 안 된다. 어린 시절에는 아버지의 지배하에, 젊은 시절에는 남편의 지배하에, 남편이 죽으면 아들들의 지배하에 머물러야 한다. 여자는 결코 독립에 대한 의지를 가져서

는 안 된다(5장 146-147).

여성의 독립성을 부정하고 자주적 결정권을 인정하지 않는 위와 같은 규정은 우리에게 그리 낯설지 않은 규정이다. 동아시아에서 여성억압의 대표적인 문구로 거론되고 있는 소위 '삼종지도'라는 것과 다르지 않기 때문이다.

제6장에서는 아슈라마의 셋째 단계인 은둔기와 넷째 단계인 유랑기에 대해 설명한다. 가정생활기를 마치는 시기, 다시 말해서 은둔기에 들어갈 수 있는 시기는 언제일까. 마누는 "주름과 흰머리가 생기고 손자를 보았을 때"라고 설명한다. 은둔기에는 주로 숲 속에 거주하는 시기로 가정생활기에서 소유하고 있던 모든 것들을 포기 하고 숲으로 가야 한다. 포기의 대상에는 아내도 포함될 수 있다. '아내가 원하지 않을 경우나 아내가 젊은 경우' 아들에게 맡기고 홀로 숲으로 가야 한다고 규정되어 있다. 그렇다면 은둔기에는 어떤 모습으로 살아가게 되는 것일까?

옷은 누더기나 나무껍질로 만들어 입는다. 손톱이나 발톱은 물론 몸에 난 털은 자르지 않는다. 땅과 물에서 자란 채소, 꽃과 뿌리와 열매, 제물로 사용하기에 적합한 나무에서 생겨난 것들, 열매에서 생겨난 기름 등을 먹는다. 그러니 꿀, 고기, 버섯을 비롯하여 적합하지 않은 나무에서 생긴 것들은 금지된다. 뿐만 아니라 '마을에서 경작한 것'도 먹어서는 안 된다고 규정하고 있다. 이것이 의미하는 바는 무엇일까? 숲에 거주하면서도 마을에서 경작한 것들을 받아서 먹는다면 가정생활기에 소유했던 것을 '포기' 했다고 볼 수 없기 때문이다. 규정에 맞는 음식이라고 해서 하루 종일 아무 때나 먹을 수 있는 것은 아니다. "밤이나 낮에 한 번을 먹거나 이틀에 한 번 혹은 나흘에 한 번 먹는 것을 선택할 수 있으며 이러한 선택은 자신의 육체적 능력에 따른다."고 규정되어 있기 때문이다. 제6장에서 아슈라마의 네 단계에 대한 설명을 마치고 제7장에서 왕에 대한 이야기를 시작한다.

마누에 의하면 세상 사람들이 두려움에 떨고 있을 때 세상을 보호하기 위해 창조자는 왕을 만들었는데 인드라, 바람, 야마, 태양, 불, 바루나, 달, 재물의 신 등으로부터 본질적인 요소들을 뽑아내어 왕을 만들었다고 한다. 이러한 왕의 기원에 대한 마누의 설명은 우리가 앞(17장면)에서 살펴본 브라흐마나의 설명과는 좀 다르다. 브라흐마나에서는 '전쟁에 이기기 위해' 왕이 생겨났다고 했는데, 마누는 두려움을 없애고 세상을 보호하기 위해 모든 신들의 권능의 정수를 뽑아 왕을 만들었다고 설명한다.

왕에 대한 이야기를 하는 제7장에서 국제관계에 대해 이야기하는 장면을 눈여겨볼 필요가 있다. 마누는 주변국과 분쟁의 우려가 있을 때, 먼저 평화적 협상을 통한 회유(sāma)를 하고 그 다음으로는 뇌물을 주어 회유시키는 방법(dāna)과 은밀한 위협이나 적들의 분열을 유도하는 방법(bheda) 등을 사용해야 한다고 말한다. 그렇게 해서도 제압할 수 없을 때 마지막 수단인 무력(yuddha, danda)을 사용한다고 설명함으로써 국제 관계에 있어서는 전쟁에 앞서 평화적 타협의 길을 모색해야 한다고 강조하고 있다. 그리고 전쟁의 경우 정당한 전쟁(Dharma Yuddha)과 탐욕으로 인한 부당한 전쟁(Adharma Yuddha 혹은 Kutta Yuddha)으로 구분하여 왕이 행한 전쟁이 정당한 전쟁임을 드러내야 한다고 강조하는데 이러한 점은 마누는 물론 인도 고대 문헌에 공통적으로 드러나는 의식이다. 마누는 전쟁에서 승리한 후 그 지역에 세금을 감면해주고 점령지 백성들의 두려움을 없애주어야 하며 점령지 백성들의 마음을 헤아림은 물론 점령지의 왕손 가운데 하나를 선택하여 왕으로 세우고 점령지의 관습을 인정해주라고 강조하고 있다. 이러한 것은 왕의 전쟁과 점령이 탐욕이 아닌 정당한 행위였음을 드러내고자 하는 것이다.

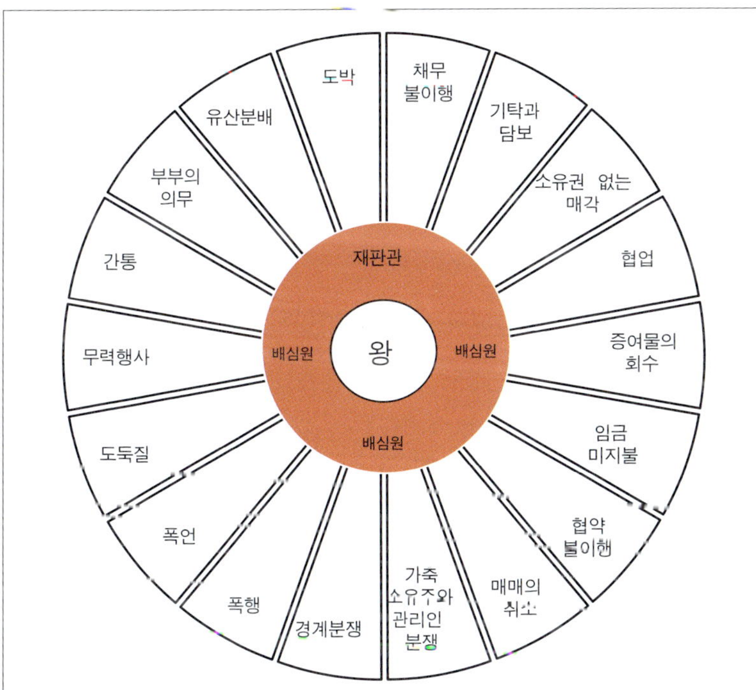

그림 33. 마누법전에서 설명한 18가지 소송의 주제와 법정 모습

제8장과 제9장에서는 마누의 '법전'이라는 제목에 어울리는 사법제도를 다루고 있다. 마누는 소송과 분쟁의 주제가 되는 것을 18가지로 분류하여 세목 별로 설명한다. 벌금과 관련된 것을 설명하는 부분에서는 화폐, 무게, 길이 등의 다양한 단위들이 등장한다. 무게의 최소 단위는 '햇살에 비친 먼지 입자(trasareṇu)'이며 다음으로는 벼룩알(likṣā), 겨자씨(rājasarṣapa), 보리알(yava), 홍두의 씨앗(kṛṣṇala) 등을 무게 기준으로 하고 있으며 활 길이(dhanu), 지팡이(śamyā), 손가락 넓이(aṅgula) 등을 길이의 기준으로 삼고 있는 점도 흥미롭다. 부부의 의무에 관한 규정에서는 제5장에서와 마찬가지로 여성의 독립성이 부정되고 재산권 역시 부정되는 규정들이 등장한다.

제10장에서는 혼종 카스트와 재난 시기의 다르마에 대해 이야기하고 제11장에서는 속죄를 다루고 있다. 다양한 혼종 카스트들이 언급되는데 역순혼(prātilomya: 여성이 남성보다 상위 카스트)이 정순혼(ānulomya: 남성이 여성보다 상위카스트)에 비해 더 부정적인 혼종을 낳는다는 견해를 드러낸다. 또한 브라만이 곤궁에 처했을 때에는 어떤 행위를 해도 정당화될 수 있다고 설명함으로써 브라만이 세상의 중심이라는 브라만 지상주의를 드러내고 있다. 속죄의 대상이 되는 행위들이 언급되고 그에 대한 속죄 방식이 기술되는데 이 속죄 의식으로 모든 죄가 소멸될 수 있다고 설명함으로써 속죄 행위의 중요성이 강조된다.

세속의 이야기를 마치고 마지막 장인 제12장에서는 처음에 시작했던 우주 창조에 대한 이야기와 상응되는 내용으로 돌아간다.

아트만을 비롯한 종교·철학적 개념과 원리를 설명하고 마누의 가르침은 지고의 가르침임을 강조함과 더불어 그의 가르침을 따르고 지키는 것에 대한 과보가 기술되어 있다.

이처럼 『마누법전』에는 우주의 원리와 일상적인 삶에 대한 규정이 총망라되어 있다. 그래서 이 법전이 편찬되던 고대는 물론 현대까지도 인도를 비롯한 힌두교 문화권의 일상생활에 영향을 미치고 있는 일종의 종교·윤리 규범서이며 생활 지침서 역할을 하고 있다.

31. 꺼지지 않는 통일의 불꽃: 굽타 왕조

마우리아 왕조의 통일 이후, 100여년 만에 인도아대륙은 다시 분열되었다. 서북인도에는 헬레니즘 세계와 연결된 외래 세력이 자리를 잡았고, 마가다 지역에는 슝가 왕조와 칸바 왕조가 차례로 일어났다가 멸망했다. 아쇼카 왕에게 정복되었던 칼링가는 아쇼카 사후 독립했고 데칸 지역에는 사타바하나 왕조가 세력을 확대하고 있었다. 이처럼 인도아대륙은 4개의 큰 세력권으로 분열되었다. 이후 마가다 지역과 칼링가 지역은 쿠샨 왕조와 사타바하나 왕조에 흡수됨으로써, 2세기경에는 북쪽의 쿠샨 왕조와 남쪽의 사타바하나 왕조가 대치한 남북국 시대와 같은 모습을 보였다. 이러한 분열 시대의 기간이 거의 400년에 이른다.

역사를 구분할 때 통일 제국이 붕괴되고 여러 왕국이 분열되는 시기부터 중세로 본다. 인도의 경우 마우리아 이후의 분열 양상이 계속 이어졌다면 마우리아 제국의 분열을 기점으로 중세가 시작되었다고 할 수 있다. 그러나 인도아대륙의 통일을 향한 불꽃은 꺼지

그림 34. 굽타 제국의 지배 영역(4세기 말)

지 않았다. 400년 동안의 분열이 계속되고 있을 때 다시 통일의 불씨를 집힌 인물은 찬드라 굽타 1세(Chandra Gupta I: 320-335)이다.

굽타 왕조를 창건한 찬드라 굽타 1세가 어떤 가문 출신으로 어떠한 과정을 거쳐 왕조를 창건하였는지에 대해 알 수 있는 기록은 거의 없다. 굽타 시대의 역사를 재구성할 수 있게 해주는 유물이 주로 지금의 우타르프라데시(Uttar Pradesh)에서 발견되고 있기 때문에 그 지역을 근거지로 삼아 세력을 형성한 것으로 추측되고 있다. 쿠샨 제국이 약화되면서 군웅할거 시대가 되었을 때, 굽타 왕조가 건설된 것으로 보인다. 사무드라 굽타(Samudra Gupta: 335-380)의 석주비문에는 슈리 굽타(Shri Gupta)와 가톳카차(Ghatotkacha)가 그의 조상으로 언급되어 있다. 그러나 이 두 이름은 이 비문 이외에서는 언급된 곳이 없고 그와 관련된 어떤 유물도 발견되지 않았다. 인도 역사에 굽타 왕조의 이름이 제대로 드러난 것은 찬드라 굽타 1세부터이다. 그는 리차비(Licchavi)의 공주인 쿠마라데비(Kumaradevi)와 결혼했다. 리차비 가문은 16국 시대 밧지 연합국의 주요 귀족으로 바이샬리를 지배해온 명망 높은 가문이었다. 찬드라 굽타 1세와 쿠마라데비의 결혼은 굽타 왕조에 중요한 역할을 한 것으로 추정된다.

마우리아 제국의 뒤를 이어 건설되었던 슝가와 칸바는 모두 브라만 왕조였다. 그런데 굽타 왕조의 신분은 확실하지 않다. 연구에 따르면 굽타 왕조의 신분은 바이샤였던 것으로 추정되고 있다. 따라서 리차비족과의 연합은 이러한 신분적 한계를 극복하는데 큰 역할을 했을 것이다. 뿐만 아니라 비하르 지역에서 영향력을 행사했던 리차비 족과의 혼인 연맹은 굽타 왕조의 세력 확대에도 적지 않은 발판이 되어주었을 것이다. 이러한 추측을 가능하게 하는 것은 첫째로 찬드라 굽타 1세가 쿠마라데비와의 혼인 관계를 전면에 드러내려는 노력을 엿볼 수 있기 때문이다.

이 동전은 사무드라 굽타 시기에 만들어진 동전이다. 찬드라 굽타 1세와 쿠마라데비의 아들인 사무드라 굽타는 동전에 부왕과 모후를 나란히 새겼고 앞서 언급했던 석주에서는 자신을 '리차비 공주의 아들'이라고 표현했다. 이러한 것들을 통하여 찬드라 굽타 1세는 물론 그를 이은 왕들이 리차비와의 연결점을 강조했음을 알 수 있다.

그림 35. 찬드라 굽타 1세와 쿠마라데비 왕비가 새겨진 사무드라 굽타 시대의 주화

찬드라 굽타는 결혼동맹을 발판으로 마가다 지역과 프라야가(Prayaga, Allahabad)까지 세력을 확대하여 마하라자디라자(Mahārāja Dhirāja: 위대한 왕 중의 왕)라는 칭호를 얻었다.

찬드라 굽타 1세의 뒤를 이은 사무드라 굽타는 군사적으로나 정치적으로나 능력이 탁월했던 왕으로 알려져 있다. 사무드라 굽타 때 북인도 대부분의 지역을 점령하여 동쪽으로는 벵골과 오리싸 지역까지, 서쪽으로는 펀잡 지역, 북으로는 카슈미르, 남으로는 데칸에 이르는 대 제국을 건설하게 되었다. 그래서 실질적으로 굽타 왕조를 대 제국으로 만든 것은 사무드라 굽타였다고 할 수 있다. 그런데 사무드라 굽타의 비문에 왕은 '정복하고, 방면하고, 복직시켰다'는 기록이 있다. 이러한 기록은 왕의 자비심을 드러내려 한 것일 수도 있지만, 한편으로는 정복지를 완전히 병합하지 않고 정복한 후에 그대로 지배권을 유지시켜 준 것으로도 볼 수 있다.

이것은 정복지를 간접 지배 혹은 상징적인 복속의 형태로 지배한 것이라는 추측을 하게 한다. 물론 통치 측면에서는 효율성을 논할 수도 있겠으나 역사학자들은 이러한 통치방식 때문에 굽타 제국을 고대 통일 제국으로 볼 수 있는지에 대해 의문을 제기하기도 한다. 고대 제국은 '통일과 황제의 절대적 지배권'을 주요 특징으로 하는데, 이러한 간접 지배 방식으로는 황제의 절대적 지배권이 확립되었다고 보기 어렵기 때문이다.

찬드라 굽타 2세(Chandra Gupta II: 380-413)는 찬드라 굽타 1세의 혼인동맹과 부왕인 사무드라 굽타의 의욕적인 영토 확장 정책을 이어받았다. 우선 샤카족을 정복하여 구자라트의 카티아와르(Kathiawar)를 점령하고 말와(Malwa) 지역까지 영역을 확대했다. 그리고 그의 딸을 데칸의 바카타카 왕조(Vakataka)의 루드라세나 2세(Rudrasena II)와 혼인시킴으로써 남부로의 진출을 시도했다.

이 세 명의 왕들에 의해 굽타는 북인도 대부분을 차지하고 남인도의 상당 지역까지 영향권을 행사하는 대 제국이 되었다. 뒤를 이은 쿠마라 굽타(Kumara Gupta: 415-455) 시대 역시 평화롭고 화려한 굽타 왕조를 유지했으나, 이 시기에 훈족의 침입이 시작되었다. 훈족은 인도 서북쪽 너머에 있던 박트리아 왕국을 멸망시키고, 힌두쿠시 산맥을 넘고 있었다. 쿠마라 굽타는 비교적 성공적으로 훈족을 물리쳤으나 스칸다 굽타(Skanda Gupta: 455-467) 이후부터 훈족의 침입을 제어하지 못해 제국은 약화되었고, 지방의 군소 왕국들이 독립 세력을 형성함으로써 굽타 제국은 마가다 지역을 차지하는 소왕국으로 몰락하게 되었다.

굽타 제국의 몰락으로 다시 분열된 북인도에 하르샤 바르다나(Harsha Vardhana: 606-647)가 등장하여 잠시 대 제국의 모습을 회복하는 듯했다. 그러나 이미 통일제국의 불빛은 꺼져가고 있었다. 현명하고 관대하며 문화적 안목을 가졌던 것으로 전해지는 하르샤 왕은 40여년 동안 통치했으나 그가 죽고 나서 북인도는 본격적인 분열과 혼란의 시대를 맞게 되었다.

굽타 왕조의 왕들은 통일 제국의 불꽃을 피우면서 스스로를 대왕으로 칭하고 아슈바메다를 거행했다. 그리고 굽타의 왕들은 왕(rāja)이라는 칭호보다 대왕(Mahārāja) 혹은 왕 중의 왕(Mahārāja Dhirāja)이라는 칭호를 사용했다. 이러한 경향은 쿠샨 왕조 때부터 시작된 것으로 보이지만 굽타 왕조의 왕들이 대왕의 칭호를 선호한 것은 왕을 신성시하는 왕권의 신성화 경향이라는 힌두교의 흐름과 맞물려 있는 것으로 볼 수 있다. 굽타의 왕들은 내용상 전제 군주와 같은 절대적인 지배권을 갖고 있지는 못했다. 지방관을 왕이 임명하기는 했으나, 지방 장관들은 독립적으로 권한을 행사할 수 있었고, 지방 장관들이나 관료의 조언을 왕이 수용해야 했던 것 등으로 미루어 보면 절대적 왕권을 향유하지는 못했던 것 같다. 그러나 왕들의 호칭을 통해 왕권은 신에 의해 부여된 권한이며, 왕은 신과 같은 존재라는 것을 인식시키려 했던 것이다. 비록 전제군주의 성격은 완벽하게 갖추지는 못했지만, 고대 통일 제국에서나 볼 수 있는 호칭을 사용했던 굽타 왕조는 인도 고대제국의 마지막 불꽃이었다.

32. 꽃피는 힌두 문화

굽타 왕조 시대는 인도 문화의 부흥기 혹은 고대 힌두문화의 전성기라고 불린다. 서력 기원을 전후한 시기에 유입된 외래적 요소를 극복하고 아리아인 고유문화를 되살리는 복고적 경향이 생기면서 왕과 지배자들의 후원으로 문학, 미술, 건축 예술이 발달했기 때문이다. 특히 사무드라 굽타와 찬드라 굽타 2세는 예술과 문학에 조예가 깊었다고 한다. 그는 예술인들을 우대하여 유명한 예

그림 36. 비나를 켜는 사무드라 굽타(왼쪽)와 왕관을 들고 있는 락슈미(오른쪽)가 새겨진 금화, 콜카타 박물관 소장

술가, 문학에 뛰어난 작가들이 그의 궁전에 머물렀다고 전해진다. 사무드라 굽타가 만든 주화에 비나(veena: 인도 전통 현악기)를 켜는 왕의 모습이 새겨져 있는 것을 보면 음악에도 조예가 깊었던 것으로 보인다.

브라만들이 전면에 등장한 굽타 시대의 힌두 문학은 궁정문학이며 엘리트 문학으로, 주로 브라만 언어인 산스크리트로 쓰인 것들이다. 힌두교와 불교 그리고 자이나교 등의 종교적 문학작품들과 더불어 세속적 작품들도 창작되었고, 서사문학에 속하는 작품들 즉 마하바라타, 라마야나, 푸라나 등도 이 시기에 대부분 편찬되고 기록되었다.

이처럼 구전되어 오던 문헌이 기록되고 새로운 종교문학이 창작됨으로써 힌두 문화가 만개하게 되었다. 그 가운데 굽타 시대 문학의 최고봉으로 꼽히는 것은 희곡이다. 칼리다사(Kālidāsa)는 브라만 출신으로 찬드라 굽타 2세 때 궁중에서 생활했으며 굽타 시대 산스크리트 희곡의 최고봉이라고 평가받는 『샤쿤탈라(*Śakuntalā*)』를 썼다. 7막으로 구성된 희곡 샤쿤탈라의 소재는 마하바라타와 푸라나이다. 그러나 그러한 소재들이 칼리다사의 손을 거쳐 『샤쿤탈라』라는 화려한 꽃으로 피어나 세계 여러 나라에서 번역되어 읽히고 있다.

바사(Bhāsa)는 라마야나의 이야기를 줄기리로 창작된 『아비셰카(*Abhiśeka*)』, 익살스러운 내용이 가득한 『마댜마뱌유가(*Mādhyamavyāyoga*)』 등 13편의 희곡을 썼는데 대부분 행복한 결말로 끝나는 희극이다. 이처럼 굽타 시대의 희곡은 비극보다는 희극이 주를 이루었다.

칼리다사는 희곡 뿐 아니라 시에서도 뛰어난 솜씨를 발휘했다. 그가 남긴 걸작 시 『메가두타(*Meghadūta*: 구름의 사자)』는 아름답고 애절한 시로 우리나라에도 번역본이 나와 있다.

굽타 시대에는 문학뿐 아니라 화폐, 동굴과 사원의 벽화 등과 같은 예술품은 물론 탑과 사원 등의 건축 예술도 발달했다. 힌두 문화의 전성기를 맞이한 만큼 쉬바, 비슈누 등의 신상들도 만들어졌으며, 불교미술 역시 발달했다. 굽타 시대에 만들어진 아잔타(Ajanta)와 엘로라(Ellora)석굴은 굽타 시대 석굴문화의 최고봉일 뿐 아니라 인도 미술사 전반에 걸쳐 중요한 위치를 차지한다. 마하라슈트라 북서부에 위치한 29개의 석굴을 아잔타 석굴이라 부르는데 기원전 2세기경부터 기원후 7세기경 사이에 조성된 것으로 추측되고 있다. 현재는 석굴의 서쪽부터 시작하여 번호를 붙여 놓았는데 14번에서 20번에 이르는 석굴이 굽타 시대에 만들어진 것으로 추정되고 있다. 29개 가운데 5개는 사원형태이며 나머지는 승려들이 거주하던 승방으로 되어 있다. 7세기경부터 갑자기 석굴 조성이 중단 되었고 그 후 1300년 동안 이 석굴들은 사람들의 발길이 끊어진 상태로 방치되어 있었다. 이 석굴들은 1819년에 영국의 군인 존 스미스(John Smith)가 사냥을 하다가 발견했고, 이 유적지에 대한 최초의 보고서는 알렉산더(James Alexander)에 의해 1830년에 발표되었다. 그리고 1848년에 로열 아시아 소사이어티(Royal Asiatic Society)에서 위원회를 구성하여 본격적인 탐사가 이루어짐으로써 아잔타 석굴은 세상이 알려지게 되었고, 1983년에

그림 37. 아잔타 전경

유네스코 세계문화유산으로 등재되었다.

아잔타 석굴에는 붓다의 모습 대신에 보리수와 코끼리가 조각되어 무불상 시대의 것으로 추측되는 것들이 있다. 또한 인간의 모습을 한 붓다와 신격화된 붓다의 모습이 조각되어 있기도 하다. 뿐만 아니라 대승불교가 발전하던 시기에 만들어진 붓다의 깨달음과 생애를 설명하고 있는 조각들도 있다. 벽화들 가운데 돌에서 채취한 자연물감으로 그린 것들도 있는데 제1 석굴에 있는 연꽃을 든 보살도(연화수보살도)는 그 아름다움으로 세계적인 주목을 받는 그림이다.

그림 38. 아잔타 제1석굴: 연꽃을 든 보살도

아잔타 석굴은 힌두교가 꽃피던 굽타 시대에 만들어진 것이지만 불교미술의 정수를 보여주는 문화유산이기도 하다. 굽타 왕조는 기본적으로 힌두 성향을 가진 왕조였고 대부분의 왕들이 힌두교도였지만 불교를 박해하지는 않았다. 오히려 힌두의 왕들이 불교 교단을 후원한 사실도 볼 수 있는데 이것은 인도 특유의 포용성이 발휘된 모습으로 볼 수도 있다. 그러나 한편으로 붓다를 비슈누의 8번째 화신이라고 보는 것에서 볼 수 있듯이 이미 불교가 상당히 힌두화 되어 힌두교도의 입장에서 불교는 힌두교의 일파로 생각하는 경향이 있었음을 반증하는 것일 수도 있다.

그림 39. 엘로라 제16석굴, 난디 만답(Nandi Mandap)과 사원 중앙을 연결하는 바위로 만든 다리

한편으로 간다라미술에 비하여 굽타 시대의 아잔타 석굴은 같은 불교적 주제를 표현하면서도 상당히 인도적인 모습을 보인다. 서구적인 얼굴을 했던 인도의 불상들은 이제 인도인의 얼굴을 되찾았고, 인도인의 얼굴을 한 굽타 시대의 불상과 미술이 당나라와 신라에 전해져 중국, 한국, 일본 불교미술의 근간이 되었다.

아잔타의 남서쪽 약 90km 지점에 위치한 엘로라(Ellora)에서 34개의 석굴 사원이 발견되었다. 아잔타 석굴은 불교미술이 주를 이루고 있었지만, 엘로라 석굴은 다종교 석굴사원이다. 1굴에서 12굴까지는 불교 사원이며, 13굴에서 29굴까지의 17개가 힌두교 사원, 30굴에서 34굴까지의 5개는 자이나교 사원이다. 불교 사원은 4세기에서 7세기 사이에, 힌두교 사원은 7세기에서 9세기 사이에 만들어진 것으로 추정되고 있어서 엘로라 석굴을 통하여 굽타 시

그림 40 엘로라 제16석굴: 카일라사나타 사원(Kailasanatha Temple)

대 이후 발전한 힌두 문화의 모습을 볼 수 있다. 한 곳에 각기 다른 종교 석굴사원이 만들어졌지만, 이들은 서로 비슷한 모습을 하고 있다. 이러한 모습은 다양성 속의 통일성을 보이는 것으로 인도 문화의 진수라 할 수 있다.

굽타 시대를 즈음하여 이처럼 문학, 조각, 석굴을 비롯한 건축 등 다양한 힌두 문화의 꽃이 활짝 피었고, 오늘날 우리가 '힌두 문화'라 부르는 것들의 전형이 이때 만들어진 셈이다.

33. 힌두교와 불교의 한판 승부

마우리아 왕조 이후 여러 브라만 왕국이 건설되었고 기원 전후한 시기에 브라흐만교는 힌두교로 변신하면서 비약적으로 발전했다. 불교 역시 대승불교가 성립되면서 지속적인 발전을 이루었다. 특히 쿠샨 왕조 시대에는 불교의 융성기라고 할 수 있을 만큼 불교 역시 발전한 시기이기 때문에 기원 전후한 시기로부터 굽타 왕조에 이르는 시기는 힌두교와 대승불교가 함께 발전한 시기이다.

그러나 굽타 시대 이후부터 힌두교의 발전이 현격히 눈에 띄는 대신에 불교는 점차 쇠퇴하는 모습을 볼 수 있다. 굽타 시대에 힌두교가 비약적으로 발전한 것은 힌두교의 성립과정에서 보여준 토속신앙에 대한 포용성 덕분이다. 비슈누와 쉬바 그리고 크리슈나 등의 다양한 신이 숭배의 대상이 되었다. 그리고 의식의 변화도 큰 역할을 했는데 브라흐만교에서는 희생물을 바치는 의식을 중요시하여 사회 경제적 부담을 주었으나, 힌두교에서는 신상에 대한 참배가 희생제를 대신하게 됨으로써, 종교생활의 경제적 부담을 감소시켰다. 제물을 바치는 희생제라는 형식적 제의를 벗어나, 신상에 참배하며 꽃이나 과일 등을 신에게 바치는 것으로 변화되었다. 어디서나 누구에게나 가까이 다가갈 수 있는 힌두교가 된 것이다.

불교 역시 마우리아 왕조 이후 경전 연구가 활기를 띠게 되었고 한편으로는 대승불교 운동이 일어나면서 대중적인 성향을 띠었으나, 굽타 시대 이후 대중적인 종교로 성장하지 못하고 쇠퇴하게 되었다. 인도에서 불교가 쇠퇴하게 된 원인은 다양하게 논의되고 있지만 그 주요 원인은 대중을 적극적으로 흡수하지 못한데 있다. 불교가 대중을 적극적으로 흡수하지 못한 원인은 무엇일까.

첫째, 일반대중들이 행하고 있는 의례를 부정하면서 실제생활에서 그에 대체할 만한 것을 제시하지 못했다는 점이다. 불교는 브라만들의 제사만능주의, 의례만능주의에 대한 반발로 일어난 신흥사상의 하나였다. 그렇기 때문에 무신론에서 출발하여 주술, 희생제, 무의미한 의례 등을 모두 부정했다. 그러나 일상의 가정의례에 대한 대안을 제시하지 않고 철학적 사색만을 강조하는 것으로는 민간 대중을 포용하기는 어려웠을 것이다.

둘째, 농민층을 포용하지 못했다는 것이다. 농민들은 불교에서 강조하고 있는 불살생의 계를 지키기 어려운 것은 물론이고 자연의 거대한 힘에 대한 의존도가 높아서 의례행위와 분리되기 힘든 계층이다. 인도에서 불교와 더불어 불살생을 강조하고 있는 종교인 자이나교도 역시 살생의 위험이 따르는 농업보다는 상업을 택하고 있다. 이와 같이 불교와 자이나교는 농민 계층을 포용하지 못했으나 힌두교에서는 농민 계층을 주요 기반으로 확보했다. 고대 제국이 멸망하고 혼란과 분열이 거듭되던 시대에는 상인 세력이 급격히 쇠퇴했고, 국가 경제는 촌락 중심의 농촌 경제를 바탕으로 유지되었다. 이러한 시대에 농민층을 끌어들이지 못한 불교와 자이나교가 쇠퇴하기 시작한 것은 당연한 결과일 것이다. 모든 계층을 포용할 수 있는 평등사상을 가진 불교가 종교적으로는 다양한 계층에게 수용되지 못했고, 상인 계층과 일부 왕들의 지원을 중심으로 성장함으로써, 이들 계층이 쇠퇴하자 불교는 그 지지 기반을 상실하게 되었다.

셋째, 불교는 재가 신도들의 교단을 형성하지 않았고, 출가자 중심의 교단만 존재했다. 그러나 대승불교의 초기에는 재가자 중심의 불교가 형성되어 민중과의 거리를 좁힐 수 있었지만 대승불교 역시 점차 사원 중심의 불교로 변화되면서 사원에 있는 대승, 소승의 출가자 집단과 민중과의 거리는 점점 멀어져서 대중들은 힌두교로 기우는 경향이 생길 수밖에 없었을 것이다. 여기에 더하여 굽타 시대에 산스크리트어가 활성화 되면서 불교 경전도 산스크리트어로 쓰이기 시작했다는 점도 불교 쇠퇴에 한 몫을 했다. 이전까지 대중들의 속어인 빨리어나 프라크리트어로 쓰이던 불교 경전이 귀족 언어인 산스크리트어로 쓰이면서 대중과의 거리를 만드는데 일조를 한 것이다.

넷째, 대승불교 운동이 일어나면서 대중을 포용할 수 있는 기반이 형성되었는데 이것 역시 불교 쇠퇴의 요인으로 작용하기 시작했다. 붓다와 보살들을 숭배하고 이들에 의한 구세 사상을 중심으로 전개된 대승불교는 대중들이 불교에 접할 수 있는 길을 열었다. 그러나 이러한 과정에서 유신론 성격을 띤 불교는 힌두교와 구별될 수 있는 요소를 상실하게 되었고, 오히려 불교가 쇠퇴하는 부정적 요인으로 작용했다. 힌두교가 토속적인 신앙을 포용하고 일상생활 규범을 체계화하여 대중을 포용하고 있었던 것에 비하면 불교는 대중포용에 실패했고, 대중성을 띈 대승불교의 성립과 밀교로의 변화는 오히려 불교가 힌두교에 대항할 수 있는 특징을 상실하게 함으로써 불교의 쇠퇴를 심화시킨 셈이다.

마지막으로 불교의 평등사상 역시 불교 쇠퇴의 요인으로 작용한 측면이 있다. 힌두교는 카스트제도에 근거한 계급차별 사상을 바탕으로 하고 있는데 비하여 불교는 평등사상을 바탕으로 카스트 차별을 부정하고 있다. 그런데 굽타 시대 이후 카스트제도는 훨씬 강화되는 경향을 보인다. 중세 이후 특히 이슬람세력이 유입된 후, 이슬람의 확대에 대한 인도인들의 대응은 카스트, 부정(不淨)개념, 정화의례 등을 강화하여 배타성을 증가시킴으로써 결속력을 다지는 것이었기 때문이다. 불교의 평등사상은 모든 백성을 포용할 수 있는 사상으로써의 역할을 할 수 있기 때문에 아쇼카왕 시대에는 국가의 이념이 되기도 했다. 그러나 굽타 시대 이후 이민족의 침입이 잦았던 시기에, 인도인들에게 카스트는 중요한 것이었고, 인도의 민족적 특성을 지켜낼 수 있는 방어선이었다. 그러므로 카스트를 부정하고 있는 불교가 수용되기는 어려웠을 것이다.

이러한 시대적 배경과 여러 요인들로 인하여 굽타 시대 이후 불교와 힌두교의 우월권 다툼은 힌두교의 승리로 끝났다. 나아가서 인도인들에게 불교는 힌두교의 한 부분으로 수용되어 버렸다. 불교 사원에 힌두 신상이 함께 안치되었고, 힌두 사원에도 힌두 신들과 더불어 불상이 안치되기도 했다. 쿠샨 왕조 시대와 굽타 시대에 불교는 아시아 여러 나라로 전파되어 세계종교가 되었다. 그러나 인도에서는 점차 힌두교에 밀려 쇠퇴하게 되었고, 이슬람교의 세력이 확대되는 11세기에 이르면 불교가 발생한 인도 땅에서는 불교가 거의 사라지게 되었다.

34. 법현과 현장은 왜 인도에 왔을까

힌두교가 꽃피던 굽타 왕조 시대에 법현과 현장은 인도를 방문했다. 법현은 동진(東晋) 시대, 현장은 당나라 때의 구법승이다. 불교를 배우고 경전을 구하기 위해 중국에서 인도로 간 승려들을 구법승 혹은 입축승(入竺僧: 천축국으로 들어간 승려)이라고 한다. 법현이 인도에 도착한 때는 굽타 왕조의 찬드라 굽타 2세 때였다. 인도에서는 힌두교와 대승불교가 발전하던 시기이고, 중국에서는 위진남북조시대로 접어들면서 삼국시대 이래의 혼란이 거듭되던 시기였다.

위진남북조의 혼란기에 귀족층의 풍류와 현실도피의 방편으로 노장사상이 유행했다. 후한시대에 전래된 불교는 이러한 노장사상과 결합하여 은둔적 성향을 띠었다. 그러나 점차 불교 교의에 대한 관심이 높아졌고, 인도의 성지 순례와 불경을 구해오려는 목적으로 인도로 여행을 떠나는 승려 즉 구법승들이 늘기 시작했다. 많은 중국 승려들이 인도 순례를 위해 중국 땅을 떠났을 것이

그림 41. 현장의 인도 여행 행로

지만 그들에 대한 기록이 남아 있지 않아서 그 정도가 어느 수준인지 정확히 알 수는 없다. 다행스러운 것은 법현과 현장처럼 여행기를 남겨놓은 승려들이 있어서 당시의 정황을 알 수 있고, 인도의 기록이 아닌 중국 승려들의 기록을 통하여 인도의 정치와 사회 그리고 문화의 숨결을 엿볼 수 있다는 것이다. 중국 승려들의 인도로의 구법 여행은 4세기부터 8세기까지 이어졌다. 그 여행기 가운데 대표적인 것이 법현의 『불국기(佛國記·高僧法顯傳)』와 현장의 『대당서역기(大唐西域記)』이며 둘 다 굽타 시대를 배경으로 하고 있다. 법현의 『불국기』는 굽타 왕조의 전성기를 배경으로 하고 있고, 현장의 『대당서역기』는 굽타 시대 말의 하르샤 왕 시기를 배경으로 하고 있다. 두 여행기를 통하여 굽타 왕조의 전성기 불교의 모습과 굽타 왕조가 소왕국으로 전락한 후의 불교 모습을 엿볼 수 있고 두 여행기를 비교해보면 화려한 불교와 쇠퇴하는 불교의 숨결을 느낄 수 있다.

법현에 따르면 600명이 넘는 승려가 파탈리푸트라에 있는 소승과 대승의 불교 사원에서 수행하고 있었다. 이렇게 불교가 번성하던 시기에 인도에 도착한 법현은 우자인, 간다라, 탁실라, 카필라바스투, 룸비니, 붓다가야 등 붓다와 관련된 성지를 순례했다. 그리고 불교의 초기 사원인 기원정사와 죽림정사 그리고 왕사성을 방문했으며, 파탈리푸트라에 3년간 머물면서 경전을 복사하고 연구하는 일에 전념했다. 귀국할 때는 해로(海路)를 택하여 스리랑카를 거쳐 중국으로 돌아갔다. 법현이 인도 순례로 보낸 세월은 15년이었고 그의 발길이 닿은 곳은 30개 국가가 넘는다. 귀국 후 법현은 『불국기』를 저술하고, 이어 많은 불교 경전을 한문으로 번역했다.

삼장법사(三藏法師)로 알려진 현장(玄奘: 602년~664년)의 본명은 진위(陣褘)이다. 중국 당나라 때의 승려로 서역과 인도를 여행했고 경장(經藏), 율장(律藏), 논장(論藏)의 삼장 전반에 능통하여 삼장법사라 불린다. 인도로부터 중국에 들어온 불교사상은 위진 시대를 거쳐 수, 당에 이르러 전성기를 맞이했다. 현장은 13세에 출가하여 도첩(승려가 출가했을 때 국가가 발급해주는 허가증)을 받고 수나라와 당나라가 교체되는 혼란기에 장안, 성도, 형주 등에서 불교를 공부했다. 불교를 공부하면서 많은 의문을 품었으나 해결할 수가 없었다. 이러한 의문을 풀기 위해 당나라 태종 원년에 천축

(인도)으로 가서 불교를 연구하고 오겠다는 청원을 했으나, 당나라 초기의 혼란 시기에 서역과 교류하는 것은 당치 않다는 이유로 허락을 받지 못했다. 수차례 허가를 요청했으나 거부되자 국법을 어기고 인도로 떠났다. 629년에 장안을 출발한 현장은 고창국(高昌國)의 왕인 국문태(麴文泰)의 융숭한 대접을 받았고, 그의 도움으로 인도에 도착했다. 사마르칸트, 카불, 페샤와르를 거쳐 인도에 도착하여 북인도의 불교 관련 성지를 돌고 남인도로 향하여 칸치와 말와를 거쳐 나란다 대학에 도착했다. 그곳에서 5년 동안 경전을 공부하고 645년 장안으로 돌아왔다. 그가 인도를 떠날 때 하르샤 바르다나 왕은 큰 코끼리 1마리, 금화 3천, 은화 1만을 주고, 귀국길에 주변국을 현장이 무사히 통과할 수 있게 도와주라는 친서를 주었다고 한다. 현장의 『대당서역기』에 의하면 그가 직접 여행했던 나라가 110국, 전해들은 나라 이야기가 28개이며, 여행에 소모한 기간은 17년이었다. 현장은 국가의 허락 없이 몰래 중국을 떠났지만 돌아올 때는 대대적인 환영을 받았고, 그 후 20여년 간 불경 번역에 전념하여 대반야바라밀다경을 비롯한 74부 1335권의 경전을 번역했다고 한다.

당나라의 수도였던 장안에는 자은사가 있다. 이 절은 당나라 고종이 어머니를 위해 세운 절인데 이 절 안에는 현장이 652년에 인도에서 가져온 불경과 불상을 보존하기 위해 만든 대안탑(大雁塔)이 있다.

현장이 인도에 머문 기간에 인도에는 하르샤 왕조의 하르샤 바르다나왕이 통치하던 시기였다. 굽타 왕조가 훈족의 침입으로 소왕

그림 42. 자은사의 대안탑 앞에 있는 현장의 동상

국으로 전락한 상태에서 하르샤 왕조가 다시 통일의 기운을 일으키고 있었지만 하르샤 왕이 죽은 후 인도는 본격적인 분열 시대로 접어들었다. 현장의 기록에 의하면, 하르샤는 재위 말기로 갈수록 점점 더 불교에 심취하고 있었지만 인도에서는 이미 불교가 급격히 쇠퇴하고 있었다고 한다. 굽타 시대까지는 별로 나타나지 않았던 후기 힌두교의 여러 요소들이 이 시기에 이르러 강하게 나타나기 시작했다. 밀교(密敎)와 미망인을 죽은 남편과 함께 화장하는 풍습(sati)이 확산되었고, 법과 질서도 굽타 시대만큼 잘 유지되지 않았다고 한다. 찬드라 굽타 2세 때 인도를 방문한 법현이 '인도는 평화롭고 법질서가 잘 지켜지는 나라'라고 감탄했던 것과는 대조적으로, 현장은 하르샤의 영토 내에서 두 차례나 강도를 만났고, 한번은 제국의 수도에서 강변의 해적들에 의해 두루가(Durga) 여신에게 제물로 바쳐질 뻔한 적도 있었다고 기록하고 있다.

인도에서 불교가 쇠퇴하기 시작하는 시기에 중국의 당나라와 한반도의 신라에서는 불교에 대한 관심이 증대하여 인도로의 구법여행이 이어졌다. 이들의 인도 여행기는 중국과 인도를 잇는 교통로와 그 주변국들의 역사를 우리에게 전해주고 있으며, 굽타 시대의 찬란했던 인도 문화의 모습을 전해주는 역할도 한다. 그리고 이러한 업적에 필적할만한 의미를 더한다면, 이들이 인도에 다녀감으로써 동아시아에서 불교 성전 번역 사업이 활기를 띠기 시작했고, 동남아시아를 비롯하여 중국, 한국, 일본에 불교가 널리 전파되는 계기가 되었으며, 인도 문화의 아시아 전파라는 열매를 맺게 되었다고 해도 과언이 아닐 것이다.

35. 동남아로 퍼져나간 인도 문화

인도 문화는 동남아시아 여러 나라의 문화에 영향을 미쳤다. 종교적으로는 힌두교와 불교가 인도 문화 해외 전파의 선발대였다. 두 개의 종교를 매개로 기원 전후한 시기부터 수세기에 걸쳐 인도의 문화는 동남아시아로 흘러들어갔다.

메콩 강의 델타지역에 건설된 후난(Funan, 扶南)은 앙코르 왕국 이전에 캄보디아 지역에 세워졌던 왕국이다. 이 왕조는 힌두 왕국이라고 불릴 정도로 힌두교의 영향을 받은 왕조였다. 현재의 프놈펜 근처의 브야다푸라(Vyadhapura)에 수도를 둔 후난 왕조는 나가(naga)와 뱀 등과 깊은 연관이 있다. 이것은 이후 캄보디아 왕조의 상징이 되었고, 여러 건축물에도 뱀이 새겨져 있는 것을 볼 수 있다. 후난의 전성기에는 영토가 버마(지금의 미얀마)와 말레이반도까지 확장되어 인도와 더욱 밀접한 관계를 가졌다. 특히 후난의 관료제도는 인도의 것을 모방했고, 인도인을 관료로 채용하기도 했다는 기록이 있다. 후난의 궁중어는 산스크리트어였으며, 후난인들은 자신들을 힌두라 칭하기도 했다. 말기에 약화되어 중국의 속국이 되었지만, 전성기에는 인도의 참파와 결탁하여 중국을 공격하기도 했다.

부족국가에서 고대국가를 형성하는 시기에, 대부분의 국가에서는 새로운 외래 종교를 받아들이거나 새로운 사상체계를 만들어 냈다. 우리나라 고대국가의 성립에 외래 종교인 불교의 수용이 큰 역할을 했던 것처럼, 후난 왕조의 힌두교 수용은 이러한 현상과 맥을 같이 하는 것으로 볼 수 있다. 여러 부족이 가지고 있던 종교와 관습을 그대로 둔 채로 고대국가라는 큰 틀을 만들기 힘들기 때문에, 어느 특정 부족이 믿던 종교가 아닌 새로운 종교를 받아들인 것이다. 후난의 경우는 인도의 힌두교가 그러한 역할을 했던 셈이다.

후난 왕조에 이어 첸라(Chen La)왕조가 지배하다가 자야바르만 1세(Jayavarman I)에 의해 앙코르 왕조가 들어선다. 앙코르 왕조는 802년부터 1432년까지 번성했던 왕조이다. 자야바르만 1세에 이어 자야바르만 2세가 집권하여면서, 신왕(神王) 혹은 신성한 왕의 의미를 가진 데바라자(Devaraja)라고 칭하면서 왕권을 강화했다. 이것은 굽타 시대의 왕들이 단순히 라자(왕)라는 칭호를 사용하지 않고 마하라자(대왕) 혹은 마하라자디라자(왕 중의 왕)이라고 칭하며 왕과 신이 동격임을 강조했던 것과 같은 맥락인 것이다.

앙코르 왕조 왕의 이름에서도 인도 문화 전파의 흔적을 찾을 수 있다. 앙코르 왕조 제4대 왕은 인드라바르만 1세(Indravarman I: 877-889)이고, 제13대 왕은 수르야바르만 1세(Suryavarman I: 1002-

1049)이다. 인드라와 수르야는 베다 시대부터 존재하던 신들의 이름이다. 제18대 왕인 수르야바르만 2세(Suruyavarman II: 1112-1152)때 유명한 앙코르와트(Angkor Wat)를 축조했다. 이때부터 태국의 시암족과 베트남의 챰족이 침입해서 앙코르 왕조가 붕괴되는데, 이때 만든 앙코르와트는 세계7대 불가사의 가운데 하나로 불린다.

앙코르와트에 가면 엄청남 규모와 아름다움에 놀라는 것과 더불어, 사원에 새겨진 라마야나와 마하바라타의 조각에 다시 한 번 입이 벌어진다. 그만큼 인도 문화가 동남아시아 특히 앙코르 왕국이었던 지금의 캄보디아에 미친 영향이 컸다는 것을 느낄 수 있다.

캄보디아와 더불어 인도 힌두 문화의 영향을 받은 곳은 인도네시아이다. 인도네시아는 신들의 섬이라고 불릴 만큼 신들이 많은 섬이다. 마을마다 창조의 신, 보호의 신, 믿음의 신을 모시는 사원들이 있고, 집집마다 가정의 신을 모시고 신성한 물과 꽃, 향과 쌀로 제를 올린다. 이러한 것들은 힌두교의 영향을 받은 것들이다. 인도네시아는 현재 이슬람교도가 87퍼센트를 차지하고 있는 나라이지만 인도네시아의 대표적인 사원인 타나 롯(Tanah Lot, 바다사원)과 울루와투(Uluwatu, 절벽사원) 등의 힌두 유적이 많은 곳이기도 하다.

발리에서 행하는 의례 가운데 야겨(yajna)가 있다. 이 야겨 역시 힌두교와 결합된 것으로 신들에게 바치는 데와(Deva) 야겨, 악한 힘들에게 바치는 부다(Buda) 야겨, 통과 의례인 마누샤(Manusia) 야겨, 죽은 조상에게 바치는 피트리(Pitri) 야겨, 사제에게 바치는 리쉬(Rishi) 야겨 등이 있다. 이 야겨들은 근본적으로 힌두교의 영향을 받은 것이며, 거기에 발리인들의 토착 풍속이 어우러진 형태의 의례라고 할 수 있다. 인도네시아 국영항공사 이름이 가루다(Garuda)인 것 역시 힌두교의 흔적이다. 가루다는 비슈누신이 타고 다니는 성스러운 금빛 새의 이름인데, 몸과 다리는 사람이며, 얼굴과 발톱은 사자의 것이고 날개와 부리는 독수리 형상을 한 새이다.

캄보디아와 인도네시아는 주로 힌두교의 영향을 받은 나라이며, 태국은 불교의 영향을 많이 받은 나라이다. 태국 민족이 세운 최초의 왕국은 수코타이 왕국(Sukhothai: 1238-1438)이다. 수코타이 왕조 때 상좌부 불교(Theravāda Buddhism, 소승불교)를 받아들여 국교로 삼으면서 태국 문화와 예술의 기틀이 확립되었다. 이후 시암족들이 차오프라야 강변에 아유타야(Ayutthaya: 1350-1767) 왕조를 세웠는데 라마의 고향인 아유타의 지명을 본 따서 지은 것이다.

라마디보디(Ramathibodi) 왕은 왕조 통일을 위해 수코타이 왕조와 마찬가지로 상좌부 불교를 국교로 선포(1360년) 하고 스리랑카의 불교단체의 상가(승단)에 가입했다. 또한 이때 법전을 만들었는데, 법전의 기초는 인도의 다르마샤스트라였다. 다르마샤스트라를 근간으로 하고 태국의 관습을 받아들여 법전을 만든 것이다. 이때 만들어진 라마보디 법전(Ramathibodi's legal code)은 19세기 후반까지도 사용되었다.

수코타이 왕조와 아유타야 왕조 이래 현재까지도 태국은 불교

국가이다. 태국의 상징은 창 타이(Chang Thai)라는 코끼리이다. 이것 역시 인도 문화의 흔적이 아닐까 싶다. 태국은 이웃한 인도네시아와 캄보디아보다는 불교적 영향을 많이 받았지만, 문화적으로는 힌두교의 영향을 받았던 흔적도 많이 남아 있다.

굽타 시대를 전후해서 인도의 문화는 동남아 여러 나라로 전파되었다. 이 문화의 전파는 인도의 동남아 정복이라던가, 동남아 여러 나라의 인도 침공으로 이루어진 군사적 교류가 아니라, 인도와 동남아 국가들 사이에 해상무역이 전개되면서 이루어진, 문화 경제적 교류라는 성격을 띠고 있다. 전파의 주체가 인도였는지, 아니면 문화를 수용한 동남아 국가들이 적극적으로 문화를 받아들였는지는 연구의 시각에 따라 달라질 수 있다. 누가 주체였던가를 불문하고 굽타 시대에 꽃 피운 힌두 문화가 주변국가 문화에 영향을 주었고, 아울러 불교가 전파되면서 캄보디아, 인도네시아 그리고 태국의 고대국가 형성과 발전의 거름이 되었음은 부정할 수 없을 것이다.

36. 고대사의 막을 내리는 훈족

흉노(匈奴)와 훈족(Huns, Huna) 그리고 에프탈(Ephthalite 또는 Hephthalite)이 정확히 동일 종족인가에 대하여는 논란의 여지가 있다. 에프탈은 5~6세기 인도와 페르시아 역사 무대에 등장하는데, 만리장성의 북쪽이 원거주지였고, 백(白)훈족으로 불리기도 한다. 훈족은 중앙아시아의 스텝지대에 거주했던 투르크계 유목민으로 4세기 초 유럽으로 이동하여 다뉴브와 타이스 강 사이에 약 반세기 동안 머문 뒤 375년경 흑해 북쪽 연안의 동고트족 대부분을 굴복시킨데 이어, 서고트족을 압박하여 게르만족 대이동의 발단을 만들었다. 흉노족은 기원전 3세기 말에서 기원후 1세기 말까지 중국의 북방에서 활동한 기마유목민족이며 이들 역시 투르크계통이라는 설이 가장 유력하다. 그들의 언어는 알타이어족에 속한다. 중국의 사서(史書)에는 시대에 따라 각기 다른 이름으로 기록되어 있는데 은(殷)나라와 주(周)나라 때에는 귀방(鬼方)이나 곤이(昆夷), 주나라 말기에는 험윤(獫狁), 춘추시대에는 융(戎)이니 적

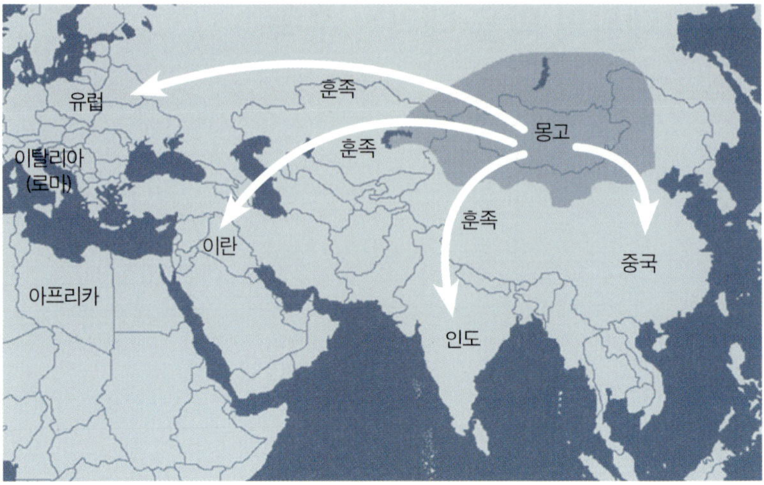

그림 43. 훈족 이동로

(狄)이라 하였으며 전국시대에 이르면 흉노 또는 호(胡)라 칭했다. 사마천(司馬遷)의 『사기(史記)』「흉노열전」에는 그들의 조상이 하후씨(夏后氏)의 후손인 순유(淳維)라고 되어 있다.

흉노족은 후한 말기에 끊임없이 한나라를 공격하여 후한을 멸망으로 이끈 요인이 되었다. 훈족 역시 서고트족을 밀어냈고 서고트족이 흉노족에 밀려 이동함으로써 게르만 민족 이동이 시작되었다. 게르만족이 이동하여 로마에 대량 유입됨으로써 로마제국을 멸망시키는 요인이 되었다.

한편으로 훈족은 인도의 서북부에 침입하여 굽타 왕조를 약화시켰다. 쿠마라 굽타 때부터 흉노족의 침입이 시작되었으나 쿠마라 굽타 시대는 번영의 시대였고 군사력도 강성한 때였기 때문에 이들을 물리칠 수 있었다. 스칸다 굽타 역시 부왕시절부터 흉노족을 물리친 경험이 풍부했기에, 흉노족을 물리치는 데는 성공했다.

그러나 계속되는 전쟁으로 굽타 제국의 재정 상태는 점점 악화되었고, 스칸다 굽타 이후에는 중앙 집권력이 약화되어, 훈족의 침입을 막아낼 힘이 없었다. 여러 요인이 복합적으로 작용하기는 했지만 결국 훈족의 침입이 굽타 제국의 분열과 쇠퇴에 결정적인 역할을 했다.

이와 같이 흉노족은 세계의 역사에 중요한 역할을 한 종족이다. 서양에서는 로마 제국 멸망의 원인이 되었던 게르만 민족 이동을 촉발시켰고, 중국의 후한 제국과 인도의 굽타 제국을 공격하여 두 나라를 멸망으로 이끌었던 것이 흉노족이다. 그렇기 때문에 서양, 중국, 인도의 고대사는 흉노족과 더불어 막을 내린 셈이다. 한 시대를 마감시킨 흉노족, 그러나 현대에는 중국의 소수민속의 하나가 되어 종족 보존의 위기를 느끼고 있는 민족이 되었으니, 고대와 현대 사이의 격세지감을 느끼게 한다.

37. 왕족의 후예들(Rajputs)

훈족의 침입으로 굽타 왕조가 소왕국으로 몰락한 550년경부터 많은 왕조들이 역사 무대에 등장했다가 사라지기를 반복했다. 이러한 혼란기에 인도에 들어와 정착한 중앙아시아계 여러 종족의 후예들은 새로이 무사 계층을 형성하고, 훈족의 침입으로 인도의 역사적 전통이 무너지진 시대에 지배계층으로 등장했다. 이들은 자신들이 크샤트리야의 후손이라고 주장하며 스스로를 왕족(Raja)의 후손(putra)이라는 의미로 라지푸트라고 불렀다. 굽타 시대 이후 인도를 지배한 왕들이 대부분 이들의 후손이기 때문에 이 시기를 '라지푸트 시대'라고 부르기도 한다.

하르샤 왕조는 굽타 시대의 일부로 보기도 하고 라지푸트 시대의 초반으로 보기도 한다. 하르샤 이후 수세기 동안, 라지푸트 왕조들 사이에 전쟁이 끊임없이 일어났다. 많은 비문들과 동판 칙령들이 남아 있어서 당시의 전쟁사(戰爭史)를 어느 정도 알 수는 있지만, 이 시대를 연구하는 전문가들이 아닌 사람들에게는 단조로운 전쟁의 역사가 그다지 흥미롭지는 않다. 그러나 그들의 활동도 역사의 한 장을 차지하고 있으니 간단히 살펴보기로 하자.

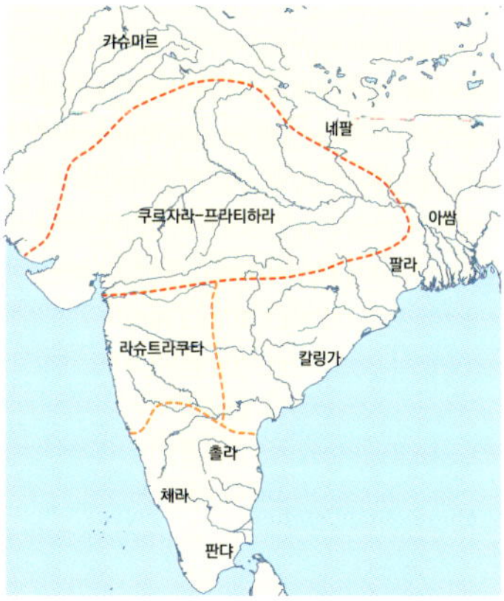

그림 44. 9세기말의 인도 주요 왕국

라지푸트 시대는 굽타 제국 이후 델리술탄이 형성되는 시기까지 즉 8-13세기까지 정도이며 인도 역사에서 정치적으로 가장 분열되어 있던 혼란기이다. 이 시기의 주도적 세력을 형성한 것이 라지푸트이기 때문에 라지푸트 시대라고 부르기도 하지만 일부 학자들은 '이슬람 침입 이전의 힌두 왕국 시대'라고 부르기도 한다.

대표적인 라지푸트 왕국은 북인도의 카슈미르(Kashmir), 팔라(Pala), 프라티하라(Pratihara), 남인도의 라슈트라쿠타(Rashtrakuta), 찰루캬(Calukya), 팔라바(Pallava), 판댜(Pandya), 촐라(Colla) 등이다.

북인도에서는 팔라와 프라티하라 왕조가 강성했고 남쪽에서는 라슈트라쿠타 왕조가 강성했다. 이들 세 왕조는 카나우즈(Kanauj) 지역을 점령하기 위해 충돌하여 초기에는 팔라 왕조가 다음에는 라슈트라쿠타 왕조가 마지막에는 프라티하라 왕조가 카나우즈를 점령했다. 그러나 이 과정에서 세 나라 모두 국력을 소신하여 세력이 약화됨으로써 군소 왕국의 난립을 막지 못했다.

인도는 크게 데칸 지역을 기섬으로 남부와 북부로 구별된다. 대

칸이란 나르마다 강 남쪽의 고원지대를 가리키는 말인데 이 명칭은 단순히 남쪽이라는 방향보다도 북인도의 아리아인들이 자신들의 수준 높은 문화에 비하여 남인도 드라비다인의 이질적 문화를 후진적이라고 낮추어 부르는데서 비롯되었다고 한다.

원래 데칸 지역은 통행이 거의 불가능한 밀림지역이었다. 이 때문에 아리아인들이 인도에 정착한 후에도 데칸을 넘어 세력을 확대하기 어려웠다. 그래서 데칸을 기준으로 북부에는 아리아인 문화가 유입되었던 반면에 남부에는 토착 문화가 유지되었다. 그러나 아쇼카 왕의 남부진출을 계기로 남인도의 타밀 지역까지 아리아인의 문화가 전파되었다.

6세기 중엽 북부 데칸 지역에서는 찰루캬 왕조가 세력의 중심에 있었다. 찰루캬 왕조의 풀라케신 2세(Pulakesin II: 609-642)는 하르샤와 동시대로 하르샤의 남하를 저지하는데 성공했지만 재위 말기에 칸치(Kanci, Kanchipuram)에 있는 팔라바 왕조의 나라싱하바르만(Narasinhavarman: 630-668) 왕에게 패했다. 4세기 이래 이 지역을 지배해 온 팔라바 왕조는 거대한 사원들을 건설하여 남부 지역에서의 아리아 문화 확대에 중요한 역할을 담당했다.

찰루캬 왕조는 7세기에 이르러 동부와 서부로 분열되었고, 8세기에는 마냐케타(Manyakheta)와 라슈트라쿠타 왕조가 서부 찰루캬를 장악하고 북쪽으로 정복의 손길을 뻗어 수차례에 걸쳐 나르마다 강 너머까지 공격을 감행했다. 그러나 칼야니(Kalyani)에 중심을 둔 새로운 찰루캬가 부흥하여 973년에 라슈트라쿠타를 제압하고 12세기까지 데칸 지역을 지배하게 되었다. 그러나 12세기 이후에는 야다바 왕조(Yadava), 카카티야 왕조(Kakatiya), 호이살라 왕조(Hoysala) 등의 삼국으로 분열되었다.

드라비다인들이 거주하던 타밀(Tamil) 지방은 코로만델 해안(Coromandel Coast) 지역의 촐라, 말라바르(Malabar) 지역의 체라(Cera) 그리고 반도의 남단에 있는 판댜 등의 세 왕국으로 분할되어 있었다. 이들 세 왕국은 아쇼카 왕이 '다르마에 의한 승리'를 거둔 지역이라고 언급한 곳인데, 촐라, 체라, 판댜 대부분이 드라비다계에 속하며 문화 역시 드라비다 요소를 갖고 있다. 이들 지역이 본격적으로 아리아 문화의 영향을 받은 것은 사타바하나 왕조와 굽타 왕조 시대일 것으로 추정되고 있다. 타밀 지역의 세 왕조는 끊임없이 상호 전쟁을 치르면서 국력이 약화되었으나 풍부한 자연 산물과 무역을 통하여 경제적으로는 상당히 풍요로운 생활을 영위했다고 전해지고 있다.

8세기에서 13세기에 걸쳐 세력을 형성한 라지푸트들은 자신들이 크샤트리야임을 강조하면서 브라만들로부터 왕족의 최고 혈통임을 인정받았다. 이들 중의 일부는 자신들이 라자스탄 지역에 있는 아부(Abu) 산의 신령스러운 불속에서 태어났다고 하여 아그니쿨라(Agni-kula) 즉 불의 종족이라고 주장했다. 다른 라지푸트들도 달이나 태양의 자손임을 주장하며 혈통의 고귀함을 내세웠고 이를 바탕으로 세력을 형성하고 확대했다.

관념적으로 종교가 정치보다 우위에 있었던 인도이다. 그러나 브라만들은 결코 정치세력보다 우월한 세력을 형성하지 못했다. 이와는 달리 고대 서양에서는 황제가 종교 세력을 누르고 절대적 권위를 확립했었다. 그러나 다음 시대에는 황제를 능가하는 교황권이 형성되었다. 종교와 왕권 사이의 이러한 아이러니는 어떻게 이해될 수 있을까.

인도의 브라만은 왕의 권위를 인정해주는 결정적 역할을 수행하지만 왕이 갖는 조직력에 대항할 수 있는 종교 교단을 형성하지 못한데 기인한다고 볼 수 있다. 다시 말해서 브라만 자신들도 카스트 논리에 의하여 왕족보다 상위의 혈통임을 강조했을 뿐이고, 이러한 카스트적인 상하 조정 작업 속에서 스스로의 성장이 불가능해지고, 왕권에 의존적인 종교자로서 남게 되었기 때문일 것이다. 이러한 결과 서양에서는 중세의 정치적 혼란기에 세속의 권위를 능가하는 종교 세력을 형성하였으나, 인도에서는 새로이 형성된 지배계층에게 크샤트리야의 혈통임을 인정해 주고 왕에게 경제적으로 의존하는 관계를 극복하지 못했기 때문에, 서양세계에서 볼 수 있는 교황의 권력과 같은 종교 세력은 형성되지 않았다. 뿐만 아니라 이슬람교에서 볼 수 있는 종교, 정치, 무력이 연합된 강력한 세력도 형성하지 못함으로써 이어지는 시대에는 이슬람 세력 확대 앞에 무릎을 꿇게 된다.

38. 다단계 지배체제

고대 제국이 무너지자 통일을 향한 구심력보다는 원심력이 작용해서 분열은 심화되고 라지푸트 왕조의 중앙 집권력은 점점 더 약해졌다. 이러한 현상들을 보통 중세적 현상이라고 표현한다.

왕에게 집중되어 있던 권력이 분산되어 왕이 백성들을 직접적으로 지배하는 힘이 약해지고 여러 단계의 지배자 계층이 형성되었다. 역사 이론에서의 중세라고 부르는 시대에는 왕의 권위를 봉건영주들이 차지해서, 왕은 봉건 영주를 지배할 뿐, 영주가 다스리고 있는 영토의 백성들은 사실상 왕과 무관하다고 할 만큼 직접 지배하지 못한다. 영주들이 왕에게 명목상 충성하는 체제를 갖추고 있는 한, 영주는 자신의 영지 내에서 절대적인 권한을 갖게 되는 것이다. 백성들의 세금과 생명 등은 모두 영주에게 부속된 것이다. 왕의 권력을 나누어 가진 세력은 각 지역마다 조금은 다른 명칭으로 불린다. 귀족으로 불리거나, 영주로 불리거나 토후로 불린다. 내용상에서도 조금씩 다르지만, 왕의 권력을 나누어 갖는다는 측면에서는 거의 비슷한 모습이다.

인도의 경우 봉건제(feudalism)라는 용어 자체가 적용될 수 있는가에 대해 이론이 분분하고, 준봉건제(qusi-feudalism)라는 말을 사용하는 경우가 많다. 즉 서양적 개념의 봉건제 사회라고 보기에 어려운 점이 있으나 유사한 체제를 갖고 있었다는 의미이다. 왕조가 자주 교체되고 새로운 국가가 건설되면, 왕조 창건에 공을 세운 사람이 많아진다. 왕들은 왕조 건설에 큰 공을 세운 사람들에게 땅을 나누어 주었는데 이것이 봉건 영지의 성격을 띠게 된다. 또 한편으로 정복지를 왕이 직접 지배하지 않고, 그 지방의 유력자에게 통치권을 위임하는 경우도 봉건 영지와 유사해진다.

한편으로 영지를 가진 영주들은 장군들이나 지방의 유력한 가문들에게 또 자신의 땅을 나누어 준다. 이렇게 계속 되는 분할을 통해 왕과 백성의 거리는 점점 더 멀어진다. 왕은 영주를 다스리고, 영주는 그 아래 작은 영주들을 거느리고 다스리는데, 그 가운데 최하위의 영주가 백성을 직접 다스리는 다층적 구조를 갖는 것이다. 마치 현대의 다단계 판매구조처럼.

이러한 지배 구조에서는 백성들에 대한 수탈이 강화될 수밖에 없다. 직접 경작을 담당하는 농민에게서 걷은 세금은 다단계를 거쳐 국왕에게 바쳐진다. 실제 국왕이 거두어들이는 세금이 1이라고 볼 때 여러 단계를 거쳐 실제로 백성들이 내야 하는 세금은 4-5배가 된다. 백성이 5라는 세금을 내면, 소영주가 그 가운데 일부를 차지하고, 그 위에 있는 영주에게 3정도를 바치면, 다시 그 위에 있는 영주는 그중에 자신의 몫을 제하고 왕에게 1을 올리는 구조인 것이다.

이렇게 다단계를 거치는 지배 구조 속에서 백성과 국가는 궁핍하고, 중간 계층이 살찌는 복부비만형 구조가 만들어 진다. 한편으로 영주들은 왕에게 충성을 서약하고, 정규적 조세를 보내는 외에도 공주의 결혼식이나, 왕의 생일에 초대되어 참여할 의무를 지며, 결혼이라는 형식으로 딸을 왕에게 바치기도 하고, 영주가 발행하는 화폐에 왕의 모습을 조각하기도 한다. 인도의 경우 사만타(Sāmanta)가 영주에 해당되는데, 강력한 세력을 형성한 영주들은 마하사만타(Mahāsāmanta)라는 명칭을 사용했고, 소 영주들은 사만타혹은 라나카(Rānaka)라는 호칭을 사용했다.

이렇게 다층적 지배 구조를 가진 시대에는 소위 봉건제의 모순이라는 경제 순환의 모순들이 발생한다. 장원이나 영지에서 생기는 잉여는 경작자에게 돌아가지 않고, 지주인 영주가 차지한다. 그렇기 때문에 수탈에 허덕이는 농민들은 생산력을 향상시킬 의욕을 갖지 못한다. 생산력 증가의 동기를 상실한 농민들에게서 생산되는 생산량은 기초 생산량을 넘지 못한다. 이렇게 되면 이제 잉여가 감소하게 되는데, 잉여의 감소는 교환 대상의 감소로 나타나게 되니, 상업과 무역이 쇠퇴한다. 지방마다 다른 지배체제를 갖추고, 화폐도 가가 만들어 사용하기 때문에 교역이 원활하게 이루어지기 힘들다.

또 한편으로 왕과 영주들은 대부분의 잉여를 호화로운 생활과 치장에 사용하고 댐과 도로를 건설하는 등의 재생산을 위한 곳에 투자하지 않았다. 이로 인해 농업 생산력은 점점 더 저하되고 상업 역시 침체되어 중세 전반에 걸쳐 불경기의 악순환이 계속되었다. 그럼에도 불구하고 왕과 영주들이 화려한 생활을 지속하고 대규모의 사원을 건설했다는 것은 그 만큼 생산계층에 대한 착취가 가혹했음을 보여주는 것이다.

일부 학자들은 중세에 생산력이 떨어진 데에는 종교적 이유도 한몫했다고 분석하기도 한다. 일반적으로 농민들은 상인들보다 운명적이거나 숙명적인 종교관을 갖고 있어서, 일단 고난에 직면하면 생산량이 급격히 저하된다는 것이다. 그러나 중세 농민의 운명론적 사고방식 자체가 생산력 저하에 미친 영향은 다른 요인들의 영향에 비해 그리 크다고 할 수는 없을 것이다.

인도의 일반적인 조세는 생산의 1/6이었다. 그런데 라지푸트 시대로부터 무굴 제국 시대까지는 생산량의 1/3까지 세를 내는 경우도 많았다. 잦은 전쟁과 가혹한 세금으로 아무런 희망도 가질 수 없었던 농민들에게 생산력 향상을 위한 노력 자체를 기대하기 어려운 것이다. 그러므로 중세 생산력 저하의 요인을 농민들의 운명론에서 찾기보다는 지배구조 자체에서 찾는 것이 합리적일 것이다.

통일 제국이 붕괴된 후 수시로 새로운 왕국들이 건설되는 시대, 그리고 곧 다시 멸망하거나 분열되는 시대에 살던 생산 계층들이 고난을 겪을 수밖에 없었던 것은 왕, 대영주, 소영주 등으로 구성된 다단계 지배체제 때문이었다.

39. 인도로 달려오는 사막의 후손들

인도와 이슬람교의 만남은 사라센제국의 세력이 확대되면서 페르시아를 정벌하게 될 무렵이었다. 그러나 이슬람 세력과 인도의 충돌은 우마야(Umayya)왕조의 무함마드 빈 카심(Mohammad Bin Qasim)이 신드(Sind)와 물탄(Multan)에 침략한 712년부터라고 할 수 있다.

무함마드 카심이 인도에 발을 디딘 이래 아프가니스탄 쪽에서 성장한 이슬람 세력들의 인도 침입이 이어졌다. 10세기경에는 터키계의 사부티긴(Sabuktigin)이 가즈니(Ghazni) 지역을 중심으로 왕조를 건설하고 풍요로운 인도 평원을 넘보기 시작했다. 이 시기의 북부 인도는 분열된 상태로 팔라, 프라티하라 왕조 등의 강대국과 여러 소왕국들이 난립해 있었다. 이들 소왕국들은 명목상으로는 대국(大國)의 속국이었으나 실질적으로는 독립적인 상태를 유지하고 있어서 통일된 세력을 형성할 수 없는 상태였고, 군대는 거대해도 기동력과 통솔력이 저하되어 있는 상태였다. 이렇게 분열된 모습으로 인도는 서북인도에서 밀려오는 무슬림 세력을 맞이했다.

가즈니 왕조의 마흐무드(Mahmud: 971-1030)는 서북인도에 침입하여 점차 세력을 확대하고 펀잡 지역까지 그의 영향권 아래 두었다. 그러나 마흐무드 가즈니의 침입은 지속적이거나 조직적이지 않았고, 주로 약탈과 파괴를 일삼았는데 그 대상은 힌두 사원이었다. 힌두 사원은 귀금속, 금화 등의 재보가 가득할 뿐만 아니라 인도인들의 종교적 중심지였기 때문이었을 것이다. 마흐무드는 힌두 사원에서 재물을 약탈하고 종교적 상징인 신상들을 파괴하거나 그 일부를 가즈니로 가지고 가서 무슬림 사원 입구에 깔고 무슬림들이 매일 밟고 지나도록하는 모욕적인 행동들을 일삼았다고 한다. 마흐무드는 인도에 17차례에 걸쳐 침입함으로써 '전쟁의 화신'이라고 불렸으나 인도 내륙 깊숙한 곳까지 침략한 것은 아니었다. 또한 침략과 약탈을 반복했을 뿐 인도에 이슬람 문화의 영향을 남기지는 못했다.

마흐무드가 사망한(1030년) 이후 전쟁과 왕위 쟁탈로 가즈니 왕조가 약화되자 고르(Ghor) 왕조의 무함마드(Ghiyath al-Din Muhammad: 1163-1203)가 가즈니에 침공하여 1186년 무렵 가즈니 왕조가 멸망했다. 무함마드 역시 인도에 침입했는데, 가즈니와는 달리 약탈에 그치지 않고 갠지스 상류와 펀잡의 비옥한 영토를 지배하려는 야심을 가졌던 것이 다른 점이었다.

이때 북인도의 라지푸트들은 서로 간의 전쟁을 중지하고 결속하여 고르의 침입을 저지시키기도 했지만, 결국 패배하여 델리까지

고르에게 내주게 되었다. 이와 같이 고르가 라지푸트 세력을 이길 수 있었던 것도 서북인도의 라지푸트 왕국들이 분열되어 있었고, 강력한 통치자가 없었기 때문이다. 그에 비하여 가즈니와 고르 왕조의 군대는 유목민의 기마술과 이동성을 갖춘 강력한 군대였으며 군사들 역시 종교적으로 무장되어 있었다. 단일 세력을 형성하지 못한 인도 군대가 종교와 전술로 무장한 이슬람 군대와 충돌하여 패배한 것은 당연한 결과라 할 수 있다.

고르왕조의 인도 지배는 무함마드 사후에도 지속되었으며 그 후계자들에 의해 벵골 지역까지 세력이 확대되었다. 13세기경에는 펀잡-델리-벵골까지 고르의 영향력 하에 들어갔지만, 이것은 아프가니스탄에 세력의 중심을 둔 무슬림 왕조의 인도 침략과 지배였고, 아직 인도에 무슬림 왕조가 건설된 것은 아니었다.

가즈니와 고르왕조의 인도 침입에 대하여 이들의 침입은 단순한 약탈이었으며 종교를 앞세워 무슬림 국가를 건설할 야심을 가진 것이 아니었기 때문에 문화적 영향은 별로 없었던 것으로 보고 있다. 그러나 가즈니와 고르의 침입이 단순히 약탈에 그친 것이 아니라 종교적 침략이었다는 주장도 있다. 무슬림 침입자들은 종교적 열정에 사로잡혀 포로가 된 브라만들을 강제로 개종시켰고, 개종을 거부하는 17세 이상의 남자는 모두 죽였으며, 여자와 아이들은 노예로 만들었고, 힌두 사원은 약탈되었으며, 그 전리품들은 공금으로 사용된 부분을 제외하고는 모두 군인들에게 나누어 주어 군인들의 사기를 높였다는 것이다. 그러므로 무함마드 카심, 가즈니, 고르 등의 인도 침입은 단순한 약탈 수준이 아니라 종교적 열정으로 침략한 것으로 보아야 한다고 주장하는 것이다.

이러한 주장들은 현재 인도에서 힌두근본주의에 입각한 역사 돌아보기의 일환으로, 무슬림들이 인도에 들어오면서 힌두들이 얼마나 박해를 받았는가에 초점을 맞춘 분석에서 나오는 것이다. 그런데 잠시 돌아보면 이러한 현상이 무슬림의 인도 침입의 현장에서만 일어나는 양상은 아닐 것이다. 이러한 현상은 인류역사의 시작 이래 전쟁과 침략의 역사 어디에나 상존하는 현상이다. 이민족, 이교도의 침입에서만 침략의 처참한 광경이 벌어진 것은 아니다. 동일 지역 내에서의 반란 혹은 주변 지역의 정복과정에서도 흔히 일어나는 양상이다. 이러한 전쟁과 참상의 부분만 강조한다면 인류 역사에서 벌어진 충돌과 전쟁 어디에서나 전쟁 당사자는 지울 수 없는 상처를 남긴 대상이며 원한의 상대가 되어야 한다. 그리고 그 역사의 현장을 모두 되새김질하여 오늘의 역사에 투영하여 '원한과 원한을 풀 대상'으로 삼아야 한다면 미래의 역사는 참으로 참담해질 것이다.

종교적 열정의 여부에 지나치게 집착하지 않고 돌아본다면, 가즈니와 고르 왕조의 인도 침입은, 사막의 후손들이 분열된 인도를 향해 달려오는 첫걸음이었고, 단발적인 충돌의 연속이었다고 할 수 있다.

40. 인도에 터를 닦는 이슬람교: 델리술탄

고르왕조의 무함마드가 델리를 점령하고 그 지역 총독으로 쿠트브 웃딘 아이바크(Qutb-ud-din Aibak)를 임명했다. 아이바크는 델리뿐 아니라 바라나시와 벵골 지역까지 세력을 확대했다. 무함마드가 사망한 후 아이바크는 독립해서 술탄(Sultan)을 선언했다. 술탄이란 이슬람교의 종교적 최고 권위자인 칼리프가 수여한 정치 지배자의 칭호이다. 꾸란(Quran, Koran)에 의하면 술탄은 종교적으로 중요한 증시(證示) 또는 권위의 의미로 사용되는 비인격적인 것이었으나, 후세에 특정한 지역을 지배하는 개인의 칭호가 되었다. 가즈니는 인도에 침입한 후에 총독을 두어 지배했다. 그러나 아이바크가 술탄을 선포하고, 아이바크의 양자인 일투트미슈(Iltutmish) 때 바그다드의 칼리프로부터 정식으로 술탄으로 인정받음으로써 인도에 처음으로 무슬림 국가가 건설되었다. 아이바크는 터키계의 궁정노예 출신이고, 아이바크의 양자로 왕위를 계승한 일투트미슈 역시 노예 출신이다. 일투트미슈 다음으로는 라지야(Raziyya)공주가 왕위에 올라 인도를 지배한 유일한 무슬림 여왕이 되었는데, 총명하고 자비로운 여왕이었다고 전해지지만 왕위다툼으로 재위 5년에 살해되었다. 그 후 40인의 노예에 의하여 지배되었기 때문에 이들의 지배 시대를 노예 왕조(Mamluk dynasty: 1206-1290) 시대라고 부른다.

노예 왕조 다음으로 킬지 왕조(Khilji: 1290-1321)가 델리술탄을 이어받았고, 알라 웃딘(Ala-Ud-Din)은 대외정복과 더불어 내정 개혁을 실시했다. 데칸 정복에 나서 데바기리(Devagiri)를 점령하고 데칸고원과 동부 인도를 장악함으로써 최초로 데칸을 정복한 무슬림이 되었다. 그가 실시한 내정 개혁의 핵심은 지즈야(Zizya)를 부과한 것이다. 지즈야라는 것은 일종의 인두세로서 비-이슬람들에게 부과되는 것이다. 이것은 이슬람 지배 지역에서 힌두들에게 차별적으로 부과된 것이기 때문에 힌두들의 반감을 사는 주요 원인이 되기도 했다.

킬지 왕조에 이어 투글루크(Tughluq: 1321-1388) 왕조가 들어섰는데, 무함마드 투글루크(Muhammad-bin-Tughluq)는 남인도를 정복하는데 열정을 쏟았다. 남인도 진출을 꿈꾼 무함마드는 수도를 데칸 지역의 데바기리(Devagiri 또는 Daulatabad)로 옮겼다가 다시 델리로 이전하여 많은 혼란과 국고의 낭비를 가져왔다. 그리고 힌두들에게 반발을 사던 지즈야를 폐지했다. 부족한 재정을 보충하기 위해 국세징수를 담당하는 징세청부인(Amir)을 두었는데, 할당된 징수액을 채우지 못하는 징세청부인들을 처벌했기 때문에 치세 후기에 징세청부인들에 의한 반란이 자주 일어났다. 유력

그림 45. 1236년경 일투트미슈 지배 영역

한 징세청부인들이 반란을 일으켜 일부 지방이 독립하는 양상이 벌어졌고, 이에 힘입어 힌두들도 독립 세력을 형성하여 비자야나가르(Vijayanagar) 왕국이 건설되었다.

무함마드 투글루크에 이어 즉위한 피루즈 샤(Firuz-Shah)는 제도를 정비함과 더불어 토지세를 경감하고 운하를 건설했으며, 한편으로는 화형 등의 잔인한 형벌제도를 폐지했다. 그러나 힌두교도들을 박해하여 힌두 사원을 파괴하고 이슬람 사원을 건설하는 등으로 종교적, 인종적 충돌을 일으켰다.

피루즈 샤의 사망으로 투글루크 왕조가 쇠퇴할 무렵 티무르(Timur)가 인도에 침입했다. 티무르는 델리를 점령하고 도시를 약탈한 후 2주일 만에 물러갔지만 그 여파로 인도에는 무정부와 기근상태가 만연되었다. 이때 투글루크 왕조가 무너지고 티무르로부터 통치를 위임받은 자가 새로운 술탄임을 선포한 것이 바로 사이이드(Sayyid: 1414-1451) 왕조다. 사이이드 왕조에 이어 로디(Lodi: 1451-1526) 왕조가 건설되었다. 순수한 아프간족의 일파인 로디 왕조의 건설은 당시까지 인도를 지배했던 터키계가 약화되고 아프간 계통의 세력이 확대된 것을 의미한다. 로디 왕조를 세운 바흐룰 칸(Bahlul Khan Lodi: 1451-1489)은 군소 왕국들을 정복하여 강력한 지배권을 확보했다. 바흐룰은 정치적 야망을 가진 인물이었고 동시에 학자들을 우대하는 문화적 안목도 있었던 것으로 전해진다.

그 다음 지배자인 시칸다르(Sikandar Lodi: 1489–1517)는 라지푸트를 제압하기 위해 아그라(Agra)에 새로운 수도를 건설했다. 그는 직접 페르시아어로 시를 쓰기도 하고 학자들을 후원했고 국내의 평화와 안정에 힘썼다. 그러나 힌두들에게 적대적이었고, 힌두 사원을 폐쇄하여 무슬림들이 사용하게 하는 등 종교적으로는 매우 편협한 편이었던 듯하다.

로디 왕조의 마지막 왕이며, 델리술탄의 마지막 술탄인 이브라힘 로디(Ibrahim Lodi: 1517–1526)는 군사적으로 뛰어난 지도자였으나 판단력과 관용성이 부족한 것이 흠이었다고 한다. 왕권을 강화하면서 귀족들을 억압했는데, 지나친 억압에 반발해서 반란을 꾀하는 귀족들의 음모가 로디 왕조를 멸망으로 이끌었다. 이때 정치적 야망을 키우고 있던 카불 지역의 바부르(Babur)가 로디 왕조를 공격했고, 1526년 파니파트(Panipat)에서 이브라힘과 대적하여 이브라힘을 살해함으로써 로디 왕조와 델리술탄은 종말을 고하게 되었다.

노예 왕조를 시작으로 킬지, 투글루크, 사이이드, 로디 등의 5개 왕조의 무슬림 국가가 델리를 중심으로 북인도를 지배한 시기를 델리술탄(Delhi Sultan) 시대라고 한다. 델리술탄 시대에는 왕위가 정상적으로 계승되지 못하고 왕자와 장군들에 의해 찬탈되었다. 이러한 양상은 중세의 선양 혹은 찬탈이라고 하는 왕위계승의 전형적인 모습이라고 할 수 있다.

한편으로 왕위 쟁탈 과정에서 공을 세운 장군들에게 토지를 부여하고 때로는 관리들에게도 녹봉대신에 일정 토지에서의 조세권을 주었다. 뿐 아니라 무슬림의 지배기간 동안 지방의 통치는 거의 지방정부의 자치 형태로 이루어졌고 조세를 거두어 중앙정부에 보내면서 그 일부는 지방행정의 경비로 남겨두는 것이 허용되었기 때문에 지방관은 지방의 관리이면서 동시에 징세청부업자 혹은 영주와 같은 성격을 띠게 되었다.

인도의 이슬람 역사에서 차지하는 델리술탄의 중요성은 지즈야를 부과하기 시작했다는데 있을 것이다. 이슬람 세력이 유럽과 아시아를 정복하면서 한편으로 장애 요인이 되었고 한편으로 세력 확대에 도움을 주었던 것이 지즈야이다. 지즈야는 이슬람 정복지역에서 이슬람으로 개종하지 않은 사람들이 내는 인두세인데, 이슬람교가 확대되면서 정복된 지역의 사람들은 이슬람교로 개종하거나, 개종하지 않으면서 인두세를 내거나 둘 중에 하나를 선택해야 한다.

기독교 정복지역에서 개종을 하지 않은 경우 목숨을 부지하기 힘들었던 것과 비교하면 이 지즈야는 종교적 관용의 상징이기도 하다. 지즈야를 내는 이교도들은 이슬람 국가에 대한 충성과 납세의 대가로 생명과 재산의 안전은 물론 종교의식도 보장되었기 때문이다. 또한 원칙적으로는 일하기에 너무 늙었거나 장애를 겪고 있거나 궁핍한 때에는 지즈야가 면제되며 여성과 어린이에게는 부과되지 않았다. 지즈야를 지불하는 한 그들은 보호되고 믿음의 자유가 보장되며 이슬람교도들과 마찬가지로 정당하고 평등한 취급을 받는다. 이렇게 지즈야를 내며 이슬람 국가의 일원이 된 이교도들을 짐미(zimmis 혹은 dhimmis)라고 한다.

그러나 실제로 인도와 무슬림의 만남에 지즈야의 부과가 어떠한 영향을 끼쳤는가에 대하여는 당시의 여러 상황을 고려해서 평가할 필요가 있다. 지즈야의 부과가 비-이슬람 인도인에게 경제적 압박을 주었다는 평가가 있기는 하지만 당시의 힌두 소왕국들이 다투는 전쟁의 혼란 속에서 델리술탄 지역은 정치적 안정을 찾았고, 이슬람 국가가 건설되기 이전에 수탈에 가까운 지세로 허덕이던 지역에서는 그러한 지세의 부담보다는 이슬람 왕조가 들어온 후에 지즈야를 포함한 세의 부담이 오히려 적었을 가능성도 있기 때문이다.

그러나 인도에서는 다른 문제를 일으킬 소지가 있다. 이슬람 국가의 일원이 되는 비-이슬람인 짐미는 '지즈야를 내며 우상을 숭배하지 않는 자'이다. 그러니 기독교권에서는 지즈야만 내면 이슬람 국가의 일원이 될 수 있었던 것인데, 인도 종교는 우상을 숭배하는 종교로 인식되었기 때문에, 지즈야 자체가 주는 경제적 부담보다는 종교적 압박이 더 컸을 가능성이 있는 것이다.

한편으로 인도에서 최초로 지즈야를 부과했던 알라 웃딘의 입장에서 보자면, 지즈야로 인도인들을 압박해서 개종시키려는 의도보다는, 지즈야를 부과함으로써 이슬람 정복지라는 형태를 제대로 갖추는데 의미를 두었을지도 모른다. 지난 5세기 동안은 무력적 충돌과 침입이라는 말이 어울릴 단계였으나, 이제는 인도에 이슬람 국가를 제대로 세웠다는 상징으로 이해될 수도 있는 것이다. 그래서 술탄 선언과 지즈야의 부과로 이슬람 국가가 제대로 들어설 터를 닦는 단계로 발전한 시대가 바로 델리술탄 시대라 할 수 있다.

41. 굴러온 돌도 박힌 돌이 될 수 있다: 바부르

1500년대 초반, 인도의 상황은 델리의 소왕국으로 전락한 로디 왕조가 북쪽에 있고 남부에는 비자야나가르 왕국, 바흐마니(Bahmani Sultan) 왕국 그리고 이슬람계의 소왕국들이 병존하고 있는 상태였다. 이러한 인도의 혼란 상태 속에서 바부르가 등장했다. 터키어로 'Babur'는 사자를 뜻한다. 바부르는 1483년에 투르키스탄에 있는 작은 나라 페르가나(Fergana)에서 태어났다. 그의 어머니는 칭기즈 칸(Genghis Khan)의 후손이었고 아버지는 티무르의 직계 후손인 우마르 미르자(Umar Sheikh Mirza)였다. 그는 몽골의 피를 받았지만 완전한 몽고인은 아니다. 그가 태어난 지역은 이미 터키와 몽골의 피가 상당히 섞여 있던 지역이었으며 그의 외모는 터키계에 가까운 모습이었다고 한다.

티무르의 피를 이어받은 바부르는 12세에 페르가나의 왕이 되었는데, 사마르칸트(Samarkand)를 정복하기도 했지만 우즈베키스탄 지역을 지배하고 있던 샤이바니 칸(Muhammad Shaybani

그림 46. 무굴 제국을 건설할 무렵의 인도

Khan)에게 패하여 왕국을 잃었다. 그러나 바부르는 좌절하지 않고 세력을 규합하여 카불을 정복했다. 그리고 자신의 왕국을 되찾기 위해 사마르칸트를 공격했으나 실패했다. 그 후 바부르는 사마르칸트에 대한 미련을 버리고 인도 쪽으로 관심을 돌렸다.

이 무렵 인도의 가장 강력한 세력은 로디 왕조였다. 로디의 마지막 왕인 이브라힘 로디는 군사적으로는 뛰어난 재능을 가졌으나 판단력과 관용성이 부족했던 것으로 평가받고 있다. 아프간 귀족들을 억압하고 술탄의 절대적 권력을 주장하면서 반대세력을 만들었는데, 이들의 불만이 증가해가는 무렵 바부르가 로디 왕조를 공격했다. 바부르는 네 차례의 공격에 실패 했으나 마지막 파니파트 전투에서 승리를 거두었다.

바부르의 군대는 1만2천 명 정도로 알려져 있는데, 뛰어난 포병으로 구성된 이브라힘 로디의 10만군을 파니파트에서 전투에서 물리쳤고, 이 전투에서 이브라힘 로디가 전사함으로써 델리를 정복했다. 이때가 1526년인데 이것을 무굴 제국의 시작점으로 보고 있다. 델리를 정복한 바부르는 라지푸트 세력과 칸와(Khanwa)에서 전투를 치르게 되었다. 라지푸트 세력을 이끄는 라나 상가(Rana Sanga)는 8만의 기병과 5백 마리의 코끼리 부대를 동원하고 주변 세력들과의 연합을 도모하여 바부르 군대를 맞이했다. 소규모의 바부르 군대는 고전할 수밖에 없었다. 그러나 종교와 충성심으로 무장한 군대를 격려하며 바부르는 탁월한 전술을 펼쳤다. 중앙에 포병을 두고 이들의 대포로 코끼리 부대를 혼란에 빠지게 한 후에 측면에서 기병이 공격하는 전술이었다. 이 전략은 제대로 효과를 발휘했다. 라나 상가 부대는 혼란에 빠졌고, 이틈에 바부르 군대는 라지푸트 군대를 붕괴시켰다. 이어 1529년에는 갠지스 강 왼쪽 편에 있는 가그라(Ghaghra) 전투에서 승리하여 비하르와 벵골을 점령했다. 이로써 바부르는 북인도 대부분을 차지하게 되었고, 장차 인도아대륙을 지배할 대 제국의 기틀을 닦았다.

바부르는 현명하고 지략이 뛰어난 왕이었을 뿐 아니라 강인한 정신력의 소유자였으며 동시에 시인다운 낭만도 즐길 줄 아는 군주였다. 그는 직접 페르시아어로 시를 쓰기도 했을 정도로 문학과 예술에도 많은 관심을 가졌으며, 건축과 정원 예술에도 조예가 깊었다.

무굴 제국을 건설한 바부르는 1530년 12월 26일 48세로 사망했다. 인도의 보팔(Bhopal)에 있는 주립 도서관에는 바부르가 그의 아들 후마윤에게 남긴 유언이 들어 있는 문서가 있다. 그는 "종교적 선입견을 품지 말라. 모든 백성들의 종교적 감성과 의례를 주의 깊게 보살펴 공정하게 대하라. 토착민들의 마음을 사로잡으려면 소를 죽이지 마라. 어떤 종교 사원도 파괴하지 말고, 제국 내의 평화를 유지하기 위해서는 그들을 모두 공평하게 대하라. 이슬람은 폭정과 박해라는 칼보다는 사랑과 애정으로 훨씬 더 잘 전파될 것이다. 순니와 시아(이슬람 교파)의 대립을 피하라. 다양한 계절이 있는 것처럼 백성들도 다양한 성향이 있다는 것을 명심하라."는 유언을 그의 아들에게 남겼다. 바부르는 마치 이후 무굴 제국에서 발생할 많은 문제들을 예견한 듯 이러한 유언을 남긴 것이다. 그의 후손들이 이 유언대로 실천했다면 무굴의 역사, 인도의 역사는 달라졌을 것이다. 힌두-무슬림의 갈등이 아닌 화합의 길로 나갈 수 있었을 것이다. 인도를 정복한 바부르는 그의 후손들에게 굴러온 돌이 박힌 돌이 될 수 있는 길을 안내한 것이다. 그러나 그가 죽은 다음의 역사는 그의 몫이 아니었다.

42. 셋째 왕들은 현군일 수밖에 없는 것인가: 아크바르

무굴 제국을 건설한 바부르는 4년 정도 재위에 있었다. 이어 즉위한 후마윤(Humayun: 1530-1556)은 바부르와 같은 강력한 통치자는 아니었다. 왕권 다툼에 휩싸였고, 아프간 반란군들에게 패하여 망명 군주로서의 세월을 보내기도 했다. 반란을 주도한 세르 칸(Sher Khan)이 피살된 후 세력이 약화된 틈을 이용하여 페르시아의 원조를 받은 후마윤이 아그라로 돌아와 왕위를 되찾았다. 그러나 얼마 후 후마윤은 계단에서 실족하여 목이 부러져 죽고 말았다.

후마윤 때에 약화되어 초라하고 보잘 것 없는 작은 왕국으로 전락한 무굴 왕조를 아크바르(Akbar: 1556-1603)가 물려받아 즉위한 것은 13세 때였다. 그가 왕위를 물려받았을 때의 무굴 제국은 남부의 힌두 왕국인 비자야나가르나 구자라트 지역의 무슬림 왕국보다 약한 왕국이었다. 그러나 아크바르 시대를 거치면서 '대 무굴 제국'이 형성되었는데 이것은 아크바르의 지배이념 덕분이었다고 할 수 있다. 화합 정신을 근간으로 통치했던 아크바르는 그의 조부 바부르의 유언을 실천한 유일한 왕이라고 할 수 있다.

아크바르는 바부르가 차지했던 제국의 영토를 대부분 회복하고, 제국의 안정적 지배를 위한 정책을 폈다. 그 첫 번째가 지즈야를 폐지하고 라지푸트의 힌두 왕비를 맞이한 일이다. 자이푸르(Jaipur) 지역에 있던 엠버(Amber) 왕의 공주인 히라 쿤와리(Hira Kunwari)를 왕비로 맞이하였고 왕비는 결혼 후에 마리암 우즈 자마니(Mariam-uz-Zamani)로 이름을 바꾸었으며 살림(Salim)왕자를 낳았다. 이 살림 왕자가 아크바르를 이어 즉위한 자한기르이다. 이 결혼정책은 힌두-무슬림의 융화의 상징이 되었다.

그리고 아크바르는 힌두와 무슬림 그리고 모든 종교의 화합을 위해 딘 이 일라히(Din-i-Ilahi)라는 것을 창시했다. 서구에서는 '신의 종교'로 우리나라에서는 '경신교(敬神教)'로 번역하고 있는 딘 이 일라히의 주요 내용은 '왕권은 신성불가침이며 왕은 신을 대신한다. 신은 자비롭고 의로우며 모든 것을 사랑하므로 카스트, 종교에 구애되지 않고 모든 백성을 관용과 자비로 대한다. 그러므로 모든 백성은 하나의 태양 즉 왕=신이라는 믿음 아래 포용되어야 한다.'는 것이다. 아크바르는 프랑스의 루이 14세와 자주 비교되는데 그것이 비로 딘 이 일라히 때문이다. 아크바르가 1582년에 선포한 '왕이 곧 신'이라는 이 신인은 루이14세가 '짐이 곧 국가'라고 선포했던 것과 비교될 만 한 것이기 때문이다. 다양한 종교와 인종의 인도인을 단일 사상으로 결속시키고자 했다는 점에서 인도 민족주의의 시작이라고 평가되기도 한다.

이 딘 이 일라히가 선포되던 때의 인도는 순니파들의 반란과 정치적 불만이 늘어가던 때이다. 아크바르가 종교적 관용의 태도를 취해왔기 때문에 이슬람교도 가운데서도 우월적 위치에 있던 순니파들은 그들의 우월적 지위가 박탈되는데 불만을 품고 1580년에 반란을 일으킨다. 일부 신학자들도 연루되어 처벌 된 후에 살아남은 순니파 신학자들은 황제에게 충성하는 척하면서 황제의 정책을 오히려 헐뜯어서 황제에 대한 악평이 나게 유도했다. 이러한 여러 상황이 황제로 하여금 인도 전체를 하나로 묶을 사상 혹은 종교가 필요하다는 것을 절감하게 했다.

실상 아크바르시대만큼 인도에서 여러 종교와 사상의 토론이 자유로웠던 시대가 없다고 한다. 힌두와 무슬림은 물론이고 이미 인도에 들어오기 시작한 기독교에게도 자유로운 언로가 열려있었다. 아크바르는 여러 종교의 주장과 교리를 들어본 후에 어느 하나를 택한 것이 아니라 딘 이 일라히를 선포한 것이다. 아크바르는 하나의 신에 대한 확고한 믿음으로 황제가 지상에 내려와 있는 신의 대리인임을 주장했다. 그러나 딘 이 일라히는 큰 영향을 미치지 못했고 호응도 별로 없었다. 그래서 역사가들은 아크바르가 선포한 딘 이 일라히의 신봉자는 왕 자신뿐이었다고 평가하기도 한다. 그러나 그가 인도 전체를 아우를 사상의 통일을 시도했다는 것은 대단히 중요한 일이다. 아크바르가 정치와 종교의 최고 권위자임을 선포하면서 딘 이 일라히를 선언한 것이야말로, 종교와 종족을 구분하지 않고 통치 영역 전체의 통일성을 추구한 황제의 자세라고 할 수 있을 것이다.

아크바르가 소수의 이방인인 무슬림들만의 무굴 왕조를 만들었다면 무굴 제국은 인도 역사에서 훨씬 미미한 존재가 되었을지도 모른다. 그러나 아크바르가 힌두들을 폭넓게 고용하고 위협보다는 타협을 선택했기 때문에 단순한 정복왕조라는 차원을 넘어 인도의 무슬림 왕조로 평가받을 수 있게 된 것이다. 또한 아크바르는 인도아대륙에서 힌두와 무슬림의 융합을 꾀하고 백성과 함께 하고자 했던 인도황제로 평가받고 있는 것이다.

아크바르가 이러한 자세로 지배하고 있던 때가 무굴 제국의 가장 평화롭고 안정된 시기였다. 마우리아 제국의 아쇼카, 무굴 제국의 아크바르 이 두 황제는 인도를 대표하는 현명한 왕으로 꼽히고 있다. 이 두 왕의 공통점이라고 한다면 둘 다 제국의 세 번째 왕이라는 점이고, 다른 점이라면 아쇼카가 피비린내 나는 왕자들의 왕위 쟁탈전을 벌이면서 즉위했던 것과는 달리 아크바르는 피를 흘리지 않고 즉위한 왕이라는 것이다. 한국이나 중국과 달리 인도는 왕의 즉위에 늘 피가 흐른다. 여러 왕자들 중에 한명이 왕위에 오르지만 정해진 코스대로 세자 시절을 거쳐 부왕이 죽으면 즉위하는 전통을 인도에서는 찾아보기 힘들다. 아쇼카와 아크바르 이 두 사람 모두 세 번째 왕이었고 대단한 현군이었는데 역사적으로 인도뿐 아니라 한국과 중국의 경우도 셋째 왕이 현군인 경우가 많았다. 중국 명나라의 성조 영락제와 청나라의 순치 황제 그리고 조선시대의 태종이 세 번째 왕이다. 대개 왕조를 건설한 왕들의 능력이 탁월했던 것에 비해, 거목 밑에 나무가 잘 자라지 못하는 것인지 두 번째 왕들이 나약하다. 그런데 세 번째 왕마저 나약하다면 왕조는 거기서 흔들리고 장기간 유지되기 힘들다. 장기간 명성을 떨쳤던 왕조는 현군인가의 여부에 논란이 있을 수는 있으나 세 번째 혹은 네 번째 왕이 영토를 확대하는 한편으로 내정에도 충실했던 왕조였다. 셋째 왕이 현군일 때 장기간 영화를 누리는 왕조가 된 경우가 많다는 것이다. 마우리아 왕조의 아쇼카 왕이 다르마 정책으로 백성들을 평등하게 대하고, 아크바르 역시 힌두와 무슬림의 조화를 위해 공평한 정책, 평등에 입각한 정책을 폄으로써 제국의 안정적 기반을 다졌다. 아쉽게도 마우리아 왕조는 아쇼카 왕 이후 분열되었으나 무굴 제국은 이어지는 자한기르, 샤자한 등 강력한 왕들이 등장하여 제국의 번영을 이어갔다.

43. 세금을 내기 위해 금화를 구하는 농민들

아크바르는 제국의 안정적 통치를 위해 종교의 화합을 추진했고, 사상의 통일을 위해 노력했다. 이것과 더불어 역사에 기록될 또 하나의 큰 업적이 있는데 그것이 바로 조세제도의 개혁이다. 중앙집권을 강화하기 위해서는 지방의 봉건세력의 성장을 억제해야 한다. 당시 지방 봉건화의 주역은 자민다르(Zamindar)였다. 자민다르는 토지의 소유주이기도 하지만 세금을 걷는 관리이기도 하다. 이들은 지방에서 걷는 세금의 1/10을 봉급대신에 갖는다. 그러나 자민다르의 권리는 세금의 일정부분을 갖는다는 원칙에 그치지 않았다. 실제로 이들은 그들이 담당한 지역의 세금 할당량을 중앙에 보내기만 하면 그 지역 내에서의 활동에 대하여 중앙정부의 간섭이 미치지 않는 형편이었고, 자민다르가 세습되었기 때문에 영주나 다름없는 상태였다.

아크바르는 자민다르 세력을 억제하기 위해 이들이 관리하고 있던 토지를 국가 소유로 하고 지방에 봉급 관리를 파견했다. 봉급

관리의 파견은 자민다르 세력 확대를 억제시키는 것뿐만 아니라 조세수입을 증대시키는 효과를 기대할 수 있는 정책이다. 아크바르는 행정체제를 개편하면서 자민다르뿐 아니라 대부분의 관리들에게 토지 대신에 현금의 봉급을 주는 체제로 바꾸었다.

봉급 관리의 증가로 현금 수요가 급증하자 이를 해결함과 동시에 조세 수입도 늘릴 수 있는 방안을 마련했다. 그것이 아크바르 때의 재상인 토다르 말(Todar Mal)에 의해 추진된 조세 개혁이다. 1580년 당시에 지난 10년 동안의 조세 수입 통계자료를 만들었다. 생산량과 가격 변동 그리고 각 곡물 생산과 가격의 평균을 내고, 비슷한 농업 생산 조건을 가진 지역을 그룹별로 분류하여 한데 묶는 작업을 했다. 토지를 측량하는 방법도 개량하여 기존에 대마로 만든 밧줄로 측량하던 방법을 쓰지 않고, 대나무 끝에 쇠고리가 달린 것을 사용하여 정확하게 측량하는 방법을 택했다.

세금은 경작 조건과 토양의 비옥도에 따라 결정하는데 수확량의 1/3을 현금으로 내도록 했다. 현물 조세가 아닌 현금 조세로 바뀌자 농민들은 현금을 마련하기 위해 생산물을 내다 팔아야 했다. 이렇게 개혁된 조세 제도를 자브트(zabt, jabti)라 하는데 북인도 지역, 말와(Malwa), 구자라트 지역에서 실시되었다. 이 제도의 실시로 현금 유통이 증가되었고, 금융업과 곡물 상인들의 활동이 활발해졌다.

그림 47. 아크바르의 금화

이렇게 해서 아크바르시대에 이르러 조세 제도가 개혁되었고, 조세의 대상이 되는 농민들의 토지가 측량되었으며, 조세를 현물로 내는 제도에서 화폐로 내는 제도로 바뀌게 되었다. 이 제도는 화폐를 유통시키는 역할을 했고 동시에 정확히 토지와 수확량을 측정하여 세금 걷을 기준을 마련한 것으로 이후 무굴 제국과 영국 지배 시기 조세 제도의 원형이 되었다.

아크바르의 조세 제도 개혁은 여러 방면에서 관심을 가질만한 제도 개혁이었는데 특히 시대를 구분하는 문제에 있어서 주목을 받을 만한 것이다. 삼분법 시대구분에서 근대화의 기점으로 삼는 몇 가지 근거 가운데 하나가 토지제도이다. 토지제도에 있어서 근대화의 기점으로 삼는 것은 지주의 토지 사유권 인정, 지주의 토지 경영 자유권, 지주의 토지 자본가로서의 성장 가능성, 세금을 화폐로 납부하는 조세의 금납화 등이다.

일반적으로 시장 경제가 발달하고 화폐 사용이 일반화 되어 조세를 현물로 걷는 것보다 현금으로 걷는 것이 훨씬 편리해졌을 때, 조세의 금납화가 이루어진다. 그러므로 조세를 현금으로 걷는다는 것은 화폐경제가 고도로 발전했음을 반영하고 있는 것이기에 근대화의 기점으로 삼는다. 그래서 아크바르 시대의 조세개혁을 근대화의 기점으로 삼아 무굴 제국을 근대로 분류하는 학자들도 있다

그러나 아크바르 시대가 화폐경제가 발달하여 조세를 화폐로 내게 하는 단계에 도달한 것인가에 대해서는 문제를 제기하는 학자들이 많다. 근본적으로 자민다르 세력 확대를 억제하기 위해 도

지 수여 대신 화폐로 봉급을 주게 되었고, 마찬가지 이유로 다른 관리들에게도 화폐로 봉급을 지급했기 때문에 화폐의 가장 큰 수요자는 정부였다. 다시 말해서 화폐 사용의 증가는 유통이 활성화 되어 발생한 것이 아니라 정부가 필요로 했기 때문에 발생한 것이다.

물론 조세를 화폐로 걷음으로써 개인과 국가 간의 화폐 유통이 활발해졌지만, 실제로 개인과 개인 사이의 화폐 유통은 그리 활발하지 않았다. 특히 토지세의 대상이 되는 농촌 사회는 여전히 실물 교환이 주를 이루고 있었다. 그러므로 상품의 거래를 위해서가 아니라 세금을 낼 화폐를 마련하기 위해 농민들은 세금을 내는 시기에 맞추어 생산물을 시장으로 가지고 가서 화폐를 구해야 했다. 한편으로는 농민들의 이러한 수요에 맞추어 화폐 구매를 대행하는 곡물 상인이 등장하여 농촌으로 눈을 돌렸다. 이들 곡물 상인들은 화폐 수요가 급증하는 시기에 곡물을 싸게 사들였다가 비싸게 되팔아서 대상인으로 성장하기도 했고, 한편으로는 일시적으로 현금이 필요한 농민들을 대상으로 현금을 빌려주는 금융업자들도 생겨났다. 이처럼 상인이나 금융업자들이 성장하는 것과는 대조적으로 농민들은 수확 직후 싼 값에 경작물을 팔아 화폐를 구매하고, 필요할 때는 비싼 값에 다시 물건을 구입하게 됨으로써 농민층의 몰락과 농촌 사회의 해체를 초래했다.

아크바르 시대의 토지 제도와 조세 개혁은 근대적 개혁으로 평가할 수도 있다. 또한 무굴 제국 중앙에서 발행한 화폐를 유통시키기 위해 지방의 세금도 무굴 제국의 화폐로만 걷었기 때문에 화폐의 통일과 중앙 집중화가 이루어진 것으로 평가할 수도 있다. 그러나 현금 유통이 확대되어 조세를 화폐로 납부하게 한 개혁이 아니었기 때문에 근대적 조세 제도라고 단정하기는 어렵다. 뿐만 아니라 농민들은 교환을 위해서가 아니라 단지 세금을 내기 위해서 무리하게 생산물을 팔아 화폐를 마련해야 했기 때문에, 그것이 농민층을 붕괴시키는 결과를 낳았다는 부정적 평가도 면하기는 어렵다.

44. 왕비에 대한 사랑이 넘치는 시대: 자한기르와 샤자한

아크바르 시대가 왕권과 중앙집권을 강화하여 제국의 틀을 잡은 시기였다면 이후 무굴 제국은 이것을 기틀로 발전한 시기, 서구 세력의 침입으로 약화되는 시기로 나뉜다. 아크바르 이후 제국의 전성기를 이어간 왕은 자한기르, 샤자한, 아우랑제브인데 자한기르와 샤자한은 그의 통치 업적뿐 아니라 왕비와 나누었던 지극한 사랑 이야기도 널리 알려져 있다.

자한기르(Jahangir: 1605-1627)는 '세계의 정복자'라는 이름에 걸맞게 대외정복에 몰두하여 라지푸트들과 자주 충돌했다. 자한기르는 아크바르와 힌두 왕비 히라 쿤와리 사이에서 태어난 왕자이다. 자한기르는 부왕시절의 종교적 관용 정책과 힌두와의 조화를 외면한 채 영토 확장에 몰두했다. 제국의 동쪽에 있는 아쌈(Assam) 지방 정복에는 실패했지만, 카슈미르와 구자라트의 메와르(Mewar)를 정복했다. 구자라트 지역은 라지푸트들이 차지하고 있던 지역이었는데 이곳을 정복하면서 라지푸트와 갈등이 빚어졌다. 한편으로는 자한기르 지배 시기에 영국 상선들이 인도에 들어와 수라뜨(Surat) 지역에 상관을 설치하게 해달라는 요청을 했다. 이미 영국의 동인도회사가 설립되었지만 아직 영국이 무굴 제국과 대등한 입장으로 요구할 상황이 아니었기 때문에 예의를 갖추어 상관 설치를 요청했고 자한기르가 이를 허용함으로써 영국의 인도 진출 확대의 계기가 되었다.

자한기르는 1611년에 누르자한(Nur Jahan)을 왕비로 맞아 들였다. 누르자한은 이란의 사파비(Safavid) 왕조의 아사프칸(Asaf Khan)의 동생으로, 자한기르의 왕비가 되면서 '세계의 빛'을 의미하는 누르자한이라는 이름을 갖게 되었다. 자한기르에게는 자신의 이름에 걸맞지 않게 감성적이고 여린 면이 많았다. 그것은 장기 집권한 부왕 아크바르의 그늘이 만들어준 부정적 영향이기도 하다. 술과 마약을 즐기던 자한기르는 누르자한을 사랑하게 되어 왕비로 맞아들인 후, 왕비에 대한 사랑 덕분에 방탕한 생활에서 벗어나기도 했다. 누르자한은 왕의 건강을 보살피면서 오빠인 아사프 칸과 더불어 제국의 정치에 관여했다. 자한기르는 재위 말년에 정치에 흥미를 잃고 모든 국정을 누르자한에게 맡겼다. 누르자한은 미모도 뛰어났지만 제국의 행정, 경제, 문화에도 탁월한 능력을 발휘했다. 그래서 누르자한은 무굴 제국 시대 여성 정치의 대명사로 묘사되고 있다.

현대에도 무슬림 여성들은 얼굴을 가리고 다니는 풍습이 유지되고 있는데 무굴 제국 시대 역시 마찬가지였다. 남성들 앞에 얼굴을 드러낼 수 없었던 누르자한은 신뢰할 만한 남성 관리를 앞세워

그림 48. 자한기르 시기에 주조된 누르자한 이름이 새겨진 은화

통치했으나, 그녀가 내린 모든 명령과 포고문은 자한기르의 이름으로 공포되었으며, 자한기르와 누르자한의 이름이 나란히 새겨진 화폐도 만들어졌다. 그녀의 이름이 새겨진 화폐로 세금을 거두어들임으로써 그녀의 이름은 화폐를 통해서 제국 내의 모든 곳에 알려졌을 것이며, 한편으로는 상인들을 통해 인도와 교역하던 유럽인들에게도 알려졌다. 그녀는 자신 개인 소유의 배도 가지고 있었고 곳곳에 사무소를 가지고 있었는데, 그녀의 아그라와 델리의 사무소는 당시 상업의 중심 역할을 했다고 전해진다.

누르자한은 궁중 여인들의 생활에 새로운 유행을 불러일으킬 만큼 향수와 화장품 그리고 패션에 관심을 가졌다. 이러한 사치로 많은 돈을 허비했지만 한편으로 자신이 직접 시를 쓰기도 하고 시 경연대회도 개최하는 등 문화 열풍도 일으켰다. 무굴 제국 시대에 만들어진 아름다운 정원들이 지금도 여러 곳에 남아 있다. 이러한 무굴 시대 정원 만들기와 꾸미기에 누르자한도 한 몫 했다.

그러나 정치적으로는 내부의 분열을 방관했고, 후기에는 왕자들의 권력 다툼에 휩쓸렸다. 다음 왕위를 잇는 샤자한은 누르자한의 통치 기간 동안 누르자한을 지지했다. 그런데 왕자들이 왕위 쟁탈을 시작했을 때 누르자한은 사위인 샤르야르(Shahryar)를 지지했다. 이때부터 샤자한과 누르자한은 사이가 멀어지기 시작했고, 자한기르가 죽고 나서 즉위한 샤자한은 누르자한을 유폐시켰다. 누르자한은 라호르에서 1645년까지 유폐생활을 하다가 죽었다. 누르자한을 유폐시켜 쓸쓸한 말년을 보내게 했던 샤자한 역시, 말년에 아그라성에 유폐되어 쓸쓸한 말년을 맞이하게 된 것이 역사의 인과응보인지도 모른다.

인도의 역사에 왕비가 전권을 휘둘렀던 경우가 별로 없는데, 누르자한은 자한기르를 무대 뒤에 두고 자신이 무대에 올라 정치, 경제 그리고 문화를 뒤 흔든 인도의 여왕이었다. 자한기르가 누르자한을 지극히 사랑했고, 말년에 정치에 염증을 느껴 왕비에게 전권을 내어 주고 무대 뒤로 물러난 왕이었던 것과 대조적으로 샤자한(Shah Jahan: 1627-1658)은 지극히 사랑하는 왕비를 늘 옆에 두고 무굴 제국을 다스렸다.

바부르를 시작으로 무굴 제국의 황제들은 그들의 본거지였던 사마르칸트를 정복하려는 꿈을 버리지 못했다. 샤자한 역시 사마르칸트로 진격했으나 실패했다. 그 이후 왕들은 북쪽으로 향하던 시선을 거두고 남인도의 정복에 주력했다. 샤자한은 35세에 즉위하자마자 무굴 제국의 지배권을 벗어나 있던 데칸 지역 정복에 나섰다. 아마드나가르를 합병하고 비자푸르(Bijapur)와 골콘다(Golconda)를 속국으로 삼았다.

샤자한의 통치기간 30년 동안은 말기에 일어난 데칸의 반란을 제외하면 큰 반란이나 외부의 침입이 없었다. 국내의 평화를 바탕으로 인도와 서남아시아와의 교역이 확대되었고, 유럽과의 교류도 활발하여 국가재정이 풍족해지는 등 평화와 물질적 번영 속에서 아름다운 문화가 꽃피던 시기였다.

샤자한에 대하여 일반인들이 관심을 갖는 것은 왕비 뭄타즈 마할(Mumtaz Mahal)과의 사랑이야기 일 것이다. 샤자한은 우연히 마주친 뭄타즈 마할에게 한눈에 반해 결혼했다고 한다. 뭄타즈 마할은 자한기르의 왕비였던 누르자한의 조카이며 자한기르 통치 말년에 왕자들이 왕권 다툼을 할 때 결정적으로 샤자한을 후원한 인물인 아사프 칸의 딸이다. 아사프 칸은 자한기르 말기에 왕

그림 49. 샤자한과 뭄타즈 마할

자들의 왕위 쟁탈전이 벌어졌을 때, 동생인 누르자한의 사위보다는 자신의 사위인 샤자한을 적극적으로 지원하여 왕위에 오르게 했다. 16세의 나이로 1612년에 샤자한과 결혼한 뭄타즈 마할은 샤자한의 지극한 사랑을 받았다. 원래의 이름은 아르주만드 바노 베감(Arjumand Bano Begum)이었으나, 왕비가 되자 샤자한은 그녀에게 뭄타즈 마할(왕궁에서 가장 고귀한 사람)이라는 이름을 지어 주었다.

전하는 이야기에 따르면 샤자한은 왕비 뭄타즈 마할과 한시도 떨어져 지낸 적이 없다고 한다. 왕이 전쟁터에 있거나 궁전에 있거나 어디에서나 왕이 있는 곳에는 왕비도 함께 있었다고 한다. 뭄타즈 마할은 결혼 생활 20년 동안 모두 14명의 아이를 낳았다. 마지막 14번째 아이를 낳은 때는 데칸 지역의 반란으로 샤자한이 출정했던 때였다. 이 출정에도 왕비가 동행을 했고, 이 원정 중에 부란푸르(Burhanpur)에서 아이를 출산하다가 뭄타즈 마할은 사망했다. 그 때가 1631년으로 샤자한이 즉위한지 5년째 되던 해였다.

뭄타즈 마할이 죽자 샤자한은 타지마할(Taj Mahal)을 짓기 시작했다. 왕비가 죽은 다음 해인 1632년경에 착공하여 매일 2만 명이 넘는 노동자들이 동원되어 1643년경에 영묘를 완공했다. 부속 건물들은 1649년경에 완공되었으니 타지마할 전체가 완공되기까지는 22년의 세월이 걸린 셈이다. 샤자한이 왕비와 함께 살았던 세월만큼 왕비의 무덤인 타지마할을 완공하는데 사용한 셈이다.

아름다운 타지마할은 전형적인 이슬람 양식으로 지어진 무굴제국 시대의 대표적인 건축물로 평가되고 있으며 주제는 대칭이

그림 50. 타지마할 전경

다. 어떤 방향에서 보아도 같은 모습이 보이도록 설계되었고 정원 모퉁이에 세워진 4개의 첨탑은 건물 전체의 균형미를 더하고 있다. 아크바르 시대의 인도 건축은 페르시아 양식과 힌두 양식이 조화를 이루고 있으며 건축물 곳곳에서 힌두 문화의 흔적을 볼 수 있다. 그러나 타지마할은 전형적인 페르시아 이슬람 건축 양식으로 만들어졌다. 샤자한은 정통적인 이슬람교도로서 건축과 미술을 포함한 모든 분야에서도 페르시아 풍을 강조하여 이슬람문화를 확산시켰다고 평가 되고 있다.

타지마할 내부에는 마치 병풍처럼 생긴 가리개가 있는데 그 안에 뭄타즈 마할과 샤자한의 묘석이 있다. 타지마할 내부는 촬영이 금지되어 있다. 다음에 있는 타지마할 내부 그림은 3D로 재구성한 그림이다. 그림의 중앙에 놓여 있는 것이 뭄타즈 마할의 묘석이다. 실제 유골은 지하 묘소에 있지만 이곳에 대리석으로 상징적인 묘석을 만들고, 그 주변을 20개의 대리석 판 가리개로 둘러놓은 것이다. 타지마할의 중심에, 그리고 무굴 제국 샤자한 황제의 중심에 있던 뭄타즈 마할, 그녀는 이름 그대로 왕궁에서 가장 고귀한 사람이었다.

그림 51. 타지마할 내부. 병풍으로 가려진 중앙에 놓인 뭄타즈 마할의 관과 좌측에 놓인 샤자한의 관

자한기르와 샤자한, 두 왕은 무굴 제국의 영토를 확장시켰고, 제국의 산업을 발전시키고 무역의 확대로 제국의 재정을 넉넉하게 만들었다. 이처럼 긍정적 위업을 남겼지만 아크바르가 강조한 힌두와 무슬림의 조화는 이루지 못했다. 무굴 제국의 역사에 긍정적, 부정적 영향을 남겼던 왕들로 평가를 받고 있지만 왕비를 지극히 사랑했고, 그 사랑의 흔적을 현재까지 남겨놓은 왕이라는 공통점을 갖고 있다.

45. 인도 최대의 영토를 차지한 왕: 아우랑제브

샤자한이 중병에 걸린 1657년부터 세 왕자가 왕위쟁탈전을 벌였다. 샤자한의 맏아들 다라시코(Dara Shikoh)는 당연히 자신이 왕위를 계승할 것이라 믿고 있었는데, 둘째 아들 샤슈자(Shah Shuja)가 벵골에서 황제임을 선포하자 다라시코와 샤자한이 군대를 보내어 평정했다. 이어 셋째 아들인 아우랑제브(Aurangzeb: 1658-1707)로부터 비밀리에 지원 약속을 받은 막내 아들 무라드박슈(Murad Baksh)가 구자라트에서 황제임을 선포했다. 아우랑제브는 무라드를 지원한다는 명목으로 귀족들과 장군들을 규합하면서 아우랑가바드(Aurangabad)에서 구자라트로 향했다. 승리를 계속하면서 북진하던 아우랑제브는 다라시코가 부당하게 왕위를 찬탈했다고 선언했다. 이때 병석에서 회복된 샤자한은 다라시코가 왕위를 계승할 것이며 무굴 제국의 통치권을 다라시코에게 넘겨줄 것이라는 결정적인 선언을 했다. 주변의 라지푸트들은 아우랑제브와 다라시코 두 왕자의 왕위 계승을 모두 거부했다.

자완트 싱(Maharaja Jaswant Singh)은 군대를 이끌고 우자인 근처의 다르마푸르(Dharmatpur)로 진격하여 아우랑제브를 공격했다. 그러나 아우랑제브는 자완트 싱의 군대를 격파했고, 다라시코의 군대까지 괴멸시킨 후에 아그라 성을 포위했다. 다라시코가 부왕인 샤자한을 아그라에 남겨둔 채 델리로 피신하자, 샤자한은 아그라 성을 내어주고 아우랑제브와 협상을 시도 했지만 거부당했다. 이에 샤자한의 왕자들이 힘을 합쳐 아우랑제브를 공격했으나 이미 대세는 기울었다. 아우랑제브는 샤자한을 아그라 성에 유폐시킨 후 황제의 자리에 올랐다.

부왕인 자한기르의 왕비 누르자한을 유폐시키고 쓸쓸한 말년을 맞이하게 했던 샤자한 역시 9년 동안 유폐생활을 했다. 아그라에 유폐된 샤자한은 멀리 보이는 타지마할을 바라보면서 왕비를 그리워하며 쓸쓸한 말년을 보냈고, 마지막 눈을 감는 순간에도 그의 눈은 타지마할을 향하고 있었다는 말이 전해지고 있다.

이렇게 엄청난 왕자의 난을 치루며 즉위한 아우랑제브는 무굴 제국의 마지막 대왕으로 칭해질 만큼 많은 업적을 남겼다. 아우랑제브는 50년 가까이 재위에 있었는데 그의 통치는 초기 20년 동안과 후반부 30년 정도의 통치로 나눠볼 수 있다. 초기부터 강력한 통치력을 발휘한 아우랑제브는 서북인도의 방어에 성공했고, 마라타 왕국의 쉬바지 영토를 정복했다. 그러나 한편으로 아우랑제브는 어느 정도 종교적 관용성을 보이면서 선왕들처럼 무슬림 관리와 더불어 힌두를 고위 관리로 임명하기도 했다. 바부르가 무굴 제국을 건설한 이래 샤자한시대까지 무굴 제국의 궁정은 호화롭고 화려했으며, 음악이 넘치고 온갖 보석으로 꾸며진 활기찬 궁전의 모습을 보였다. 이러한 관행들이 아우랑제브 통치 전기까지는 어느 정도 유지되었다.

그러나 재위 후반에 이르면 이러한 관행들이 퇴색하기 시작한다. 힌두적인 요소들이 제국에 영향을 미치는 것을 우려한 아우랑제브는 이러한 관행을 없애고 이슬람 요소로 채우려고 했다. 1679년에는 다시 지즈야를 부과하기 시작하여 아크바르 이래 유지되어 오던 힌두-무슬림의 조화가 깨졌다. 이때부터 무슬림 위주의 정통 이슬람 국가의 모습을 보이기 시작한다. 그래서 이슬람법

그림 52. 아우랑제브 시대의 영토

에서 허용하지 않는 음악과 화려한 장식품을 없앴다. 화려함을 싫어했던 아우랑제브는 황제의 옷을 실크로 만드는 것조차 거부했고, 그가 읽는 책도 신학적이고 교훈적인 것들이었으며, 많은 시간을 기도에 할애하는 금욕적인 생활을 했다. 샤자한 시기까지 이어지던 건축과 예술에 대한 열정도 아우랑제브에게서는 찾아볼 수 없었다. 아우랑제브 후반기부터 학문과 예술이 쇠퇴하기 시작했고 그의 이름으로 축조된 건축물도 많지 않다.

재위 후반기의 아우랑제브는 무굴 제국을 이슬람 국가로 만들려는 열정으로 인도의 각지를 정벌하는 일에 힘을 쏟았다. 아쌈과 치타공(Chittagong)을 정복하고 마르와르(Marwar)와 메와르(Mewar)의 라지프트 동맹군을 평정했다. 아우랑제브는 남부 인도를 정복할 열정으로 데칸의 아우랑가바드에 오래 머물러 마치 그곳이 무굴 제국의 수도처럼 여겨질 정도였다. 아우랑제브는 비자푸르를 점령하기 위해 아들과 5만 군대를 파견했다(1685년). 그러나 전쟁이 교착상태에 빠지자 직접 출정하여 공성전을 지휘함으로써 비자푸르를 점령했다. 여세를 몰아 1687년에는 골콘다를 점령했다. 결국 아우랑가바드를 근거로 비자푸르, 골콘다, 아흐메드나가르 등을 무굴 영토로 편입시키고, 탄조르(Tanjore)와 트리치(Trichy)로부터 소공을 받게 됨으로써, 아우랑제브는 인도아대륙의 남단까지 지배권을 확대했다. 1690년경 무굴의 영향권은 동서로는 치타공에서 카불까지, 북쪽으로 카슈미르, 남쪽은 카베리(Kaveri)까지 미쳐 인도 역사상 최대의 영토를 장악했다.

무굴 제국의 황제들 가운데 후대에 가장 많이 거론되는 황제는 아크바르와 아우랑제브이다. 아크바르는 가장 현명한 군주로 칭송되는 반면에 아우랑제브는 가장 잔인했던 왕으로 혹평 받고 있다. 특히 현대 인도에서 힌두근본주의 운동이 일어나면서 힌두와 무슬림 갈등을 이야기할 때 무슬림들에 의한 힌두 박해의 상징적 인물로 아우랑제브가 자주 거론된다.

아우랑제브 재위 후기에 전국 각지의 힌두 사원이 파괴되었고, 소의 살육도 발생했으며, 관직의 무슬림 비율도 높아졌다. 이러한 아우랑제브의 통치 변화에 대하여 많은 역사가들이 비판적 시각으로 평가하고 있으며, 아크바르와 아우랑제브를 종교적 포용성과 종교 박해의 대명사처럼 대조시키고 있다. 실제로 아우랑제브는 어느 정도 힌두를 박해했던 것일까. 알려지고 있는 것처럼 철저한 이슬람 국가 건설을 목표로 하면서 힌두 사원을 파괴하고 힌두들에게 잔인했던가? 이 문제에 대하여 일부 긍정되는 부분이 있기는 하지만 전적으로 동의할 수는 없다. 아우랑제브는 1679년 4월 2일 칙령을 통해 이슬람을 확대하고 이교도에게 압박을 가하기 위해 지즈야를 부과한다고 밝혔고, 종교적으로 비 무슬림들을 차별했다. 또한 시크교 구루가 개종을 거부하여 처형되기도 했다. 아우랑제브는 개종하는 자들에게는 영예와 선물들을 줌으로써 '황제가 진정 바라는 것은 개종'이라는 인식을 널리 퍼트려 비-무슬림을 무슬림으로 개종시키려했다.

그런데 여기서 잠시 아우랑제브의 개종정책에 대해 재고해보자. 아우랑제브의 시기는 무굴 제국 최대의 영토를 확보한 시기인데, 이 시기에 정복한 모든 지역에서 아우랑제브가 개종을 강요했다면 최대 영토의 확보와 더불어 최대의 무슬림 개종이 있어야 한다. 그러나 아우랑제브 시기의 기록에는 그가 정복했던 지역에서 대규모 개종이 있었다는 기록은 찾아 볼 수 없다. 또한 대규모의 영토 확장 정책이 이루어지는 시대는 어디에서나 박해라는 표현이 등장하기 마련이다. 물론 아우랑제브가 초기보다는 후기에 좀 더 철저한 이슬람주의를 표방한 것은 사실이다. 무굴 제국 최대 판도를 보이는 시기는 아우랑제브의 후기이다. 그러므로 영토 확장 과정에서 일어난 사원의 파괴, 정복지 주민들의 피해가 많았을 것이다. 그러나 이것이 바로 종교적 박해와 일치된다는 평가는 가혹한 것이다. 주변의 라지푸트 힌두 왕국을 정복하면서 힌두 사원이 파괴되었고, 죽고 다친 사람들 대다수가 힌두였던 것이 곧 종교 박해를 전면에 내세웠다는 증거가 될 수는 없기 때문이다.

아우랑제브가 제국 영토의 확대보다는 주변 라지푸트와의 협조를 제국 안정의 기초로 생각했거나, 평화 협정이나 결혼 정책으로 주변의 반란을 다스리는 유화정책을 폈다면, 후대의 역사가들 특히 힌두근본주의 계열의 역사가들로부터 종교박해의 중심인물로 평가되지는 않았을지 모른다. 그러나 제국에는 그 시기 나름의 정책이 필요하다. 아우랑제브는 사마르칸트를 정복하는 것을 포기한 후, 무굴 제국의 영토 확장의 기수를 남쪽으로 돌렸고, 그래서 남쪽의 힌두 왕국과 무굴 제국 주변에 독립적인 세력으로 남아 있던 라지푸트 세력을 평정한 것이다. 종교문제를 접어두고 생각해보면, 아우랑제브의 정복 정책은 인도아대륙을 통일하기 위한 정책이었다는 평가를 할 수도 있다. 또한 그러한 정책을 추진한 아우랑제브는 인도 역사상 최대의 영토를 확보했던 황제로 평가될 수 있을 것이다.

46. 데칸고원을 휩쓰는 들쥐: 마라타족

데칸고원 지역을 차지하고 있던 여러 종족 가운데 대표적인 종족이 마라타(Maratha)이다. 무굴 제국 시기에 데칸은 여러 지방 정권으로 분열되어 있었다. 무굴 제국 초기까지 유지되고 있던 바흐마니(Bahmani) 왕국과 비자야나가르(Vijayanagara) 왕국이 붕괴된 이래 남부 인도는 소왕국이 난립하고 있는 상태였다. 자한기르와 샤자한도 남인도 정복에 관심을 두었으며 아우랑제브는 그의 집권 후반기 20년 동안 남인도 정복에 많은 에너지를 소비했다.

아우랑제브의 남인도 정복으로 가장 큰 피해를 본 종족이 마라타이고 동시에 남인도 종족 가운데 무굴 제국을 가장 괴롭힌 종족도 마라타이다. 또한 무굴 제국의 남인도 정복 과정에서 받은 피해와 그에 대한 대응으로 결속력을 다져 왕조를 건설한 것도 마라타이다. 그러고 보면 마라타와 무굴 제국은 긍정적이든 부정적이든 깊은 인연을 갖고 있는 셈이다.

마라타족의 근거지는 봄베이(뭄바이) 동쪽의 산악지대이다. 이들은 체격은 작으나 끈기 있고 거친 종족이라 하여 아우랑제브는 이들을 '데칸고원의 들쥐'라고 표현했다. 무굴 제국 후기에 마라타족은 끈질긴 면모를 보이며 게릴라 전법으로 무굴 왕조를 괴롭혔다. 무굴 왕조의 입장에서 보면 여기저기 들판과 산을 쏘다니며 문제를 일으키는 들쥐와 같은 종족이 마라타 종족이었다. 샤자한과 아우랑제브는 이들이 거주하고 있던 데칸 지역을 정복하기 위해 혼신의 힘을 쏟았다고 해도 과언이 아니다. 아우랑제브가 데칸고원의 들쥐라고 표현했듯이 험한 산을 넘나들며 열악한 조건 속에서도 불굴의 의지로 게릴라전을 전개하여, 대 무굴 제국의 힘을 빼앗았다. 무굴 제국 쇠퇴의 주요 요인으로 마라타의 반란을 꼽는 것도 그러한 이유에서이다. 샤자한과 아우랑제브가 마라타 지역을 정복하려 하지 않고 협조 체제로 공존하며 조공을 바치게 했다면, 인도 남부의 역사뿐만 아니라 무굴 제국의 역사도 달라졌을지 모른다.

이 마라타의 중심에는 쉬바지(Shivaji: 1627-1680)가 있었다. 쉬바지는 마라타 군인 귀족 출신이다. 데칸 지역의 영주로 있던 그의 일생 전반기를 보면, 비자푸르 왕국과 전쟁을 치른 적이 있기는 했지만 그리 호전적이지 않았고, 왕국을 건설한다거나 무굴 제국과 한판 힘겨루기를 할 생각을 갖고 있지는 않았던 것으로 보인다. 무굴 제국이 남부로 화살을 돌리고 있을 때, 쉬바지는 이러한 무굴 제국의 남부에 대한 독주는 저지 되어야 한다는 생각을 하기는 했지만, 그가 델리로 진격하여 무굴 제국을 무너뜨려야 한다는 생각까지는 하지 않은 것 같다. 샤자한 말기인 1657년에 남부에서 반란이 일어났는데 이때 샤자한의 군대가 남부로 내려와 반란을 진압하고 돌아갔다. 이때 쉬바지의 관심은 비자푸르에 있었다. 이 지역을 정복하여 안정적인 체제를 갖추고 싶었던 것이 쉬바지의 야망이었던 것으로 보인다. 그런데 상황은 아우랑제브가 즉위한 후반부에 반전되기 시작했다. 푸나(Puna) 부근의 땅을 본거지로 세력을 확장한 쉬바지는 주변의 마라타 호족과 토후 세력을 모아 마라타 왕국을 건설했다. 1674년, 라이가드(Raigad)에서 즉위식을 갖고 차트라파티(Chatrapati, 왕 중의 왕)를 선언했다. 마라타의 반란만으로도 두통을 앓고 있던 아우랑제브는 마라타가 왕국을 건설하니 본격적인 정복을 시도하지 않을 수 없었을 것이다. 데칸의 아우랑가바드가 제2의 수도로 보일 정도로 아우랑제브는 데칸 지역에 머물면서 마라타를 정복하려고 했다. 강력한 억압은 강력한 반발을 낳고, 강력하게 억압당하면 그 안에서 자생의 힘을 기르게 되는 법칙이 마라타 족에게 적용되었다. 작은 체구를 가진 끈기 있는 데칸의 들쥐들이 덩치 큰 고양이를 물고 흔들고 있는 모습이 아우랑제브 후기의 마라타 왕국과 무굴 제국의 모습이다.

아우랑제브는 50만 대군을 이끌고 마라타를 정복하려 했다. 그러나 마라타 성을 점령했다가 빼앗기고, 다시 점령하고 다시 빼앗기는 지루한 전쟁이 계속되었다. 결국 아우랑제브는 마라타 정복을 포기하고 델리로 귀환하는 도중 아흐메드나가르에서 90세로 생을 마쳤다. 아우랑제브는 황제로 있던 시기의 절반을 데칸에서 보냈으면서도, 마라타를 정복하지 못하고 끝없이 달려드는 들쥐들에게 지쳐 쓰러졌다. 그는 "나는 홀로 와서 이방인으로 살았다. 내가 누구인지도 내가 무엇을 했는지도 모르겠다. 나는 엄청난 죄를 지었으니 어떤 벌이 나를 기다리는지 모르겠다."라는 말을 그의 아들인 바하두르샤 1세(Bahadur Shah I: 1707-1712)에게 남기고 눈을 감았다.

데칸의 들쥐들, 마라타족은 쉬바지를 중심으로 왕국을 만들었지만 쉬바지와 그의 아들 삼바지(Sambhaji)가 죽은 후에는 분열되었다. 그러나 영국이 인도를 점령하던 시기에는 마라타 동맹을 만들어 제1차 마라타 전쟁(1775-1782), 제2차 마라타 전쟁(1803-1805), 제3차 마라타 전쟁(1817-1818)을 치르며 영국에 대항했다. 제3차 마라타 전쟁 이후 마라타는 영국 영토에 합병되었다. 무굴 제국과 영국 영토 확장 시기에 데칸의 들쥐가 거대한 고양이 무굴 제국과 호랑이 영국을 물어뜯을 수 있었던 것은 아우랑제브의 데칸 정복이라는 도전에 대한 응전으로 힘을 길렀기 때문이었다.

그런데 무굴 제국이나 영국에 맞섰던 마라타의 이야기는 마라타족이 강성했던 당대보다는 후대에 더 부각되었다. 식민지 시대의 독립운동가들은 찬란했던 인도의 역사를 되살리려 했다. 그래서 당시를 지배하던 영국이나 바로 앞선 시대를 지배했던 무슬림의 역사가 아니라, 힌두의 찬란했던 과거사와 영웅 찾기를 시작했다. 그렇게 함으로써 자신들의 역사에 대한 자부심을 갖고, 그 자부심으로 나라를 되찾고자 한 것이다. 그 자부심 되살리기의 전면에 부상한 것이 마라타와 쉬바지였다. 마라타 출신의 독립운동가 틸락(Bal Gangadhar Tilak)은 위대한 힌두의 영웅이 필요했던 시기에 역사의 한 귀퉁이에 묻혀 있던 마라타와 쉬바지를 찾아냈다. 틸락은 힌두의 정신을 되살려내기 위해 1893년에는 가네시 축제를 조직했고 이어 1895년에는 쉬바지 축제를 조직함으로써 쉬바지를 힌두의 영웅으로 되살려냈다. 이로써 쉬바지와 데칸의 들쥐들은 무슬림과 영국 세력을 극복하고 힌두의 영광을 되살릴 희망의 등불이 되었다.

47. 영혼을 울리는 아름다운 시를 쓴 카비르

'신비주의자의 노래'라는 시로 우리에게 잘 알려진 카비르(Kabir)는 출생도 신비롭다. 그의 출생 연도에 대하여는 1398년 혹은 1440년으로 이견이 있지만 사망연대는 1518년으로 되어 있다. 그의 출생 연도를 1398년이라고 보면 그는 120세까지 살았던 것이기 때문에 카비르는 1400년대 중반에 태어났다고 보는 학자들이 많다.

전해오는 이야기에 의하면 그는 힌두 사원을 방문한 어느 동정녀 브라만 여인에게서 태어났으며, 무슬림 직물공이 입양해서 길렀다고 한다. 그는 공식적인 교육을 받은 적이 없으며, 글자를 배우지 않았다. 그가 쓸 줄 아는 글자는 '라마(Rama)'라는 글자뿐이었다는 이야기도 전해지고 있다.

14-17세기를 박티(Bhakti) 시대라고 부르기도 하는데 박티 운동이 왜 일어났는지에 대하여는 다양한 견해가 있지만 박티 운동은 종교적 지식보다는 종교적 감정을 중시하는 운동이라는 데에는

이견이 없다. 이 박티 운동과 수피즘(Sufism)을 결합시켜 종교의 대중화 운동을 일으킨 중심에 카비르가 있었다.

페르시아에서는 10세기경부터 이슬람 신비주의라 불리는 수피즘이 성행했다. 수피주의자들은 신과 개인적인 합일을 열망했고, 이슬람 율법이 지나치게 고정화되고 형식화되는 것을 비판했다. 이들은 복잡한 의식에 의해서가 아니라 신에 대한 지극한 사랑으로 신과의 합일이 가능하다고 믿었다. 종교는 형식적이고 논리적인 것이 아니라 직관에 의한 것이라는 것이다. 그렇기 때문에 신에 대한 개인적인 체험을 통해 신의 사랑을 깨닫고, 그렇게 깨달은 사랑을 세상에 전해야 하는 것이다. 수피주의자들이 신의 사랑을 노래하는 아름다운 시를 쓴 것도 그러한 이유에서였다.

박티 운동 역시 신에 대한 헌신과 사랑으로, 신과 인간이 신비적인 합일을 이룰 수 있다고 주장한 대중 신앙 운동이다. 7세기 무렵 남인도에서 시작된 박티 운동은 12세기에 이르는 동안 북인도까지 확산되었다. 이들은 신의 이름을 끝없이 부르거나 암송하고, 신을 찬미하는 찬가를 부르며, 신을 상징하는 물건들을 지니고 다니기도 했다. 박티 운동의 확산과 더불어 라마와 크리슈나는 가장 사랑받는 대중적인 신이 되었다. 아울러 박티 운동가들은 스스로를 신에 대한 사랑의 전도자라고 말하면서, 모든 사람은 신 앞에 평등하다고 주장했다. 박티 운동으로 형식적이고 제노화된 종교의 틀을 벗어난 자유롭고 대중적인 종교가 확산되었다.

박티 사상이 확산되고 있을 때, 수피즘이 인도에 전해졌다. 수피즘과 박티주의가 한데 어우러지면서 종교의 대중화에 박차를 가하게된다. 이러한 운동에 가장 큰 영향을 미친 사람이 카비르이다. 카비르의 종교적 신념은 단순하고 사랑이 넘치는 것이었다. 삶이란 개인의 영혼과 신의 영성이라는 두개의 정신적 요소가 상호 작용하는 것인데, 신에 대한 무한한 헌신과 사랑으로 이 두개의 요소를 하나로 어우러지게 하는 삶이 바람직한 삶이며 우리가 추구해야 할 종교적 삶이라는 것이다.

카비르는 또한 모든 종교는 본질적으로 같은 것이며, 모든 인간은 평등하다는 생각을 가지고 있었기 때문에 힌두교나 이슬람교 중 어느 하나를 선택하지 않고 양쪽에서 필요한 것들을 받아들이는 절충적 입장을 택했다. 힌두교의 윤회와 업의 사상을 받아들이고 우상숭배, 고행, 카스트 제도는 거부했으며, 이슬람교에서는 유일신 개념과 신 앞에서 모든 인간이 평등하다는 사상을 받아들였다. 카비르뿐 아니라 카비르가 자신의 스승이라고 불렀던 라마난다(Ramananda)를 비롯한 박티 운동가들도 비슷한 생각을 갖고 있었다. 라마난다는 카비르와 같은 지역인 바라나시 출신으로 지방어를 사용하고, 모든 카스트로부터 제자들을 받아 들였던 비슈누파 박티주의자였다. 그는 "카스트를 묻지 말라, 누구와 더불어 식사하는지 묻지 말라. 하리(Hari: 신)에 귀의한 사람은 하리가 되는 것이니라."라는 말로 카스트 차별을 부정하고 모든 사람은 평등하며 어떤 사상을 따르고 어떤 생활을 하는가가 중요하다고 역설했던 사람이다. 카비르 역시 카스트를 부정하며 하층민들에게 자존심을 심어주었다.

카비르는 힌두교의 우상숭배도 거부했지만 이슬람교의 형식주의도 거부했다. 카바 신전을 향해 매일 다섯 번 예배하는 것과 같은 형식적 의례의 무의미함을 주장했다. 기회 있을 때마다 신을 찬미하며, 신에 대한 지극한 사랑을 노래하고, 사랑의 옷을 걸치고 몸과 영혼으로 진실을 말하는 것이야 말로 신에 헌신하는 것이고 지극한 기도라고 카비르는 주장했다. 그러한 그의 생각은 그가 쓴 시에 잘 나타나 있다.

[어디서 나를 찾는가]

구도자여, 그대는 어디에서 나를 찾는가?
보라! 나는 그대 곁에 있다.

나는 사원에 있는 것도,
모스크에 있는 것도 아니다.

나는 카바 신전[7]에 있는 것도
카일라슈(Kailash)[8] 산에 있는 것도 아니다.

나는 의식이나 의례 속에 있는 것도,

7) 카바 신전은 메카에 있는 신전이며 이곳이 이슬람 세계의 중심이다. 전 세계의 이슬람교도들이 매일 다섯 차례 기도를 올릴 때 향하는 방향이 바로 이 카바 신전이 있는 방향이다.
8) 카일라슈 산은 히말라야 산맥에 있으며 힌두교, 불교, 자이나교 등에서 신성한 지역으로 여기는 산이며, 쉬바신이 거주하는 곳이다.

요가 수행이나 포기자의 삶에 있는 것도 아니다.

그대가 진정한 구도자라면
단번에 나를 보리라,
이 순간에 바로 나를 보리라.

나, 카비르는 말한다.
"구도자여! 신은 모든 호흡 속의 숨이다."

카비르는 형식주의를 비판하고 아울러 불살생을 강조했다. 무슬림 성자들이 한편으로 신의 은총을 이야기하면서 한편으로 그 은총을 위해 동물을 제물로 올려 피를 흘리게 하는 것을 비난했다. "동물을 제물로 바치는 것이 당신들의 종교라고 공공연히 말하면서 자신을 성자라고 생각한다면 당신들은 누구를 백정이라고 부를 것인가?"라는 말로 산 생명을 제물로 바치는 이슬람교의 종교의식을 비난했다. 또한 "염소는 풀을 먹는데 가죽이 벗겨진다. 그러면 염소를 먹는 그대들에게는 무슨 일이 일어나겠는가. 생명을 죽이지 말라. 푸라나[9]의 수백만 구절을 외운다 해도 살생죄는 면하지 못하리라."라는 말로 살생을 금할 것을 강조했다.

카비르는 신에 대한 헌신과 사랑을 노래했고 많은 시를 지었다.

---

9) 힌두교의 성전(聖典) 문학으로 우주창조, 신화, 전설, 신들의 계보, 왕조의 역사 등을 기록해 놓은 백과사전식 문헌이다. 그 가운데 마하푸라나(Mahāpurāṇas)라 일컬어지는 18개의 주요 푸라나가 있다.

그는 문맹이었기 때문에 그가 일상적인 지방어로 읊은 신에 대한 사랑가와 시들은 그의 제자들에 의해 기록되었다. 그가 쓴 시들은 문법을 고려하지 않았고 문장을 아름답게 꾸미려 하지도 않았다. 틀을 벗어난 자유로움, 이것이 카비르의 시가 시공을 초월하여 사랑받는 이유일 것이다.

48. 새로운 종교를 만들다: 시크교

시크교는 수피 사상과 박티 사상이 유행하던 15세기 중엽에 나낙(Guru Nanak: 1469-1539)이 창시한 종교이다. 이 시기는 수피 사상이 인도의 박티 사상과 어우러지면서, 힌두교와 이슬람교의 절충적 사상을 가진 사람들이 등장하고, 카비르가 신은 알라로 불리던 라마로 불리던 모두 같은 것이며 자신은 '알라와 라마의 아들'이라고 외치던 시기이다. 나낙은 힌두교와 이슬람교의 형식주의를 비판하고 이들 각각의 장점들을 결합시켜 새로운 종교인 시크교를 탄생시켰다. 새로운 종교의 지도자는 스승이라는 의미로 구루(Guru)라고 하며, 그 구루를 따르는 제자들을 시크(Sikh)라고 칭하면서 시크교로 명명되었다. 나낙은 카비르와 마찬가지로 "신은 오직 한 분이며 신에 대한 사랑과 헌신으로 신의 이름을 끊임없이 부르는 사람은 누구나 해탈과 구원을 얻을 수 있으며 신에게 다가가기 위해서는 몸과 마음이 순수해야 하고 스승의 도움이 필요하다."고 가르치며 보편적이고 관용적인 믿음을 강조했다.

나낙은 죽음에 임박하여 앙가드(Guru Angad: 1504-1552)에게 구루 자리를 넘겨주면서 "힌두교도들이나 이슬람교도들은 저마다 나의 장례를 지내려고 다툴 것이다. 그러니 그들에게 각각 꽃을 바치되 힌두교도들은 내 오른쪽에, 이슬람교도들은 내 왼쪽에 가져다 놓게 하라. 그렇게 해서 다음날까지 시들지 않은 꽃들은 그대들이 가져가라"라는 말을 남겼다고 한다. 이 대목은 당시까지 시크교가 독립된 종교의 형태를 갖추지 못하고, 두 종교가 적당히 섞여 있는 모습을 반영하는 것으로 해석할 수도 있다. 그러나 한편으로는 힌두교와 이슬람교의 종합 위에 시들지 않는 꽃으로 시크교가 자리 잡기를 바라는 창시자의 유언이기도 하다. 단순한 두 종교의 종합이 아닌 새로운 종교로서 시들지 않는 꽃을 2대 구루인 앙가드에게 넘겨준다는 유언으로 해석할 수도 있기 때문이다.

인도에서 발생한 대부분의 종교가 다신교적 성향을 띠고 있지만, 시크교만은 유일신을 주장하는 종교이다. 모든 종교적 형식과 의례를 부정하고, 우상숭배를 금지하며, 카스트 차별을 부정했고, 오직 유일신에 대한 헌신적 사랑과 경배만을 중시한다. 시크교에서는 카스트 차별을 금지하며, 카스트 차별의 상징인 음식에 대한 금기를 깨기 위해 종교, 카스트, 성별에 상관없이 누구나 함께 모여 식사할 수 있는 공동 무료 식당인 구루카랑가르(Guru Ka Langar)를 만들었다.

시크교에서는 일상생활의 중요성을 강조하며 술, 마약, 담배 등을 금하며, 사회의 일원으로써 직업을 가지고 충실한 삶을 살면서 남에게 봉사하라고 가르쳤다. 인도에는 종교적 수행으로 탁발(십

집마다 돌거나 거리에서 얻어먹는 것)하거나, 경제적 활동을 하지 않고 구걸하는 사람이 많다. 그러나 '거지가 될 정도면 굶어죽으라.'라는 구루의 가르침 때문에 시크교도들 가운데는 구걸하는 거지가 없다. 그리고 식사 시간에 시크교 사원에 도착하면 그곳에 있는 누구에게나 똑같이 식사를 제공한다.

시크교에서는 카스트 차별을 거부할 뿐 아니라 누구나 평등하다는 원칙을 지키고 있다. 3대 구루 아마르 다스(Guru Amar Das: 1479-1574)는 구루 나낙이 설치했던 무료급식소를 확대했는데 이때 무굴의 황제 아크바르가 이곳을 방문했다. 수행원들이 왕의 방문을 알리고 따로 식사를 준비해주도록 요청했으나 시크교에서는 이러한 특별 대우를 허용하지 않는다는 것을 알리고 무료급식소에서 함께 식사를 하게 했다고 전해진다.

람 다스(Guru Ram Das: 1534–1581)는 구루가 된 1574년부터 시크교 중심센터가 될 도시를 조성했는데 그것이 펀잡의 암리차르(Amritsar)이다. 그리고 5대 구루가 된 아르잔(Guru Arjan: 1563-1606)은 암리차르에 시크교의 본산이 된 하르만디르(Harmandir, 일명 황금사원)를 세우고 사방에 문을 만들었다. 당시 힌두 사원은 사원의 동쪽에만 문을 설치하여 선택된 계급만 드나들 수 있게 했고, 이슬람 사원은 서쪽에만 문을 설치해서 무슬림 남성들만 들어오게 하는 것이 일반적이었다. 그러나 시크교 사원은 사방에 문을 만들어 모든 사람들이 카스트나 성별에 상관없이 들어올 수 있도록 함으로써 평등정신을 실천했다.

시크교는 창시자 나낙으로부터 5대 구루 아르잔까지는 평화롭고 잔잔한 물결을 일으키며 발전했다. 이 시기는 델리술탄 말기와 무굴 제국 초기에 해당되는 시기로 무굴 제국 초기의 왕들이 종교와 종족에 대한 관용정책을 통치의 근간으로 삼고 있던 시기였다. 게다가 시크교 역시 새로운 종교로써의 독립적 이미지가 강하지 않았다.

아르잔이 구루가 된 후 하르만디르가 세워지고 시크교의 성전인 『아디그란트(*Adi Granth*)』가 편찬되자 펀잡 지역을 중심으로 시크교도가 증가했고 영향력도 확대되었다. 시크교가 박티 운동이나 이슬람 수피즘과 같은 운동에 불과한 것으로 생각되기도 했지만, 사원과 성전을 만들고 세력이 확대되자 시크교에 대한 시각이 달라지기 시작했다. 아크바르가 죽고 자한기르가 즉위하자 이러한 경계 심리가 정치 문제로 비화되었다.

아크바르가 사망할 때 그의 후계자로 손자인 쿠스로(Khusro)를 지명했지만, 아크바르의 아들인 자한기르가 즉위했다. 그 후 쿠스로는 펀잡과 아프가니스탄 지역의 지배권을 주장했는데, 자한기르는 이것을 인정하지 않고 쿠스로 체포 명령을 내렸다. 이때 쿠스로는 체포를 피해 아프가니스탄으로 피신하면서 탄 타란(Tarn Taran)에 있던 구루 아르잔을 찾아갔다. 아크바르가 구루 아르잔을 방문했을 때 쿠스로가 동행했었기 때문에 서로 안면이 있었다. 여기서 아르잔이 쿠스로에게 재정적 지원을 해주는데 이것을 빌미로 자한기르는 아르잔을 소환하여 '벌금과 아디그란트의 수정'을 명한다. 그런데 아르잔은 이것을 거부하면서 "내가 가진 돈은 가난한 자, 외로운 자, 이방인 등을 위해 쓰이는 돈이다. 만약 황세가 그러한 돈을 원한다면 내가 가진 것을 모두 줄 수도 있다. 그러나 벌금을 내라면 나는 한 푼도 낼 수가 없다. 벌금은 잘못을 저지른 사람에게 부과하는 것이기 때문이다."라고 말했다. 구루 아르잔이 구속된 것이 알려지면서 많은 시크들이 벌금을 대신 내겠다고 했지만 아르잔은 이를 거부했다. 피난 가는 사람이 도움을 청했으니 그러한 사람을 돕는 것이 자신의 신념에 어긋나지 않을뿐더러 시크교의 이념에 위배되는 것도 아니므로 '잘못을 저지른 사람'이 내는 벌금은 낼 수 없다는 것이다. 결국 고문을 받던 아르잔은 강물에 뛰어들어 사망했다.

선대의 아크바르는 황금사원 건설과 『아디그란트』를 편찬할 때 후원금을 보낼 정도로 종교적 관용을 보였으나, 1606년에 자한기르가 즉위한 후에는 종교적 관용정책이 빛을 잃고 있었다. 그 무렵 구루 아르잔이 사망하는 사건이 발생했고 이때부터 시크교와 무굴 제국의 갈등이 시작되었다.

구루 아르잔이 순교한 후에 하르고빈드(Guru Har Gobind: 1595-1644)는 11살의 나이로 1606년에 6대 구루 직위를 계승했다. 구루 아르잔의 순교로 시크교도들의 가슴에 분노가 일어났는데, 이 분노는 하르고빈드의 구루 승계식에서 표출되었다. 구루의 상징으로 머리에 내려뜨리던 끈(Seli) 대신에 검대(劍帶)를 두르고 두개의 칼을 착용하고, 머리에는 황실의 깃털이 달린 터반을 쓸 것이라고 하르 고빈드가 선언했던 것이다. 하르 고빈드의 2개의 검은 힘(Shakti)과 자애로움(Bakti)을 상징할 뿐만 아니라 피리(Piri: 정신적 세계)와 미리(Miri: 세속)의 지도자를 의미하므로 종교지도자이

그림 53. 피리와 미리를 상징하는 두 개의 깃발이 게양되어 있는 아칼 타크트

며 동시에 통치자로서의 모습을 갖춘 것이다.

구루 하르고빈드는 1606년에 황금사원 앞에 옥좌인 아칼 타크트(Akal Takhat: 신의 옥좌)를 설치했다. 이것은 세속적 지배와 동치의 상징이다. 하르고빈드는 군사적 힘을 기르는 한편 매일 아칼 타크트에 갑옷을 입은 모습으로 앉아 신애가를 부르고 기도를 하며, 시크들의 영웅 의식을 고취시켰다.

7대 구루인 하르 하리(Guru Har Rai: 1630-1661)가 구루가 된 1644년부터 10여년 동안은 무굴 제국과 큰 충돌이 발생하지 않았지만 1658년 아우랑제브가 즉위한 후에는 다시 상황이 악화되기 시작했다. 아우랑제브는 1660년에 구루를 소환했지만 하르 하리는 그의 아들 람 라이(Ram Rai)를 보냈다. 아우랑제브는 시크교 성전이 무슬림을 경멸하는 것이라고 주장하면서 성전 구절의 변경을 요구했다. 이에 람 라이는 아우랑제브를 달래기 위해 성전의 구절을 변경하여 암송했다. 이 소식을 들은 구루 하르 라이는 장자인 람 라이를 추방하고 하르 크리샨(Guru Har Krishan: 1656-1664)을 후계자로 삼았고 하르 크리샨이 8대 구루가 되었다. 그러나 2년 남짓 구루직에 있던 하르 크리샨이 사망하여 바하두르(Guru Tegh Bahadur Sahib Ji: 1621-1675)가 9대 구루가 되었다. 이때 또 다시 무굴 제국과 시크교의 심각한 갈등이 빚어졌다. 구루 바하두르가 아우랑제브에게 개종을 강요당하다가 처형되기에 이른 것이다. 이로 인해 시크교의 자구책은 더욱 강화되었다. 10대 구루 고빈드 싱(Guru Gobind Singh: 1666-1708)은 무굴 제국과 때로는 화해하고 때로는 갈등을 겪으면서 수차례의 전쟁을 치렀다. 이 과정에서 강력한 결집력과 군사력이 필요함을 인식한 고빈드 싱은 1699년에 무굴 제국의 폭정에 대항할 수 있는 칼사단(Khalsa: Pure One)을 조직했다.

그림 54. 칼사(Khalsa) 시크교도 5k

칼사 단원은 k로 시작되는 5개의 징표를 갖추도록 했는데, 자르지 않은 머리카락(Kes), 머리빗(Kangha), 철제 팔찌(Kara), 순결을 상징하는 하의(Kachera), 칼(Kirpan) 등이다. 그리고 칼사 단원이 된 남자는 사자를 의미하는 싱(Singh), 여자는 카우르(Kaur, 암사자)라는 이름을 붙이게 했다. 또한 고빈드 라이로 불리던 구루도 이들과 마찬가지로 이때부터 고빈드 싱(Gobind Singh)이 됨으로써 칼사단의 평등성이 강조되었다. 고빈드 싱은 구루의 처형으로 빚어질 시크교의 위기를 방지하기 위해 11대 구루로 사람이 아닌 성전 『그란트사힙(*Granth Sahib*)』을 지정했다. 그래서 1708년 이후 지금까지 시크교의 구루는 그란트사힙(Guru Granth Sahib Ji: 1708-불멸)이며 시크교도들은 『그란트사힙』을 구루로 모시고 모든 의식을 진행한다.

15세기 중엽에 평화롭고 명상적인 종교로 탄생한 시크교는 무굴 제국과의 갈등 속에서 점차 통치 체제와 군사력을 갖춘 종교로 변화되었다.

49. 힌두와 무슬림은 함께 살 수 없었을까?

인도 땅에 함께 살고 있는 힌두들과 무슬림들의 모습을 그려보자. 힌두교도들은 식사를 할 때 같은 카스트가 아니면 함께 밥을 먹지 않는다. 그래서 인도에서는 우리처럼 처음 보는 사람과 음식을 나누어 먹으며 웃고 즐기는 모습을 보기는 힘들다. 현재 대도시에서는 많이 달라진 풍경을 볼 수 있지만 이들은 아직도 왼손을 화장실에서 사용하고, 오른손만으로 식사를 한다. 인도의 대표적 음식인 난과 달을 먹을 때 외국인들은 오른손만으로 난을 잘라서 달에 찍어 먹기가 힘들다. 그러나 인도인들은 대부분 전혀 불편함 없이 한손으로 식사를 하는 모습을 볼 수 있다. 또한 인도 행 비행기를 타면 볼 수 있는 독특한 장면 중의 하나가 식사가 나올 때이다. 보통의 비행기에서는 2-3가지 메뉴를 알려주면서 무엇을 선택할 것이냐고 묻지만, 인도행 비행기에서는 채식주의냐 아니냐를 묻는다. 메뉴는 채식주의자의 것과 그렇지 않은 사람의 것으로 나뉘어 있을 뿐이다.

힌두교도들은 육식을 별로 하지 않을 뿐 아니라, 육식을 한다

해도 소고기는 먹지 않는다. 이슬람교도들이 음식을 먹을 때는 카스트 구분이 없기 때문에 모여서 음식을 먹는다. 이들은 육식에 대한 거리낌은 거의 없다. 단지 돼지고기를 먹지 않을 뿐이다.

힌두와 무슬림은 장례문화도 서로 다르다. 힌두들은 사람이 죽으면 화장을 하여 강물에 뿌린다. 특히 바라나시의 갠지스 강에 뿌려지는 것을 가장 큰 소망으로 삼고 있다. 그러나 이슬람교도들은 사람이 죽으면 땅에 묻으며 시신을 불태우는 것을 큰 죄로 여긴다. 그래서 인도의 유적 가운데 묘지 발굴이라는 것은 이슬람 왕조와 관련된 것이고, 힌두 왕국의 왕릉은 없다. 역사 연구자 입장에서 보면 왕이나 귀족들의 묘지를 발굴한다는 것은 그 시대 역사 연구에서 있어서 상당히 중요한 사료를 발굴하는 것이 된다. 그러나 인도 역사를 연구하면서 그러한 생생한 역사를 말해줄 묘지 발굴을 기대할 수 없다. 그것은 힌두의 장례 문화 때문이다. 델리술탄과 무굴 제국 시대에 대한 역사 연구가 다른 시대에 비하여 활기를 띨 수 있는 것은 이러한 장례 풍속과도 연관이 있다. 다시 말해서 연구할 대상인 묘지 발굴이 가능하기 때문이기도 하다.

음식과 장례 풍속을 비롯하여 많은 생활 문화가 다른 힌두와 무슬림들이 같은 공간에서 살아가기란 쉽지 않을 것이다. 그러나 다시 생각해보면 어느 나라 어느 지역에 같은 종교 같은 풍속을 가진 사람들만 살고 있는 곳이 있을까? 우리 속담에 '사돈집은 오이지 담그는 풍속도 다르다.'는 말이 있다. 오이에 소금만 넣으면 되는 오이지 담그는 법도 사돈 간에는 서로 다르다는 말은, 그만큼 사람마다 제각기 습관이 있고, 집안 마다 내려오는 풍속이 있다는 말이다. 그러므로 힌두와 무슬림의 풍속이 다른 것은 당연한 것이다. 또한 힌두들은 모두 같은 풍속을 갖고 살고 있을까. 전 세계 이슬람들은 모두 같은 풍속으로 살고 있을까. 그렇지는 않을 것이다. 이렇게 다른 풍속을 가진 사람들은 한 곳에 모여 살 수 없고, 싸울 수밖에 없다고 생각하는 사람은 별로 없을 것이다. 인도에 이슬람들이 '침입'해 온 것은 사실이다. 그러니 힌두들의 입장에서 침략자로 생각할 수 있다. 이런 것을 역사적으로 들추어내서 '침입자 무슬림이 여기를 파괴하고 저기를 파괴하고 이렇게 힌두를 박해했다.'는 것을 문제 삼으려면, 힌두들이 인도에 이주 해오던 시기 토착의 인도 인종들과 벌인 전쟁이나 박해도 문제 삼아야 할 것이다. 델리술탄 시대부터 무굴 제국 시기까지 인도의 모든 힌두교도들이 박해를 받고 개종을 강요당하고 죽어간 것이 아닐뿐더러, 인도에 이슬람이 들어온 이후 이들은 수세기를 지나는 동안 인도화 되었고, 인도인들이 이슬람으로 개종한 경우 그들 모두가 함께 살고 있는 힌두들과 원수가 되지는 않았다.

힌두와 무슬림이 현대에도 종교 갈등을 계속 일으키는 진정한 이유는 무엇일까. 이들은 힌두이고 저들은 무슬림이어서 함께 살아 갈 수 없는 필연적 적대관계에 있기 때문이 아니다. 역사적으로 수십 년도 아니고 수백 년을 함께 살아온 인도 땅의 힌두와 무슬림은 나름대로 함께 살아가는 법을 익혔을 것이다. 바부르가 힌두들의 종교에 관여하거나 그들의 사원을 파괴하지 말라고 유언을 남긴 것은 이렇게 함께 살기 위한 길을 안내한 것이다. 아크바르가 지즈야를 폐지하고 힌두 왕비를 맞아들인 일 역시 함께 살아가는 길을 닦은 것이다. 아크바르 이후 자한기르부터 아우랑제브까지 힌두와의 융화보다는 이슬람 왕조의 발전을 위해 힌두들에 대한 차별적 태도가 일부 살아난 것은 사실이라고 하더라도, 샤자한 시대 혹은 아우랑제브 시대에도 국가의 주요 관리로 힌두들이 기용되어 있었다. 이들을 무슬림 왕조에 충성한 반역자 힌두들이라고 불러야 할 것인가. 무슬림 왕조이든 힌두 왕조이든 인도에 건설된 왕조에 충성하고 무슬림들과 함께 인도의 왕조 번영에 힘쓴 관리들로 평가해야 할 것인가.

간디(M. K. Gandhi: 1869-1948)가 평가 했던 것처럼 힌두와 무슬림들은 오래 전에 싸움을 멈추었고, 이슬람 통치 하에서 힌두들도 번영을 누렸고, 힌두 지배 하에서 무슬림들도 번영을 누렸다. 이들의 싸움이 영국이 온 후에 그친 것이 아니라, 평화롭게 어울려 사는데 적응되어 가고 있던 힌두와 무슬림에게 '너희는 다르다. 너희는 대대로 적대 관계였다.'고 역사적으로 분석하고 평가하여 싸움을 부추긴 것은 오히려 서구 세력들이었다는 것이다.

역사적 상황을 돌아보더라도 이슬람이 인도에 들어오면서 '가혹한 학살' '종교적 박해'의 측면이 없는 것은 아니지만 상대적으로 이슬람 정복지에서 일어난 종교적 충돌 현장 그리고 기독교 세력의 확대 과정에서 일어난 종교적 충돌 현장에 비하여 특별히 가혹한 수준이었다고 보기는 어렵다. 이슬람 세력이 인도에 들어온 이후를 단계별로 나누어 보자면 첫 단계인 이슬람들이 인도를 정복하는 과정에서는 많은 학살이 일어났고 정복자의 종교적 열광으로 힌두들이 많은 고통을 겪었으며, 부유한 힌두의 영지가 몰수되기도 했다. 그러나 하층의 일반인들은 새로운 침입자들에 의해 크게 영향을 받지 않았던 단계이다. 둘째 단계에서는 정복이 완료되어 정부의 조직과 체제가 정비되면서 정복자와 힌두들의 문화가 융합되었고 힌두들은 정복왕조의 행정 관료로 기용되기도 했으며, 통혼으로 피가 섞이게 되었다. 그리고 다음 단계에서는 상당한 문화적 융합이 이루어지고 정복자들도 페르시아어 대신에 우르두어(Urdu)[10]를 사용하는데 이르렀으며 무굴 제국 하에서 인도의 문화는 새로운 빛을 발하게 되었다. 그런데 힌두와 무슬림은 식사 습관이 다르고, 장례 문화가 다르고, 언어가 다르다는 '차이점'이 강조되고 부각된 것은 영국 식민통치 시대이다. 힌두와 무슬림은 오랜 세월이 흐르는 동안 '다름을 인정' 하며 '함께 살아가는' 모습으로 융화되어 갔으나 영국이 들어오면서 '다르다'를 강조함으로써 힌두와 무슬림은 절대 함께 살 수 없는 두 집단이라는 인식을 심어주게 되었고, 이것이 결국 현대 인도의 '인도와 파키스탄 분리 독립'이라는 결과를 낳은 셈이다.

그렇기 때문에 무굴 제국 시기까지 인도 땅에 살고 있던 힌두와 무슬림은 현대 인도에서 힌두와 무슬림이 갖고 있는 정도의 적대감을 갖고 있었다고 보기 어렵고, 함께 살아 갈 수 없을 정도로 분리되어 있었던 것은 아닌 것 같다.

---

10) 우르두어는 산스크리트어, 아랍어, 페르시아어가 융합된 언어이다. 현대의 힌디어는 산스크리트어의 영향이 더 강하고, 우르두어는 페르시아나 아랍어의 영향이 더 강하다는 차이가 있으나 두 언어의 문법적 구조는 상당히 유사하다. 현재 우르두어는 파키스탄과 인도 북부의 무슬림들이 주로 사용하고 있으며, 힌디어와 우르두어를 포괄하여 힌두스탄어로 분류하기도 한다.

50. 간단히 정리해보는 인도 역사의 시대구분

역사를 배우는 사람들이 이구동성으로 하는 말이 '외우기 힘들어요.'라는 말이다. 많은 나라, 사람, 지역 등의 이름을 외우느라고 지친다는 말이다. 물론 어느 나라의 누가 언제 어디서 무엇을 했는가를 알아야 하는 것이 역사 공부의 기초이기에 틀린 말은 아니다. 그런데 그 많은 외우기 끝에 남는 것이 무엇일까. 게다가 이제는 정보 검색 시스템이 발달하여 '누가 언제 어디서 무엇을 했는가?'라는 단순 정보에 대한 암기력을 무색하게 한다. 그렇다면 역사를 배우는 포인트를 어디에 두어야 할까. 개별 사건의 기록 그 자체를 넘어서 그것이 일어나게 된 역사적 흐름에 대한 이해 그리고 그러한 이해를 바탕으로 현재 우리 앞에 전개되고 있는 일들이 미래에 어떻게 전개될 것인지를 전망하는 힘, 그것에 더 역점을 두어야 한다.

지금까지 인더스 문명을 시작으로 무굴 제국 시대까지의 역사적 장면들을 둘러보았으니 이제 그 전반적인 흐름을 돌아보는 시간을 가져보기로 하자. 역사를 이해하기 위해 만들어진 역사 이론은 다양하다. 역사적 사건을 중심으로 이해해야 한다는 역사 이론이 있는가 하면, 그 사건이 현재 우리에게 어떤 의미를 주는가를 이해해야 한다는 이론도 있다. 역사학의 다양한 이론은 그 자체로도 중요하지만, 그런 이론들은 보다 쉽게 역사를 이해할 수 있는 도구로 활용될 수 있기 때문에 중요한 것이기도 하다.

역사 이론 가운데 시대를 이해하게 해주는 이론 중의 하나가 삼분법 시대구분이다. 삼분법 시대구분이란 지나온 시대를 세 단계로 나누어 그 각각의 특징을 모범화해서 그러한 특징이 보이는 시대까지를 한 시대로 분류하는 것이다. 일반적인 삼분법은 고대, 중세, 근대로 나눈다.

그렇다면 고대란 무엇인가? 정치를 중심으로 보자면 고대란 '오랫동안 분산되어 생활하고 있던 인류가 차츰 구심점을 갖고 대 통일을 이루는 과정'이라 할 수 있다. 즉 군집생활을 하던 인류가 차츰 가족이라는 단위를 갖게 되고, 이들이 모여 씨족, 부족을 이루면서 국가가 생겨난다. 부족국가의 다음 단계는 도시국가이다. 대도시 규모의 도시국가가 형성되면 이들은 더 큰 국가를 목표로 이웃나라들과 전쟁을 한다. 이 전쟁에서 살아남은 몇 개의 국가는 강대국이 되며, 이들 강대국 역시 전쟁을 통해 결국 하나의 국가만 남는 이른바 통일 시대가 온다. 통일국가 혹은 통일제국이라 불리는 나라들이 융성했다가 다시 붕괴되는 시점, 거기까지를 일반적으로 고대로 분류한다.

경제적 측면은 정치적 모습보다 복잡하지만 이것 역시 간단히 도식화 해보면 다음과 같다. 먼저 토지에 대해 '개인의 소유' 개념이 없었으나 차츰 사유재산의 개념이 발달한다. 일단 '나의 것'과 '너의 것'이 분류되고 더 가진 자와 덜 가진 자의 구분이 생겨난다. 많이 가진 자들 즉 대토지 소유자들은 대토지를 경작할 노예를 필요로 하고, 이 노예는 이웃 국가와의 전쟁을 통해 공급된다. 대토지 경작으로 잉여생산이 늘어나고, 생산물의 교류가 활발해지면서 화폐가 생겨난다. 고대는 이러한 경제적 상승기 즉 호경기 시대라 할 수 있다.

전쟁을 기준으로 보자면 초기 소규모의 전쟁이 점차 대규모화되다가 통일을 하면서 안정기에 들어가는 모습이다. 부족국가나 씨족국가 단계에서는 국가의 경계가 서로 맞닿아 있지 않았다. 즉 나라와 나라 사이에 공터가 있었는데 전쟁은 주로 이곳에서 치른다. 강대국이 형성될 즈음에는 국가의 영토가 넓어지면서 국경이 맞닿게 되고 전쟁은 상대국 성벽을 넘어 공격하는 양상으로 바뀌며 대전의 양상을 띤다. 이러한 대전에서 패한 국가의 백성들 대다수가 노예로 전락한다. 이러한 전쟁은 통일이 될 때까지 지속된다.

고대가 이러하다면 중세는 어떤 모습인가. 고대제국들이 짧게는 200년 길게는 500년 가까이 유지되며 다양한 문화를 꽃피운 후에 서서히 쇠퇴하기 시작한다. 제국이 분열되기도 하고, 제국이 외형은 유지되더라도 왕의 절대적 지배권이 약화되고 왕에게 속해 있던 권력을 나누어 갖는 세력들이 등장한다. 그 대표적 세력이 영주들이다. 영주들은 대토지를 소유하고 그 권력이 대를 이어 세습되면서 막강한 힘을 갖게 되었다. 이들은 왕권이 흔들리는 틈을 이용해서 독립 국가를 만들거나, 명목상으로는 왕의 밑에 있더라도, 왕의 권력을 아랑곳하지 않고 자신의 영지에서 마치 왕처럼 행세하기도 했다.

이렇게 통일된 국가의 힘이 분산되고 작은 나라들로 다시 분열되면, 통일제국 시대보다 지역 간 이동이 자유롭지 못하게 된다. 이러한 교통의 장애는 교역의 장애를 낳고 상인 세력 쇠퇴의 원인이 된다. 한편으로 영주들이 자신의 영지에서 필요한 것들을 자급자족하는 체제를 구축함으로써 외부와 소통의 필요성이 현저히 낮아지고, 상업보다는 농업 중심의 경제체제로 변화되는 상황이 전개된다.

중세의 또 다른 특징은 이민족의 지배이다. 게르만 민족이 이동하여 로마에 유입되면서 로마제국 붕괴 요인이 되었고 이후 게르만족의 지배를 받게 된다. 중국의 경우는 5개의 이민족이 들어와 중원에 16개의 나라를 만든 시대 즉 5호16국 시대를 맞이한다. 이것이 중국의 중세이며 이민족 지배시대이다. 그러므로 중세는 고대 제국의 통일성이 무너지면서 귀족이나 영주 세력들이 성장하고, 경제적으로는 자급자족 중심으로 변화되며, 외래의 이민족들이 주역으로 등장하는 시대이다.

그러면 근대란 무엇인가. 중세에 무너졌던 통일의 기운이 되살아나는 시기이다. 이 시기에 왕들은 다시 고대와 같은 권력을 회복한다. 왕들의 절대적 권력은 '짐이 곧 국가'라는 수준에 이르게 된다. 이러한 왕의 절대 권력을 뒷받침할 경제력 확보를 위해, 대외 무역으로 신항로를 개척하게 되고 지리상의 발견이라는 이름이 붙여진 신대륙의 발견으로 이어진다. 해외무역을 국왕 독점무역으로 하거나 특허장을 주어 왕의 허락을 구해 무역에 나서기 때문에 신대륙발견으로 얻어지는 해외무역 수입의 상당수가 국왕의 절대권력 확보의 재정적 뒷받침이 된다. 이러한 재정을 바탕으로 국왕은 봉급을 지급하는 관료를 임명함으로써 귀족과 봉건세력의 성장을 억제하면서 각 민족 단위의 국가가 형성된다. 이것을 민족국가 혹은 국민국가라고 부른다. 이러한 체제하에서 점차 대 자본가가 형성되고 지주와 소작인이 분화됨으로써 자본주의 형성의 기틀이 마련되는 시기가 근대이다. 문화적으로는 중세의 귀족 중심의 사치스럽고 호화로운 문화를 대신하여 서민 중심의 문화가 발달하는 특징도 근대에 볼 수 있다.

지금까지 개괄적으로 살펴본 삼분법의 분류 기준은 서양사를 중심으로 만들어진 것이다. 역사학의 기초가 서양에서 만들어졌기 때문이다. 그렇기 때문에 이러한 시대구분의 이론을 아시아에 적용했을 때는 서양사와 공유되는 보편적 양상과 함께 아시아 각국의 특수성 문제가 대두된다. 이제 이러한 개괄적인 이해를 바탕으로 인도로 눈을 돌려보자.

인도는 어디까지 고대사에 포함될 것인가. 대부분의 학자들이 인더스 문명 시대를 시작으로 베다 시대에 여러 도시국가들이 건설되었으며, 16국 시대와 4국 시대를 거쳐 마우리아 왕조에 의한 통일이 이루어진 시기까지를 인도의 고대사에 포함시키고 있다.

그 다음으로 중세는 어디서부터 시작되는가. 서양의 경우 로마제국이 붕괴되면서 동로마 제국과 서로마 제국이 분열되는 시점부터 중세로 보고, 중국의 경우 한나라가 붕괴되면서 위, 촉, 오 삼국이 성립되는 시기부터 중세로 보는 것이 일반적이다. 그런데 인도의 경우 마우리아 제국이 멸망한 후에 북쪽으로는 그리스 세력이, 마가다 지역에는 슝가 왕조가, 남부에는 사타바하나 왕조가 등장하여 분열되는 시기부터 중세로 볼 수도 있다. 그런데 문제는 굽타 제국이다. 마우리아 제국 이후 분열된 시기부터 델리술탄 시대(1206년경~1526)까지 1700년 정도를 분열 시대로 본다면 중세가 지나치게 길다는 문제가 있다. 또한 그 중간에 끼인 굽타시대는 중세의 분열된 시대로 보기엔 영토의 통일 범위가 넓다. 또한 왕권의 신성화 경향을 보일 정도로 강력한 왕권이 형성되었는데 이를 중세로 분류하기에는 좀 무리가 있다. 그래서 마우리아와 굽타 사이에 끼어 있는 분열 시대를 일시적 분열로 보고 굽타시대까지를 고대로 분류하는 경우가 많다. 또한 끼어 있는 분열 시대라고 하는 기원 전후의 시기에 힌두교가 성립되어 굽타 제국 시대에 꽃피는 모습은 문화적으로 고대의 완성, 힌두 문화의 꽃을 심는 시기에 해당되기 때문에 굽타시대까지 고대로 분류하는 것이 나름대로 합리적인 구분인 듯하다. 물론 경제사적 관점에서 굽타시대 왕들이 브라만들에게 희사한 토지가 영주의 장원과 같은 성격을 띠고 있다는 문제가 논란이 되고 있지만, 왕권에 중심을 둔다면 굽타시대까지 고대로 보아 큰 무리는 없다는 것이다.

그렇다면 근대는 어디서부터 시작되는가. 서구의 학자들은 아시아 정체론에 근거하여 아시아는 서구 세력이 들어옴으로써 근대화 되었고 그 이전에는 장기간 중세에 머물렀다고 주장한다. 그래서 중국은 아편전쟁을 기점으로 근대화 되었다고 하고, 한국은 을사보호 조약 혹은 강화도 조약을 기준으로 근대로 접어들었다고 한다. 그렇다면 역사학적 보편성과 아시아적 특수성을 종합한 시각으로 볼 때 인도의 근대 기점은 어디인가.

왕권의 절대성이 확보되고, 민족국가다운 통일 국가가 형성되고, 관료제도가 발달하며 귀족계층이 몰락하는 서민문화의 시대라는 근대의 특성을 인도에서 찾아보자. 무굴 제국 시대의 바부르부터 아우랑제브 시대까지 인도아대륙이라고 부르는 거대한 지역 대부분을 통일했다. 이것은 중세 분열 시대라고 보기는 어렵다. 경제적으로 무굴 시대에 산업이 발전하여 자본주의로 발전할 토양을 만들었는가. 이 부분에 대하여 서구의 학자들은 부정적 평가를 한다. 그러나 무굴 제국의 면직물 발달 상황을 보면 중세로 보기 어려울 것이다. 인도의 북부와 중부지방 특히 벵골에서 오리싸 지역에 이르는 지역에서의 수공업 발전은 유럽의 수준을 능가했다. 다양한 색상에 무늬를 넣은 인도 면직물은 아시아와 유럽에 수출되던 주요 상품이었고, 대외 무역 흑자를 내는 대표 상품이었다. 그러던 것이 영국에서 방직기가 발명되고, 영국으로 수출되는 인도 면제품에 고율관세가 부과 되면서 이러한 상황은 역전되기 시작했다. 결국 영국 상품은 인도로 낮은 가격에 수입되고 인도 면제품은 높은 가격에 영국으로 수출됨으로써 영국에서도, 인도에서도 인도 면직물의 판로가 막혔다. 이렇게 면직물 공업이 쇠퇴하니 인도에서 생산된 면화는 인도에서 소비되지 못하고 인도는 영국의 면직물 원료생산지로 전락하면서 인도 산업이 붕괴되기 시작했다.

자본주의 발달의 전단계가 수공업의 발달과 이로 인한 자본가의 형성이다. 그리고 민중에 대한 자본가들의 수탈이 강화되면서 자본은 더욱 집중된다. 이렇게 집중된 자본이 생산에 투자되어 산업화 단계로 진입하는 것이다. 그런데 무굴 제국 시대의 인도 산업은 면직물과 모슬린 등의 경공업을 중심으로 발달했지만 자본주의로 진입하지 못했다. 인도의 경우는 민중으로부터의 착취가 산업에 집중되지 못하고 영국으로 건너가게 됨으로써 '신세계를 얻지 못하고 구세계를 상실' 하는 결과를 낳아 자본주의 단계로 진입하지 못한 것이다. 그러므로 영국 침략 이전의 무굴 제국 시대가 유럽적 시각으로 중세의 정체 단계에 있었다고 보는 것은 타당하지 못하다.

더구나 아크바르에 의한 사상의 통일 기운이 일었던 '딘 이 일라히' 선포는 프랑스의 루이 14세가 선포한 '짐이 곧 국가'라고 하는 것과 비견될 정도라는 것은 유럽의 학자들도 수긍하고 있다. 다만 이민족 지배라는 중세의 특징을 근거로 할 때 무굴 제국 역시 힌두가 아닌 무슬림 지배의 이민족 지배 성격을 띠고 있다는 점에서 중세로 편입시킬 근거가 되기는 한다. 그러나 델리술탄 시대와 같은 의미의 이민족 지배로 보기 어려운 점이 무굴 제국에는 존재했다고 보는 견해도 있다. 무굴 제국은 이미 외래 지배라는 관념을 벗어나 인도에 동화되고 있는 이슬람 세력이었다는 주장이 있기 때문이다. 중국의 마지막 왕조인 청나라가 만주족이라는 이민족이 세운 나라라고 해서 중세로 넣을 이유가 없는 것과 같은 논리가 인도에도 적용될 수 있기 때문이다. 이러한 것들을 종합하여 볼 때 인도 근대의 시작점을 무굴 제국으로 삼아도 큰 무리는 없을 것 같다.

51. 인도의 캘리컷에 도착한 바스코 다 가마

유럽과 아시아가 교류한 흔적은 인더스 문명 시대의 유물에서도 볼 수 있지만 기원전 2세기 무렵에 동서교통로가 개척되면서 더 확실한 교류의 장이 열렸다. 중국 장안에서부터 지중해 연안에 이르는 실크로드(silk road)를 통해 로마와 중국 그리고 서구와 아시아의 교역이 이루어졌고 7세기부터 9세기 사이에 교류는 더욱 확대되었다. 그런데 이 시기에 아라비아에서 성장한 사라센 제국이 유럽과 아시아를 장악하면서 유럽은 아시아와 육로를 통한 교역에 어려움을 겪게 되었다.

『동방견문록』을 쓴 이탈리아의 상인 마르코 폴로(Marco Polo: 1254-1323)는 중국으로 갈 때는 실크로드를 이용했으나 귀국 길에는 해로를 택하여 수마트라 섬, 인도양, 호르무즈 해안을 거쳐 베네치아에 도착했다. 그의 여행기인 『동방견문록』[11]이 발행되었

11) 이탈리어로는 *Il Milione*, 영어로는 *The Travels of Marco Polo*로 알려진 이 책의 진본은 남아 있지 않다. 마르코 폴로가 귀향한 후 이 책을 쓴

고, 이를 계기로 유럽의 동양에 대한 호기심 그리고 바닷길을 이용한 여행에 대한 관심이 증대 되었다. 또한 이후 '지리상의 발견'이라 이름 붙여진 15세기의 지리적 탐험과 신항로의 개척의 밑거름이 되었다.

유럽인들의 신항로 개척 열기는 정치, 경제, 종교적 목적이 종합된 것이었다. 10세기를 지나면서 유럽에서는 동방에서 나는 여러 진귀한 산물에 대한 수요가 급증했다. 그러나 십자군전쟁[12]을 전후해서 동방과 유럽의 무역은 이탈리아가 거의 독점했기 때문에 유럽 상인들의 이득은 그만큼 감소될 수밖에 없었다. 그뿐만 아니라 육로를 통한 동방과의 무역은 15세기에 접어들면서 소아시아와 터키 등에 의해서도 제약을 받게 됨으로써 동방무역을 위한 새로운 항로를 개척하고자 하는 열망이 커졌다. 두 번째로는 종교적 측면에서도 동방으로의 신항로 개척의 욕구가 증가했다. 당시 세력을 확대해 가는 이슬람세력에 대한 반감과 기독교의 전도 열기는 프레스터 존(Prester Jhon) 전설을 만들어냈다. 그리고 항로를 개척하여 프레스터 존이 건설한 동방 혹은 신대륙의 기독교 왕국을 찾아내어 이슬람에 대항하는 동맹을 맺을 수 있다는 생각을

것으로 추정되며 지금 전해지고 있는 『동방견문록』은 전기 작가인 피사(Rustichello da Pisa)가 정리하여 쓴 책이다.

12) 이슬람 세력이 10세기 이래 급격히 확대되었으며, 이들이 기독교 성지인 예루살렘의 순례자들을 박해하자, 이슬람교도들에게 빼앗긴 예루살렘을 탈환하기 위해 기독교 교회가 주도한 전쟁이 십자군 전쟁이다. 제1차 십자군이 1096년에 조직되어 원정에 나섰고 1099년에 예루살렘에 입성했다. 11세기부터 14세기까지 총 여덟 차례나 십자군 전쟁이 전개되었으나 제1차 전쟁 외에는 모두 실패했다.

가졌던 것 같다. 한편 정치적으로 이 시기에 유럽의 신흥국가들이 건설되었고, 이들이 영토를 확보하고 군주국가 혹은 국민국가로 성장하고 있었다. 이들 국가들은 국가의 기틀을 다지기 위한 자원이 필요했고 그러한 자원을 대외무역을 통해 확보하려 했기 때문에 정치적으로도 해외 진출에 대한 열기가 높아졌다.

이들 국가 가운데 적극적으로 국가의 지원을 받으며 지리적 탐험에 앞장 선 나라가 포르투갈이었다. 바르톨로뮤 디아스(Bartolomeu Dias: 1450-1500)는 1488년에 아프리카 남단의 희망봉에 도달했고, 이어 바스코 다 가마(Vasco da Gama: 1460 혹은 1469-1524)는 1498에 인도의 캘리컷에 도착했다. 포르투갈은 인도에서 상업적 목적을 충분히 달성하여 캘리컷으로부터 가져온 향료는 60배의 이득을 올렸다고 전해진다.

그림 55. 바스코 다가마 루트

바스코 다 가마가 캘리컷에 도착한 이래 포르투갈은 정기적으로 인도로 무역선을 보냈고, 스리랑카와 수마트라 그리고 자바 등에도 상인을 보냈다. 이들을 통해 향료, 실크, 보석 등을 수입했고, 한편으로는 선교사들을 보내 전도 활동도 전개했다.

포르투갈 상인들이 인도에 도착하여 상업 거점을 확보하는

그림 56. 1922년 포르투갈 500 에스쿠도 지폐에 새겨진 바스코 다 가마(왼쪽)와 그의 배(오른쪽).

과정에서 무슬림, 힌두들과 잦은 충돌이 있었으며 학살과 약탈이 이어졌다. 인도에 포르투갈 2대 총독으로 부임한 알부케르케(Alfonso de Albuquerque)는 1510년에 고아(Goa) 지역을 점령하여 이곳을 거점으로 삼아 세력을 확대하려 했다. 고아 지역은 원래 힌두들이 많은 지역이었지만 당시는 이슬람왕국인 비자푸르 왕조가 이곳을 지배하고 있었다. 유럽에서도 이슬람교도들과 충돌하던 포르투갈로서는 이곳에서 다시 마주치는 무슬림들에 대하여 관대할 수가 없었을 것이다. 총독 알부케르케는 이곳의 무슬림 지배자들을 축출하고 이어 백성들에게는 세금을 반감하여 줌으로써 호감을 얻어 지배권을 장악해버렸다.

바스코 다 가마가 인도에 도착한 이래 포르투갈이 거점으로 삼았던 지역인 고아에는 포르투갈과 혼혈된 인종이 탄생했다. 알부케르케는 포르투갈에서 온 사람들에게 인도 여인들과 결혼하도록 장려했다. 그렇게 함으로써 인도에서 포르투갈이 확실히 거점을 확보할 수 있고, 인도 땅에 종교를 전파하는데도 한 몫을 할 것이라는 생각을 했던 것이다. 포르투갈의 입장에서 보면 그는 선견지명이 있었고, 확실한 전략으로 인도에 포르투갈을 심은 공로자이다.

포르투갈의 이런 혼혈 의도로 탄생한 포르투갈-인도 혼혈 인종은 루소-인디안(Luso-Indians)이라고 명명되었고 이후 영국이 인도에 들어와 루소-인디안 여인들이나 인도 여인들과 혼인하여 탄생한 혼혈인들은 앵글로-인디안(Anglo-Indians)이라 부른다. 루소-인디안들은 외형은 인도인과 비슷하지만 대부분의 종교는 가톨릭이며 사고방식은 유럽인들과 비슷하다.

포르투갈의 인도 진출은 상업적 목적과 더불어 종교적 목적도 가지고 있었기 때문에 많은 선교사들을 파견하여 가톨릭을 인도에 전파시키려고 했다. 그러나 포르투갈의 종교정책은 억압적이고 편파적이어서 인도인들과 충돌이 심했다. 초기에 인도에 온 총독들은 고아 주민들의 관습에 크게 관여하지 않았지만 1517년 프란시스코 선교단이 인도에 도착한 후에는 종교적 선전이 심화되었고, 일부 총독들은 인도인들의 종교적 감정과 성향을 고려하지 않은 채로 그들의 종교를 강요했다. 1540년에는 고아 지역의 모든 힌두 사원을 허물어 버렸고, 이후에는 이교도 탄압을 위한 종교재판소도 설치했다.

한편 무굴 제국의 아크바르는 1582년에 딘 이 일라히를 선포했다. 신의 종교, 황제의 종교를 선포하기 이전에 다른 종교 이론가들의 견해를 모으던 무렵인 1572년에 아크바르는 고아 당국자에게 종교 이론가를 보내달라고 요청했다. 선교의 기회를 얻은 포르투갈 측에서는 안토니오 카브랄(Antonio Cabral), 아콰비바(Aquaviva), 제롬 사비에르(Jerome Xavier) 등의 대표를 수차례에 걸쳐 무굴 조정에 파견했다. 그러나 전도사들은 아크바르에게 그들의 교리를 납득시키지 못하여 아크바르를 교화 시키고 개종시키려 했던 그들의 계획은 무산되고 말았다.

17세기 초에 이르러 포르투갈의 해군력이 약화 되자 영국, 프랑스, 네덜란드 등이 이익이 높은 동양 무역에 나섰다. 포르투갈을 비롯한 유럽 세력들은 상업적 목적에서 뿐 아니라 종교적인 이유로도 인도에서 충돌했다. 포르투갈이 가톨릭이었던 것에 반하여 네덜란드는 프로테스탄트였기에 포르투갈과 네덜란드는 인도에서도 충돌했다. 이 무렵 유럽 각국은 모두 인도를 향해 진출하여 1600년에 영국의 동인도회사, 1602년에 네덜란드의 동인도회사가 설립되었다. 이로부터 유럽 각국의 본국에서의 정세가 바로 인도에 미쳐, 이들은 본토에서 뿐 아니라 인도에서도 상호 충돌 전쟁을 벌이면서 인도는 유럽인들의 각축장이 되어버렸다. 바스코 다 가마의 캘리컷 도착으로 시작된 포르투갈의 100년간 독점이 서서히 막을 내리게 된 것이다.

그러나 고아는 영국이 지배하던 시기에도 계속 포르투갈의 영토로 남아 있었다. 1947년 영국으로부터 인도는 독립했지만 고아는 1961년까지 포르투갈이 지배했다. 인도 정부는 고아를 포르투갈로부터 반환받으려는 외교적 노력을 계속 했지만 포르투갈이 거부했다. 외교적으로 해결을 못한 인도정부는 1961년 무력으로 고아를 점령하고 인도 연방에 편입시켰다. 1492년에 인도에 온 포르투갈이 인도를 떠나는데 500년 이상이 걸린 셈이다. 고아는 1987년에 인도연방의 독립 주가 되었으며, 현재 고아 주에서는 고아인들의 토착어인 콘카니어와 마라티어 그리고 영어가 함께 쓰이고 있다.

52. 남의 나라에서 싸우는 사람들: 영국과 프랑스

영국, 네덜란드, 프랑스 등이 동인도회사를 만든 것은 1600년과 1603년 사이였다. 이들이 동인도회사를 앞세워 인도에서 다툼을 벌인 시기는 아크바르, 자한기르, 샤자한, 아우랑제브로 이어지는 무굴 제국의 전성기였다. 무굴 제국이 강력한 통치력을 발휘하던 1700년대 초기까지, 유럽 국가들은 말하자면 눈치를 보면서 살금살금 인도에 발을 들여놓고 그들의 이익을 위해 이리저리 동태를 살피는 때였다.

무굴 제국에서는 바하두르샤 1세가 1712년 사망한 후에 왕권 다툼이 계속되었다. 실제로 왕의 재위 기간이 수개월도 안 되는 왕들도 있었고, 즉위한 왕들도 왕위 계승에 결정적 공을 세운 세력가들에게 휘둘리는 사태가 이어졌다. 무굴 제국은 이 무렵부터 쇠퇴하기 시작했고, 이후 왕들은 이름만 존재하는 유명무실한 상태에 놓여 있었다. 이때 동인도회사들은 인도에서 세력을 확대하고 자신들의 회사와 자국의 이익을 위해 종력전을 벌인 셈이다.

런던 상인들은 동인도 무역에 대한 독점권을 갖는 특허장을 엘리자베스 여왕으로부터 받아 1600년에 동인도회사를 설립했다. 황실의 적극적 지원을 받은 영국 동인도회사는 향료군도에 관심을 가졌으나, 이 지역은 이미 네덜란드가 거점을 확보한 상태였기 때문에 인도로 눈을 돌렸다. 1612년 자한기르로부터 허락을 얻어 수라트에 상관을 설치한 이래, 17세기 후반까지 마드라스와 캘커타 그리고 봄베이에 상관을 설치했다. 초기에는 인도로부터 향료, 후추, 생사, 초석, 설탕, 면직물 등을 구입하여 영국에 가져가 많은 수입을 올렸다. 그러나 1620년대부터는 모슬린(muslin), 옥양목(calico) 등의 면직물 교역량이 많아졌다.

인도에 네덜란드와 영국보다 먼저 거점을 마련한 것은 포르투갈이었다. 그러나 포르투갈 동인도회사 관리들이 부패하고 행정적으로도 해이해짐으로써 점차 무역로에 대한 통제력이 약화되었다. 또한 포르투갈은 고아지방에서 종교적으로 가톨릭을 강요하면서 인도인들로부터 원성을 샀다. 이러한 여러 이유로 인도에서의 포르투갈 세력이 약화될 무렵, 포르투갈은 아메리카 대륙의 브라질을 발견하여 그쪽으로 눈을 돌렸다. 포르투갈의 영향력이 약화되자 영국과 네덜란드가 인도에서 각축을 벌였다.

네덜란드는 인도에서 무역 거점을 확대하고 이를 바탕으로 중요한 무역 거점들을 식민지로 삼으려 했다. 네덜란드가 이러한 목적을 달성하기 위해서는 영국과 충돌할 수밖에 없었다. 그런데 네덜란드와 영국이 충돌하는 사건이 인도네시아에서 발생했다. 1623년에 인도네시아의 암보이나(Amboina)에서 향료 문제로 네덜란드와 영국이 충돌했다. 네덜란드 지사는 영국이 네덜란드 상관에 침입하려 한다는 정보를 입수하고 먼저 영국을 공격하여 18명의 영국인들을 체포하여 9명을 처형했다. 암보이나 학살사건을 계기로 영국인들은 향료군도로의 진출을 두려워했다.

포르투갈이 아프리카로 눈을 돌리고, 영국의 동양무역도 침체되자 네덜란드가 동양무역을 주도하게 되었다. 이때 영국의 동양 무역을 되살린 획기적인 선언이 바로 1651년에 발표된 크롬웰의 항해조례다. 영국이나 영국 식민지의 무역은 영국 선박이나 수입품국가의 선박에 의해서만 가능하고 다른 선박에 의한 상품수입을 금지한다는 조례였다. 이 조례로 네덜란드의 동양 무역은 큰 타격을 입게 되었고, 영국의 동양 무역은 다시 활기를 띠기 시작했다. 네덜란드가 인도에서 손을 떼고 말레이 반도와 향료 군도에 주력하게 되자, 영국이 인도 무역을 독점할 수 있는 여건이 마련되었다.

프랑스는 인도에 진출한 유럽 국가 가운데 가장 늦게 출발한 후발 주자였다. 1604년에 설립한 프랑스 동인도회사가 1664년에 국가 주도로 재편성되면서 인도 무역에 활기를 띠었다. 프랑스가 인도로 눈을 돌린 때는 포르투갈과 네덜란드가 인도에서 빠져나가던 시점이었기 때문에 쉽게 상업거점을 확보할 수 있었다. 영국이 인도에 진출하여 거점으로 삼은 지역은 마드라스였고, 프랑스는 퐁디셰리(Pondicherry)를 거점으로 삼았다. 외교와 상술에 능한 뒤플렉스(Joseph Francois Dupleix)가 퐁디셰리의 지사가 되면서 프랑스 세력은 급격히 성장했다.

가장 늦게 출발한 프랑스가 이제 영국과 어깨를 나란히 하며 힘겨루기를 시작했다. 유럽에서는 오스트리아 왕위 계승 전쟁이 1740년에 벌어졌다. 오스트리아의 찰스 6세(Charles VI: 1685-1740)가 마리아 테레사(Maria Theresa)를 후계자로 임명하고 사망하자 프랑스와 유럽의 여러 국가들은 오스트리아의 세력 확대를 막기 위해 후계자의 부당함을 주장하고 동맹을 맺어 오스트리아를 공격했다. 그런데 영국은 마리아 테레사를 지원했다. 이 때문에 유럽에서 영국과 프랑스가 충돌하자 이 전쟁은 인도 남부의 카르나티크(Carnatic) 전쟁으로 번졌다. 양국은 다수의 인도인 용병(sepoy)을 고용하여 대규모 전쟁을 세 차례나 치렀다. 인도 땅에서 유럽의 두 나라가 치르는 전쟁을 방관 할 수 없었던 주변의 토후들이 합세함으로써 세 갈래의 전쟁이 벌어졌다. 뿐 아니라 이 지역의 토후들은 그들끼리 분쟁이 생길 때에도 한 편이 영국의 지원을 받으면 다른 한편은 프랑스의 지원을 요청했다. 이로 인해 영국과 프랑스의 충돌은 계속 되었다.

다시 유럽에서는 1756년에 오스트리아가 프랑스와 손을 잡고 프로이센을 공격했고 영국은 프로이센과 결탁했다. 이것이 '7년 전쟁(1756-1763)'이다. 오스트리아와 프랑스 그리고 영국이 유럽에서 충돌한 이 7년 전쟁의 주인공은 오스트리아이다. 그럼에도 불구하고 전쟁이 벌어질 때마다 영국과 프랑스는 적대국의 위치에 있었다.

이러한 유럽 전쟁의 영향은 바로 인도에 미쳤다. 영국이 프랑스에 대한 방어를 구실로 캘커타(콜카타)에 성을 쌓으면서 두 나라의 충돌은 시작되었다. 벵골의 토후인 시라즈 웃 다울라(Siraj-ud-daula)는 증축의 중지를 요구했지만, 영국 동인도회사의 캘커타 지사인 드레이크(Roger Drake)는 이 요구를 무시했다. 그러자 시라즈는 캘커타로 진격하여 윌리엄 성을 점거해버렸다(1756년). 영국은 마드라스에서 로버트 클라이브가 이끄는 지원군을 편성하여 다시 캘커타를 점령했다. 이때 유럽에서 7년 전쟁이 발생한 것이다. 유럽의 7년 전쟁 발생으로 벵골의 사태는 새로운 국면을 맞이하게 된다. 영국은 벵골의 프랑스 근거지인 찬데르나고르(Chandernagore)를 공격했다. 토후 시라즈는 영국의 공격으로 벵골 주민들이 고통을 겪는다는 이유로 공격 중지를 요청했다. 그러나 클라이브는 이 요구를 무시하고 찬데르나고르를 계속 공격해서 점령해버렸다.

크라이브는 영국의 행보에 사사건건 시비를 거는 토후 시라즈가 못마땅했다. 그런데 영국과 충돌하던 시라즈가 프랑스에 호의적인 태도를 취하자 이것을 빌미로 미르 자파르(Mir Jafar)를 토후로 앉힐 음모를 꾸몄다. 이러한 크라이브의 작전을 눈치 챈 토후 시라즈가 프랑스와 합세하여 캘커타 북쪽에 있는 플라시(Plassey)에서 영국과 전쟁을 벌였다. 이것이 1757년의 플라시 전쟁이다.

플라시 전투에서는 영국이 유럽인 800명과 세포이 2200명으로 구성된 3000명의 군대를 거느리고 싸운 반면에 토후군은 5만의 군사를 거느리고 있었으며 소수의 프랑스 지휘관이 참여한 전쟁이었다. 많은 병력이 동원된 전투였음에도 불구하고 플라시 전투는 단 하루 만에 끝나버렸다. 이렇게 간단하게 끝난 전쟁이었으나 영국의 인도 지배에 있어서는 획기적인 사건이었다. 평화적인 무역만 추구하던 영국 동인도회사는 플라시 전투로 프랑스를 완전히 몰아내고, 인도아대륙 전체를 지배하려는 야심을 드러냈다. 이후 영국은 마드라스에 있던 거점을 벵골로 옮겨 본격적으로 인도를 식민지로 삼기 시작했다. 그래서 영국의 인도 식민지 지배의 기점을 1757년 플라시 전투로 삼기도 한다.

이처럼 유럽의 4대 강국들이 남의 나라 인도에서 자기들끼리 힘을 겨루었는데 최종 승자는 영국이었다. 그리고 영국은 그 후 200년 동안 인도 땅의 지배자로 군림하여 주인 행세를 하며 살았다.

53. 영어를 배우는 인도인들

플라시 전투로 프랑스를 몰아내고 영국이 인도를 독점하면서 여러 가지 변화가 일어났다. 영국 동인도회사가 인도 무역을 독점하는 것에 대하여 영국 산업자본가들이 반발하자, 효율적인 통치를 명목으로 영국 정부가 직접 지배하는 방식으로 바꾸고, 행정체제도 영국식으로 정비하기 시작했다. 행정 문관들의 처우를 개선하고, 군대의 장교 이상은 영국인으로 구성하면서 용병을 확대했고, 영국식 사법제도를 도입하여 종교와 관습법 등을 성문화하기 시작했다.

영국은 영토 확장 정책이 본격적으로 추진되기 전까지 인도의 종교, 사회, 문화생활에 대해서는 불간섭 정책을 취했다. 그러나 영토 확장을 본격적으로 추진하면서부터 인도 사회 구조를 개혁해야 한다는 주장이 등장했다. 급진적 개혁론자들은 인도 사회를 야만적이고 비과학적이라고 비판하면서 미신적 요소를 타파하고 죽은 남편과 함께 미망인을 불태우는 사띠(sati)와 조혼 등의 악습을 철폐해야 한다고 주장했다.

이러한 사회 개혁을 위해 교육의 필요성이 대두되자, 선교사들이 세운 학교를 비롯하여 인도인들을 계몽시키기 위한 여러 학교가 설립되었다. 전통적으로 인도에서는 브라만이나 무슬림 귀족들이 종교적 교양과 지식을 독점하고 있었다. 그러나 영국 선교사들이 세운 학교에서 폭넓은 계층이 교육 받을 기회를 갖게 되었고, 특히 영국의 전진 기지였던 캘커타, 봄베이, 마드라스 등에는 영국의 영향으로 교육 받은 새로운 계층이 형성되기에 이르렀다.

영국인들이 세운 초기의 학교들은 워런 헤이스팅스(Warren Hastings: 1774-1785) 총독이 1781년에 세운 캘커타 마드라사(Calcutta Madrasah), 조나단 덩컨(Jonathan Duncan)의 제의로 1791년에 설립된 바라나시의 산스크리트 대학(Sanskrit College) 등과 같이 힌두와 이슬람의 고전 연구를 위한 학교였다. 그러나 점차 영어 교육의 필요성이 대두되면서 영어를 가르치기 위한 학교들이 세워졌다.

영어 교육을 위해 세운 초기의 학교들은 어학당의 성격을 띠고 있었다. 그러나 영어를 배운 사람이 늘어나자 단순한 어학당의 기능을 넘어서 제대로 된 '학교'의 성격을 띠게 된다. 이렇게 영어를 배운 사람이 증가되자, 인도 지식층의 지적 욕구를 자극하여 인도인들이 영어로 된 신문을 발행하거나, 서양의 서적들을 들여와 읽게 되는 등의 변화가 일어났다.

영어를 배우는 인도인들이 급증한 계기는 1823년의 공교육위원회 설립이었다. 여기에 활기를 더한 것은 매콜리(T.B Macaulay)가

위원장으로 임명되면서부터였다. 물론 인도인들의 문맹 인구를 줄인다거나, 인도인들의 지식수준을 높이겠다는 생각으로 이 위원회가 설치된 것은 아니다. 영어를 배운 인구가 늘어나면 이들이 영국과 인도를 중계할 수 있는 계층이 될 것이라는 생각을 했던 것이다. 말하자면 서양식 사고와 행동 양식을 가진 인도인 계층이 형성되면 이들을 통하여 영국의 사상과 제도를 인도에 뿌리 내리게 할 수 있다고 생각한 것이다.

이것은 마치 포르투갈이 처음 인도에 도착했을 때, 포르투갈의 피를 가진 인도인을 만들면 포르투갈이 인도에 뿌리를 내릴 수 있을 것이라고 생각하고 적극적으로 혼혈을 권장한 것과 같은 사고방식인 셈이다. 그러나 영어 교육의 확대는 혼혈보다 더 큰 영향을 인도에 남겼다.

한편으로 영어를 할 줄 아는 인도인들을 하급관리로 채용해서 행정비용을 줄이려는 의도도 있었을 것이다. 인도 현지 관리를 엄청난 비용을 들여 영국에서 데려오는 것보다는 인도 현지인을 교육시켜 고용하는 것이 재정 면에서도 도움이 되기 때문이다. 그래서 매콜리는 '교육목적을 위해 책정되는 모든 예산은 영어 교육을 위해서만 쓰일 것'이라고 발표했던 것이다.

캘커타에 프레지던시 칼리지(Presidency College)가 1835년 설립된데 이어 1857년까지 봄베이, 마드라스 등에 런던 대학과 유사한 대학이 계속 설립되었다. 1858년경에는 영국 지배하에 있는 대부분의 지역에 영어 교육을 위한 학교가 설립되었다. 일부 상층 계층에 국한 되어 있던 교육이 일반인들에게 확산되면서 벵골과 같이 영국의 영향을 일찍 받은 지역에서는 힌두 신흥지주의 자제들이나 상인 자제들이 적극적으로 영어를 배우기 시작했다. 이들은 영어를 배움으로써 영국인들과 접촉이 쉬워졌고 영국인들과의 접촉이 쉬워짐으로써 자신들의 세력을 확대할 수 있었다. 그뿐만 아니라 영어를 배우면 비록 하위직이지만 관리가 될 수 있었고, 교사, 변호사, 기업가 등으로 성장할 수 있었기 때문에 영어를 배우

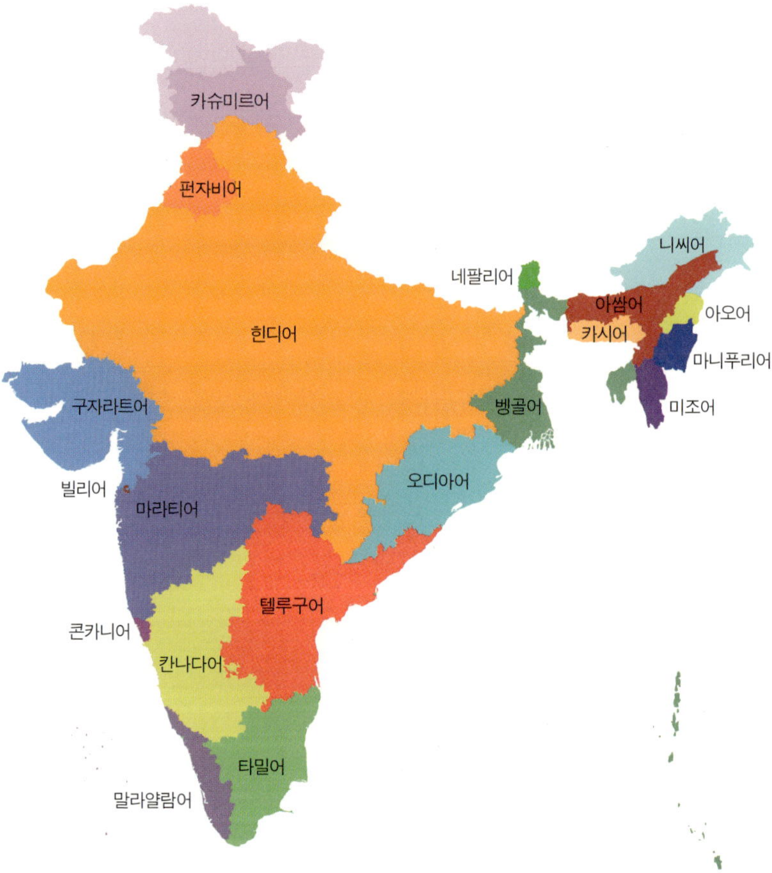

그림 57. 인도의 주요 언어

는데 적극성을 보였다.

포르투갈은 혼혈 정책으로 루소-인디언이라는 새로운 인종을 만들었지만, 영국은 영어 보급 정책으로 인도인이지만 영어로 말할 수 있는 새로운 계층을 만들어냈다. 즉 중간계층 혹은 지식계층을 만들어낸 것이다. 영국이 목표했던 바대로 이들은 영국과 인도의 중간 다리 역할을 할 수 있는 계층으로 성장했다. 또 한편으로 영어의 보급은 인도인들에게 영국이 준 큰 선물이기도 했다.

현재에도 인도에는 지정된 국어가 없으며, 공식어로 지정된 22개의 지정어(Scheduled Language)가 있다. 이 지정어들은 한 국가의 방언 정도의 차이가 아니라 통역 없이는 의사소통이 되지 않는 언어들이다. 구자라트, 벵골, 마드라스 등의 인도인들이 모여 대화를 하자면 각각의 통역사가 있어야 한다. 즉 각기 다른 언어를 통역할 사람을 대동하여 여러 방향으로 동시통역을 해야 겨우 의사소통이 가능하다. 그런데 영국이 영어를 보급함으로써 통역 없이도 의사소통이 가능해졌다. 영국의 의도가 어떠했든, 인도인들은 영어를 배웠고, 그 영어를 도구로 하여 여러 지역의 인도인들이 쉽게 교류할 수 있게 된 것이다. 뿐만 아니라 대영투쟁을 위해 인도 전역에서 개최된 여러 모임에서도 영어는 공용어 역할을 했다. 이 얼마나 멋진 선물인가!

54. 세포이는 무엇을 했는가

세포이(sepoy)의 원어는 페르시아어 시파이(Sipâhi: 군인)이며, 유럽의 여러 나라가 인도에 진출하면서 고용한 현지 인도인 병사이다. 영국 동인도회사에 고용된 세포이들은 하급 군인이었고, 지휘관은 모두 영국인이었다. 세포이들은 유럽세력 간의 각축과 인도 내에서 영국의 영토 확장에 중요한 역할을 했다. 1850년 영국군은 26만9천 명이었는데 영국본토 군인 4만6천 명과 세포이 22만3천 명으로 구성되어 있었으므로 80퍼센트 이상이 세포이였던 것이다. 영국은 네덜란드와 프랑스를 몰아내는데 세포이가 필요했고, 인도 내의 토후들의 영토를 점령하는 일에도 필요했기 때문에, 초기 세포이들에 대한 대우가 좋았다. 그래서 하층 출신의 세포이는 물론 브라만 출신의 세포이도 있었다.

그런데 1800년대로 접어들면서 세포이의 불만이 증가하기 시작했다. 벵골의 세포이들 가운데는 상층카스트 출신이 많았기 때문에 이들은 자신의 카스트 규정과 세포이 규정이 충돌할 때, 카스트 규정을 앞세워 영국과 갈등을 빚었다. 아프가니스탄에서 발생하는 전쟁에 파견 될 때, 인도를 벗어난 땅을 밟으면 카스트를 상실한다는 이유로 해외 출정을 거부하기도 했다. 영국은 해외 파견을 꺼리는 상층카스트 세포이들의 입장을 어느 정도까지는 고려해주었다. 그러나 이러한 카스트 규정을 앞세운 세포이들의 요구를 모두 수용하면서 병사들을 훈련시키고 근무지에 배치한다는 것은 상당히 어려운 일이다. 1824년에는 버마 근무를 거부하는 벵골 세포이가 해산된 적이 있고, 1852년에는 신드로 배치되어 이동하던 군대가 반란을 일으키기도 했다. 이러한 문제를 해결하기 위해 영국은 1856년 세포이 군대 복무 규례를 개정하여 '세포이는 필요에 따라 인도 이외의 지역에서도 근무해야 한다.'고 명시했다.

영국이 이러한 조치를 취한 것에 대해 일부 용병들은 '힌두의 종교적 의무를 지키지 못하게 하려는 의도'가 담긴 것이라고 비난 했다. 그런데다가 1857년 세포이들에게 엔필드 소총(Enfield rifle)이 지급되었는데, 이 소총의 탄약통이 문제가 되었다. 탄약을 소총에 장전하기 위해서는 이 탄약통의 끝을 입으로 비틀어서 열어야 했다. 그런데 어느 날 이 탄약통 보급 병기 창고에 근무하던 한 불가촉천민이 상층카스트 출신의 벵골 저격수에게 물을 한 모금 얻어 마시려고 물병을 달라고 하자, 불가촉천민에게 물병을 주면 부정(不淨)해진다고 말하며 거절했다. 그러자 병기 창고의 병사가 "엔필드 소총 탄약통 뚜껑에는 소기름이 발라져 있어서, 세포이들은 이미 모두 부정해졌는데 뭘 그러십니까?"라는 말을 했다고 한다. 이 말은 삽시간에 세포이들 사이로 퍼졌고, 원래 소문이 그러하듯이 꼬리를 달아 “새 탄약통에는 소기름과 돼지기름이 발라져 있다. 힌두 세포이에게는 소기름이 발린 탄약통을 주었고, 무슬림들에겐 돼지기름이 발린 탄약통을 주었다.”라는 말이 돌기 시작한 것이다. 세포이 항쟁이 진압된 후 실제 조사에서는 소기름이 발라진 것은 확인되었고, 돼지기름은 확인이 안 되었다고 한다.

어쨌든 영국이 힌두와 무슬림 세포이들로 하여금 종교적 금기를 어기게 하여 기독교로 개종시키려 한다는 소문은 꼬리에 꼬리를 물고 번져갔다. 이에 격분한 세포이들의 항쟁이 시작되었는데, 이것이 ‘세포이 항쟁’ 혹은 ‘제1차 독립운동’이라고 부르는 것이다.

1857년 5월10일 미루트(Meerut)의 세포이 3개 연대가 폭동을 일으켜 주변 지역을 점령한 후에 델리로 진군했다. 델리의 시민들과 세포이가 합류하여 쉽게 델리를 점령했다. 인도 역사상 여러 차례 수도가 되었던 델리를 점령한 세포이들은 무굴 황제를 옹립하여 무굴 제국의 부활을 도모했다. 바하두루샤 2세를 옹립한 세포이들이 ‘힌두와 무슬림은 단합하여 영국을 몰아내자’고 호소하자, 폭동은 북인도의 여러 곳으로 확산되었다.

세포이 항쟁에 황제가 옹립되고, 농민과 시민들이 합세하면서 세포이 세력은 러크나우(Lucknow), 칸푸르(Cawnpore)로 확대되었고, 몇 개월 사이에 북부에서 중부까지 세포이에게 점령되었다. 이러한 기운이 몇 개월 더 이어지면 영국의 인도지배는 붕괴 될 것 같았다. 그러나 세포이 항쟁에는 주도 세력이 없었고, 치밀한 계획 하에 일으킨 항쟁도 아니었다. 영국이 어떻게 반격할 것인가를 예측하거나 이렇게 계속되는 폭동이 어떠한 방향으로 전개되어야 하는지에 대한 비전을 제시할 중심 세력이 없었던 것이다.

고리대금업자에게 토지를 빼앗긴 지주, 지나친 세금에 불만을 품었던 농민, 권리를 박탈당한 토후 등 다양한 세력이 항쟁에 가담하면서, 세포이 항쟁은 방향을 잃고 헤매는 상태가 되었다. 이들 불만 세력은 닥치는 대로 유럽인들에게 폭력을 가했고, 영국군을 학살했다.

영국이 폭동을 진압하려는 작전을 세울 때 가장 큰 힘이 된 것은 폭동에 가담하지 않은 일부 토후들과 시크교도였다. 특히 펀잡의 시크교도들의 지원은 영국으로서는 행운이었다. 시크교도들은 영국이 인도를 지배하면서 겪은 고통과 상처보다는 무굴 제국으로 인해 겪은 고통이 더 컸다. 두 명의 구루가 순교하는 아픔을 겪었던 시크교도들은 바하두루샤 2세를 옹립하고 무굴 제국의 영광을 되살리자는 항쟁에 합류할 이유가 없었던 것이다.

폭동 기간이 길어지자 구심점이 없는 세포이들은 분열되기 시작했다. 단순히 불만으로 가담한 세력들 역시 폭동에 가담했지만 향후 어떠한 행동을 취해야 할 것인지 갈피를 잡지 못하고 있었다. 이때 영국은 시크교의 협력을 얻고 본국의 지원을 받아 폭동 진압에 나섰으나 영국군에도 영웅적 활동을 전개할 인물은 없었다. 델리를 정복해야 한다는 목표로 수차례 공세에 나섰으나 실패했다. 그렇지만 행운의 여신은 영국을 향해 미소를 지었다. 1858년 봄, 캠벨(Colin Campbell)이 최고 사령관으로 부임하여 5천의 병력을 이끌고 러크나우를 탈환한 것이다. 오우드 지역과 로힐칸트 지역에서 산발적인 게릴라전이 지속되기는 했지만 1858년 5월에 영국은 북인도의 대부분을 되찾았다.

세포이들의 불만이 폭발한 것이 세포이 항쟁의 시발점이다. 그러나 1850년대 들어서면서 세포이 외에도 다양한 계층의 불만이 커져가고 있었다. 인도의 직물공업이 몰락하면서 실업자가 많아졌고, 영국의 영토 확장 정책 때문에 영지를 잃은 번왕과 지배자들의 불만이 고조되었을 뿐 아니라 영국이 도입한 토지 정책으로 인하여 고통 받는 농민이 증가하고 있었다. 이들 불만 세력도 세포이 항쟁에 가담했기 때문에 항쟁이 전국적으로 확산되었다.

다양한 계층의 불만이 제대로 결집되고 치밀한 계획 하에 세포이 항쟁이 발생했다면 영국의 인도 지배는 막을 내릴 수도 있었을 것이다. 그러나 아직 인도에는 항쟁을 주도할 만한 계층이 성장하지 못했던 시기였던 반면에 영국은 강대국으로 성장하던 시기였다. 그렇기 때문에 인도의 민족주의 운동이 발생한다 해도 이것을 지원할 국제적 외부 세력이 없었다. 또한 세포이의 위치가 인도 내에서 혁명을 주도할 만큼 성장한 계층도 아니었다. 이러한 모든 여건이 항쟁을 실패로 이끌었다. 세포이 항쟁을 진압한 영국은 동인도회사를 폐지하고 영국의 빅토리아 여왕이 인도를 직접 지배한다고 선포했다. 바하두루샤 2세는 폐위되고, 영국의 빅토리아 여왕이 인도의 황제를 겸하게 되었다.

유럽세력이 인도에 들어오면서 생겨난 계층인 세포이는 유럽의 인도 진출로 혜택을 입은 계층이기도 하지만, 가장 큰 피해자이기도 하다. 유럽의 4대 강국들이 인도에서 전쟁을 치를 때마다, 최일선에서 총탄을 맞는 사람들이 세포이였다. 프랑스와 영국이 싸워도 양측 모두 희생자의 상당수는 인도인 용병이다. 영국이 인도의 영토를 확대하는 과정에서도 세포이들이 앞장을 서야했다. 하층민들 가운데 세포이가 되어 경제적, 사회적으로 성장한 자들이 많았다. 그러나 이들이 주도한 항쟁이 실패함으로써 이후 세포이들은 점점 더 미약한 존재로 남게 되었다.

영국의 눈에는 그저 '세포이 폭동'에 불과했지만 인도 민족주의자들의 눈에는 영국에 대항한 항쟁이었고, 사바르까르(V. D. Savarkar)를 비롯한 힌두민족주의자들에게는 '제1차 독립 전쟁'이었다. 어떻게 표현되든 인종, 종교, 카스트의 구별 없이 광범위한 계층이 규합되어 공동의 적을 축출하고자 했던 최초의 반영 투쟁, 그 중심에 세포이가 있었다.

55. 가장 편리한 통치 도구: 분리통치

세포이 항쟁을 진압한 영국은 폭동 중에 옹립되었던 바하두루샤 2세를 폐위시키고 버마의 랑군(Rangoon: 양곤)으로 추방했다. 바하두루샤 2세는 귀국이 금지된 채 1862년 랑군에서 죽었다. 처형된 그의 아들들과 손자들의 목은 델리에 있는 성문에 걸렸고 그들이 흘린 피로 물든 성문은 쿠니 데르와즈(Khooni Derwaza: 피의 문)라 불리고 있다.

세포이 항쟁을 경험한 영국은 인도에 대한 정책을 바꾸었다. 세포이 항쟁 시기까지는 동인도회사를 통해 간접적으로 인도를 지배했지만 이제 동인도회사를 폐지하고 영국정부가 직접 지배하기로 결정한 것이다. 1858년 빅토리아 여왕은 폭동 진압에 공을 세운 캐닝(George Canning) 총독을 다시 총독으로 임명하고, '인도인의 권리와 제도 그리고 관습을 존중할 것이며, 새로운 영토의 병합과 종교적 강요를 삼갈 것이며, 인종이나 종교의 구별 없이 자격 있는 인도인을 공직에 채용할 것.'이라고 선언했다.

빅토리아 여왕의 지배가 시작되면서 경제적인 정책에는 큰 변화가 없었다. 그러나 행정 체제와 지배자들의 통치 자세는 크게 변화되었다. 영국 본토 내각에는 인도를 담당하는 장관이 추가되었고, 인도 식민지 정부에는 총독부 산하에 행정부와 입법부가 신설되었으며 총독관청을 캘커타에 마련했다. 행정부와 입법부가 신설되었으나 전권은 총독에게 있었다.

행정체제의 변화보다 더 중요한 변화는 통치 의식의 변화이다. 영국이 인도를 지배하기 시작할 때부터, 인도인들이 단합하면 영국 정부가 통치하기 어려울 것이라는 생각은 가지고 있었다. 그러나 이러한 위기의식은 세포이 항쟁을 겪으면서 확고한 통치 이념으로 변화되었다.

'분리하여 지배하라(Divide and Rule)'는 모토는 영국뿐 아니라 아시아 각국으로 진출한 유럽인의 사고에 깊이 자리를 잡고 있었다. 1820년 무렵에도 영국의 관리는 공공연하게 '정치, 사회, 군사적 방면에서 분열시켜 정복하는 것이 우리의 모토'라고 말했는데, 이러한 것이 1858년부터 식민지 통치 전면에 드러나기 시작했다.

영국인들은 세포이 항쟁을 겪으면서 엄청난 충격을 받았다. 몇 달간 도저히 헤어날 수 없을 것 같은 공포에 시달렸고, 델리와 러크나우 등에서 영국인과 그 가족들이 학살당하는 참상을 목격했다. 물론 반대로 진압하는 과정에서 엄청난 피해들 인도인들이 입었지만, 영국에게는 인도인들이 단합하여 영국인들에게 가한 폭력만이 기억에 남았다.

1862년 인도의 총독으로 부임한 엘긴(Lord Elgin: 1862-1863)은

"이쪽 편과 저쪽 편이 서로 반목하게 해서 인도에서 우리 권력을 유지해왔다. 우리는 이것을 계속해야 하며 할 수 있는 한 이들 반목 단체가 단결하지 못하게 해야 한다."라고 말했다. 이것은 항쟁을 경험한 영국인들이 인도에서 취할 수 있는 최선책이었을지도 모른다.

그래서 영국은 우선 인도에서 가장 큰 집단 둘, 힌두와 무슬림을 선택했다. 영국은 인도의 종교에 관여하지 않겠다는 선언을 했다. 대외적으로는 종교에 관여하지 않는 태도를 취했으나, 그 내부에서는 힌두와 무슬림을 자극하고 있었다. 때로는 힌두들을 위해, 때로는 무슬림을 위해 관용의 정책을 실시하면서 그 내부에서는 한편을 위한 정책이 다른 한편에게 증오를 만든다는 것을 이용한 것이다. 이것이 영국이 취한 비종교정책의 모습이다. 이러한 종교정책으로 영국이 얻는 것은 경제적 이득도, 인도에 거주하는 영국인들의 생존의 안전도 아니다. 인도 대중이 하나로 뭉치면 인도의 새로운 통일 정권을 만들 수 있을 것이라는 대단히 위험하고도 충격적인 경험을 1857년에 했기 때문이며, '인도인이 단결하면 영국의 인도 통치에 종말이 올 것'이라는 위기의식 때문이었다.

분리통치를 위해서는 왜곡과 과장이 필요했다. 듀퍼린 총독(Lord Dufferin: 1884-1888)은 부임 후에 영국 정부의 인도 담당 장관에게 '종교적으로 감정을 분리시키는 것은 우리에게 매우 유익한 일'이라는 말을 했으며, 인도 담당 장관인 해밀턴(George Francis Hamilton)은 커즌 총독(Lord Curzon: 1895-1904)에게 교육 현장에서 '상호 충돌 할 수 있는 집단들의 차이점을 확실히 부각시킬 수 있는 것들을 교재로 사용해야 한다.'고 건의했다. 종교적으로 분열시키고 서로의 차이점을 분명하게 인식시키기 위해 학문 연구가 동원되었다. 헨리 엘리엇 몰든(Henry Elliot Malden: 1849-1931)은 그의 역사연구서에서 "이슬람이 들어오면서 힌두들은 무슬림에 의해 살해되었고, 그들의 신상과 사원들도 훼손되었으며, 무슬림들로부터 개종과 혼인을 강요당했다."고 기술했다. 그뿐만 아니라 당시의 영국 역사학자들 역시 이와 비슷한 논조로 인도 역사에서의 힌두 대 무슬림 대결구조를 부각시켰다. 건축양식이나 고고학을 동원하여 무굴 시대의 건축이 힌두를 모독하고 박해하기 위해 건설되었다는 것을 부각시켰다. 비록 이슬람 건축물들이 힌두 사원이 있던 자리에 재건축되었던 것이 사실이기는 하지만 의도적으로 이러한 건축물과 고고학적 분석에 전념하여 힌두들을 자극했다.

무슬림에 의해 힌두 사원이 파괴된 것은 사실이지만 그러한 사실만 부각시킨 것은 영국과 영국의 학자들이었다. 무슬림 왕권이 댐을 건설하고, 여행자를 위한 숙박시설과 편의시설 그리고 공원을 만들고 도시를 건설한 것은 생략되었다. 인도의 무슬림은 모두 지배자였는가. 그렇지 않다. 무슬림 대다수는 힌두와 마찬가지로 일반 백성이었다. 평민 무슬림들이 평민 힌두를 살해하고 박해했는가. 대다수의 무슬림은 힌두 박해와 무관함에도 불구하고 모든 무슬림이 모든 힌두를 박해한 것으로 왜곡하고 강조했던 것이다.

이처럼 무슬림들이 힌두를 박해하고 인도를 유린했다는 것을 강조함으로써 영국이 얻는 이득은 무엇이었는가. 첫째는 힌두와 무슬림의 증오심을 유발시켜 이들이 단합하지 못하게 하는데 있다. 둘째는 영국이 인도를 착취한다고 하는데, 실제로 영국이 인도에 왔을 때는 이미 무슬림들에 의해 인도는 유린되고 황폐되어 실질적으로 영국은 인도에서 얻은 것이 없다는 것을 드러내고자 했다. 또한 인도의 이슬람 시대가 힌두를 유린한 시대이며, 무슬림시대보다 힌두를 유린했던 시대는 없었다는 것을 강조하려는 것이다.

그러나 냉정하게 영국의 식민지 지배와 무슬림 지배의 근본적인 차이점을 돌아보면 어떤 시대에 유린이라는 말을 써야하는지 명확해질 것이다. 인도의 무슬림 정권들은 인도를 그의 고국으로 만들려했다. 왕조를 건설한 사람과 그 후의 계승자들 모두 인도를 '우리나라'로 만들려했다는 것이다. 극단적으로 말해서 인도에서 무슬림들이 힌두로부터 착취했다 하더라도 그 착취된 재산은 인도 땅에서 소비되었다. 그것이 무슬림 사원 건축에 쓰였거나, 도로를 건설하는데 쓰였거나, 댐을 만드는데 쓰였거나 모두 인도 땅에서 이루어졌던 것이다. 그러나 영국은 인도에서 착취하여 영국으로 가지고 갔고, 인도에서 착취된 어떤 것들도 인도를 위해 쓰이지 않았다. 또한 어떤 인도 총독도 인도를 자신의 조국으로 생각한 적이 없으며, 어떤 영국인도 인도 땅을 자신들의 후손이 행복하게 살 땅이라고 생각한 적이 없다.

19세기의 러시아의 문호 톨스토이는 '분리하여 통치하라'는 말 속에 담겨 있는 지배자의 교활함을 비판했다. 민족적 적개심과 국민과 국민 사이의 증오, 그리고 지역적인 편견을 부채질하여 대립하게 함으로써 귀족제와 독재가 유지되었기 때문에, 인류의 자유와 해방을 위해서는 증오의 감정을 초월하도록 이끌어야 한다고 강조했다. 그러나 영국을 비롯한 식민지 지배자들에게는 '증오를 자극하는 것이 최선책'이었던 것이다.

영국과 영국인들은 오히려 증오를 자극하기 위해 역사를 연구했다. 이 증오심이야말로 영국 지배의 가장 좋은 도구였기 때문이다. 세포이 항쟁에서 충격을 받은 영국은 인도인들이 하나로 뭉치는 것은 영국의 재난이라고 생각했다. 그러니 영국이 인도에서 19세기 내내 대립적인 단체를 끝없이 자극해서 하루도 편할 날이 없게 만들려고 애썼다는 것은 놀랄 일이 못된다. 꿈에라도 '세포이 폭동 때 인도인들이 끝까지 단합했더라면?'이라는 생각을 하고 싶지 않았을 것이고 이것을 상상하는 것만으로도 공포에 가까운 전율을 느끼게 했을 것이다. 그렇기 때문에 영국은 의도적이고도 계획적으로 인도 내의 종족과 종교 집단의 갈등을 일으켰다. 그래야 인도를 지배할 영국이 편하니까. 세포이 항쟁이 일어난 1858년부터 인도가 독립한 1947년까지 영국의 이러한 태도는 변함이 없었고, 그 분리통치 덕분에 영국은 인도의 식민지를 100년 동안 유지할 수 있었다.

56. 사회 개혁에 나선 단체들

세포이 항쟁은 영국인들의 심리에 큰 영향을 미친 것처럼 인도인들의 심리에도 영향을 미쳤다. 영국의 황제가 자신들의 황제가 되고 명목상이나마 존재하던 인도의 무굴 제국이 완전히 사라진 데 대한 상실감과 무력감이 생겨났다. 또한 인도의 지식층들은 인도 고유의 정신문화에 대한 심각한 회의를 갖게 되었다. 인도의 문화와 사상이 서구 문명에 패배한 현실에 대한 절망감 속에서, 자신들의 문화와 종교를 돌아보게 되었다. 그 가운데 일부는 서구의 것을 받아 들여 인도를 변혁시키고 부흥시켜야 한다는 생각을 하게 되었고, 일부는 인도의 것을 더욱 강화해서 인도 본래의 사상을 되찾아 발전시켜야 한다고 생각했다.

인도 사회 개혁 운동의 선구자는 람 모한 로이(Ram Mohan Roy: 1772-1833)이다. 로이는 벵골에서 태어났다. 그의 아버지 람칸트(Ramkant)는 힌두교의 주요 종파인 비슈누파 신도였고 어머니 타리니(Tarini)는 샤크티파 신도였다. 이러한 가족 구성 덕분에 그는 어려서부터 힌두교의 다양한 종파를 접했다. 벵골어, 페르시아어, 아라비아어, 산스크리트어를 배운 로이는 여러 곳을 여행했고, 캘커타에서 대금업을 해서 돈을 벌었으며 동인도회사에서도 근무했었다. 다양한 경험을 했던 로이는 부모들의 종교에 만족하지 못하고 힌두교의 초기 신앙의 순수성을 되찾아야 한다고 생각했다. 그는 우파니샤드에서는 절대자에 대한 신앙을 강조하고 있는데 힌두교가 되면서 다양한 신상이 등장하여 우상숭배의 풍조가 생겨났다고 분석하면서, 다신과 우상을 배제한 순수한 브라흐만주의를 되살려야 한다고 주장했다. 이러한 그의 주장을 널리 알리고 인도의 종교를 개혁하기 위해 1828년에 브라흐모 사마즈(Brahmo Samaj)를 창립했다. 브라흐모 사마즈를 통해 인도 종교를 개혁하려 한 로이의 사상에는 서구적 영향이 많이 나타난다. 특히 유일신 사상의 영향으로 인도에서 여러 신을 숭배하는 모습을 비판했고, 신상을 만들어 예배하는 것을 우상숭배라고 비판했다.

로이는 힌두교의 이름으로 행해지고 있는 당시의 풍속들은 순수한 브라흐만주의가 아니라 변질된 것이라고 주장하면서, 퇴색되고 변질된 악습을 개혁하는데 힘썼다. 특히 사띠(Sati)와 유아혼 그리고 일부다처의 풍속을 개혁하려 했다.

사실 이러한 것은 브라흐만주의의 순수함으로 돌아가자는 의도도 있었지만, 당시 사회 개혁의 분위기를 받아들인 측면도 있다. 영국은 합리주의와 계몽주의라는 이름 아래, 인도의 여성에 대한 야만적인 태도를 비난했고, 나아가서 '여성을 억압하는 야만적인 인도인'이라는 경멸 섞인 비난을 공공연히 하고 있었다. 그래서 영국이 인도의 야만적 풍속을 개혁하려는 것을 호의적으로 받아들였던 로이였고, 이러한 영국과 유럽의 비난은 '인도'가 받아야 하는 것이 아니라, 브라흐만주의에서 변질된 '잘못된 풍속'이 받아야 하는 것이기 때문에, 인도의 지식인들 역시 이러한 것을 개혁하려 한다는 인도의 자존심을 드러낸 것으로 볼 수도 있다. 어쨌든 로이의 종교 개혁보다는, 종교 개혁의 이름으로 내세운 사회 개혁 운동이 훨씬 가시적 효과를 드러냈다. 영국 정부에 의해 공식적으로 사띠 금지령이 내려졌기 때문이다.

로이가 종교와 사회 개혁 운동을 전개하던 무렵에 다야난다 사라스와티(Dayananda Sarasvati: 1824-83)가 태어났다. 당시 서구 사상과 가치관이 인도 지식인들에게 영향을 미치면서, 힌두 신앙과 의례 그리고 카스트를 비롯한 사회제도와 관습들을 개혁하려는 움직임이 일어났다. 로이의 개혁 운동을 받아들인 영국 정부가 일부 힌두의 관습법을 행정적으로 개혁했고, 인도의 악습을 개혁하는데 기독교 선교사들의 역할이 증대되었다. 이에 위기를 느낀 상층 힌두들은, 그들 내부로부터 인도의 악습을 개혁하고 힌두교를 부흥시켜야 한다는 생각을 갖게 되었다. 이러한 힌두교 부흥운동의 선구자가 된 사람이 다야난다이다.

다야난다는 구자라트에서 태어났다. 어느 날 아버지와 함께 사원에서 철야기도를 하던 중에, 신을 위해 바친 공양물에 쥐 한마리가 들어가서 갉아먹고 있는 장면을 목격했다. 이 장면을 보고 그는 의문을 가졌다. '자신에게 바쳐진 공양물조차 쥐로부터 지킬 수 없는 신이 어떻게 우리 인간들을 보호하고 지켜준다는 말인가.' 이러한 의문을 가진 그는 '이렇게 힘없는 신에게 더 이상 예배하지 않겠다.'는 생각을 하고, 삶과 죽음에 관한 문제와 그가 품은 의문들에 대해 고민하기 시작했다. 그는 결혼을 권하는 부모님을 뒤로 하고 집을 떠나 고전적 힌두교에서 하던 수행자 즉 유랑하며 깨달음을 구하는 수행자가 되었다. 그는 베다를 탐독하기 위해 파가니니 문법을 터득하고 나서 마투라에 있는 한 수행처에 도착했다. 그곳에서 그의 스승이 된 비리자난다(Vrijananda)의 충고로 모든 책을 버리고 2년 반 동안 수행을 했다. 그리고 이 수행을 통해 그가 깨달은 것을 세상을 향해 내 놓은 것이 아르야 사마즈(Arya Samaj)이다. 다야난다는 1875년에 아르야 사마즈를 창립하고 이 기구를 통해 힌두사회를 개혁하려 했다.

그는 베다의 절대적 완벽성을 인정하고 베다에 귀의하며, 힌두사회에 섞여 있는 이슬람과 기독교적 요소를 비판하고, 베다의 순수한 믿음을 뒤덮고 있는 잘못된 관행들을 비판했다. 특히 우상숭배, 사원에 공양물을 바치는 일, 불가촉천민제도를 비롯한 카스트제도, 조혼 등은 베다에 근거한 것이 아니라고 비판했다. 로이의 개혁과 그 밖의 힌두 개혁운동들이 주로 지식인들에게만 공감을 얻은데 비해, 다야난다의 개혁은 상층 지식인들뿐 아니라 인도인 전체에게 공감을 얻었다는 평을 받고 있다.

순수했던 초기 베다로 돌아가라는 다야난다의 외침은 종교적으로 힌두교 개혁운동이었지만 순수함을 덮고 있는 이슬람과 기독교를 향한 외침이기도 해서, 민족의식을 고취시키는 정치적 투쟁의 성격을 띠기도 했다. 그러나 한편으로는 무슬림의 반감을 유발시키기도 했다는 점에서 비판의 여지가 있다.

로이와 다야난다의 브라흐모 사마즈와 아르야 사마즈로 대표되는 19세기 중반의 힌두 개혁운동은 개혁의 방법은 서로 달랐지만 도시 중간계층의 폭넓은 지지를 얻었고, 종래 힌두교의 고정화된 교의와 번잡해진 사회관습을 개혁하고자 하는 실천적 개혁운동이었다. 이들은 교육진흥을 특히 강조했으며, 교육을 토대로 인도를 재인식하고자 하였다. 이 단체들의 사회 개혁 운동은 인도인들의 손으로 당시의 인도 사회를 개혁하려는 운동이었다는 의의와 더불어, 단합된 인도의 길을 모색하고 있던 중간계층이나 지식인들에게 민족의식을 고양시켜주었다는 면에서도 중요한 의의를 갖는다.

57. 세계를 향한 인도의 목소리: 비베카난다

1893년 미국의 시카고!

세계종교회의가 열리는 시카고의 9월!

한 젊은 청년이 연설을 시작했다. '미국의 형제자매들이여!' 이렇게 시작한 연설로 전 세계의 주목을 받고, 이 연설로 서구 세계에 인도의 정신과 그 우수성을 널리 알린 사람, 바로 비베카난다(Swami Vivekananda: 1863-1902)였다.

비베카난다는 라마크리슈나 파라마한사(Ramakrishna Paramahansa, 1836-1886)의 제자이다. 기독교와 이슬람교의 이해를 위해 그 신도들과 집단생활을 하기도 했던 라마크리슈나는 "모든 종교는 진실 되다. 다만 하나의 목표에 이르기 위한 신앙 방법만이 다르다. 모든 종교의 상이한 견해는 동일한 목표를 향한 서로 다른 노정(路程)이며 같은 물질을 놓고도 언어가 다르면 각기 다른 언어로 표시하듯이 알라, 그리스도, 크리슈나 등의 신들은 우리가 믿는 같은 신의 다른 이름에 불과하다."는 결론을 내렸다.

라마크리슈나는 우상을 통해 여러 신을 숭배해온 힌두교의 방법이 인간의 정신을 계발하는 방법으로 아주 뛰어난 것이라고 역설했다. 신성(神性)은 우상 하나하나에도 깃들어 있는 것이므로 우상을 통한 신앙이 잘못된 것이 아니라는 것이다. 19세기 중반에 인도의 종교 개혁을 주도한 사람들이 힌두교의 우상숭배를 공격했던 것과는 달리 라마크리슈나는 인도의 종교는 그 나름의 길을 갖고 있으며, 그 길에서 우상을 숭배하는 것이 서구의 논리에 맞지 않는다고 해서, 인도에서도 잘못된 것이라고 해서는 안 된다는 것을 강조했다.

이러한 라마크리슈나의 사상은 비베카난다에게 전해졌다. 그는 세계종교회의에서 인도 정신문화의 우월성과 힌두교의 보편성을 강조하여 청중들과 언론의 갈채를 받았다. 그는 서양의 물질문명의 우수성을 인정함과 동시에 힌두교의 우월성을 알렸다. 모든 나라와 개인은 각각 그 맡은 바의 역할이 있고, 이러한 역할을 충실히 하며 서로의 관계를 인정하고 이해할 때, 세계의 평화와 인류의 행복이 가까이 다가올 것이라고 역설했다.

우리는 살아가면서 다양한 관계를 맺고 산다. 개인과 개인, 국가와 국가 등의 다양한 관계 속에서 어느 하나도 홀로 존재하는 것은 없을 것이다. 이러한 관계에 대하여 비베카난다는 한 인간이 모든 것을 갖출 수 없으며, 각각은 그 어느 한 부분의 역할을 맡고 있는 것임을 강조한다. 완전함이란 홀로 모든 것을 갖추는 것이 아니라 각각의 역할이 조화를 이루었을 때를 말한다는 것이다. 개인은 물론이고 공동체와 공동체 나아가서는 국가와 국가도 저마다의

그림 58. 1893년 9월 11일, 세계 종교회의에 참석한 비베카난다(앞줄 왼쪽에서 세 번째)

역할이 있고, 저마다 발전시켜야 할 본성을 갖고 있다. 그렇기 때문에 어느 개인 혹은 국가를 이해하기 위해서는 그 혹은 그 나라가 가지고 있는 이상을 먼저 이해해야 한다. 각 개인과 각 나라는 그 자체의 기준이 아닌 다른 기준으로 평가되어서는 안 된다. 비베카난다는 이와 같이 자신이 생각하는 '관계'에 대해 1896년의 미국 강연에서 특별히 힘을 주어 연설했다. 19세기말은 서구 열강의 동양지배가 확대되고 서구사상의 우월감이 고조되던 시기이다. 그러한 우월 의식으로 동양에 식민지를 확대하면서, 서구의 합리주의로 동양의 미개한 사회를 계몽시킨다고 생각하고 있는 서양에 대하여 일갈을 한 것이다. "누군가를 가엾게 여기지 마십시오. 모두를 당신과 대등하게 바라보십시오. 자신에게서 불평등이라는 근본적인 죄를 씻으십시오. 나는 선하며 당신은 악하다. 따라서 나는 당신을 교화하려 한다는 생각을 해서는 안 됩니다. 평등은 자유의 징표입니다."라는 연설에서 그러한 그의 생각이 더욱 분명히 드러난다.

비베카난다의 연설 속에 드러난 그의 국가 관계에 대한 사상은 종교에 대한 사상과 맥을 같이 한다. 모든 종교는 그 각각의 색깔이 있어야 하고, 다양한 사람들이 각자에 맞는 종교의 선택이 가능하도록 종교는 많을수록 좋은 것이며, 국가 역시 각 국가 나름의 특색을 가지고 있으면서, 서로 존중과 의존의 관계 속에서 각자가 인정될 때, 재앙을 물리칠 수 있다고 그는 주장했다. 이러한 그의 사상은 1800년대 후반 또는 1900년대 초 제국주의가 확산되던 시기에, 자국의 이익 추구와 우월 의식에 사로잡혀 있던 서구 세계에 자성의 돌을 던진 셈이다. 마치 썩어 가는 고인 물에 돌 하나를 던져 파장을 일으킴으로써 새로운 산소가 공급되는 것과도 같이, 그렇게 비베카난다는 미국에서 열정적인 강연으로 그의 사상을 서구의 화두로 던진 셈이다.

국가 관계에 대한 그의 생각은 개인과 사회의 관계로 연장된다. 그는 "세상의 불행은 어떤 인간 단체가 본질적으로 다른 단체보다 더 지적(知的)인데 있는 것이 아니라, 그들이 지적으로 우월한 까닭에 그렇지 못한 사람들이 누리는 물질적 즐거움마저 빼앗아 간다는데 있습니다. 우리의 싸움은 그 특권을 파기하는 것을 목적으로 삼아야 합니다."라고 역설했다. 지식층의 우월 의식과 착취가 사회적 불평등의 원인이 되고, 그러한 불평등이 사회적 불행을 야기한다는 것이다. 그러므로 국가와 국가, 개인과 개인의 관계 뿐 아니라 종교와 사회, 단체와 개인의 관계 역시 평등을 바탕으로 해서 진정한 자유를 실현할 수 있도록 해야 하는 것이다.

19세기말의 사회 개혁은 종교단체들이 주도하고 있었다. 이러한 문제에 대하여 비베카난다는 "사회적 개혁에 관여하지 마십시오. 영적인 개혁이 선행되지 않고서는 그 어떤 개혁도 있을 수 없습니다."라는 말로 사회 개혁이 구호를 통해 이루어지지 않는 것임을 주장한다. 자신을 바로 세우고, 바로 세워진 개인들이 평등하게 인정되어야 개인과 개인의 관계가 정립된다. 그래서 그는 "우리는 먼저 자신을 바로 세워야합니다. 그리고 자신을 바로 세우는 동안 다른 사람들의 일에 관여하는 것을 중단해야 합니다. 수단이 완전하면 목적은 저절로 해결됩니다. 왜냐하면 우리의 삶이 선하고 순수하다면 세상은 선하고 순수해질 수 있기 때문입니다. 세상이 결과라면 우리는 수단입니다. 그러므로 먼저 우리 자신을 정화합시다. 먼저 우리 자신을 완전하게 합시다."라고 힘주어 외쳤다.

비베카난다는 종교 단체의 역할은 사회를 직접 개혁하는데 있지 않다고 강조했다. 종교인과 수행자 그리고 개인 각자가 스스로 정화되어 종교 안에서 참된 자아를 발견하고 참된 신을 갈구함으로써 신선한 공기를 내뿜을 때, 사회는 새로운 산소를 공급받아 개혁되는 것이다. 이것이 종교와 사회가 맺을 유일한 관계이며, 종교가 맡아야 할 역할이라고 역설했다. 종교를 정치적 욕심 혹은 국가적 욕심을 배출하는 통로로 삼는 것은 참된 종교의 역할을 매장시키는 것일 뿐이다.

비베카난다는 38년이라는 짧은 생을 살았으나 그 짧은 시간동안에 이 세상에 엄청난 열정과 에너지를 안겨주고 갔다. 인도의 사회·종교 개혁가들이 서양의 정신을 받아들여 인도의 종교와 사회를 개혁하려했지만, 비베카난다는 인도의 정신과 자신의 내면적 참자아를 깨달아야 한다고 강조함으로써 인도는 물론 전 세계의 정신에 새로운 산소를 공급했다. 종교의 근원을 알리고 고양시키려고 애썼던 비베카난다는 서양세계에 인도의 정신세계를 알리는 역할을 훌륭히 해냈고 동양과 서양 그리고 종교와 과학 사이에 우호적 통합과 합일을 도출해내는 역할을 했다.

58. 닻을 올린 국민회의

영국은 영어를 배운 인도인을 하급관리로 채용하여 행정적 편의를 도모하고자 인도인들에게 영어를 가르치기 시작했다. 다른 한편으로는 영어를 매개로 하여 영국식 사고방식을 가진 인도인들이 늘어 가는 것이 인도 식민지 지배에 도움이 될 것이라는 생각도 있었다.

영어 교육이 인도에 보급된 50년 동안 많은 인도인들이 영어를 배웠다. 인도인들도 관리로 진출하기 위해, 유럽인들과의 교류를 위해 영어를 배웠다. 영어를 배우는 인도인들은 기본적으로 영국에 호의적인 입장이었다. 게다가 영국의 식민지 정책은 나름대로 민주주의 방식을 도입하고 있었고, 특히 리폰 총독(Lord Ripon: 1880-1884)이 지방자치제를 도입하면서, 교육받은 인도인들이 정치와 행정에 참여할 수 있는 기회가 확대되고 있었다. 영어 교육을 받은 인도인들이 관직에 등용되고 변호사, 판사, 교사가 되었으므로 외형적으로 인도인들의 사회 진출이 늘어났다. 그러나 인도에서 영국의 인도인들에 대한 차별은 줄어들지 않았다. 통치기구의 상층에는 영국인들이 배치되었고, 인도인들은 최상층의 지위에 오를 수 없었다. 영국인들은 인도인들과 섞여 살지 않았으며, 그들만의 독립된 세계를 만들어 인도에서 살고 있었다.

인도의 지식인들이 영국인들과 같은 교육을 받고, 그들만큼의 교양을 갖추어도 영국인은 영국인이었고, 인도인은 인도인이었다. 공식석상에서 같은 여왕에게 충성을 맹세하고, 같은 애국가를 부르고 있었지만 인도인과 영국인이 여왕의 동등한 백성은 아니었다.

이러한 차별의식이 확연히 들어난 사건이 일버트 법안(Illbert Bill) 사건이다. 총독부 산하 법무 위원이었던 일버트는, 형사 사건의 경우 인도인 판사가 유럽인을 재판할 수 있다는 내용의 법안을 상정했다(1883년). 그러나 이 법안은 인도 거주 유럽인의 강한 반발에 부딪혀 실효되지 못했다. 동부 인도의 유럽 상인들과 캘커타의 재판관들 그리고 변호사들이 단합해서 이 법안의 철회를 요청한 것이다. 인도인의 인권을 영국인과 같이 보호한다는 식민정부의 공식 발표는 발표일 뿐이고, 사실상 영국인은 인도인과 동등하게 취급되는 것을 치욕스럽게 생각한 것이다.

인도의 지식인들은 이 사건을 계기로 그들이 아무리 영국인처럼 옷을 입고, 영어로 말을 하고, 영국인들과 같은 관직에 있어도, 자신들은 인도인일 뿐이란 것을 인식하게 되었다. 그동안 영국에 대해 호의적이었고, 영국이 인도에 미치는 긍정적 영향에 더 관심을 두던 인도 지식인들은 일버트 법안 사건을 계기로 영국 정부에 대해 비판적 태도를 취하게 되었다.

이 무렵 수렌드라나트 바네르지(Surendranath Banerjee)가 인도 민족협회(Indian National Association: 1876년 창립)를 만들고 지식인들이 모여 정치적인 불만을 합법적인 방법으로 해결할 방법을 모색하고 있었다. 거기다가 계속 되는 기근으로 여기저기에서 산발적이긴 하지만 농민들의 폭동이 일어나고 있었다. 이러한 상황에서 영국 정부는 지식 계층이 단결하고 거기다 농민들이 합세한다면 30년 전에 겪은 세포이 항쟁과 같은 사태가 발생할 가능성이 있다는 것을 걱정하지 않을 수 없었다.

이때 등장한 인물이 알렌 옥타비안 흄(Allen Octavian Hume)이다. 그는 영국과 인도의 대화 통로가 될 기구를 만들어야 한다고 주장했다. 인도인의 생각을 표출할 수 있는 대표기구를 만들어 주면, 그 단체는 인도의 대중과 영국 통치자 사이의 가교 역할을 할 수 있는 단체가 될 것이며, 그 단체를 통해 인도인들은 그들의 요구를 영국에 전달 할 수 있을 것이고, 영국의 지배이념을 인도인들에게 설득, 이해시킬 수 있는 역할도 할 수 있는 안전판이 될 것이라는 것이다. 흄의 이러한 생각은 리폰 총독이 지방자치 제도를 도입하려고 했던 것과 일맥상통하는 것이었다.

듀퍼린 총독의 동의를 얻은 흄은 인도국민을 대표하는 기구 창설에 대하여 인도의 지식인들과 논의했나. 1885년 12월 28일 본베이의 고쿨다스 테즈팔 산스크리트 대학(Gokuldas Tejpal Sanskrit College)에서 회합을 열고 대표기구 창설을 결의했는데, 여기서 탄생한 것이 인도국민회의(Indian National Congress: 약칭 국민회의)이다. 그런데 모든 공동체와 계층을 대표하는 국민회의를 만들고

자 계획했던 것과는 달리 참석자 72명 가운데 54명이 힌두였으며 무슬림은 개최지인 봄베이에 거주하는 2명뿐이었다. 그 외에는 자이나교도, 조로아스터교도, 기독교인 등이 참석했다. 국민회의 개최가 거듭되면서 무슬림 참가자는 점차 증가하여 제5차 때에는 참석자의 10퍼센트를 상회했으나 이후 급격히 줄어들었다.

세포이 항쟁 이후 무슬림들은 영국식 교육을 받아들이지 않았기 때문에, 관직에 진출하지 못했다. 그러한 여파로 무슬림들에게는 중간계층의 결핍증상이 생겨났다. 무슬림 중간계층이라고 할 수 있는 사람들이 지방의 물라(mullah: 이슬람 성직자)이다. 이들은 일찍부터 그 나름의 세력을 형성하고 있었지만 이들 물라들이 모두 학식을 갖춘 사람들은 아니다. 학식이 있든 없든, 이들이 지방사회에서 갖고 있는 영향력이 컸지만 조직력을 갖추지는 못한 상태였다.

세포이 항쟁 이후 힌두들이 교육을 받고 관직에 진출 했을 때에도 영국에 대해 반감을 가졌던 물라들은 지방에서의 영향력만 가지고 있을 뿐 적극적으로 교육을 받거나 관직에 나가지 않았다. 그래서 무슬림 중간계층 형성이 부진할 수밖에 없었고, 국민회의와 같은 단체에 참석하는 무슬림의 수가 적을 수밖에 없었다. 물론 시간이 지나면서 국민회의에 대한 반감으로 참석하지 않는 무슬림이 늘어나기도 했다.

초기 국민회의는 식민정부에 협조적인 온건 단체였다. 인도 국민들의 자발적인 노력으로 국민회의가 결성된 것이 아니라 영국인이 닻을 올린 단체라는 사실이 이미 그러한 한계를 만들어 놓은 셈이다. 그러나 닻은 영국인이 올렸어도 그 단체의 중심인물들은 인도인이었다. 그렇기 때문에 시간이 흐르면서 국민회의는 영국에 협조하는 태도에서 벗어났다. 그리고 인도의 독립을 추구하기 위한 다양한 길을 모색하고 인도 지식계층이 활동할 주 무대가 되어 대영 투쟁과 민족주의 운동을 주도하는 중심 세력으로 변화되었다.

59. '말' 다툼으로 일어난 알리가르 운동

세포이 항쟁 이후 무굴 제국이 멸망함으로써 무슬림들은 심리적으로 위축되었고, 영국 정부의 보복에 대한 두려움도 갖고 있었다. 세포이 항쟁은 무슬림과 힌두 그리고 인도의 다양한 계층이 참여한 대영 투쟁이었으나, 영국은 특히 무슬림들에게 화살을 돌렸다. 물론 항쟁 진행 중에 무굴 황제를 옹립했으니 무슬림들에게 화살이 가는 것이 당연한지도 모른다. 그러나 무슬림에게 화살을 돌린 것은 분리통치의 일환이기도 했다. 무슬림보다는 힌두가 영국에 우호적이었기 때문에 일단 힌두들을 중심 세력에 두면서 무슬림들을 소외시켜서 분열시키려는 의도도 있었다. 또한 유럽의 기독교가 이슬람교와 충돌한 역사 때문에 유럽인들이 가진 이슬람교에 대한 부정적인 생각도 한 몫 했을 것이다.

영국의 친 힌두 정책은 다양한 모습으로 나타났지만 그 가운데 두드러지는 것이 '말' 다툼이다. 인도에는 여러 언어가 있었지만 이 시기에 대표적인 언어는 우르두어(Urdu)였다. 무굴 제국이 인도를 지배하면서 우르두어가 통치언어로 쓰였고, 무굴 제국이 전 인도를 지배하면서 우르두어의 사용은 급속히 확산되었다. 현재 인도의 대표언어인 힌디어는 우르두어와 문법적 구조가 같다. 그래서 2개의 언어는 그 뿌리가 같은 것으로 알려져 있는데 우르두어에는 페르시아어와 아랍어에서 유래된 단어들이 많고, 힌디어에는 산스크리트어에서 유래된 단어가 많은 차이 정도라고 한다. 정확한 표현은 아니지만 개괄적으로 말하자면 12세기 이후 인도에서 비슷한 구조를 가진 말을 힌두가 사용하면 힌디어, 무슬림들이 사용하면 우르두어로 여겨질 정도였고 실제로 힌두와 무슬림 모두 힌디어를 사용하기도 하고 우르두어를 사용하기도 했다. 그러나 19세기에 접어들면서 힌디어와 우르두어의 구별을 분명히 하고 이 구별이 확연해지도록 부채질을 한 것은 영국이다. 힌두와 무슬림들은 서로 언어가 다르다는 분별의식이 없었지만, 영국의 식민통치자들은 우르두어는 무슬림의 언어 그리고 힌디어는 힌두의 언어라고 구별했고, 이 구별이 더욱 심화되도록 조장한 측면도 없지 않다.

세포이 항쟁 이후 무슬림들은 자신들의 전통을 고수하는 보수적 입장을 취했다. 영국식 교육에는 자신들을 기독교인으로 만들려는 의도가 들어있다는 불신을 갖고 있었기 때문에 영어 교육을 외면했다. 이와는 반대로 힌두들은 서구 사상을 받아들이고 영어를 배우면서 지식 계층 혹은 중산 계층으로 성장하여 민족주의 운동의 중심에 자리 잡았다. 힌두들은 영국정부와 긴밀한 협조체제 아래, 우르두어가 공식어로 쓰이고 있던 지역에서조차, 공무상

언어를 힌디어로 바꾸게 만들었다. 1832년에 이르면 힌디어가 우르두어를 대신하여 법률어와 행정어로 자리 잡았고 1836년에는 힌디어로 된 신문도 발간되었다. 무굴 제국 시대까지 우르두어와 페르시아어의 보조적 역할을 하던 힌디어가 명실상부한 공용어로써 자리 잡게 된 것이다. 이러한 현상은 영어가 행정과 법률 공식 언어로 쓰이게 될 때까지 계속되었다. 특히 브라흐모 사마즈와 아리아 사마즈를 중심으로 한 종교 사회 개혁운동이 일어나면서, 힌디어의 중요성이 더욱 강조 되었다. 힌디어를 장려하는 것이 힌두의 의무처럼 인식되었고, 힌디어를 인도의 국어로 채용해야 한다는 생각을 바탕으로 힌디어 보급 운동에 적극적으로 동참했다.

상당수의 무슬림들은 자신들의 전통을 지키고 무슬림의 자존심을 지키는 길은 우르두어와 페르시아어를 사용하는 것이라고 생각했다. 그런데 자신들의 전통을 지키면서 현대 교육을 외면한 결과는 관직의 힌두 독점으로 나타났다. 또한 인도의 장래를 논의하는 중요한 자리와 역할도 힌두에게 내주게 된 것이다. 그러나 모든 무슬림들이 보수주의를 고수한 것은 아니다. 일부 무슬림들은 새로운 사회의 변화를 외면하고 현대 교육과 동 떨어진 채로 살아갈 수 없다는 것을 인식하기 시작했다.

사이이드 아흐마드 칸(Sayyid Ahmad Khan: 1817-1898)은 전형적인 무슬림 귀족 교육을 받은 사람이었다. 다양한 능력의 소유자였던 사이이드 아흐마드는 아그라에 있는 동인도회사의 법원 서기로 근무한 이래, 사법에 관련된 일에 탁월한 능력을 발휘했다. 한편으로 1847년에는 델리의 고대유물에 관한 책 『위대한 기념물(Athar Assanadid)』을 우르두어로 발간하는 등 저술활동도 했다. 특히 1873년에 쓴 『인도 반란의 원인(*The Causes of the Indian Revolt*)』이라는 책에서는 영국의 나약성과 실책에 대하여 과감하게 언급했다. 이 책은 영국인 관리들에게 널리 읽혔고, 영국의 정책 방향에 영향을 미치기도 했다.

사이이드 아흐마드는 특히 교육에 큰 관심을 갖고, 1859년에 무라다바드(Muradabad)에 학교(Gulshan School)를 설립한 것을 시작으로 여러 학교를 세웠으며 1864년에 과학 협회(Scientific Society)를 창립했다. 이 협회에서는 여러 교육 자료를 영어와 우르두어로 출판했다. 이 협회는 많은 사람들의 관심을 끌었고 힌두와 무슬림들이 가입했으나, 사이이드 아흐마드와 무슬림들은 자신들이 소수가 되는 것을 우려했다.

다른 무슬림들과는 달리 인도 무슬림들이 서양 교육을 받아들여야 하고 부분적으로 서양 문화도 받아들여야 한다고 생각한 사이이드 아흐마드는 1869년에 영국을 방문했다. 영국의 캠브리지 대학을 보고 그와 같은 무슬림 캠브리지(Muslim Cambridge) 대학을 설립할 생각을 했다. 그는 귀국하여 설립 준비 위원회를 만들고 잡지에 '무슬림의 향상과 개혁(uplift and reform of the Muslim)'이라는 글을 기고했다. 1875년에는 알리가르에 무슬림 학교를 세우고, 이 학교를 발판으로 1876년에 대학(Muhammadan Anglo-Oriental College)을 설립했다. 이 대학은 1877년에 총독이 대학의 초석(礎石)을 세워주면서 급격히 성장했다. 이 대학을 중심으로 일어난 무슬림 부흥운동을 알리가르 운동(Aligarh Movement)이라고 한다. 알리가르 운동은 문학, 사회생활, 교육, 종교 분야의 혁신에 목표를 둔 무슬림 문화 부흥운동이다.

사이이드 아흐마드는 전-인도 무슬림 교육협회(All-India Muhammadan Educational Conference)를 1886년에 설립하고 이 기구를 통해 무슬림 교육 수준을 증진시키는 한편 무슬림들에게 정치 활동에 참여하기보다는 교육에 관심을 집중하라고 충고했다.

알리가르 운동에 박차를 가한 사람은 테오도르 벡(Theodore Beck)이다. 그는 영국인으로 알리가르 대학의 학장으로 취임하여 알리가르 운동의 오른팔 역할을 담당했다. 영국의 식민지 통치에 대한 신뢰감을 갖고 있던 데오도르 벡은 무슬림과 영국 정부를 연결시켜주는 매개체 역할을 충실히 했다. 한편으로 무슬림들의 교육향상과 문화적 발전을 도왔으나, 한편으로는 힌두로부터 무슬림을 분리시키는 역할을 했다.

힌디어와 우르두어의 '말' 싸움으로 시작된 힌두와 무슬림의 힘겨루기에서 일단 힌디어가 칼자루를 쥐었다. 각 지역에서 우르두어가 공식 언어 자리에서 밀려나고, 무슬림 역시 보수적 입장을 취함으로써 인도 사회의 주역을 힌두에게 내주었다.

이에 무슬림들은 알리가르 운동을 통해 소수파인 자신들의 입장을 변화시켜보려 했다. 무슬림들도 영어를 배우고, 적극적으로 사회에 진출한다면 제 자리를 회복 할 수 있을 것이라고 기대했을 것이다. 무슬림은 인도에서 다수파였던 적은 없다. 델리술탄 시대로부터 무굴 제국 시기까지 그들은 소수였으나 지배자였다.

그러나 이러한 '말'의 대결 구도가 가져올 파장을 우려한 통찰력 있는 사람들은 우르두어 혹은 힌디어라고 부르는 대신에 인도인들이 사용하고 있는 모든 언어를 아우르는 '힌두스타니어'라는 용어를 사용해야 한다고 주장했다. 간디 역시 이러한 생각을 가졌다. 그러나 '말' 싸움으로 시작된 힌두와 무슬림의 분리는 이미 영국의 분리통치 정책의 주요 의제에 포함되어 버렸기 때문에 하나의 언어로 합치는 것은 불가능했다. 또한 알리가르 운동을 통해 성장한 무슬림은 점점 더 힌두와는 '다른 집단'이라는 인식을 키울 수밖에 없었다. 오늘날 힌디어를 대표 언어로 사용하는 인도와 우르두어를 대표 언어로 사용하는 파키스탄이 각각의 나라로 분리된 것이 이 '말' 싸움에서 비롯되었다고 해도 과언이 아닐 것이다.

60. 벵골은 너무 크다

커즌 총독(George N. Curzon: 1899–1905)은 비하르, 오리싸, 벵골을 포함하고 있는 벵골 주의 분할을 계획하고 있었다. 광대한 지역을 한 사람의 지사가 다스리는 것은 비효율적이라는 것이 이유였다. 계획안에 따르면 비하르와 오리싸를 중심으로 하는 서벵골과 아쌈 지역을 중심으로 하는 동벵골로 분할하여 행정의 효율성을 높이겠다는 것이었다. 커즌 총독이 벵골 분할 계획안을 만들어 영국의 인도 담당 장관인 브로드릭(John Brodrick)에게 보냈고 1905년 영국정부가 허가했다.

영국정부가 추진한 벵골 분할은 계획단계에서부터 논란이 많았다. 벵골을 동과 서로 나누면, 동벵골은 무슬림이 다수인 주가 되고, 서벵골은 힌두가 절대적 우위를 차지하는 주가 된다. 전체적으로 보면 벵골은 힌두 우세의 지역이지만 이렇게 동서로 나누어 버리면 동벵골의 힌두들은 소수집단으로 전락하여 상대적으로 불이익을 받게 될 것이다. 또한 동벵골에서는 무슬림이 다수집단으로 우위를 차지 할 수 있으나 야만지역으로 인식되던 아쌈 지역이 동벵골에 포함됨으로써 벵골인들의 문화적 자존심이 손상된다는 것이다.

벵골 주는 규모가 워낙 컸기 때문에 이것을 분할하면 행정의 효율성이 높아질 것이라는 것에 대해서는 상당수가 동조적이었다. 그러나 벵골 분할이 단순한 행정 효율만을 고려해서 계획되었는가에 대해서는 회의적이다.

그래서 커즌 총독이 벵골을 분리한 것에 대한 평가는 다양하다. 일부에서는 인도의 분리통치를 위한 철저한 제국주의적 발상이라고 평가하는가 하면, 한편에서는 실제로 행정적 편의를 위한 행정 개혁차원의 분할이었으나 이것이 점차 정치적 목적으로 전환되거나 이용되었다고 보기도 한다. 그뿐만 아니라 직접 이해관계가 얽혀있는 사람들과 지도층을 제외하고는 벵골 분할 자체에 냉담했다는 평가도 있다.

실제로 커즌 총독이 어떤 의도로 벵골을 분리하려 했던 간에, 결과적으로 벵골 분리는 힌두-무슬림의 상호 감정을 자극해서 극단적인 적대감을 심어주었다. 이 두 집단이 벵골 분리의 타당성 여부를 놓고 설왕설래 하는 과정에서 극단적으로 대립하고, 그 감정의 대립이 폭력시대를 만들어 인도인들의 가슴에 씻을 수 없는 상처를 남겼다. 이 때문에 간디는 "국민회의가 자치의 씨앗을 심었지만 진정한 각성은 벵골 분할 이후에 생겨났다."고 말하기도 했다.

벵골 분할은 힌두-무슬림 갈등만을 유발시킨 것이 아니다. 국민회의 역시 벵골 분할에 대한 대처 방안을 논의하면서 온건파와 강

그림 59. 벵골 분할 지도

경파로 나뉘어 대립하기 시작했다. 당시 국민회의는 영국정부와 인도통치법에 관한 협상을 하고 있었기 때문에 벵골 문제에 적극적으로 나서지 않았다. 이러한 국민회의의 미온적 태도에 불만을 품은 강경파가 등장하게 된 것이다. 고칼레(Gokhale)가 1905년 국민회의 의장 연설에서 "국민회의가 추구하는 것들은 대영제국 안에서 이루어져야 하고, 점진적인 것이어야 한다."라는 미온적인 발언을 하자, 틸락은 온건파가 추구하는 '설득과 청원'에 회의를 느끼고 설득이 아닌 강력한 압력으로써 정치적 권리를 쟁취해야 한다고 주장하고 나섰다. 이러한 국민회의 내부의 분열에 이어 벵골을 둘러싼 정치, 경제적 이해가 엇갈리는 집단들이 분열하면서 폭력사태가 심화되었다.

뿐만 아니라 벵골 분할 반대를 위해 폭력을 동원하는 사태가 발생하자, 목적을 달성할 수 있는 수단으로 폭력이 미화되기 시작했다. 폭력파들은 종교심을 자극해서 애국심을 이끌어 낼 수 있다고 믿고, 폭력 사용의 근거를 전통적인 종교에서 찾으려했다. 특히 힘과 파괴의 상징인 칼리(Kali) 여신에 대한 숭배를 강조하는 한편 인도의 고전에서도 폭력을 정당화시킬 문헌들을 찾아내어 부각시켰다. 『바가바드기타』에서는 전쟁에 참가한 아르주나와 마부(크리슈나)가 나누는 대화 가운데 폭력적인 부분들만을 들추어 인용하면서 폭력을 정당화 하는데 사용하기도 했다.

특히 1906년에 다스(P.B.Das)가 창립한 아누실란 사미티(Anusilan Samiti)가 휘두른 폭력과 만행에 벵골인들은 물론 전-인도인들이 경악했다. 다른 강경파 단체들조차도 이 단체의 만행은 용서할 수 없는 행위라고 비난할 정도였다. 아누실란 사미티는 무슬림을 배제하고 힌두만으로 구성되었을 뿐만 아니라, 상층 힌두를 중심으로 조직되어 하층 힌두 역시 배제되었다. 이 단체의 상층 힌두들의 과격한 투쟁은 일부 지역에서 일시적인 투쟁으로 끝났지만, 그들이 보인 무시무시한 폭력적 행동으로 인한 심리적 여파는 적지 않았다

영국이 단순히 행정적 편의를 위하여 벵골 분할을 시도했다고 해도 그 잠재된 의식 속에 분리통치의 이상을 완전히 배제하지는 않았을 것이다. 벵골 분할 반대 운동이 인도인들에게 '민족자치'의 의식을 일깨우는 계기가 되기도 했지만 한편으로는 힌두와 무슬림의 대립이 적나라하게 드러나는 계기가 되기도 했다. 그러므로 벵골 분할 정책을 계기로 영국이 지향했던 분열의 함정에 힌두와

무슬림 모두 함께 빠진 셈이다.

간디는 "분할이 영국이라고 하는 배에만 균열을 만든 것이 아니다. 중대한 사건은 중대한 결과를 낳는다. 지도자들은 온건파와 강경파로 나뉘었고 증오심이 생긴 것이 사실이지만 이러한 분열이 지속되지는 않으리라고 생각한다. 분열이 얼마나 오래 가느냐는 지도자들에게 달려있다."라고 말했다. 벵골 분할과 철회만을 놓고 본다면 이들의 분열은 오래가지 않았다고 볼 수 있을지 모른다. 그러나 벵골 분할로 야기된 힌두-무슬림의 충돌과 심리적 균열은 일시적 현상으로 끝나지 않았다.

무슬림이 인도에 발을 디딘 이후 긴 세월 동안 때로는 감춰지고, 때로는 다독여지며, 때로는 화합하려는 시도가 이루어지기도 했던 힌두와 무슬림의 분리 감정의 선은 벵골 분할을 계기로 굵어지고 짙어졌다. 이 짙고 굵어진 분리 감정의 선이 인도, 파키스탄의 분리 독립과 오늘날 종파 갈등의 텃밭이 된 셈이다.

61. 우리도 희망의 배를 띄우자: 무슬림연맹

사이이드 아흐마드가 주도한 알리가르 운동에 힘입어, 무슬림들의 교육 수준이 향상되었다. 무슬림 대학졸업자가 증가했고, 힌두에게 압도당했던 관리 진출에 있어서도 뚜렷한 증가 추세를 보이기 시작했다. 이렇게 되자 대학교육을 받은 무슬림들은 그들도 나름대로 자신들의 의사를 표시할 수 있는 정치 단체를 만들어야 한다는 생각을 하게 되었다.

국민회의에서는 무슬림들이 국민회의에 참여해서 대영투쟁에 동참하기를 희망했다. 그러나 무슬림들의 입장에서 보면 국민회의는 힌두가 주도하는 기구였다. 무슬림보다는 힌두가 압도적으로 많았기 때문이다. 비록 무슬림들의 일부가 국민회의에서 활동했지만 무슬림 지도자들은 힌두가 다수인 국민회의를 신뢰하지 않았다.

무슬림들이 국민회의와 힌두를 신뢰하지 않은 데에는 여러 이유가 있다. 국민회의에서는 자신들이 인도 전체를 대표하는 기구이며, 무슬림과 힌두가 함께 노력해서 인도의 권리를 찾아야 한다고 외쳤지만, 실제로 힌두는 무슬림들에게 심리적 압박을 가하고 있었다.

1900년에 힌두들은 연합주(United Provinces, 지금의 우타르프라데시 주)의 공식 언어를 페르시아어 대신에 힌디어로 지정해달라고 요청했다. 영국 행정부는 이 요청을 받아들여 연합주의 관청과 법원의 공식 언어로 힌디어를 지정해버렸다. 이 사건은 다수의 힌두가 소수인 무슬림들의 문화와 종교를 억압할 것이고, 인도가 독립한다 해도 이러한 상황은 개선될 여지가 없을 것이라는 두려움을 무슬림들에게 심어주었다. 이때부터 무슬림들은 힌두들에게 유익한 일이 무슬림들에게도 유익한 것은 아니며, 한데 어울려 살아가기 쉽지 않을 것이라는 인식을 하게 되었을 것이다. 무슬림이 힌두와 다른 집단이란 것을 인식 시킨 단서는 '말' 싸움이었는데, 이 '말' 싸움은 1900년대에도 지속되어 힌디어가 활성화되는 반면 우르두어는 위축되는 모습을 보였다. 1863년에 발행된 신문 가운데 힌디어로 발행된 것이 13퍼센트에 불과했으나 1905년에는 23퍼센트로 증가했고 1911년에는 77퍼센트의 신문이 힌디로 발행되었다. 그뿐만 아니라 1900년대 초 40퍼센트 정도를 차지하던 힌디어 문학 작품은 1930년대에는 80퍼센트를 넘을 정도가 되었다. 힌디어의 성장과 우르두어의 침체는 힌두의 성장과 무슬림의 위축된 현실을 반영하는 것이기도 하다.

사이이드 아흐마드 칸이 1898년에 죽자, 자신들의 미래를 지켜줄 지도자를 잃은 무슬림들은 더욱 위기의식을 느꼈다. 그러한 때에 커즌 총독이 벵골 분리 계획안을 발표한 것이다. 국민회의를 중심으로 한 인도국민의 반발이 거세게 일어났다. 벵골의 분리는 영국의 분리통치 일환으로 인식되었기 때문에 초기에는 힌두와 무슬림들이 함께 반대했다. 그러나 영국과 식민지 당국이 벵골 분할은 무슬림 권익을 위한 것이라고 회유함으로써 분리를 지지하는 무슬림들이 늘어났다. 그렇게 됨으로써 무슬림들은 지지하고 힌두는 반대하는 양극화 현상을 빚으며 충돌했다.

그런데 벵골이 분할되던 해에 영국에서는 보수당이 패배하고 자유당이 집권하면서 인도에 대한 정책에 변화가 일어나기 시작했다. 민토 총독(Lord Minto: 1905-1910)이 입법참사회 확대를 위한 소위원회를 구성할 것이라는 것을 알리자, 힌두는 물론 무슬림도 자신들의 입장이 긍정적으로 소위원회에 받아들여지기를 희망했다. 벵골 분할을 통해서 무슬림들은 총독 정부가 자신들의 입장에 동조적인 생각을 갖고 있다고 믿게 되었다. 그래서 아가 칸(Aga Khan)은 36명의 무슬림 대표단을 구성해서 심라로 갔다. 이들을 '심라대표단'이라고 부른다. 심라에서 총독을 만난 대표단은 자신들의 입장을 표명했다.

영국은 인도에 민주주의를 도입하려 했다. 민주주의란 다수결의 원칙을 기본으로 한다. 그러므로 인도에 대의제가 수립될 경우 인구의 1/4에 불과한 무슬림들은 불리할 수밖에 없다. 그래서 다수결 원칙을 적용하기보다는 소수집단의 권익을 일정부분 보장할 수 있는 제도를 만들어야 한다고 건의했다.

또한 당시의 선거제도는 보통선거제가 아니라 일정 재산을 기준으로 한 제한 선거권제도이므로 전반적으로 힌두보다 빈곤한 상태에 있는 무슬림들은 참정권 자체에 제한을 받는 불리한 입장에 있다고 주장했다. 그뿐만 아니라, 모든 관리를 경쟁시험으로 선발할 경우 교육 수준이 힌두보다 낮은 무슬림들은 현저히 불리하게 될 것이고 교육 수준이 높은 벵골 지역의 힌두들에 의하여 관직이 독점될 것이라는 우려도 표명했다.

국민회의가 설립될 당시, 영국은 국민회의가 영국 통치에 긍정적 영향을 미칠 것이라고 기대했다. 그러나 1905년 벵골 분리에서 보여준 국민회의의 태도는 영국을 불안하게 했다. 국민회의에 과격파들이 등장하면서, 온건파들이 영국에 협조적이었던 때와는 달리 대영투쟁을 내세우는 국민회의가 된 것이다. 이러한 상황에서 무슬림들이 '우리의 입장을 이해하고 보호할 대책을 세워 달라'고 총독에게 요청한 것이다. 이러한 요청에 대해 영국정부와 총독은 무슬림들을 영국 편에 서게 하는 것은 물론 국민회의를 견제 할 수 있는 좋은 기회라고 생각했을 것이다. 그래서 민토 총독은 무슬림들을 환영하고 특별 연회까지 베풀며 적극적인 협조를 약속했다.

1906년 12월 전-인도 무슬림 교육협회가 동 벵골의 다카(Dhaka)에서 개최되었다. 여기서 의장인 살리물라(Nawab Salimullah)는 특별회의를 개최하여 무슬림의 정치 단체인 전-인도 무슬림연맹(All India Muslim League: 약칭 무슬림연맹)을 결성하자고 제의했다. 56명의 준비위원이 선출되었는데 이 가운데는 국민회의에 소속되어 있는 무슬림들도 포함되어 있었다. 이렇게 해서 탄생한 무슬림연맹에서는 '영국과 협조 그리고 무슬림 권익 보호'를 목표로 설정했다. 국민회의가 영국 통치를 약화시키고 대의제 정부를 구성하려고 하는데 이것은 무슬림들에게 죽음을 의미하는 것이며, 경쟁시험으로 관리를 채용하는 것은 무슬림에게서 관직 자체를 박탈하는 것이 될 것이라고 비판했다. 그리고 무슬림연맹은 영국 정부와 협조하고, 자신들의 요구를 정중히 건의하는 방식을 택할 것이며, 국민회의처럼 대중을 선동하여 정부를 반대하는 방향으로 이끌지 않을 것이라고 선언했다.

무슬림연맹의 선언에는 영국이 원하는 모든 것이 들어있다. '국민회의가 하고 있는 정치 활동에 대한 비판 그리고 영국 정부와의 굳건한 제휴' 그것이 무슬림연맹이 출범하면서 한 선언의 요지였다.

무슬림들의 정치적 희망을 실은 배 '무슬림연맹'이 출범했다. 이들이 힘차게 올린 닻에 민토 총독은 '몰리-민토 개혁'으로 알려진 1909년의 인도참사회법 개정에서 '분리선거'라는 힘찬 바람을 불어넣어 주었다. 이 바람을 빼는 1911년의 '벵골 분리 취소' 결정이 내려지기 전까지, 닻을 올린 무슬림연맹은 영국이 불어 넣어 주는 바람에 힘입어 힘차게 전진했다.

62. 따로 따로 선거하자

1905년 커즌 총독의 후임으로 부임한 민토는 다양한 경력을 가진 인물이었을 뿐만 아니라, 그의 할아버지(Sir Gilbert Elliott: 민토 백작 1세)도 동인도회사 지배 시기의 총독(1807~1813년)이었기 때문에 대를 이은 베테랑 총독이었다. 그는 부임하자마자 벵골 분할에 따른 소요를 경험했고, 그 소요 뒤에 숨겨진 혁명의 물결을 느꼈다.

이 무렵 국민회의는 행정부와 입법부에 자치(Home Rule) 수준의 인도인 참여를 요구했다. 한편 혁명조직인 '청년인도(Abhinava Bharat)'와 같은 애국 청년 단체들은 유럽의 혁명을 모델로 삼아, 영국 정부 요인들을 암살하는 일을 공공연히 저질렀다. 그들은 캘커타에 있는 유럽인들을 불안에 떨게 했고, 민토와 그의 부인에게도 폭탄을 던졌다. 이러한 폭력 행동의 배경에는 당시 유럽을 휩쓸고 있던 러시아 혁명(1905년)의 영향도 적지 않았다.

민토는 완전한 자치권과 독립을 요구하며 폭력을 일삼은 인물들을 처벌하고 추방하는 등 강경하게 대처했다. 그리고 한편으로는 영국의 인도 담당 장관인 몰리(John Morley)와 민토 총독은 폭력과 영국에 대한 반감 문제를 해결하기 위해, 각기 다른 목소리를 내고 있는 단체들에게 각기 다른 선심을 쓰는 회유책을 마련했다.

인도인의 정치 참여를 확대하라는 국민회의의 요청을 받아들이면서, 또 한편으로는 심라대표단이 요청했던 무슬림의 보호를 위한 대안을 마련하여, 반영 투쟁을 잠재우려 했다. 이러한 몰리와 민토의 정책은 1909년 인도참사회법(Indian Councils Act of 1909, Morley-Minto Reforms)에 그대로 반영되었다.

일명 몰리-민토 개혁이라 불리는 통치법 개정으로 중앙과 지방의 입법참사회 위원이 증원되고 인도인 비율도 증가했다. 총독집행위원회 5명 가운데 1명은 인도인을 임명하도록 했으며 총독이 주관하는 입법참사회 위원을 60명으로 확대했다. 60명은 관리위원 28명, 총독이 임명하는 위원 5명, 선거에 의한 위원 27명으로 구성된다. 선거로 뽑는 입법참사회의 비관리 위원 27명 가운데 13명은 일반선거구에서, 6명은 6개 주의 특수 지주(地主) 선거구에서, 6명은 무슬림 분리선거구에서, 2명은 벵골과 봄베이 상업회의소에서 선출한다. 각 지방 입법참사회 역시 중앙과 비슷한 비율로 분리선거권을 인정했다.

또한 입법참사회의 결의권이나 질의권을 인정했다. 물론 참사회가 결의권이나 질의권을 갖기는 하지만 행정부가 그러한 것들을 반드시 수용해야 하는 것은 아니었고, 모든 사항에 대한 최종 결정권은 총독에게 있다.

위원수를 늘리고 일부 위원을 투표로 선출한다는 것이 몰리-민토 개혁의 주요 골자인데, 이러한 숫자보다 더 중요한 의미를 갖는 것은 분리선거구이다. 선거구는 지방 입법참사회 위원을 선출하는 일반선거구, 지주와 무슬림에게 배정된 분리선거구 그리고 대학 및 상업단체 등에게 배정된 특별선거구로 구분되었다.

이 분리선거구는 민토가 심라대표단에게 약속한 '적극적 협조'를 반영한 것이다. 인도의 선거구와 선거제는 상당히 복잡하다. 그 복잡한 선거구의 출발점이 몰리-민토 개혁인 셈이다. 개괄적인 예를 들어 보자면 A지역에서 참사위원 10명을 선거로 뽑는 경우, 5명은 선거구의 투표권을 가진 모든 사람이 투표해서 뽑는다. 그 다음으로 3명은 무슬림 중에서 출마하고 무슬림들만 투표해서 뽑는다. 나머지 2명은 특별선거구로 지정된 단체 즉 상업단체에서 출마하고 그 해당 상업단체 관련자만 투표해서 뽑는다. 처음 5명 선거에는 무슬림과 상업단체도 출마하고 투표할 수 있다. 그러므로 위 예의 경우 무슬림은 적어도 3명은 선출되고, 일반선거구에서 무슬림이 선출된다면 무슬림 비율은 더 늘어난다.

그러므로 몰리-민토 개혁은 무슬림들에게 상당히 선심을 쓴 개혁이라 할 수 있다. 그러나 심라대표단이 '무슬림을 소수 집단으로써 보호할 대안을 마련해 달라'고 한 요청에는 미치지 못한 것이었다. 전체의 1/4을 차지하는 단순 인구비례의 분리선거가 아니라 인도에서 무슬림이 차지하는 역할의 비율을 고려해 달라고 했지만 영국은 인구 비례정도의 분리선거 의석을 배정했기 때문이다.

또한 이 개혁은 국민회의를 만족시키지도 못했다. 제국 통치에 인도인들의 참여를 늘려서, 자치 국가의 수준이 되도록 해달라고 요청했지만 그에 미치지 못했기 때문이다. 나아가서 숫자상의 문제보다 질적인 것이 더 문제였다. 건의하고 질의하고 심의할 수 있으나, 최종 결정권은 총독에게 있었기 때문이다. 인도인들의 이익을 위한 것이라 해도, 총독정부의 정책을 비판하거나 수정할 수 없는 한계를 가지고 있었던 것이다.

국민회의도 무슬림연맹도 만족할만한 개혁은 아니었지만, 식민 통치라는 한계 속에서 볼 때 대의정치의 큰 진전을 보인 것이라고 평가할 수 있다. 그러나 몰리-민토의 개혁이 대의정치의 진전보다 더 큰 역사적 의미를 갖게 된 것은 '분리선거 제도'이다. 인도에는 종교에 근거하여 서로 다른 이해관계를 갖고 있는 별개 집단이 존재하고 있다는 것을 영국정부가 공식적으로 인정한 것이기 때문이다. 그리고 이렇게 만들어진 몰리-민토 개혁의 분리선거 제도는 이후 인도의 선거제도의 전형이 되었고, 비율과 방식에 변화가 있기는 했지만 독립시기까지 유지되었다.

63. 엘리트 운동에서 민중운동으로

마하트마! 위대한 영혼.

그가 인도의 독립운동에 발을 내딛었다.

간디는 1869년 인도 중서부 구자라트 주에 있는 작은 도시 포르반다르(Porbandar)에서 태어났다. 1888년 영국으로 건너가 법학원(Inner Temple)에서 3년 동안 수학한 후, 1891년 6월 10일 변호사 자격증을 취득하고 귀국했다. 당시의 엘리트들은 대부분 이러한 과정을 거쳤고 간디 역시 일반적인 엘리트 코스를 밟은 것이다. 그런데 아프리카에서 겪은 인종차별이 간디 인생의 방향을 바꾸어 놓았다. 간디는 남아프리카의 소송 사건을 의뢰받아 아프리카로 갔다. 1등 칸의 표를 사서 더반(Durban)에서 프레토리아(Pretoria)로 가는 기차를 탔다. 간디는 1등 칸의 차표를 가지고 있었지만, 인도인과 같은 유색인종은 1등 칸에 탈 수 없다는 이유로 열차에서 쫓겨났다. 이러한 차별을 받은 간디는 자신이 겪고 있는 고통이 혼자만 겪는 것이 아니기 때문에, 자신이 겪은 모욕과 억울함을 해결하는 것으로 끝날 일이 아니라는 생각을 했다. 그래서 '일종의 질환'이라고 간디가 말했던 인종차별, 특히 남아프리카에서 인도인이 차별받고 있는 상황을 개선하기 위해 22년 동안 아프리카에서 활동했다.

남아프리카 공화국에서 벌어진 인종차별의 대표적 사례가 아시아인 등록법이다. 마치 일본에서 벌어진 조선인 지문 등록법처럼 유색인종들은 지문을 찍은 등록증을 가지고 다녀야 했다. 간디는 아시아인 등록법을 거부하는 최초의 사뜨야그라하(Satyagraha) 투쟁을 1906년에 전개했다. 그는 "고통을 스스로 받아들이면서 뼈가 부서지고 목숨이 끊어지더라도 따르지 않겠다. 그들은 나를 고문하고 죽일 수는 있어도 나를 복종시킬 수는 없다."는 연설로, 평화적이면서도 강력한 불복종 운동을 전개했다. 이렇게 아프리카에서 활동하던 간디는 1915년 인도로 돌아왔다. 남아프리카에서 인도인들의 문제를 완전하게 해결하지는 못했지만, 그의 사상과 정치 활동의 근간이 되는 사뜨야그라하에 자신감을 갖게 되었다.

사뜨야그라하의 말뜻을 그대로 풀이하면 '진리를 꽉 움켜 쥠'이다. 사뜨야그라하는 진리에 대한 헌신이나 추구를 의미하는 말로 사용되고 있으며 간디가 추구한 비폭력 운동을 지칭하기도 한다.

사뜨야그라하에 자신감을 갖고 귀국한 간디는 구자라트 참파란(Champaran)에서 농민들을 위한 첫 번째 사뜨야그라하에 성공하면서 인도 정계에 모습을 드러냈다. 구자라트에서 억압과 착취를 당하는 농민 문제를 해결하면서 대중들의 우상이 되었고 위대한 영혼을 뜻하는 '마하트마'라고 불리게 되었다.

당시의 인도 정치 지도자들은 대부분 영국식 옷차림과 생활방식으로 살고 있었지만, 간디는 가난한 인도인들과 같은 소박한 옷을 입고 검소한 생활을 했다. 이러한 간디의 모습은 인도 민중들에게 친근감을 주었고 쉽게 간디와 접할 수 있는 분위기를 만들었다.

간디가 인도 정계에 등장할 즈음에는, 1905년의 벵골 분할과 1911년 벵골 분할의 취소 과정에서 드러난 힌두와 무슬림의 종파적 대립이 고개를 들었고, 무슬림연맹이 탄생하여 국민회의와 대립하고 있었다. 한편으로는 인도참사회법 개정으로 총독 정부에 인도인이 포함되고, 위원을 뽑는 선거제도를 만드는 등, 인도인의 권리 혹은 자치를 위한 노력이 진행되고 있었다.

이러한 일련의 변화는 엘리트 계층이나 정치 지도자들에게는 중요한 문제지만 일반대중들이 피부로 느낄 수 있는 변화는 아니

그림 60. (좌) 1918년 케다(Kheda)에서 농민 운동을 지도하던 때의 간디
(우) 소박한 차림으로 물레를 돌리고 있는 간디(1920년대)

었다. 그러나 간디는 인도 농민들의 직접적인 문제에 접근했다. 농민들 위에 군림하며 착취하는 현장에서 농민들과 함께 투쟁하고, 과도하게 부과된 소작료를 내리도록 하는 일은, 정치 투쟁이 아니라 인도 농민의 생존권을 위한 투쟁이었기 때문에 대중들의 피부에 와 닿는 투쟁이었다.

간디는 인간이 가진 파괴의 힘보다는 비폭력의 힘이 더 크다는 확신을 갖고 있었다. 비폭력은 인류의 영원한 법이며, 인간의 본성인 사랑으로 해결하지 못할 일은 없다고 믿었다. 이러한 믿음이 사뜨야그라하의 기본 정신이다. 사뜨야그라하는 상대를 폭력으로 패배시키는 대신에 정신력으로 상대방의 마음을 변화시키는 것이다. 억압당하고 있는 사람이 자진해서 그 고난과 고통을 받아들임으로써 상대방의 마음속에 있는 사랑과 인간적인 감정을 환기시키는 것이다. 사뜨야그라하는 진리와 정의에 대한 확신과 사랑으로 행해야 한다. 상대방을 사랑하는 마음 없이 일시적으로 고통을 참아서 상대방을 궁지로 몰아넣으려고 한다면 이것은 진정한 사뜨야그라하 정신이 아니다. 그렇기 때문에 상대방에게 경의를 표하고, 상대의 견해를 존중하면서, 상대가 선의와 신의를 갖고 있다고 믿어야 한다. 또한 예절바르게 상대를 대해야 하고, 어떠한 상황에서도 무력을 사용해서는 안 된다.

이러한 사뜨야그라하 정신을 바탕으로 한 간디의 비폭력 무저항주의가 인도 정치계에 모습을 드러냈다. 영국은 인도인들을 억압하고 탄압했다. 이러한 것이 부당하다고 주장하며 투쟁하고 있는 인도의 정치인들은 어떠한가. 인도의 정치인들은 인도 민중을 억압하고 탄압하고 있지 않은가. 그럼에도 불구하고 인도의 정치인들이 자신이 민중을 탄압하고 민중을 노예로 삼고 있는 것에 대해서는 의식하지 못하고 있다.

이에 간디는 "영국이 인도인을 억압하고 차별하는 것은 옳지 않다. 마찬가지로 인도 정치지도자들 역시 인도의 하층민들, 농민들을 억압하고 착취하는 것은 옳지 않다."고 강조했다. 그리고 간디는 인도 민중들과 같은 옷을 입고, 그들처럼 소박한 생활을 하며, 여행할 때는 기차의 3등 칸에 탔다. 그들처럼 먹고 그들과 어울려 살면서 인도 하층민, 대중의 마음을 움직인 것이다.

간디가 등장하기 전까지, 인도의 대중운동이라 불리던 것들은 교육받은 지식인과 도시 중산층들이 전개한 운동이었다. 또한 그들이 추구한 의제 역시 엘리트 계층과 관련된 것들이었다고 해도 과언이 아니다. 참정권을 확대하고, 인도인의 의석과 공직의 자리를 늘리는 일은 대다수 인도 민중과는 거리가 먼 일이었기 때문이다. 그러나 간디의 등장은 농민과 노동자를 포함하는 민중운동으로 방향을 돌리는 계기가 되었고, 진정한 의미의 대중운동의 시작을 알리는 것이었다.

64. 여성을 위한, 여성에 의한 단체

영국이 인도를 지배하기 시작하면서 인도 여성과 관련된 악습들이 거론되었다. 1817년에 발행된 제임스 밀(James Mill)의 『영국령 인도의 역사(*The History of British India*)』에는 19세기 초 인도 여성에 대한 영국의 시각이 어떠했는지 잘 드러나 있다. 밀은 사회의 진보와 여성의 지위를 연결시켜 "미개한 사람들 사이에서 여성은 일반적으로 경시되며, 문명인들 사이에서는 여성의 지위가 높다."고 전제한 후, 여자가 천국에 갈 수 있는 길은 남편을 섬기는 방법뿐이라던가, 아내가 잘못을 저질렀을 때 회초리로 때린다거나 하는 『마누법전』의 여러 구절들을 인용하면서 "힌두가 자신들의 여성들에게 품고 있는 상습적인 경멸을 넘어설 수 있는 것은 아무 것도 없다."고 서술했다. 밀의 이러한 시각은, 미개한 인도를 계몽시키고 특히 여성의 고난을 야기하는 악습을 폐지하는 것이 신사다운 의무라는 영국의 식민지 지배 이념과 맞닿아 있다.

그런데 인도 남성들이 여성 문제에 접근하는 방식 역시 영국의 식민지 지배 이념과 별로 다르지 않았다. 즉 진보된 영국이 인도를 계몽시켜야 한다고 생각하는 것처럼 인도 남성들 역시 진보된 남성이 여성을 계몽시켜야 한다고 생각했다. 식민지 정부가 사띠, 조혼 등에 대한 개혁에 관심을 보이자 인도의 개혁주의자들도 인도 여성문제를 거론했다. 19세기에 접어들면서 벵골에서는 람 모한 로이(Ram Mohan Roy)가 아트미야 사바(Atmiya Sabha)를 설립하고 여성 교육의 중요성과 사띠 폐지를 주창했다. 로이는 1815년에 아트미야 사바를 설립한데 이어 1828년에 브라흐모 사바(Brahmo Sabha)를 설립했으나 1833년 로이가 죽자 쇠퇴하였고 1861년에 브라흐모 사마즈(Brahmo Samaj)로 확대 개편되었는데, 이 브라흐모 사마즈는 이후 벵골을 중심으로 한 개혁 운동의 중심단체가 되었다. 로이는 인도의 전통과 종교에 대한 지식이 있는 사람들이 인도의 관습에 대하여 논의할 자격이 있는 것이며, 인도의 조상이나 그들의 종교에 대해 알지도 못하는 식민지 정부가 인도의 전통을 개혁하게 두어서는 안 된다고 주장했다.

한편으로 영국은 인도 여성 교육 문제도 거론했다. 19세기 중반까지 인도 여성을 위한 교육방식은 가정교육(home education), 제나나 교육(zenana education), 공식학교(formal schools) 등 3개로 나눠볼 수 있다. 처음에는 가정교육이 가장 대중적이었는데, 아버지가 딸들을 가르치고 남자 형제들이 자매들을 가르치고 남편이 아내를 가르치거나 고용된 가정교사가 가정을 방문하여 가르칠 수 있었기 때문이다. 제나나 교육은 말 그대로 여성들의 구역(zenana)에 교사가 방문하여 가르치는 것이다. 친구나 친척 여성들을 모이게 하여 소그룹으로 교육시키는 양상이었는데 선교사들에 의해 운영되는 경우가 많았다. 이 과정에서 읽기, 쓰기, 가정에서 필요한 산수, 바느질 등을 가르치는 한편으로 성경 교육이 포함되었기 때문에 복음주의 교육과 기독교 개종을 종용하는 교육이라는 비난을 받기도 했다.

영국이 인도 지배에 본격적으로 나서면서 다양한 교육 정책과 개혁안을 발표했다. 그로 인하여 다양한 교육기관들이 생겨났고 베튠 스쿨(Bethune School)과 같은 여성 교육기관도 설립되었다. 1849년에 베튠(John Elliot Drinkwater Bethune)이 창설한 베튠 스쿨은 1879년에는 베튠 대학(Bethune College)으로 발전하여 인도 최초의 여자대학이 되었으며 1888년에 캘커타 대학교(University of Calcutta)에 통합되었다.

이처럼 여성 교육기관이 설립됨으로써 가정교육, 제나나 교육 그리고 공식 학교 등을 통해 교육을 받은 여성들이 점진적으로 늘어났다. 통계자료에 의하면 벵골의 경우 여학교의 수는 1863년 95개, 1871년 344개, 1881년 1,042개, 1890년에는 2,238개로 급속히 증가했다. 학생 수 또한 1863년에는 2,486명, 1871년 6,717명, 1881년 44,096명, 1890년 78,865명으로 늘었다.

그러나 인도가 스스로 개혁하기보다는 영국이 인도를 계몽시켜야 한다고 생각했던 것처럼 인도 남성들 역시 여성 문제는 남성들이 만든 단체에서 남성들에 의해 개혁되어야 한다고 생각했다.

더뜨(Umesh Chandra Dutt)는 여성 교육 지원을 목표로 마마보디니 사바(Bāmābodhinī Sabha, 1863)를 설립했고, 차토파드야이

(Hari Charan Chattopadhyay)를 비롯한 사회 활동가들은 우따파라 히타카리 사바(Uttarpara Hitakari Sabha, 1864)를 만들어 여성 계몽을 위한 활동을 전개했다. 뿐만 아니라 벵골에서는 아르야 나리 사마즈(Arya Nari Samaj, 1879), 방가 마힐라 사마즈(Banga Mahila Samaj, 1879) 등의 여성단체가 설립되었다. 뿐만 아니라 마하라슈트라의 여성단체(Satara Abalonnati Sabha), 방갈로르의 여성단체(Mahila Seva Samaj), 바라나시의 여성단체(Bharat Mahila Parishad), 알라하바드의 여성단체(Prayas Mahila Samiti) 등도 결성되었다. 이러한 여성단체들은 여성들이 사회적으로 좀 더 건설적인 역할을 할 수 있도록 관습을 개혁함으로써 여성의 지위를 향상시키는 것을 목표로 했다. 그러니 여성을 위한 단체인 것인데, 문제는 모든 주도권을 남성들이 쥐고 있는 단체였다는 것이다. 물론 라마바이(Ramabai)가 설립한 여성단체(Arya Mahila Samaj, 1882)나 신지학회 여성들을 기반으로 설립된 여성단체(Sakhi Samiti, 1885) 등과 같이 여성들이 설립한 단체도 있었으나 소규모의 단체였으며 그리 오래 지속되지 못했다.

국민회의에는 여성의 지위와 관련된 문제들은 다루는 인도국가사회협의회(Indian National Social Conference)가 있었다. 그러나 여성문제뿐만 아니라 사회 문제 전반을 다루는 협의회였고, 간디가 등장하여 대중운동을 전개하기 전까지 국민회의는 별로 대중문제에 관심이 없었기 때문에 큰 역할을 하지는 못했다. 그러다가 1904년에 인도국가사회협의회 내에 여성단체인 바라뜨 마힐라 파리샤드(Bharat Mahila Parishad)를 창립했는데 이 역시 남성들에 의해 운영되었다. 어쩌다 여성 문제를 거론한다 해도 1년에 한 번 개최되는 협의회에서 여성이 언급되는 '결의안'을 채택했을 뿐 실천하는 협의회로 자리매김하지도 못했다.

국민회의 연차대회와 더불어 인도국가사회협의회가 1909년 12월에 라호르에서 개최되었다. 이때 '바라뜨 마힐라 파리샤드'에 참석한 여성들이 모여 '여성들을 위한 여성들의 단체'를 결성하자고 결의했다. 이 결의는 당시 신여성의 대표주자로 꼽히는 사랄라 데비(Sarala Devi)가 발의하였고 단체의 이름은 바라뜨 스뜨리 마하만달(Bharat Stree Mahamandal: 인도 여성의 위대한 단체. 이후 마하만달로 약칭함)이라 정했다. 그러나 마하만달의 설립은 순조롭게 진행되지 못했다. 주된 이유는 소위 당시 개혁운동의 선봉에 있던 남성들이 반대했기 때문이었다. 남성 개혁가들이 마하만달 설립을 저지한 핵심적 이유는 '남성들이 여성단체를 이끌어야 한다'는 것이었다.

그림 61. 바라뜨 스뜨리 마하만달을 설립한 사랄라 데비

사랄라 데비를 필두로 마하만달 설립을 추진하던 여성들은 '여성은 남성에게 종속된 존재라는 마누법전의 여성인식에서 벗어나지 못한 남성들'이라고 비판했다. 다시 말해서 여성을 위한 단체를 만든다 해도, 남성이 만들어서 운영하면서 여성들은 그 결실과 혜택을 받아야 하는 대상이며, 스스로 단체를

만들어서는 안 된다는 것이 당시 개혁가 남성들이 반대한 이유였다. 그런데 역설적이게도 이러한 남성들의 저지 행위와 발언에서 여성이 주도하는 단체의 필요성이 더 확실히 부각되었다.

결국 남성들의 반대로 1910년 알라하바드의 여성 컨퍼런스는 남성이 주도하는 기존의 바라뜨 마힐라 파리사드와 마하만달 두 개로 분리되었다. 마하만달은 1910년 12월 30일 마요 대학(Mayo College)의 비지아나그람 홀(Vizianagram Hall)에서 창립대회를 가졌다. 이로써 여성이 주체성을 가진 최초의 여성단체가 탄생했다. 이때 사랄라 데비는 남성들이 주도하는 여성단체에 대해 "남성들이 뒤에서 줄을 당기고 여성들은 무대에서 인형극의 꼭두각시처럼 행동 하는 단체"라고 비판했다.

사랄라 데비가 밝힌 마하만달의 목표는 여성 가정교육 조직, 지방어 문학서 보급과 장려, 여성들이 존엄성을 상실하지 않으면서 수공예품을 팔 수 있는 판매시설 제공, 의료 지원을 받을 수 있는 수단 개발, 모든 지역에 본부와 연계되는 지부 설립, 마하만달과 유사한 여성단체나 협의회와의 연합, 여성 관련 정보를 제공할 사무소 개설, 회원들 혹은 다른 지역 여성들의 정기적인 모임 개최 등이다.

후대의 학자들이 위와 같은 목표는 기존에 남성이 주도하는 여성단체와 별로 다를 바가 없었다고 비판하기도 한다. 그러나 마하만달의 설립 취지는 '남성들이 주도하는 여성단체와는 다른 목표를 설정하기 위함'이 아니었다. 여성들이 계몽의 대상이거나 혜택의 대상에 머무는 것이 아니라 '여성이 주도적으로 운영하는 단체'를 설립하고자 한 것이다.

미개한 아시아의 나라들은 스스로 진보할 수 없기 때문에 영국이 이들을 계몽시킬 의무와 권리가 있다고 생각한 것처럼, 인도의 남성들이 여성은 계몽의 대상일 뿐 주체가 될 수 없다고 생각하고 있었기 때문에 '여성을 위한, 여성에 의한' 단체가 필요했던 것이다.

처음에 자신들이 주도하는 단체를 만들겠다고 여성들이 결의했을 때, 개혁가 남성들은 반대하지 않았고 오히려 지지했다. 그런데 막상 마하만달 설립이 가시화되자 필사적으로 저지하려 했다. 남성개혁자들의 태도가 이처럼 돌변한 것에 대하여 후대 학자들은 "여성들이 뭔가 하겠다고 했지만 그렇게 빨리 일을 추진할 줄 몰랐기 때문"이라고 분석하기도 한다. 1909년에 발의된 여성단체 설립이 1910년에 추진되어 '창립'까지 하게 될 것이라고는 생각 못했다는 것이다.

그러나 이제 마하만달의 창립으로, 여성 운동의 주도권을 남성에게서 여성에게로 이전시켰다. 그리고 나아가서 여성에게 적합한 것이라고 남성들이 판단한 사안을 다루는 것이 아니라 여성들 자신의 안목으로 문제들을 제기함은 물론 여성 문제 개혁의 책임은 여성 자신에게 있다는 믿음을 발생시켰다. 또 한편으로는 여성들 간의 유대감을 강화시키고 '여성을 위한, 여성에 의한' 여성 단체를 창립함으로써 여성 스스로 뭔가를 할 수 있다는 주체성을 확립하게 되었다.

이렇게 설립된 마하만달은 이후 무슬림인 로케야(Rokeya

Sakhawat Hossin)가 창립한 이슬람 여성단체(Anjuman-i-Khawatin-i-Islam: an organization of Muslim women, 1914), 인도여성 협회(Women's Indian Association, 1917), 인도 여성 국민 위원회(National Council of Women in India, 1925), 전-인도여성협의회(All India Women's Conference, 1927) 등의 전국적 여성단체 설립의 초석이 되었다.

65. 금식 기도에 놀라는 영국

1914년 7월 28일, 제1차 세계대전이 발생했다. 세르비아에서 오스트리아 황태자가 암살된 것이 그 시발점이었다. 오스트리아가 세르비아를 침공했고, 독일이 프랑스와 러시아에 선전포고를 하고 벨기에를 침공했다. 이에 영국이 독일에 선전포고를 했다. 세르비아에서 발생한 사건이 시발점이었으나 독일이 주축이 된 동맹국과 영국, 프랑스, 러시아, 이탈리아, 일본 등이 가담한 연합국이 맞서는 세계대전으로 비화되었다. 독일의 폭력에 맞서 자유와 정의를 지킨다는 명분을 내세우며 영국이 참전하자 인도의 지도자들도 영국을 지지했다.

영국정부에 대해 비판적 태도를 갖던 지도자들도 전쟁기간 동안은 협조적 태도를 취했고 일부는 적극적으로 협력했다. 틸락은 위기의 시기에 영국정부를 지지하고 돕는 것이 인도인의 의무라고 강조했다. 또한 영국은 약소국가를 지키기 위해 참전한 것이므로 인도인들은 영국을 위해 전쟁에 적극적으로 참여하여 독재와 군국주의 국가인 독일의 승리를 막아야 한다고 호소했다. 간디 역시 영국의 방어에 협조해야 하며, 어떠한 조건도 달지 말고 적극 협조할 것을 요청했다.

제1차 세계대전 당시 인도 지도자들이 적극적으로 영국을 지지한 데는 여러 이유가 있다. 독일이 벨기에에 침략하자, 영국은 약소국 벨기에의 자유를 지키기 위해 독일에게 선전 포고를 했다. 인도의 지도자들은 약소국가의 자유를 지키겠다는 영국의 대외적 의지는 인도의 자유와 직결된다고 생각했다. 영국이 약소국의 자유를 지키기 위해 참전했으므로 세계대전이 끝나면 인도의 자유에 대해서도 같은 차원으로 논의가 가능할 것으로 생각한 것이다. 그래서 제1차 세계대전 동안 인도는 영국을 위해 대규모의 병력을 지원했고, 막대한 전쟁 비용을 감당했으며 군수품 공급기지로서의 역할도 충실히 감당했다.

제1차 세계대전이 1918년 11월 11일에 끝났다. 대전이 막바지로 접어들 무렵 이미 일반 대중은 생활의 압박을 받고 있었다. 게다가 전선으로부터 인도인 병사들이 겪는 차별대우와 희생에 대한 소식이 전해지자 인도인들은 영국에 대해 실망하지 않을 수 없었다. 이러한 실망이 자치에 대한 열기를 높이는 역할을 했다. 한편으로는 윌슨의 민족자결주의 선언과 한국의 독립운동에 대한 소식 역시 인도인들의 자치 열기를 높이는데 한 몫을 했다.

이렇게 자치 열기가 고조되는 가운데 영국이 발표한 새로운 인도통치법은, 1909년 인도참사회법에서 조금 나아진 수준으로 자치와는 거리가 먼 개혁안이었다. 게다가 전시 체제에서 발효되었던 법의 일부를 평화 시에도 존속시키는 로울라트 법안(Rowlatt Act)이 통과될 것이라는 소문이 돌면서 인도인들의 분노가 끓기 시작했다. 로울라트 법안은 정치사건의 경우 배심 없이 재판을 할 수 있는 권한을 법관에게 부여하자고 로울라트 판사가 제의한 법안이다.

인도가 제1차 세계대전 중에 영국에게 적극 협조했음에도 불구하고 이러한 법을 제정하려는 것에 대한 분노가 고조되면서 간디가 정치 일선에 등장하게 되었다. 로울라트 법안을 반대하기 위해 간디가 제안한 투쟁방식은 사뜨야그라하의 일종인 비협조 운동이다.

간디는 이 법이 발효되는 1919년 4월 6일부터 모든 인도인이 동참하는 금식 기도를 시작하자고 제의했다. 모든 인도인이 금식 기도를 한다는 것은 관료와 공무원을 비롯한 인도인들이 일을 하지 않고 모여서 기도를 한다는 것으로 말하자면 전국적으로 파업을 일으키는 것이다. 파업을 전면에 내세우지 않고 '전 국민의 금식 기도'로 표현되었지만, 결국 전국의 모든 기능이 마비되는 것이다. 이것이 비폭력 운동 방법의 하나인 하르탈(hartal: 파업, 철시)이다. 간디의 제안에 따라 사이프-우-딘(Saif-u-Din Kitchlew)과 사뜨야 팔(Satya pal)이 라호르와 암리차르에서 유례가 없는 대규모의 하르탈을 주도했다. 잘못 전달되어 3월 30일에 시작했다가, 다시 4월 6일에 시작된 이 대규모의 하르탈은 엄청난 반향을 불러일으켰다. 그러나 이 하르탈을 주도한 사이프-우-딘과 사뜨야 팔은 로울라트 법안 최초 적용자가 되었다. 두 사람 모두 체포되어 어디로 보내졌는지 알려지지 않았다. 이 사건에 항의하는 군중집회에서 영국군대의 발포로 여러 명의 희생자를 냈다. 그러나 이 희생은 시작에 불과한 것이었다.

4월 13일은 바이사키(Baisakhi) 축제일이었다. 시크교의 바이사키 축제에는 전통적으로 많은 시크들이 참가했다. 이날도 남녀노소 없이 많은 시크들이 암리차르에 있는 잘리안 왈라 박(Jallian Walla Bagh) 공원에 모였다. 이곳은 나중에 공원으로 만들어졌지만, 성과 같은 곳으로 출구가 한 곳 밖에 없었다. 이 출구를 막고 다이어(Reginald Dyer)장군이 이끄는 부대는 무차별 사격을 시작했다. 사상자가 1200명이 넘은 이 대학살 사건에 인도인들은 경악했다. 영국 정부는 '5인 이상 모일 경우 신고'해야 하는 법을 어겼기 때문에 정당한 총격이었다고 항변했다. 이에 항의하는 군중들의 저항이 거세게 일자 총독 첼름스포드는 '지나친 총격'에 대하여 인정하고 다이어 장군을 해임시켰다.

로울라트 법안 문제로 인도인들에게는 반영감정이 고조되었고, 자치에 대한 열망도 높아졌다. 간디는 이러한 문제를 해결하는 방법으로 '금식 기도'라는 하르탈 방식을 선택했다. 금식 기도의 여파는 전국적인 파업과 항의 시위 그리고 영국 상품 불매운동으로 확대 되었다. 이 과정에서 발생한 영국 측의 총기 사용과 그 희생자의 발생은 인도인들의 감정을 자극했지만, 간디의 비폭력 호소로 대규모 폭력사태로 번지지는 않았다.

간디는 제1차 세계대전까지 영국과 협력하는 태도를 취했으나 로울라트 법안 통과와 그에 대응하는 영국의 폭력난발의 사태를 보고, 반영의 태도를 분명히 했다. 그의 '금식 기도'를 시작으로 간디의 민족주의운동과 독립운동이 본격적으로 시작되었다. 그리고 그의 비협조, 비폭력 운동의 정신은 국민회의 온건파, 급진파, 중도파는 물론 무슬림연맹을 포함하는 중산계층이 '자치 획득'이라는 하나의 목표를 향해 모이는 계기를 만든 것이다.

영국은 '금식 기도'라는 것이 인도의 자치운동, 독립운동의 도화선이 될 것이라고는 꿈에도 생각 못했을 것이다. 그렇기에 간디가 정치 전면에 등장하면서 '금식 기도'로 온 국민을 하나로 모은 것에 대하여 '마치 신이 자유의 길로 인도하고자 그를 우리에게 보낸 것'이라고 말하는 인도인이 있는 반면에 '금식 기도'에 놀란 영국에서는 다시는 듣고 싶지 않은 말, 꿈에라도 듣고 싶지 않은 말이 바로 '금식 기도'라는 말이었을 것이다.

66. 힌두와 무슬림의 악수: 킬라파트 운동

1918년에 제1차 세계대전은 끝났다. 유럽에서 벌어진 세계 대전은 모두 27개국이 관련된 전쟁이었다. 이슬람교의 종주국인 오스만터키는 독일 측에 가담했고 영국은 연합군의 선두에 섰다. 전략면이나 군비 면에서, 연합군이 월등히 우수했기 때문에 그리 오래 끌지 않을 듯했지만 전쟁은 4년간 지속되었다. 반격과 반격이 거듭되는 동안 독일 측이나 연합군 측 모두 많은 피해를 입었다. 이 전쟁에서 인도의 힌두와 무슬림은 모두 영국을 지원했다. 그런데 1918년에 전쟁이 끝나면서 인도에는 2개의 문제가 발생했다. 그 첫째는 종전 후에 인도인들에게 주어질 것으로 기대했던 자치의 희망이 무너졌다는 것이었다. 그리고 또 하나의 문제는 이슬람 종주국인 오스만터키와 관련된 것이다.

인도의 무슬림들은 영국과 터키가 적국이 되었지만, 세계대전이 발생하자 일단 영국에 협조했다. 그러나 베르사이유 조약에 따라 오스만터키가 유럽 여러 나라에게 분할 점령될 위기에 놓이게 되자, 이슬람교 종주국의 종말을 막기 위해 인도의 무슬림들은 킬라파트 운동(Khilafat Movement)을 시작했다.

알리 형제(Muhammad Ali, Shawkat Ali)에 의해 시작된 후 북인도의 여러 곳에 킬라파트 위원회가 조직되었고, 지부를 갖춘 킬라파트 중앙회(Central Khilafat Committee)가 봄베이에 설립되었다. 델리에서 1919년 11월에 개최된 '전-인도 킬라파트 회의'에는 간디를 비롯한 힌두들이 상당수 참석했고 여기서 간디가 의장으로 선출되었다. 이 회의에서는 영국이 터키 문제를 원만하게 해결하여 만족시키지 않으면, 연합국의 승리를 자축하는 전승 기념식에 참석하지 않을 것이며 보이콧 및 비협조 운동을 전개할 것이라고 결의했다.

1920년에 알리 형제는 킬라파트 성명서를 내고, 칼리파트 중앙위원회에서는 터키의 민족 운동가들을 도울 기금을 마련하기 시작했다. 무함마드 알리가 이끄는 대표단은 런던으로 가서 영국 수상 로이드 조지(Lloyd George)를 방문하여 그들의 결의를 전달했다. 6월에는 새로운 대표단을 구성하여 당시 인도 총독을 맡고 있던 첼름스포드(Viscount Chelmsford)를 방문하고 무슬림 대표들이 서명한 청원서도 제출했다.

그 무렵 간디는 인도 정치 전면에 등장하여 비폭력 운동을 전개하고 있었다. 무슬림들도 간디의 비협조 운동에 참여하고 지지를 보냈다. 이에 간디도 킬라파트 운동을 지지를 했다. 1920년 국민회의 나그푸르(Nagpur) 회의에서 간디는 스와라지 운동과 킬라파트 운동의 연계성을 상소하고, 비협조 운동에서 인도의 자치와 킬라파트 운동의 지지라는 두개의 목표를 채택할 것을 요청했다. 또한 1920년에는 킬라파트 운동 지지를 위해 전국적인 사뜨야그라하가 전개되었고, 힌두와 무슬림을 비롯한 대중들이 이에 적극 지지하며 참가했다.

그런데 인도의 무슬림들이 추진한 킬라파트 운동은 부정적인 평가를 받을 요소들이 적지 않다. 특히 이들이 국제정세를 제대로 이해하지 못하고, 오스만터키의 칼리프 폐지가 연합국에 의해 강제로 이루어진 것이라고 생각한 것은 큰 오류였다. 패전 후, 터키공화국의 탄생으로 이어지는 오스만터키 내부 권력 구조 변화에 대한 이해가 부족했고, 오스만터키와 주변 이슬람 국가의 권력 구조와 갈등 문제도 고려하지 않았다. 이러한 종합적 고려 없이 영국에 의한 칼리프 폐지라는 외형적인 구조에만 연연했던 것이다.

그뿐만 아니라 인도의 무슬림들은 '종교' 자체를 위한 투쟁이 아니라 종교를 근간으로 하는 그들의 사회적 지위 개선을 위한 정치적 투쟁을 전개하고 있었는데, 칼리프의 폐지라는 현실에 직면해서 환상적으로 종교의 이름에 치중했다는 평가도 받고 있다. 영국 지배하에 있는 인도의 무슬림의 입장에서 현실적으로 판단한다면, 킬라파트 운동으로 인해서 그동안 쌓아온 영국과의 우호적 관계에 역행하는 손실을 가져올 수도 있다. 그러나 킬라파트 운동자들은 "오스만터키의 칼리프는 전 세계 모든 무슬림의 칼리프이다. 칼리프의 폐지는 기독교와 이슬람 전쟁의 연장선에 있는 것이다. 오스만터키의 죽음(칼리프 폐지)에 인도의 무슬림들은 애도를 표하며, 칼리프의 권위와 통치권은 보장되어야 하고 이슬람 성지 역시 존중되어야 한다."고 주장했다.

아랍과 터키 그리고 유럽의 국제 정세에 대하여 인도의 무슬림들이 몰랐던 것일까. 간디 역시 몰랐던 것인가. 이러한 비판과 평가 그리고 국제 정세 등은 일단 접어 두자. 중요한 것은 세계내전 후 간디를 중심으로 힌두와 무슬림 모두 대영 투쟁에 동의하고 악수를 했다는 것이다. 칼리프 운동이 시작 될 때, 영국은 그다지 신경을 곤두세우지 않았다. 그러나 킬라파트 운동을 간디가 지지하고, 힌두와 무슬림이 연합하여 비폭력운동의 일환으로 킬라파트 운동을 전개하는데 이르러서는 영국이 긴장하지 않을 수 없었을 것이다.

간디가 킬라파트 운동을 지지함으로써, 킬라파트 운동이 확산되고 있다는 그 자체가 영국을 긴장시킨 것은 아니었다. 인도인들의 단합을 막기 위해 '분리통치'를 인도 지배의 근간으로 삼고 있는 영국은 어떠한 이유에서든지 힌두와 무슬림이 '단합' 하면 긴장할 수밖에 없다. 더구나 간디가 주도한 전 국민의 금식 기도를 경험한 터에, 힌두와 무슬림이 함께 비폭력운동을 추진하고, 무슬림이 추진하는 운동에 힌두가 적극 협조한다는 것은, 영국의 두통거리가 아닐 수 없었다.

간디의 비협조 운동과 무슬림들의 칼리파트 운동은 같은 시기에 일어났다. 제1차 세계대전 후 영국의 대도에 실망한 인도인들이, 적극적으로 간디의 비협조 운동에 가담했고, 무슬림 역시 터키의 패망과 가혹한 전후 처리로 영국에 적대적 감정이 생겼기 때문에, 영국에 대항하는 간디의 대영투쟁에 참여하게 된 것이다. 간디 역시 무슬림들의 입장을 배려하며 킬라파트 운동에 지지를 보냈다. 이로써 두 집단이 잠시나마 악수를 하게 된 것이다.

1922년 2월 차우리 차우라(Chauri-Chaura)에서 성난 군중들이 경찰서에 불을 질러 22명의 경찰이 죽었다. 이 사건으로 인해 간디는 비협조 운동을 중지시켰다. 간디는 로울라트 법안 반대 투쟁에서 발생한 폭력사건으로 인해, 아직 사뜨야그라하를 추진할 만큼 인도 사회가 충분히 성장하지 않았다고 판단하여 비폭력 운동을 중지시킨 것이다. 그리고 간디는 선동죄로 투옥되었다. 간디가 투옥되자 킬라파트 운동 지도자들도 사기를 잃고 흩어졌다. 게다가 킬리파트 운동지도자들이 인도 땅에서 터키의 칼리프를 지지하고 지키려했으나, 터키에서 킬라파트 운동의 맥을 끊어버리는 사태가 발생했다. 터키의 민족주의를 이끄는 무스타파 케말(Mustafa Kemal)이 종교 정치에 마침표를 찍고 세속적인 지배자로 등장했다. 1923년 10월에 터키공화국이 탄생했고 1924년 3월에 칼리프는 폐지되었다. 이로써 인도의 칼리파트 운동도 그 목표를 상실했고 막을 내리게 된다.

간디의 비협조 운동과 킬라파트 운동이 막을 내리면서 힌두와 무슬림의 악수도 끝이 났지만, 이 운동을 통해서 간디는 인도 정치의 지도자로 우뚝 섰고, 간디의 지도력 아래 인도의 모든 대중들이 종교를 넘어서 한 목소리를 낼 수 있는 가능성을 보여주었다.

67. 검은 깃발의 물결

1928년 2월 3일 봄베이.

거대한 군중집회가 열리고 검은 깃발이 여기저기 펄럭인다.

'사이먼 돌아가라'

이들은 왜 이런 깃발을 펄럭이며 외친 것일까.

1919년 인도의 통치법(Government of India Act of 1919)에는, 10년 후에 새로운 통치법 개정을 위해 위원회를 구성하고, 그 위원회에서는 10년 동안 운영된 지방자치와 행정체제, 대의제 발전 현황 등을 조사해 통치법 개정에 반영하기로 한다는 규정이 있었다.

일명 몬터규-첼름스포드 개혁안(Montague-Chelmsford Reforms)으로 불리는 1919년의 개혁 인도통치법에서는 지방자치를 확대하고, 중앙에서의 지방 통제를 완화하며, 입법참사회를 양원제로 개정했다. 그러나 1919년의 개혁이 인도의 정치적 욕구와 현실을 충분히 반영하지 못한 것이라는 비판을 무마하기 위해, 10년간 실시하고 그 진행 상태를 점검해서, 10년 후에 새로운 통치법을 만들 때 반영시키겠다는 조항이 부가되어 있었던 것이다.

이러한 조항을 이행하는 차원에서, 영국정부는 1927년 11월 26일 존 사이먼(John Simon)을 위원장으로 하는 위원회(Simon Commission)를 구성했다. 위원회는 위원장을 포함하여 7명으로 구성되었는데 이들 모두 영국인이었다. 인도의 통치법 개정을 위한 조사위원회가 영국인들로만 구성되었다는 것에 대해 인도인들의 반발이 거세게 일어났다. 당시 인도의 정치상황은 1919년과는 많이 달랐다. 그럼에도 불구하고 영국의 태도는 10년 전에 통치법을 만들던 때와 달라진 것이 없었다. 인도의 통치법을 개정하는 것은 영국의 몫이므로 영국인들이 위원회를 구성하여 인도의 상황을 조사하겠다는 것이다. 이러한 영국의 태도에 인도 정치인들이 강력히 반발하고 나선 것이다.

인도 정치인들은 사이먼위원회 결성을 계기로 인도의 장래에 대한 논의를 구체화하기 시작했다. 국민회의는 사이먼위원회를 거부하기로 결정하고 인도담당 장관 버컨헤드(Birkenhead)에게 인도인들이 받아들일 수 있는 통치법을 만들라고 요구했다. 무슬림들은 사이먼위원회를 인정하는 파와 거부하는 두 개의 파로 나뉘었다.

사이먼위원회에 인도인을 포함 시키지 않은 것은 종파적 이유때문이었다고 버컨헤드가 설명했는데, 이것에 동조하는 무슬림들이 있었다. 위원회에 인도인을 포함시킬 경우 국민회의와 무슬림연맹 측에 적절한 인원을 배정해야 할 것이다. 그런데, 어떻게 배정할 것인가 하는 문제부터 난항을 겪을 것이라는 것이다. 그래서 영국인만으로 구성했다는 그럴듯한 설명으로 무슬림의 동조를 얻으려 했던 것이다. 무함마드 사피(Muhammad Shafi)는 동조하는 입장이었고, 진나(Muhammad Ali Jinnah: 1876-1948)는 국민회의와 함께 조사위원회를 거부하자고 주장했다. 새로운 통치법 개정과 인도의 장래 문제로 영국, 국민회의, 무슬림들이 각기 다른 주장을 내세우면서 인도 정국은 새로운 국면을 맞이하게 되었다.

1927년에 결성된 사이먼위원회가 조사 활동을 시작하기 위해 인도에 온 것은 1928년 2월3일이었다. 이들이 봄베이에 도착하자 거대한 군중집회가 그들을 기다리고 있었다. '사이먼은 돌아가라'라는 슬로건이 쓰인 검은 깃발들이 물결을 이루었다. 이러한 상황은 사이먼위원회가 가는 곳마다 비슷했으나 사이먼위원회는 인도에 도착해서 조사 활동을 시작했다. 마드라스에서는 보이콧선전위원회(Boycott Propaganda Committee)가 하르탈과 시위를 주도했다. 사이먼위원회가 마드라스에 도착한 2월19일에는 영국 상품 불매운동이 벌어졌던 슈라다난드 공원(Shradhanand Park)에 군집한 대중들이 대규모 보이콧 시위를 했다. 집회 금지령이 내려졌지만 거부의 분위기는 더욱 고조되어갔다. 그러나 사이먼위원회는 조사활동을 시작했고 1차 조사 활동은 3월 31일까지, 약 2개월 동안 진행되었다.

사이먼위원회의 2차 조사 활동은 1928년 10월 11일에서 1929년 4월 13일까지 시행되었다. 이 위원회가 두 번째로 인도를 방문했을 때 역시 여러 곳에서 시위가 벌어졌지만 가장 격렬한 시위는 라호르(Lahore)에서 발생했다. 10월 30일에 사이먼위원회가 라호르에 도착했을 때 미미하나마 환영 시위도 있었다. 그러나 다른 한편에서는 동맹휴업인 하르탈이 시행되었고, 여기저기에 검은 깃발이 나부끼는 가운데 엄청난 수의 대중들이 "사이먼 물러가라"고 외치며 저항 시위를 계속했다. 경찰은 이들을 저지하기 위해 경찰봉을 휘둘러 유혈이 낭자한 상태가 되었다. 시위를 주도하던 라즈파트 라이(Lala Lajpat Rai)에게 경찰이 집중적으로 경찰봉을 휘둘렀다. 며칠 후 "오늘 내게 행해진 몽둥이질은 영국제국주의의 관에 박는 마지막 못질이 될 것"이라는 말을 남기고 라즈파트 라이는 숨을 거두었다. 라즈파트 라이가 "구걸이나 기도로는 자유를 얻을 수 없다. 투쟁과 희생만이 자유를 얻게 할 것이다"라고 한 말은 인도 독립운동에 지대한 영향을 미쳤고 이후 인도 정세에도 적지 않은 영향을 미쳤다.

사이먼위원회는 1928-1929년까지 인도를 두 차례 방문하여 조사활동을 펼쳤다. 통치법 개정 기초자료 조사단인 이 위원회는 본래의 역할 못지않게 인도 정치인들이 자신들의 견해를 표출하는 계기를 만들어 주는 역할을 했다. 위원회에서는 1930년에 17권의 보고서를 발간했는데, 이 보고서에는 중앙과 지방의 수많은 관리나 정치지도자들과의 인터뷰 내용, 성명서, 결의문, 각서 등이 들어 있고 인도 정치에 대한 위원회의 견해도 기술되어 있다.

사이먼위원회는 보고서를 통해 지방의 다이아르키(Diarchy: 양두 체제) 철폐와 대의제 정부를 권고했다. 또한 소수종파의 분리선거제는 기본적으로 인정하지 않으며, 이 문제는 힌두와 무슬림 사이에 일어나고 있는 문제에 대하여 합의점을 찾을 때까지 유보하기를 권고했다. 그러나 피억압계급과 하층카스트에게는 입법부의 보류의석을 주어야 한다고 기술했다. 보류의석 제도는 선거를 따로 하는 분리선거제와는 다른 것이지만, 일정 비율을 그들에게 제공하는 제도이다. 이러한 견해를 통해, 사이먼위원회가 교육받은 인도인들을 위한 정치개혁에는 그다지 우호적 입장을 취하지 않고 오히려 하층민들에게 관심을 돌리고 있음을 알 수 있다.

사이먼위원회의 보고서가 출판되기 전에, 영국 정부는 이미 통치법 개정 방향을 발표했다. 주요 골자는 자치국가 달성을 목표로 한다는 것과 통치법 개정과정에서 인도인의 의견이 반영된다는 것이었다. 그러므로 위원회의 조사 활동은 실제적 활용 가치가 없는 실험으로 끝나는 인상을 주었으나, 이 조사 보고서의 내용들은 실제로 1935년 인도 통치법에 그대로 반영되었다.

현재 인도와 파키스탄 그리고 방글라데시에서 운영하고 있는 웹 사이트의 자료들을 검토해보면 사이먼위원회의 역할에 대해 각기 다른 시각으로 평가하고 있는 것을 볼 수 있다. 인도의 힌두 사이트에는 사이먼위원회가 인도인을 모욕하고 무시한 측면을 중심으로 기술되어 있다. 반면에 방글라데시와 파키스탄 사이트에서는 사이먼위원회가 했던 역할의 긍정적 측면도 이야기 하고 있다. 힌두와 무슬림 사이트에서 드러나는 사이먼위원회에 대한 평가의 차이는 현재의 시점에서 그들이 보는 역사적 시각이다. 특히 방글라데시에서는 사이먼위원회가 조사한 벵골 지방의 정치 경제 분석에 대하여 언급하면서, 그러한 자료들은 나름대로 당시의 벵골 현황을 파악하는데 중요한 자료가 된다고 서술하고 있다. 이러한 것들을 종합해보면 당시로부터 현재 시점까지 사이먼위원회에 대하여 무슬림과 무슬림연맹보다는 힌두나 국민회의 측의 반발과 부정적 평가가 심했음을 알 수 있다.

68. 모틸랄 네루와 진나가 그린 청사진

인도가 사이먼위원회를 보이콧 하는 시위로 어지러워지고 있을 때 영국은 새로운 포석을 두었다. 영국은 우리가 준비한 사이먼위원회를 인도가 보이콧했으니, 이제 너희끼리 합의안을 만들어봐라, 그런 셈이다. 이러한 영국의 새로운 포석으로 인도의 정치 판도는 새로운 국면을 맞이하게 되었다.

영국정부는 고비마다 참으로 기막힌 수를 두었다. 국민회의와 무슬림연맹이 주요한 두 개의 맥을 형성하고 있고, 그들 단체 사이에 심각한 견해 차이가 있다는 것을 인식한 영국정부와 버컨헤드는 인도의 대립적 단체가 협의해서 모두가 동의 할 수 있는 법안을 기초하도록 요청함으로써 새로운 포석을 둔 셈이다.

한편에서는 사이먼위원회가 활동하고 있고, 다른 한편에서는 보이콧으로 소요가 들끓고 있는 가운데, 인도의 정치 지도자들은 관련된 모든 단체들이 모이는 '모든 단체회의(All Parties Conference)'를 델리에서 개최했다(1928년 2월 12일). 거의 모든 단체에서 100여 명의 대표가 회의에 참석했으나, 어떠한 결론도 도출해 낼 수 없었던 것은 당연한 것이다. 두 번째 회의가 같은 해 3월에 개최되었으나 한편에는 힌두마하사바(Hindu Mahasabha)와 시크 단체 그리고 다른 한편에는 무슬림 단체들이 맞서 대립하는 구도가 형성되었다. 뿐만 아니라 소수집단(Minority)의 권리도 큰 걸림돌로 등장했다. 대표자들은 여전히 의견의 차이를 좁히지 못하여 어떤 결론도 내지 못했고, 소위원회 두 개가 구성되었지만, 이 위원회 역시 힌두와 무슬림의 의견 차이를 좁히지 못하여 아무런 성과 없이 두 번째 회의도 막을 내렸다.

'모든 단체회의'가 1928년 5월 19일 봄베이에서 세 번째 회의를 개최했을 때 역시 합의된 통치법 안을 만들어낼 가능성은 희박했다. 그래서 소위원회를 구성하여 통치법의 세부항목을 만들도록 위임했는데, 모틸랄 네루(Motilal Nehru)가 이 위원회의 대표를 맡았다. 그리고 9명의 위원 중에는 사이에드 알리 이맘(Syed Ali Imam)과 쇼아입 꾸레쉬(Shoaib Qureshi) 등 2명의 무슬림이 포함되어 있었다. 이 위원회는 알라하바드에서 3개월 동안 작업하여 1928년 8월 10일에 보고서를 발표했다. 이것이 <네루보고서(Nehru report)>라고 불리는 것이다.

<네루보고서>에는 양심의 자유, 직업의 자유, 종교의 자유 등과 같은 기본권이 나열되어 있다. 또한 소수집단의 초등교육, 무슬림이 소수인 지역에서의 무슬림과 서북변경지역에서의 비-무슬림에 대한 보류의석 등과 같은 소수집단에 대한 보호 조항도 포함되어 있다. 그러나 <네루보고서>에 대하여 무슬림들은 모틸랄 네루

가 힌두마하사바와 손을 잡고 <델리 무슬림 제안(Delhi Muslim Proposals)>을 외면했다는 평가를 했다. 1928년에 '모든 단체회의'가 열리기에 앞서 분리선거가 힌두 무슬림관계 증진의 장애물이라고 생각한 진나는 힌두 측에서 어떠한 보호규정을 제시하는데 동의한다면 무슬림은 분리선거를 포기할 수 있다는 제안을 했다. 결과적으로 이 제안은 델리에서 열린 1927년 무슬림회의에 공식적으로 제안되었기에 <델리 무슬림 제안>이라고 불린다.

<델리 무슬림 제안>의 주요 내용은 다음과 같다. ① 신드(Sind)를 독립 주(州)로 만든다. ② 서북 변경 주와 발루치스탄(무슬림들이 다수 거주하는 지역)을 다른 주들과 같은 수준으로 개혁 발전시켜야 한다. ③ 무슬림 다수 지역에서 소수 힌두에게는 힌두가 다수인 주에서 무슬림들이 확보하는 만큼의 인구에 비례한 보류의석을 갖게 한다. ④ 중앙 입법부의 무슬림 대표는 1/3 미만이 되어서는 안 된다. ⑤ 종교의 자유를 보장하는 것과 더불어, 만약 관련된 커뮤니티 구성원의 3/4이 그것을 반대한다면, 종파 문제에 대하여 어떠한 법안이나 판결도 고려되거나 통과될 수 없다는 추가 보장이 있어야한다. 그리고 이 제안의 내용들은 전부 받아들이거나 거부되어야 한다는 단서가 붙어 있다. 즉 어느 일부만 수용하거나 거부해서는 안 되며 제안 내용 전체를 받아들이거나 거부하는 선택만이 가능하다는 것이다.

이러한 조항들이 수용된다면 무슬림은 분리선거를 포기하고 보류의석제에 동의한다는 것이 <델리 무슬림 제안>의 주요 내용이다. 그런데 <네루보고서>에는 <델리 무슬림 제안>의 내용이 거의

수용되지 않고 있다는 것이다. 이에 대하여 진나는 "마하트마 간디와 알리 이맘은 우리의 깃발아래 앉아, 그들의 머리 위에 영국 국기를 휘날리려 한다."고 비난했다.

<네루보고서>에는 종파문제에 대해 '무슬림은 자신들을 돌보기에 충분하며 특별한 보호가 필요하지 않다. 만약 인도에 종파적 보호가 필요한 집단이 있다면 그것은 힌두와 무슬림이 아니라 전체 인구의 10퍼센트에 불과한 소수 집단들이다. 정치와 관련된 종파 문제는 유권자문제, 보류의석제, 신드의 분리, 서북변경과 발루치스탄에 주 정부를 만드는 것 등으로 모두 해결할 수 있다.'고 주장했다. 또한 무슬림들은 중앙입법의회 의석 1/3을 요구했지만 <네루보고서>에서는 인구 비례에 따라 1/4로 해야 한다고 규정하고 있으며, 신드의 분리도 재정적 문제를 앞세워 보류되었다. 그러므로 <네루보고서>는 소수 종파 보호 대상에 무슬림을 포함시키지 않았고 무슬림들의 의견도 제대로 반영되지 않았다는 것이다.

국민회의는 <네루보고서>를 발표하면서 이 보고서가 1929년 12월 31일까지 법률로 이행되지 않으면 불복종 운동을 전개할 것이라고 공언했다. 이러한 힌두들의 강경한 태도는 무슬림연맹과 무슬림 단체들의 자유운동에 전기를 마련해주게 된다. 1928년 12월 22일부터 개최된 '모든 단체회의'에 참석한 진나는 <델리 무슬림 제안>을 일부 수정하여 제시하고 이를 국민회의가 받아들이도록 촉구했다. 그러나 이 수정안도 받아들여지지 않았다. 이에 <네루보고서>를 거부하는 것만으로는 불충분하다고 판단한 진나는 1929년 3월 28일에 무슬림연맹 회의를 개최하고 14개 조항

으로 된 요구 사항을 제시했다. 그것이 <진나 14개조>이다.

무슬림연맹 회의에서는 <진나 14개조>를 채택하고, 이 결의문에 있는 요구가 받아들여지지 않는 한, 어떤 통치법도 받아들일 수 없다고 발표했다. <델리 무슬림 제안>과 마찬가지로 <진나 14개조>에서도 무슬림이 중앙입법부의 1/3을 차지해야 하며, 연방제 하에서 각 주(州)는 독립적 성격을 가져야 한다고 주장했다. 이에 덧붙여 서북변경 지역을 독립된 주로 만들 것을 요구했다. 즉 무슬림이 다수인 지역을 독립된 주로 만들어 무슬림 지역화 한다는 것이다. 물론 이것이 이후 이크발(Allama Iqbal)이 주장하는 무슬림 블록 설정과는 다르지만 그 배경이 되었을 가능성이 크다.

<진나 14개조>에 포함 된 내용 가운데 '중앙이나 지방의회에서 어떤 문제와 관련하여 관련자의 3/4이 반대하는 법안은 통과될 수 없다'라는 항목에 주목할 필요가 있다. 이것은 예를 들자면 어떤 주의 입법부에 힌두 의원이 다수를 점하였다고 하더라도 이들이 그 지역의 무슬림에 관련된 법안을 상정할 때는 '관련자' 즉 무슬림의 3/4이 반대한다면 그 법안은 상정될 수 없다는 것이다. 이 조항은 힌두가 다수인 지역에서도 무슬림 혹은 소수집단의 문제에 대하여는 힌두들이 마음대로 법안을 만들거나 규정할 수 없게 제한을 두는 것이다. 물론 이것은 무슬림 지역에서 힌두에 관련된 문제를 무슬림들도 마음대로 입안할 수 없는 셈이지만, 실제로 이것은 힌두들이 무슬림의 문제에 손대지 못하도록 차단하는 장치가 될 수 있는 것이다.

'관련자의 3/4이 반대한다면'이라는 조항은 다수결 원칙의 사상

큰 맹점인 소수에 대한 다수의 횡포를 방지할 수 있는 탁월한 제안이다. 그러나 힌두와 무슬림의 갈등이 벌어지고 있는 상황에서 국민의회 측에서 과연 이러한 조항을 받아들일 수 있었을까를 숙고해볼 필요가 있다.

<네루보고서>와 <진나 14개조>의 내용은 비슷한 부분이 많았기 때문에, <네루보고서>가 만들어질 때, 진나가 영국에 머물지 않고 인도에 있었다면 이견이 조정될 수 있는 가능성도 있었다. 진나의 주장을 받아들이자는 힌두도 있었고, <네루보고서>를 수용하자는 무슬림들도 있었다. 그럼에도 불구하고 합일점을 찾지 못하고 분리를 향해 빠른 걸음을 내딛게 된 원인은 무엇일까.

국민회의가 진나의 요구를 수용하기 힘들었던 점은 인도를 대표하는 정당으로서의 자리 메김이 아닐까. 당시 간디를 비롯한 국민회의 지도자들은 자신들의 당이 '힌두의 당'이 아니라 인도 전체를 대변하는 당이라고 생각하고 있었다. 그래서 무슬림연맹의 주장을 받아들이기 어려웠는지도 모른다. 국민회의에서 무슬림연맹의 주장을 받아들이면 국민회의가 '힌두당'으로 인식 될 수 있다는 심리적 요인이 작용했을 수도 있기 때문이다. 무슬림연맹의 진나가 협상 가능성을 제쳐두고 14개 조항을 요구하며 맞선 것도 심리적 요인이 컸다고 볼 수 있다.

결국 국민회의와 무슬림연맹은 정치적 입지를 지키기 위한 심리전에 휩싸이게 된 셈이다. 이러한 양대 집단의 심리적 갈등이 드러나는 아슬아슬한 줄다리기를 인도 전체가 양극에 서서 지켜보게 되었다. 또한 영국은 사이먼위원회 구성으로 인도인들의 비판을 받는 주인공이었으나, 인도 통치법 개정의 청사진 그리기 임무는 국민회의와 무슬림연맹에게 맡긴 채로 이제 객석에서 사태를 지켜보는 중재자가 되었다.

69. 물 마실 권리를 위해 투쟁하는 암베드까르

20세기에 접어들면서 불가촉천민 차별 철폐 문제가 대두되었다. 국민회의는 캘커타 연차대회(1917년)에서 불가촉천민 차별 철폐를 선언했고, 간디는 1922년 2월 바르돌리(Bardoli)에서 개최된 국민회의 운영위원회에서 건설적인 사회 개량 프로그램을 제시하는 한편 불가촉천민의 생활 향상을 위한 결의안(바르돌리 결의안)을 채택했다.

간디는 다른 정통 힌두들과는 달리 불가촉의 문제를 해결해야 한다는 의식을 가지고 있었다. 그러나 암베드까르가 이 문제를 정치적 문제로 해결해야 한다는 입장을 가졌던 것과는 달리 간디는 정치적인 문제가 아니라, 불가촉천민이 하고 있는 일 즉, 시체처리나 변소청소와 같은 직업을 바꾸고, 생활 습관을 바꿔서 불가촉성을 버리게 하는 것으로 해결하려 했다. 간디는 불가촉천민들이 영국에 협조하거나, 다른 종교로 개종하게 내버려 두는 것보다는 그들의 생활을 향상시켜서 카스트 힌두와 협조하게 하고, 반영 투쟁에 참여하게 해야 한다고 주장했다.

불가촉천민이란 브라만, 크샤트리야, 바이샤, 수드라 이외의 제5카스트로 불리는 최하층 천민이다. 이들을 접촉하는 것만으로도 정신적으로나 육체적으로 오염된다는 의식이 강해서 이들과는 접촉을 꺼린다. 그래서 접촉해서는 안 되는 사람(Achhut) 즉 불가촉천민이다.

간디를 비롯한 힌두 일부가 불가촉천민제도를 폐지해야 한다고 외치고, 폐지를 위한 노력을 한 것은 사실이지만, 이러한 구호와 간디의 개량 프로그램은 이론적 구호에 불과했다. 그 실제의 예를 마하드(Mahad) 투쟁에서 볼 수 있다. 봄베이 입법의회에서는 1923년에 불가촉천민들에게 급수시설, 우물, 학교, 병원 등 공공시설 이용을 허락하는 법안을 통과시켰다. 이 법안에 따라, 1924년에 마하드 시 당국은 불가촉천민들에게 차우다르(Chaudar) 저수지의 식수 사용을 허가 했다. 이 시기는 기존의 우물을 불가촉천민이 자유롭게 사용하게 하거나 그렇지 못할 경우 그들을 위한 우물을 만들겠다는 '바르돌리 결의안'이 발표된 후였다. 그런데 시 당국이 불가촉천민에게 차우다르 저수지 사용을 허용한다고 결정했음에도 불구하고 카스트 힌두는 불가촉천민이 저수지를 사용하지 못하게 했다. 그러니 결의안은 그저 결의안일 뿐이었고, 실제로 개선된 것이 거의 없었던 셈이다.

그래서 암베드까르는 차우다르 저수지를 이용할 수 있는 불가촉천민의 권리를 천명하기 위해 대중 집회를 열었다. 암베드까르는 불가촉천민 출신이다. 세포이로 영국 군내에 복무했던 부모님

덕분에 경제적으로 어렵지 않은 생활을 했으나 불가촉천민이라는 굴레를 벗어날 수는 없었다. 학교에서 물도 제대로 마실 수 없었고, 화장실도 사용할 수 없었다. 암베드까르가 칠판을 사용하게 되었을 때, 그 칠판 뒤에 상층카스트 아이들의 도시락이 놓여 있으니 암베드까르가 칠판 가까이 가게하면 안 된다는 소동이 벌어져서, 도시락을 다 치운 후에야 칠판으로 가서 문제를 풀었던 일도 있었다. 그 후 암베드까르는 어렵게 미국으로 유학을 가게 되었고, 불가촉천민 출신으로는 미국과 영국에서 박사학위를 받은 최초의 인물이 되었다.

인도에 돌아온 암베드까르는 미국과 영국에서 경험한 자유를 인도의 모든 불가촉천민들도 함께 누릴 수 있어야 한다는 생각으로 불가촉천민 해방운동을 시작했다. 그 첫 번째 투쟁이 불가촉천민들도 차우다르 저수지 물을 사용할 권리가 있다고 주장한 마하드 투쟁이다.

1927년 3월 19일 만여 명이 모여 차우다르 저수지까지 행진하면서 물을 마실 수 있는 권리를 주장하기로 했다. 암베드까르는 이 행렬을 이끌고 차우다르 저수지까지 가서 저수지에서 물을 마시는 시위를 하면서 불가촉천민의 권리를 외쳤다.

THE TIMES OF INDIA, BHOPAL
WEDNESDAY, MARCH 16, 2016

'92% dalit students can't drink water'

Survey: Disparity In Ambedkar's Home State

Times News Network

Bhopal: A Dalit boy in Damoh district of Madhya Pradesh was drowned in a well while trying to fetch water after he was denied access to school handpump to quench his thirst on March 8.

A recent survey by Dalit Adhikar Abhiyan, Madhya Pradesh, in collaboration with Action AID, states 92% of 30 villages surveyed don't allow dalit students in schools to drink water on their own. And this happens in a state, where dalit icon Ambedkar was born.

Not just students, 70-79% villages do not allow dalits in their village to drink or fill water from public water source like handpumps or wells. "Discrimination against dalits under 70 heads are covered by the survey," said Swati Kaithwas, project officer, Action AID.

In case of school students, 57% families admitted their children can only quench their thirst when non-dalit children serves them water from a distance.

DALIT APARTHEID

100 Villages do not eat or drink food touched by untouchables

80 Villages, barber don't trim beard of Dalits

Villages don't allow entry in temples

50 Villages, if parents keep modern names of children, they are beaten by non-dalits

48 Families said they are not allowed to give ration card in hand

Villages do not allow dalit sarpanches to host flag on Republic day & Independence day

Auxiliary nurses and midwives don't go to dalit areas for health check-up of women

31 Families don't get ration for three months

19 Don't get for 2 months

11 Don't get for months

그림 62. 암베드까르의 투쟁에도 불구하고 지금도 여전히 목마른 불가촉천민 「The Times of India 2016.03.16.」

상층 힌두들은 불가촉천민이 마신 물은 먹을 수 없다. 이미 부정해졌기 때문이다. 그러니, 불가촉천민들이 단체로 차우다르 저수지에서 물을 마시는 그것만으로도 차우다르 저수지는 불가촉천민의 저수지가 되는 셈이다. 카스트 힌두들은 불가촉천민들의 행사를 막지 못한데다가, 불가촉천민들이 근처의 사원에도 진입할 것이라는 소문까지 나돌자, 집으로 돌아가는 불가촉천민들을 폭행했다. 이에 격분한 불가촉천민들이 폭력으로 대응하려 했으나, 암베드까르의 저지로 폭력사태는 진정되었다.

그러나 며칠 후 상층카스트 힌두들은 차우다르 저수지로 몰려가, 108개의 항아리에 소똥, 우유, 치즈를 담아 연못에 담구고, 브라만들이 만트라를 읊는 정화의례를 행했다. 우리의 생각을 기준으로 한다면 아무리 하층이라도 사람이 마신 물을 정화하기 위해 소똥을 뿌린다는 것은 이해할 수 없는 노릇이다. 그러나 인도인들은 정화를 위해 소에서 나오는 것들을 사용한다. 소똥, 우유, 치즈와 같은 것들이다.

불가촉천민들이 단체로 몰려가 저수지 물을 마시고, 이에 대응하여 카스트 힌두는 정화의례를 치렀다. 카스트 힌두와 불가촉천민이 물러서지 않고 맞서면서 사태가 심각해지자 마하드 시 당국에서는 1927년 8월 4일에 차우다르 저수지 개방을 철회했다. 이에 다시 불가촉천민의 인간적 권리를 주장하기 위해 1927년 12월 25일에 차우다르 저수지 건너편의 무슬림의 땅에 모여 행사를 진행하고, 암베드까르와 불가촉천민들은 『마누법전』 화형식을 거행했다.

『마누법전』에는 베다를 읽는 불가촉천민은 혀가 잘리고, 베다를 읊는 소리를 들은 불가촉천민의 귀는 납으로 막아야 하며, 베다를 외워서 간직한 불가촉천민은 머리를 잘려야 한다고 되어 있다. 불가촉천민 차별 조항이 담긴 『마누법전』을 태워 땅에 묻어 버림으로써 불가촉천민차별을 없애자는 의지를 보인 셈이다.

그러나 이 저수지가 주민 개인소유임을 주장하는 소송이 재기되었기에 법정판결이 날 때까지 개방 결정을 할 수 없다고 마하드시 당국이 공포함으로써 투쟁은 중단되었다. 이후 차우다르 저수지 사용권 투쟁은 10년간 법정투쟁으로 이어졌고 1937년에 이르러서야 불가촉천민들이 이 저수지를 사용할 수 있다는 마하드 시 당국의 확인을 받아냈다.

불가촉천민은 힌두교도이지만 힌두 사원에 들어갈 수 없다. 카스트 힌두들은 사원에 불가촉천민이 들어오는 것만으로도 사원이 오염되며, 불가촉천민이 힌두신상을 만지는 것은 있을 수 없는 일로 생각하고 있다. 암베드까르는 나시크(Nasik)에 있는 칼라람 사원(Kalaram temple)에서 불가촉천민들의 사원 출입 자유 투쟁을 전개했다. 라마를 모시는 축제에 불가촉천민들이 칼라람사원으로 몰려가자, 불가촉천민의 투쟁이 확산될 것을 우려한 축제 준비 위원회에서는 축제 당일에 한해서 참배와 신상의 마차에 손을 대는 일을 허용했다. 그러나 실제로 불가촉천민이 라마 신을 모신 꽃마차에 손을 대려하자, 힌두들은 몽둥이로 불가촉천민을 구타하기 시작하여 폭력 사태가 발생했다.

그 후 1년 내내 불가촉천민들이 칼라람사원으로 몰려갔지만, 사원의 문은 닫혀 있었다. 이에 암베드까르는 힌두들의 의식을 바꾸는 일은 불가능하다고 판단하여, '나는 힌두로 태어났으나, 힌두로 죽지는 않을 것'이라는 유명한 나시크 선언을 하게 된다.

간디와 국민회의, 그리고 무슬림연맹이 인도의 자유를 외치는 투쟁을 전개하는 동안 암베드까르는 불가촉천민의 물 마실 권리와 사원에 드나들 자유를 위해 투쟁했다. 국민회의와 무슬림연맹에게는 영국으로부터 인도의 자유를 얻기 위해 투쟁해야 할 사명이 있었다면, 암베드까르는 불가촉천민의 자유와 권리를 위해 투쟁할 사명을 띠고 인도 땅에 태어난 것이다.

70. 독립기념일 제정

국민회의는 <네루보고서>를 제출하면서 영연방 국가인 캐나다나 오스트레일리아와 같은 수준의 자치령 지위를 획득해야 한다고 생각했다. 제1차 세계대전 후 영국은 캐나다, 오스트레일리아, 뉴질랜드, 남아프리카 등에게 자치령 지위를 주었다. 자치령이 된 나라들은 영국 제국 내에서 완전한 상호 평등이 인정되었고(1926년), 1931년에는 웨스트민스터 법(Statute of Westminster)을 제정하여 영연방국이 되었다. 이로써 영연방의 자치령들은 영국 국왕에 대한 공통의 충성, 공통 언어, 법, 전통, 경제적 이익 등으로만 연결될 뿐 완전한 자치권을 갖게 되었다. 그렇기 때문에 자치령에서의 모든 권력과 권리는 해당 국민에게 있는 것이다. 이와 같은 자치령을 목표로 했던 국민회의는 자치권 확대에 모든 노력을 기울였다. 그러나 사이먼위원회 구성과 이후 통치법 개정을 위한 여러 정세를 종합적으로 판단한 국민회의는 새로운 노선을 설정했다. 이제 그들의 목표는 '자치권 획득'이 아니라 '완전한 독립'으로 바뀌었다. 국민회의는 1929년 연말까지 영국이 모든 권한을 인도에게 넘겨준다면 자치령의 지위를 획득하는 것으로 만족하겠지만, 그렇지 않을 경우 완전한 독립을 추진할 것이라고 선언했다. 그러나 이 선언의 내면에는 완전한 독립을 추구하겠다는 의지보다는 '빨리 자치령의 지위로 개혁하라'는 압력이 들어 있었다.

어윈(Edward Wood Irwin) 총독은 인도의 완전 자치를 위한 개혁을 추진할 것이며, 영국은 궁극적으로 인도의 자치령을 목표로 하고 있다는 성명을 1929년 10월 30일에 발표했다. 어윈 총독이 성명을 발표한 때는 국민회의가 '1929년 연말까지 자치령으로 인정하라'고 촉구한, 말하자면 마감 시한이 얼마 남지 않은 시기였다. 이러한 시기에 '영국은 인도의 자치령을 목표로 하고 있다'는 선언을 하면서 원탁회의를 제안했다. 영국 국왕이 '인도 자치령'을 최종 승인하기 위해서는 의회의 승인이 있어야 한다. 의회의 승인을 위해서는 여러 사항들을 합의안 합의서를 의회에 제출해야 하므로 '합의서 도출'을 위해 런던에서 원탁회의를 개최한다고 발표한 것이다.

영국의 이러한 제안은 인도인들에게 환영될 만한 일이었다. 그러나 다른 한편에서 보자면 일종의 시간 벌기의 수단으로 보일 수 있다. 1929년 연말까지 자치령을 인정하지 않으면 대규모의 비폭력, 비협조 운동을 전개하고 납세 거부 운동을 전개할 것이라고 결의했기 때문에, 이에 대한 무마책이 필요 했을 것이다.

일단 런던에서 원탁회의를 열자는 자세만으로도 희망적이라는 반응도 있었다. 그러나 1930년에 출판된 사이먼위원회 보고서가 인도의 자치령과는 거리가 멀었기 때문에 인도에서는 거센 반발이 일어났다. 사이먼위원회의 보고서에 관한 내용이 전해지면서, 영국 정부가 실제로 인도를 자치령의 지위로 전환시키려는 의사가 없다는 것이 드러났다. 이에 1929년 12월 29일에 라호르에서 개최된 국민회의 연차대회에서는 자와할랄 네루(Jawaharlal Nehru)를 의장으로 선출하고 '완전한 독립(Purna Swaraj)'이 국민회의 목표라고 선언했다.

국민회의에서는 영국으로부터 완전한 독립을 추구한다는 단호한 결의를 표명함과 더불어 1930년 1월 26일을 독립기념일로 삼는다고 공포했다. 그리고 독립기념일로 정한 1930년 1월 26일에 간디와 국민회의는 독립 서약을 낭독했다. 이와 더불어 간디는 정치범을 석방하고, 인도의 경제정책을 민중 경제 중심으로 개혁하라고 총독에게 촉구했다. 그러나 어윈총독은 '인도의 자치령을 위한 원탁회의 제안' 정도의 입지를 가지고 있었을 뿐이고, 인도 정책을 수정할 생각을 구체화 하지 못하고 있었기 때문에, 국민회의와 간디의 요구에 적절한 대안을 제시하지 못했다.

이러한 총독정부와 영국에 실망한 간디는 대대적인 비협조 운동을 준비했다. 이때 간디가 준비한 사뜨야그라하는 단순한 비협조 운동이 아니었다. 당시까지 간디가 추진한 것은 주로 비협조 운동이었는데 금식 기도로 파업을 실시하거나, 관직을 사퇴하는 등의 말 그대로 영국정부에 협조하지 않는 운동이었다. 그러나 이때 간디가 추진한 사뜨야그라하는 정부가 법으로 금한 일들을 일부러 하는 불복종 운동이다. 첫 원탁회의(1930년 11월 12일)[13]가 열리기 전에 간디는 염세 폐지를 위한 소금행진(1930년 3월 12일-4월 6일)을 감행했다. 이 불복종 운동으로 간디는 물론 자와할랄 네루를 중심으로 한 국민회의 지도부 대부분이 투옥되었고 원탁회의에는 불참했다.

간디가 기초하여 라호르 연차 대회에서 발표된 독립선언서에서, 간디는 "인도의 영국 정부는 인도인들의 자유를 빼앗았을 뿐 아니라 대중을 착취하여 인도의 경제, 정치, 문화, 정신을 망가뜨렸다. 그러므로 인도는 마땅히 영국과의 연결을 끊고 완전 독립을 달성해야 한다."고 선언했다. 그리고 이후 국민회의와 간디는 자치(home rule)가 아니라 완전한 독립을 위해 온 힘을 쏟았다.

국민회의에서 이때 제정한 독립기념일은 1월 26일이다. 이 날은 인도가 독립할 때까지 독립기념일로 지켜졌다. 그런데 인도가 1947년 8월 15일에 독립함으로써 인도에는 제정한 독립기념일과 실제로 독립한 날, 2개의 독립기념일이 생겼다. 그래서 1930년 당시에 선포한 독립기념일을 기리기 위해 인도 공화국 헌법을 1월 26일에 공포하여 '제정된 독립기념일'은 이제 제헌절이 되었고 인도의 독립기념일은 8월 15일로 바뀌었다.

13) 원탁회의(Round Table Conference)는 제1차(1930년 11월 12일-1931년 1월), 제2차(1931년 9월 7일-12월), 제3차(1932년 11월 17일-12월)에 걸쳐 런던에서 개최되었다.

71. 간디가 집어 올린 한 줌의 소금

어윈 총독이 인도의 자치령 지위를 목표로 통치법을 개혁할 것이라고 선언은 했지만 실질적인 노력은 기울이지 않았다. 이에 간디는 대대적인 비폭력 운동을 준비했다. 힌두와 무슬림이 대립하고 있으며, 다양한 계층에서 각기 다른 목소리를 내고 있는 상황에서 대중의 관심을 단번에 끌어 모을 수 있는 목표가 필요했다. 그러한 목표를 위해 간디는 불복종 운동의 대상으로 소금을 선택했다.

삼면이 바다인 인도에서 누구나 소금을 쉽게 만들 수 있다. 그러나 영국정부는 인도인들이 마음대로 소금을 만드는 것을 금하고, 소금을 영국정부의 전매 대상으로 삼았다. 소금은 물과 공기와 더불어 생존을 위한 필수품이다. 영국이 소금을 전매하는 것은 인도인의 생존 필수품을 독점하는 것이어서 인도인의 생명줄을 영국이 쥐고 있는 것이나 마찬가지다.

간디가 소금을 불복종 운동의 대상으로 삼은 것은 탁월한 선택이었다. 당시까지 간디가 했던 운동은 대상이 한정적이었다. 농민 권리 보호 운동, 로울라트 법안 반대 운동, 킬라파트 운동 등은 그 직접적인 대상이 한정되어 있었던 것이다.

그러나 소금을 대상으로 삼으면 그 대상은 한정되지 않는다. 농민만을 대상으로 하는 것이 아니며, 정치인들만을 대상으로 하는 것도 아니다. 나아가서 힌두 혹은 무슬림 등의 어느 특정 종파를 대상으로 삼는 것도 아니다. 소금문제는 전 인도인, 대중을 대상으로 전개할 수 있는 최적의 것이었다. 인도에 소금과 관련되지 않은 사람이란 없기 때문이다.

간디는 동료, 지시자들과 함께 아흐메다바드(Ahmedabad)의 사바르마띠 아슈람을(Sabarmati Ashuram) 출발하여 댄디(Dandi) 해변까지 388km를 행진했다. 맨발로 행진하는 간디에게 많은 환영 인파가 길에 몰려나와 꽃을 뿌리고 경의와 갈채를 보냈다. 댄디 해변에 도착한 간디는 개인이 소금을 만드는 것은 불법이며 자신이 그 법률을 어긴다는 사실을 인정하면서, 직접 채취한 소금 한줌을 쥐고 손을 번쩍 들어 올렸다.

간디가 정부의 법을 의도적으로 어기며 소금을 만드는 불복종 운동을 전개하고 있다는 기사가 연일 보도 되면서, 세상의 이목이 집중되었다. 이때까지 영국 시민 정부의 관리들은 간디의 소금 행신이 하찮은 것이라고 생각하고 일축했다. 그러나 간디가 소금을 직접 만들었다는 소식이 전국적으로 알려지자 사람들이 너도 나도 바다로 나가 소금을 만들기 시작했다. 이에 당황한 영국 정부는 강경 대응하며 소금법 위반자를 모두 체포했다. 국민회의 낭

간부를 비롯하여 네루와 간디까지 체포되자 전국에서 소요가 일어났다. 공식적인 발표에 의하면 사망 103명, 부상 420명, 구금된 자는 6만 명에 이른다고 한다.

영국 정부의 법을 의도적으로 어기면서 소금을 만든 일은, 이제 인도의 일은 인도인 스스로 해결해나가겠다는 의지의 표현이며, 영국정부에 대한 공개적인 도전인 셈이다. 도시와 농촌 그리고 해안 지방까지 모두 소금 운동에 참여했거나 동조적이었다. 인도인들의 자유와 독립을 갈구하는 목소리와 처절한 몸짓 그리고 그들의 비폭력 태도는 뉴스를 통해 전 세계에 적나라하게 전달되었다. 간디의 탁월한 선택인 소금행진을 통해, 영국을 향한 독립 투쟁에는 서광이 비치기 시작했다고 평가할 수 있다.

그림 63. 소금행진을 마치며 구자라트의 댄디 해변에서 소금을 들어 올리는 간디 (1930년 4월 5일)

그러나 인도 현대사에 미친 영향은 긍정적으로만 평가될 수 있을까? 간디가 소금행진을 시작했던 1930년은 국민회의와 무슬림연맹이 통치법 개정을 둘러싸고 맞서고 있을 때였다. <네루보고서>와 <진나 14개조>로 국민회의와 무슬림연맹이 맞서고 있었고, 영국은 이것을 부채질하며, 인도의 대립적 집단들이 합의하여 새로운 통치법 안을 제시하라고 심적인 압박을 가하고 있었다. 이때, 간디는 소금행진으로 인도뿐 아니라 전 세계를 놀라게 하며, 세계적인 스타가 되었다. 대영투쟁이라는 측면에서는 인도인이 하나가 될 수 있었다. 그러나 간디의 소금행진은 국민회의의 승리인 셈이다. 그래서 간디의 소금행진은 영국정부의 염세에 대한 비폭력 시위였으나, 현실적으로는 각자의 길로 작별의 길목에 서 있던 국민회의와 무슬림연맹에게 엄청난 심리적 파장을 일으킨 사건이었다. 소금행진은 불복종 운동으로서는 성공적이었다는 평가를 할 수 있다. 더구나 당시의 힌두와 무슬림이 소금행진을 통하여 단결했다면 더욱 긍정적인 영향을 미쳤을 것이다. 그러나 당시의 인도 정국은 힌두와 무슬림이 그러한 불복종 운동을 통하여 단결할 수 있는 상황이 아니었다. 세상의 시선이 간디에게 집중되면서, 무슬림 지도층은 더욱더 힘을 상실하는 심리적 타격을 입었다. 한편으로, 국민회의는 더욱 확고한 입지를 다지게 됨으로써 양보와 타협보다는 자신들이 생각하는 방향으로 정국을 이끌어가는 상황이 전개되었다

그림 64. 소금행진 75주년을 기념하여 2005년에 발행된 4종의 기념우표

<네루보고서>에 자신들의 입지가 반영되지 않음으로써 심리적 상처를 입은데 더하여 간디의 소금행진으로 심리적인 위축감이 한층 심화되었기에, 무슬림연맹도 이후 독립운동의 과정에서 조금의 양보도 없이 분리 독립을 추구한 것이 아닐까 하는 생각도

해볼 수 있다.

소금행진으로 국민회의 간부와 간디가 투옥된 상태에서 제1차 원탁회의가 런던에서 개최되었다. 국민회의가 빠진 상태에서 개최된 원탁회의가 성과 없이 끝나자 영국 정부는 간디를 석방하고 1931년 3월 간디-어윈 협정을 체결했다. 이 협정으로 소금행진으로 투옥된 사람들이 대부분 석방되었고, 가정용 소금은 개별 생산이 허용되었다. 그러나 이 협약으로 간디는 불복종 운동을 중지했고, 영국 상품 불매운동도 중지되었으며, 국민회의는 제2차 원탁회의 참석하기로 결정했다.

간디가 집어 올린 한 줌의 소금은 인도의 자존심이었다. 그러나 간디의 손이 높이 올라가는 순간, 간디는 전 인도의 지도자이기에 앞서 국민회의, 힌두의 영웅이 되었다.

72. 시인 이크발의 연설

1930년 12월 29일, 알라하바드(Allahabad)에서는 무슬림연맹 15차 연차대회가 열렸다. 런던에서 첫 원탁회의가 시작된 40여 일 후이다. 이 회의에서 의장을 맡은 사람은 이크발(Allama Mohammad Iqbal: 1877-1938)이다.

이크발은 1877년 시알코트(Sialkot)에서 태어났다. 그리고 그곳에 있는 스코틀랜드 선교학교를 졸업하고 라호르에서 대학을 다닌 후에, 영국으로 유학을 갔다. 캠브리지 대학에서 3년간 철학을 공부하고 독일로 옮겨 뮌헨대학에서 공부했다. 귀국한 후에는 엘리트들이 대부분 그랬듯이 라호르에서 변호사 일을 시작했다.

시인으로서의 이크발은 초기에는 이슬람 신비주의의 영향과 영국 낭만시의 영향을 받아 신비주의적이고 낭만적인 시를 주로 썼다. 그리고 그의 인생 후반기가 정치 생활로 채워졌듯이 그의 시도 애국적 참여시의 성격을 띠게 된다. 그의 시 가운데 가장 널리 알려진 시로는 '인도의 노래(Tarana-e-Hindi: The Song of

India)', '이슬람의 새벽(Tulu'i Islam: Dawn of Islam)'과 '정해진 행로(Khizr-i-Rah: The Guided Path)' 등이 있다.

이크발이 정치인으로 활동하기 시작한 것은 펀잡의 주의원이 된 1925년부터이다. 그리고 1930년에 진나가 무슬림연맹 회장을 맡으라고 제안하자 수락했다. 그리고 연차대회에서 의장 수락 연설을 하면서 무슬림연맹의 나아갈 길을 제시하는 연설을 했다. 주요 요지는 펀잡, 서북변경주, 신드, 발루치스탄은 하나의 주(州)로 통합되는 것이 바람직하다는 것이었다. 영국 지배 하의 자치령에서든 영국제국이 물러간 후에든, 서북인도에 무슬림 주를 만드는 것이 무슬림이 할 수 있는 마지막 선택이라고 생각한다는 견해를 피력했다.

그는 '서북인도의 무슬림 주'에 대한 견해를 피력하기에 앞서 인도에서 통일성이 추구되려면 서로를 부정하는 것이 아니라 조화를 이루어야 한다고 강조했다. 특히 아시아에서 인도가 차지하고 있는 중요성을 역설하고, 인도의 평화는 아시아 평화의 시금석이 될 것이며, 인도는 아시아의 축소판이란 것을 인식해야 한다고 강조했다. 또한 인도에는 다양한 집단이 존재하는데, 이들이 조화를 이루기 위해서는 각 그룹 나름의 문화와 전통에 따라 제각각 발전할 수 있도록 해야 하며, 어느 하나의 문화가 주도하는 문화를 만드는 것으로는 조화를 이룰 수 없다고 강변했다.

뿐만 아니라 겉으로는 민족주의 혹은 애국이라는 이름으로 큰 마음을 내는 듯 포장하면서 안으로는 제 각각 이기주의적 생각을 품고 있기 때문에 조화를 이루는데 실패했으나, 아직은 희망이 있다고 강조했다. 국가 안에서 그 나름의 문화와 전통에 따라 발전할 수 있는 자유를 무슬림들에게 인정해준다면 무슬림들은 기꺼이 자신의 모든 것을 인도의 자유를 위해 내어놓을 것이라고 전제하면서, 인도 안에 '무슬림 인도'를 요구하는 것은 정당한 것이므로 서북인도에 무슬림 주를 독립시켜야 한다고 주장한 것이다. 이크발이 이 연설을 할 때, 자신이 말한 '무슬림 독립 주'가 두개의 국가를 주장하는 이론적 기초가 되어 오늘날 파키스탄이 탄생하리라고는 생각하지 못했을 것이다.

'두 민족' 혹은 '두 개의 국가'라고 하는 주장은 이크발에 의해 처음 등장한 것은 아니다. 1883년에는 블런트(W.S. Blunt)가 주장한 적이 있고, 사이이드 아흐마드 칸의 알리가르 운동도 서로 다른 두 개의 문화와 종교를 가진 집단의 존재를 인식하면서 시작된 것이기 때문이다. 이론 혹은 사상의 단계에 머물던 두 국가 이론은 이크발의 연설 후부터 실천적 방향으로 전환되기 시작했다. 라흐마트 알리(Choudhary Rahmat Ali)가 중심이 된 캠브리지 대학의 무슬림 유학생들이 1933년에 『지금 아니면 결코(*Now or Never*)』라는 소책자를 발간했는데 여기에 처음으로 파키스탄이란 용어가 등장했다. 펀잡(Punjab), 아프간(Afghan), 카슈미르(Kashmir), 신드(Sind)의 첫 글자와 발루치스탄(Baluchitan)의 stan을 포함하여 파키스탄(Pakistan)이라는 용어가 만들어진 것이다. 끝에 붙은 stan은 발루치스탄을 뜻하기도 하지만 지역 혹은 나라를 뜻하는 접미사이기도 해서 파키스탄은 <순수한(pak)나라(stan)>를 뜻하기도 한다.

이크발은 하나의 국가 안에 독립된 형태로 무슬림 주를 만들자는 구상을 했던 것이지만, 라흐마트 알리는 구체적으로 완전한 주권을 가진 파키스탄 국가를 상정함으로써 두 국가 이론은 좀 더 확실한 모습을 띠게 된 것이다.

1930년, 무슬림연맹의 의장을 맡게 된 이크발이 했던 연설, 무슬림들에게 그들 나름의 문화와 전통을 발전시킬 자유를 주어야 하고, 그러한 자유를 실현할 무슬림 주(州)를 독립시켜야 한다고 주장했던 연설, 이크발이 그 연설을 하면서 오늘날과 같은 파키스탄을 상상하지는 않았다고 하더라도, 그의 연설은 파키스탄을 만드는 시금석이 된 셈이다.

73. 런던으로 모여라

소금행진으로 간디와 국민회의 지도부 대부분이 구속된 상태였던 1930년 11월 12일, 런던에서는 인도의 장래를 논의하는 원탁회의가 열렸다. 영국정부는 인도 통치법을 인도의 대표들이 모여 결정한 것으로 만들고 싶었을 것이다. 대부분의 단체 대표들이 참석하여 화려한 회합의 모양새는 갖추었으나 정작 가장 중요한 단체인 국민회의 대표가 빠진 상황이어서 영국이 원하던 대로 되지는 못했다.

이에 어윈 총독은 국민회의와 간디를 원탁회의에 참석시킬 수 있는 방안을 모색했다. 방안 모색의 첫 걸음은 간디 석방으로 시작되었다. 1931년 독립기념일인 1월 26일에 영국정부는 간디를 조건 없이 석방했다. 석방된 간디는 어윈 총독과 2월 내내 협상을 벌였다. 그 결과로 3월 4일 공포된 것이 델리 협정(Delhi Pact)이다. 일명 '간디-어윈 협정(Gandhi Irwin Pact)'이라 불리는 이 협정은 모두 21개 항으로 구성되어 있으며, 그 아래 많은 세부항목이 포함되어 있다. 주요 내용은 시민 불복종 운동 종결, 원탁회의 참석, 시민 불복종 운동으로 구속된 사람들의 석방 등이었다. 이 협약 후에 간디는 제2차 런던 원탁회의에 참석했다. 1931년 9월 7일에 런던에서 열린 두 번째 원탁회의에서도 종파문제가 난제로 등장했다. 간디는 <네루보고서>에 준하는 주장을 했고 소수집단들은 그것을 거부했다. 제2차 원탁회의에서 내려진 결론이 1932년 8월 16일에 발표된 <커뮤날 재정(The Communal Award)>이고 이것은 1935년 인도통치법의 일부가 되었다. 이 재정(裁定)에서는 무슬림에게 부여되었던 분리선거권이 확대되어 시크와 영인 혼혈, 인도 기독교인, 유럽인에게 뿐 아니라 피억압 계급과 불가촉천민에게도 주어졌다. <네루보고서>에서 폐지하려 했던 분리선거제를 무슬림들에게 되돌려주고 더욱 많은 소수집단에게도 분리선거권을 허용한 셈이다. <커뮤날 재정>에 대해 무슬림연맹은 만족하지는 않았지만 수용했고, 국민회의는 반대했다. 결국 간디는 무슬림의 분리선거권을 인정했지만 불가촉천민의 분리선거권은 목숨을 건 단식을 감행하며 막았다. 세 번째 원탁회의는 1932년 11월 17일에 시작되었으나 국민회의 대표는 참석하지 않았다.

1935년 인도통치법 개정 과정에서 발생한 충돌과 이견의 차이를 조정하기 위해 런던에서 열린 원탁회의의 실제적 역할은 무엇이었던가? 조각난 채로 각자의 의견만을 앞세워 어떠한 결론도 도출해내지 못하는 인도의 각 단체를 한자리에 모아, 그들의 의견을 듣고 조정할 자리를 마련한 것이 원탁회의의 외형이었다. 여기서 영국이 맡은 역할은 무엇인가. 조정 작업이었다. 그러나 모든 목소

그림 65. 제2차 원탁회의(1931년 10월)
정면 중앙 맥도널드(Ramsay MacDonald) 영국수상, 그 오른쪽의 간디, 앞 줄 네 번째 암베드까르

리를 낼 수 있는 자리를 마련함으로써 각자의 의견이 더 적극적으로 표출되는 기회만 제공하고, 영국정부는 조정 작업에는 손을 놓고 있었다.

<커뮤날 재정>이라는 현실적 결과를 놓고 그에 따른 국민회의와 무슬림연맹 그리고 영국정부의 관계를 살펴보자. 영국정부가 통치법을 개정하기 위해 사이먼위원회를 구성했다. 국민회의를 비롯한 인도의 정치인들에 이에 대해 반발하자 영국 정부는 '그림 장래 통치법을 만들 합의안을 제시하라'는 제의로 공을 인도 정치인들에게 넘겼다. 인도 정치인들은 종파적 입장, 소수집단의 입장을 내세우며 합의안을 만들지 못했다. 다시 영국정부는 '그러면

런던에 모여서 다 같이 논의해서 합의안을 만들자'는 제안을 했다. 그런데 이때 간디가 소금행진을 하며 세계의 이목을 집중시키면서 국민회의가 주도권을 쥘 상황이 되었다. 이러한 상황에서라면 영국의 조정 역할이 무색해지고 국민회의가 목표하는 방향으로 추진될 수도 있다. 그러나 소금행진으로 구속된 간디와 국민회의가 런던 원탁회의에 불참함으로써 합의안을 만들기는 어려워졌다. 가장 큰 문제는 런던에 모인 사람들이 인도를 대표한다고 할 수 있을까 하는 것이다. 즉 인도를 대표한다는 국민회의가 빠진 상태에서 인도 통치법 합의안을 도출하여 공포할 수는 없다는 것이다. 또한 국민회의가 불참한 회의에서 영국이 합의안 도출을 강행한다면 이후 간디와 국민회의의 투쟁이 극심해질 것은 불 보듯 뻔한 일이다. 그래서 어떻게 해서든 간디를 런던 원탁회의에 참석시켜야 하는 영국은 일단 간디를 석방하고 <간디-어윈 협정>을 체결했다. 그래서 간디는 국민회의 대표로 제2차 원탁회의에 참석했다. 그 결과물이 <커뮤날 재정>이다. 3차에 걸쳐 개최된 원탁회의에 국민회의와 간디는 딱 한번 제2차 원탁회의에만 참석했는데, 그 참석의 결과물인 <커뮤날 제정>에서는 무슬림의 요구가 받아들여지고 국민회의의 주장은 외면당했다.

국민회의가 폐지하려고 했던 분리선거권을 피억압 계급과 불가촉천민에게까지 확대함으로써, 가장 억압받는 계층을 보호한다는 모양새를 갖추었다. 그러나 힌두와 무슬림의 갈등에 불가촉천민의 갈등까지 부각시킴으로써 국민회의의 힘을 분산시키는 작업을 한 셈이다. 영국정부가 불가촉천민의 분리선거권을 인정하면서 국민회의가 강력히 반발할 것을 예측 못했다고 볼 수는 없을 것이다. 불가촉천민 분리선거 문제로 돌풍을 일으켜 국민회의 주장을 약화시켰고, 민주주의 원칙을 강조하면서 국민회의가 소수집단의 보호에 인색하다는 이미지를 만들어냈다. 또한 불가촉천민의 권익 옹호를 위한 법안을 영국 측에서 만들었으나 간디가 반대하여 철회된 상황을 만들어 냄으로써 '간디의 시대는 인도의 암흑시대'라는 혹평까지 나오게 만들었다.

결국 영국은 원탁회의를 통하여 불충분하게나마 무슬림연맹의 편을 들어 준 셈이다. <네루보고서>로 무슬림들은 분리선거권을 박탈당할 위기에 처했고, 간디의 소금행진으로 국민회의의 입지가 강화된 점을 재고해 볼 때, 원탁회의를 통하여 분리선거권을 확보하기는 쉽지 않아 보였다. 그런데 만족할만한 수준은 아니었으나 <커뮤날 재정>을 통해 분리선거권은 확실하게 유지할 수 있게 되었다.

그렇게 함으로써 영국은 국민회의가 소금행진으로 만들어 낸 힘을 약화시키고 다른 한편으로 위축된 무슬림을 북돋워서 국민회의와 대립 관계를 유지할 수 있도록 '조정'을 했다. 결과적으로 사이먼위원회를 시작으로 <커뮤날 재정>과 1935년 인도 통치법에 이르는 과정에서 가장 큰 타격을 입은 것은 국민회의이다. 또한 그러한 과정에서 인도 내의 소수종파와 집단들이 각자의 목소리를 높일 수 있는 기회를 제공함으로써 인도에는 다수의 갈등 집단이 공존하고 있음을 확연히 드러나게 만들었다. 그러므로 원탁회의는 '조정'을 기본 정신으로 삼았다고 하더라도 '갈등의 증폭제' 역할이 더 컸다고 볼 수 있다.

74. 간디의 단식은 야비했다

소금행진으로 전 세계의 이목을 집중시킨 간디.

불가촉천민 대표로서의 암베드까르.

두 인물이 제2차 원탁회의에서 마주 앉았다. 둘 다 힌두였지만 같은 곳을 바라볼 수 없었다. 간디는 원탁회의를 통하여 '하나의 인도'를 확실히 하고, 인도의 자치 혹은 독립을 주장해야 한다. 이미 소금행진을 통하여 전 세계의 이목을 집중시켰기에 원탁회의에 참석한 어떤 집단보다도 유력한 목소리를 낼 수 있는 대표적 입지를 가진 간디이다.

암베드까르는 '불가촉천민은 차별 받는 소수집단'으로서 당연히 분리선거권을 가져야한다고 주장하면서, 인도의 독립과 더불어 불가촉천민의 독립과 해방을 역설했다. 진나와 무슬림연맹이 타협의 여지없이 분리선거권을 주장하는데 이어 불가촉천민 분리선거권 목소리도 높아지는 상황에 직면한 간디는 무슬림과 시크교도의 분리선거권은 수용하면서도 불가촉천민의 분리선거권만은 인정하지 않았다. 불가촉천민은 힌두이므로 힌두를 다시 분리하는 것은 받아들일 수 없다는 것이었다.

그러나 불가촉천민들이 언제부터 힌두로 인정되었던가를 돌아보면 간디의 주장은 궁색하기 짝이 없다. 역사적으로 불가촉천민을 힌두와 분리시킨 것은 불가촉천민이 아니라 힌두들이었기 때문이다. 인도에 소위 '센서스' 즉 인구조사가 시작된 것은 1871년이다. 이때부터 10년마다 인구조사를 실시했으며 해당 지역의 언어, 종교, 종족, 카스트 등을 조사하여 보고서 형식으로 출판했다. 1871년 첫 인구조사부터 1901년까지 네 차례 인구조사까지는 불가촉천민이 힌두로 기록되지 않았다. 인구조사 자료 수집이나 감독 업무에 고용된 상층 힌두들이 불가촉천민과 같은 하층민을 힌두교도로 기록하는 것에 반대하여, 종교를 기입하는 칸에 이들의 카스트 이름을 그대로 기록하기도 했다. 그런데 1911년 인구조사에서부터는 불가촉천민들을 힌두교도로 기록했다.

이것은 힌두와 무슬림의 분리선거가 인정된 후에야 인구조사에서 불가촉천민이 힌두로 기록되었다는 것을 의미하는 것이다. 불가촉천민의 분리선거를 반대한 제2차 원탁회의에서의 간디의 태도도 이러한 정치적 차원에서 이해될 수 있다. 물론 간디는 일찍이 불가촉천민 문제가 '힌두의 가장 큰 오점'이라고 지적하며 힌두들이 불가촉천민을 하나로 인식해야 한다는 것을 주장했고, 그들이 인간답게 살 수 있도록 생활을 개선하는데 카스트 힌두들이 앞장서야 한다는 사회개량 프로그램을 추진한 바 있다. 그러나 간디는 카스트제도 안에서 불가촉천민의 처우개선에 중점을 두었지 그들을 카스트라고 하는 틀에서 해방시킨다는 생각을 하지는 못했다.

간디가 제2차 원탁회의에 참석하면서 유리한 입장에서 협상이 가능하리라고 생각한 힘은 소금행진에 있었다고 해도 과언이 아니다. 그러나 소금행진으로 얻은 간디의 자신감은 간디-어윈 협정에서 지나치게 양보의 자세를 취하게 했고, 무슬림들을 심리적으로 위축시킨데 이어, 불가촉천민을 비롯한 하층카스트에 대해서도 강경한 입장을 취하게 했다. 제2차 원탁회의 종파문제의 토론장에서 간디가 '내가 불가촉천민 대중 전체를 대표하는 유일한 사람'이라고 주장한 것은 지나친 자신감의 발로였다고 할 수 있다. 그래서 일부 학자들은 간디의 이러한 태도를 이해할 수 없다고 비판했고, 압둘 꽈윰(Abdul Quayyum)은 "간디가 제정신이 아니었던 것 같다"고 혹평하기도 했다.

간디는 제2차 원탁회의에서, 시크와 무슬림처럼 불가촉천민을 힌두와 분리시키는 것은 자살행위와도 같다고 경고하면서 목숨을 걸고라도 불가촉천민이 정치적으로 분리되는 것을 막겠다는 연설을 했다. 그리고 1932년 8월 16일 불가촉천민에게 분리선거권을 부여하는 '커뮤널 재정'이 발표되자, 바로 다음날 맥도널드 위원장에게 "불가촉천민의 분리선거권을 철회하지 않으면 죽음에 이르는 단식을 감행할 것"이라는 편지를 보냈다. 그리고 맥도널드 위원장과 영국정부가 '커뮤널 재정'을 변경할 의사가 없다고 밝히자, 예고된 대로 9월 20일 정오 간디의 단식이 시작되었다. 죽을 각오로 단호한 의지를 표명한 간디의 단식이 시작되자 인도의 정치인들과 영국정부까지 새로운 문제를 떠안을 수밖에 없었다.

"물에 빠져 죽어가는 사람은 남을 구할 수 없는 법이다. 남을 구할 수 있게 되기 위해서라도 우리는 스스로를 먼저 구하려고 노력하지 않으면 안 된다."고 했던 간디의 말을 되돌아보면, 불가촉천민들도 물에 빠져 죽어가는 사람의 입장과 다르지 않다. 불가촉천민의 입장에서 보면, 독립보다 더 급한 것이 불가촉천민의 생존권이다. 암베드까르는 "어떻게 이 땅을 우리의 조국이라고 부르며, 이 종교가 나의 종교라고 부를 수 있는가. 개와 고양이보다 못한 취급을 당하는 이곳에서, 물을 마음대로 먹을 수 없는 이곳에서……"라고 한탄하는 연설을 제2차 원탁회의에서 했다. 그러나 간디는 불가촉천민이 정치적으로 힌두와 분리되는 것에 찬성할 수 없다고 응대했다.

암베드까르는 1930년에 나그푸르에서의 개최된 '인도 피억압계급 대회' 의장연설에서 영국의 통치로부터 인도가 독립하는 것은 평등주의와 카스트 없는 사회를 건설하는 것이 전제되어야 한다고 밝힌 바 있다. 그러나 간디의 목숨과 불가촉천민의 분리선거권을 맞바꿀 수 없었던 암베드까르와 불가촉천민들은 분리선거권을 포기할 수밖에 없었다. "영국이 우리의 적인 것과 같이 상층카스트 민족주의자도 우리의 적이었다. 그렇지만 우리는 동시에 두 적과 싸울 수는 없었다."는 말에서 암베드까르가 분리선거권을 포기하고 합동선거제로 타협하는 푸나협정(Poona Pact)을 체결할 수밖에 없었던 이유를 찾을 수 있을 것이다.

그렇다면 당시 간디의 단식은 정말 야비한 것이었을까? 간디가 사뜨야그라하를 추진하면서 행한 단식은 평화의 상징이며 비폭력의 꽃이었다. 그런데 1932년의 단식은 이전의 단식과는 성격이 다르다. 간디가 단식을 선언하는 경우는 대부분 대중들 또는 식민정부를 대상으로 그들의 의식을 전환시키거나 각성시키기 위한 것이었다. 그러나 1932년의 목숨을 건 단식은 불가촉천민을 각성시키거나 불가촉천민에 대해 부당한 대우를 하고 있는 힌두를 각성시키려고 한 것이 아니다. 불가촉천민의 분리선거권 포기를 위한 것이었다. 간디는 불가촉천민 분리선거권 저지에 목숨을 걸었다. 그런데 이 상황에서 정말 목숨이 위태로운 사람은 누구였을까? 간디보다는 암베드까르와 불가촉천민의 목숨이 더 경각에 달려 있었던 것은 아닐까? 단식을 하고 있는 간디, 그것도 옥중에서 목숨을 걸고 단식하고 있는 간디는 마하트마이며, 분리선거권을 철회하지 않는 암베드까르는 간디를 죽음으로 몰아가는 악당이나 마찬가지였다. 만약 간디가 정말 단식으로 목숨을 잃었다면 불가촉천민은 분리선거권을 획득할 수 있었을까? 분리선거권 획득은 고사하고 간디의 죽음과 함께 암베드까르를 포함한 수많은 불가촉천민이 목숨을 잃게 되었을지도 모른다. 그러니 대중의 각성을 위한 단식이 아니라 암베드까르와 불가촉천민들에게 심리적 압박을 가하기 위한 단식이었다는 평가나 야비한 단식이었다는 평가를 면하기 어려운 것이다.

결국 간디의 단식으로 불가촉천민의 분리선거권은 취소되었다. 그 후 간디는 불가촉천민을 하리잔(harijan, 신의 아들)으로 부르면서 그들의 생활개선을 위해 노력했다. 그러나 불가촉천민을 위한 간디의 활동에는 한계가 있었다. 1933년 2월에 간디가 발행하던 『영인디아』를 『하리잔』으로 바꾸면서, 창간호에 암베드까르에게 기고를 부탁했을 때, 암베드까르는 "카스트제도가 존재하는 한 불가촉천민이 사라질 수 없다. 그러므로 카스트 제도를 폐지해야 한다."는 말로 기고를 거절했다. 이 때 간디는 "카스트제도가 결코 추악한 제도는 아니다. 결점인 불가촉천민 제도는 논밭에 난 잡초, 혹은 사람의 몸에 생긴 혹에 불과하다. 잡초나 혹 때문에 논밭을 없애고 몸을 파괴할 수 없듯이 카스트제도를 무너뜨릴 수는 없다."고 답했다. 간디는 카스트제도를 폐지할 생각은 없었고, 다만 제도를 개선하여 카스트 힌두와 불가촉천민이 함께 살아갈 인도를 꿈꾸었던 것이다. 그러나 오늘날까지도 카스트 힌두들이 불가촉천민을 똑같은 인간으로, 같은 힌두로 대하지 않고 있는 것을 보면 '야비한 단식'이었다는 비난이 지나치다고 할 수는 없을 것이다.

75. 완성된 새로운 인도 통치법

사이먼위원회가 1927년에 출범한 후 원탁회의를 거쳐 1935년에 확정된 인도 통치법(The Government of India Act 1935)은 영국이 만든 마지막 인도 통치법이 되었다. 1927년부터 8년의 진통을 겪으며 1935년에 태어나 출생신고를 한 셈이다.

1935년 인도 통치법은 몇 가지 특징을 가지고 있다. 가장 큰 특징이라 할 수 있는 것이 '전문(前文)'이 없다는 것이다. 법을 공포하면 대부분 그 법을 공포한 취지와 목적을 밝히는 서론에 해당되는 전문을 넣는다. 그러나 1935년 인도 통치법에는 사실상 전문이 없다. 1919년 통치법에는 '자치 제도의 점진적 발전과, 대영 제국의 중요한 일부분인 인도에 책임 정부를 점진적으로 실현시키기 위한 목적'이라는 내용을 포함한 '전문'이 있었다. 1935년 통치법을 발표하기 전에 '인도의 자치령 인정을 위한'이라는 내용을 전문에 넣기로 했다고 한다. 이것은 어윈 총독이 1929년에 선언했던 내용이다. 그러나 영국 보수당 의원들이 인도의 자치령 지위 부여에 대하여 반대했기 때문에, 정면 대결을 피하기 위해 그 문제를 직접 언급하지 않고 우회적으로 피해가는 방안을 강구한 셈이다. 사무엘 호아(Samuel Hoare, 당시 영국의 인도담당 장관)는 1935년 2월 6일에 성명을 냈다. "상하 양원은 근대적 법안들이 서문을 넣지 않고 있다는 것에 주목했다. 1919년에는 서문을 넣었지만 지금은 필요하지 않다. 1919년 통치법의 전문에 앞으로 영국 정부가 행할 모든 취지가 언급되어 있기 때문에 이 서문을 고수하는 것이 바람직하므로, 굳이 서문을 붙일 이유가 없다."라고 한 성명이 서문을 대신한 것이다.

정부는 어원이 선언했던 '자치령' 관련 내용을 전문에 넣으려 했지만, 의회 승인을 받아내지 못했다는 것이 호아의 성명에서 드러난 것이다. 이러한 것은 영국 정부의 정치적 상황과 밀접한 관계가 있다. 1935년 영국은 보수당과 자유당 그리고 노동당이 연계된 거국 내각의 상태였고, 1935년 선거를 앞두고 있었다. 그러므로 보수당의 '인도 자치령 지위 반대'를 의식하지 않을 수 없었던 것이다. 그래서 전문에 구체적인 앞으로의 계획 혹은 법안의 취지를 언급하지 않고 애매모호하게 1919년 법의 연장선상에서 인도의 정치개혁이 진행될 것이라는 사무엘 호아의 발언으로 전문을 대신했기 때문에 1935년 인도 통치법에는 전문이 없는 것이다.

또 다른 특징으로는 연방제 도입, 지방자치 인정, 그리고 유권자 확대를 들 수 있다. 1919년 선거법에 따른 유권자 수는 7백만 명이었다. 그러나 1935년에는 재산을 기준한 제한 선거이기는 했지만 성인 총 인구의 1/6이 투표권을 가질 수 있게 되어, 유권자 수는 3

천만 명에 달했고, 남성과 마찬가지로 여성에게도 참정권이 주어졌다.

연방제를 도입함으로써, 영국 지배하에 있던 주와 독립 토후국도 연방에 편입되었다. 신드는 봄베이 주에서 분리되어 독립주가 되었고, 오리싸 역시 비하르에서 독립하여 새로운 주가 되었다. 1919년에 무슬림들에게 주어졌던 분리선거제는 확대되어 시크, 마드라스 기독교도, 벵골 영국인 등에게 인정되었다. 또한 연방의회는 재산 자격을 갖춘 인도인 유권자들이 직접 선출한 의원이 다수가 되게 했다.

1935년의 통치법이 공포되자 인도의 정치 단체들은 각기 다른 반응을 보였다. 국민회의는 이 통치법은 진보적인 세력을 억압해서 봉건적 상태에 머물게 하려는 법안이라고 비난했다. <네루제안서>에는 연방에 편입된 토후국들의 권리가 명시되어 있었다. 그러나 새 통치법에서는 그에 대해 아무런 언급도 하지 않았다. 연방에 새로 편입되는 토후국들이 실제로 어떠한 권리를 갖는가에 대해 명시하지 않은 것이다. 또한 1935년 통치법은 설명에 설명을 거듭한 법안으로 내용 자체가 엄청나게 길고, 그에 더하여 영국정부가 필요하다고 생각할 때 간섭할 수 있게 고안된 보호 조항들이 많이 들어 있다. 그렇기 때문에 국민회의는 얼핏 보면 이 법안에 상당히 진보적인 내용이 들어 있는 듯하지만, 실제로 봉건체제를 유지시킬 의도로 만들어진 법안이라고 비난했다.

1935년 통치법 내용은 전체적으로 무슬림과 소수 종파에게 유리한 듯 보이는 법안이었다. <네루제안서>보다는 <진나 14개조>

가 훨씬 더 반영되었다. 그래서 1935년 통치법에 근거하여 1937년 첫 선거를 치르게 되었을 때 국민회의는 상당히 불안했을 것이다. 인도의 대표 정당이라고 외치던 국민회의의 입지가 선거에서 제대로 유지 될 수 있을지 확신이 서지 않았던 것이다. 특히 연합주에서 완승의 가능성에 대한 확신이 없었기 때문에 연정을 제안했다. 무슬림연맹과 국민회의가 선거 후 연정을 하자고 네루가 제안했고, 무슬림연맹이 받아 들였다.

그러나 선거의 뚜껑을 열자, 무슬림에게 유리할 것이라는 예상을 깨고, 국민회의가 압승한 반면 무슬림연맹은 의외로 참패했다. 분리선거권인 무슬림 의석에서도 무슬림연맹이 페배했기 때문에 무슬림연맹은 참담함을 느끼지 않을 수 없었다. 국민회의 입지가 강해진 만큼 무슬림연맹의 입지는 약화된 셈이다. 그러자 네루는 선거전에 약속했던 연합주의 연정을 파기했다. 이 연정 파기는 진나를 비롯한 무슬림들이 국민회의를 불신하고 무슬림 분리를 강조하는 기폭제가 되었다.

협상과 타협이란 서로의 입지가 동등하거나 동등해질 가능성이 있을 때, 어느 한쪽이든 양보의 손길로 악수를 청해야 이루어 질 수 있는 것이다. 그러나 소금행진으로 전 국민의 이목을 끌었던 국민회의, 새로운 통치법으로 무슬림이 더 유리할 것으로 예상되었던 선거에서 압승을 거둔 국민회의, 궁지에 몰린 무슬림연맹, 이 정면에서 타협이 이루어지려면 국민회의가 대단한 양보와 포용성을 보이거나, 무슬림연맹이 대단한 용기를 내어 저자세로 국민회의에 포용되어야 했다.

1935년 인도통치법이 만들어지는 과정에서, 소금행진은 정치인 일부의 투쟁을 대중의 투쟁으로 바꾸어 놓았다 이제 일부 정치인들이 투쟁하던 시대를 지나 대중이 관련된 정치문제로 전환되는 시기에 무슬림들은 또 한 번 막다른 길목으로 몰린 생쥐가 된 셈이다. 이러한 불균형의 심리와 쫓기는 심리는 타협의 가능성을 붕괴시킨다. 그렇기 때문에 1935년 통치법 제정 과정, 법안의 내용, 이후의 선거 결과 등을 통해 무슬림들은 '우리만의 나라'를 꿈꾸는 외에 달리 해결책이 없다는 생각을 하게 되었을 것이다. 또한 국민회의는 1935년 통치법으로 불리한 입장이 될 것이라는 생각과는 달리, 인도 대중의 지지를 받는 정당이라는 자부심으로 우뚝 섰고, 그 우뚝 선 당당함에 자비로운 포용정신을 만들지 못했기 때문에 무슬림들을 더욱 궁지로 몰아넣었다. 그래서 1935년 통치법 발효 이후 막다른 골목으로 몰린 생쥐는 돌아서서 고양이에게 덤벼들 수밖에 없었는지도 모른다.

76. 또 다시 인도로 불어온 세계대전의 강풍

제2차 세계대전이 1939년에 발발했다. 히틀러는 폴란드 영토인 단치히(Danzig)에 살고 있는 주민 대다수가 독일인이므로 단치히를 독일에 할양하라고 요구했다. 또한 동프로이센과 독일을 연결하는 지대에 독일군의 주둔을 허용하라고 주장했다. 이 문제를 둘러싸고 영국과 프랑스가 연합했고 러시아는 독일과 상호 불가침 조약을 맺었다. 이러한 상태에서 독일은 1939년 9월 1일 폴란드를 침공했다. 이틀 후 영국과 프랑스가 독일에 최후통첩을 보내고 선전포고를 함으로써 제2차 세계대전이 시작되었다.

제2차 세계대전이 벌어지자, 영국은 '영국이 전쟁 당사자이기 때문에 인도도 당연히 참전상태'라고 발표했다. 국민회의는 인도에 동의를 구하지 않고 참전 상태라고 일방적으로 발표한 영국의 태도에 반발했다. 제1차 세계대전 때 영국을 지지했던 것과는 달리, 영국의 일방적인 발표에 반발하여 국민회의에서는 대대적인 비협조 운동을 전개했다. 전쟁협조를 거부하고, 8개 주에서 국민회의 내각이 총 사퇴해버렸다. 세계대전이라는 긴박한 시기에 국민회의는 내각 총사퇴라는 초강수를 둔 것이다.

대영 투쟁의 방식을 선택하면서 국민회의와 간디가 시대의 흐름을 놓치고 있는 것이 아닌가 하는 생각을 하게 하는 시기가 제2차 세계대전 때이다. 1920년대와 1930년대의 비협조 혹은 불복종 운동을 단순화시켜 보면 국민회의와 영국이라는 1:1의 대결구도였다고 할 수 있다. 그런데 1935년의 인도 통치법 이후에는 여러 소수 종파의 목소리가 커졌고, 그들 나름의 세력을 형성하고 있었다. 그러므로 국민회의와 영국의 1:1 구도가 아니었다. 이러한 상황에서 국민회의가 영국을 대상으로 '비협조, 총사퇴'를 감행하는 경우 다른 집단들이 동참하거나, 적어도 침묵해야 그 효과를 기대할 수 있다. 그러나 제2차 세계대전이 발생하는 시점에는 그런 기대를 하기는 어려운 상태였다. 소수집단들이 나름대로 세력이 커졌고 특히 무슬림들은 1937년의 선거 참패로 정치 전면에서 밀려난 '유감'을 갖고 있는 상태이기 때문이다. 이러한 전체적인 흐름을 파악하지 않았거나, 외면하고, 내각이 총사퇴 하는 비협조 운동을 전개한 것은 큰 실책으로 평가될 수밖에 없을 것이다.

국민회의는 1939년 12월 22일에 내각 총사퇴를 선언했다. 그런데 진나는 국민회의 내각이 사퇴한 것이 무슬림들에게는 오히려 축하할 일이라고 말하며 12월 22일을 '구원의 날'로 선포했다. 국민회의와 간디는 그들의 비협조 혹은 불복종 운동에 무슬림연맹이 동조할 것인지, 방관할 것인지, 오히려 영국에 협조하는 계기를 만들어 줄 것인지 등을 충분히 고려했어야 한다. 그러나 1937

년 선거에서 무슬림연맹이 참패한 사실로, 무슬림연맹은 더 이상 국민회의와 나란히 설 수 있는 정당이 아니라 하나의 단체일 뿐이라고 생각했기 때문에 무슬림연맹의 대응을 크게 고려하지 않았을지도 모른다. '내각 총사퇴'에 '구원의 날'로 응수할 만큼 성장한 무슬림을 과소평가함으로써 오히려 힌두와 무슬림의 갈등을 심화시키는 부정적 영향을 끼쳤다.

무슬림연맹은 '구원의 날'을 선언하면서, 진나의 지도하에 파키스탄 승인을 조건으로 영국의 전쟁 수행에 협력할 용의가 있다는 성명을 발표했다. 그러는 가운데 전쟁은 확대되었고, 1940년 5월과 6월에 걸쳐 영국은 독일에게 참패를 거듭하고 있었다. 그때 영국의 처칠(Winston Churchill: 1874-1965) 수상은 국민회의와 새로운 교섭을 시도했다. 국민회의는 교섭을 받아들이면서, 전쟁이 끝난 후에 영국이 인도의 자유를 보장하고, 인도인들에 의한 중앙정부 수립을 보장한다면 전쟁에 협력하겠다고 제의했다. 국민회의가 영국에게 이러한 전제 조건을 달고 교섭을 시작하자, 간디와 국민회의의 충돌이 발생했다. 간디는 인도가 영국에 협력한다면 아무런 조건 없이 협력해야 할 것이며, 그 협력은 비폭력적인 지지에 그쳐야한다고 주장한 것이다. 그러나 국민회의는 간디의 비폭력 원리는 대영투쟁에 한정되어야 하며 종파적 반란, 폭력주의, 외적의 침입에까지 적용할 수 없다고 주장했다. 간디는 자신의 비폭력 주장이 국민회의와 영국의 타협을 어렵게 하고 있음을 간파하고 국민회의에서 물러났다.

이후 일본이 싱가포르와 버마를 점령하자 연합국들은 인도의 협조를 구하도록 영국에게 압력을 가했다. 그러나 유럽과 아시아에서 패배를 거듭하면서도 영국은 인도의 자치를 전면적으로 인정하기를 거부했다. 그래서 간디가 물러났음에도 불구하고 영국 정부와 국민회의의 교섭은 제대로 진행되지 않았다. 다시 간디가 전면에 나섰고, 대대적인 비협조 운동이 전개되어, 고의로 법률을 위반하여 투옥된 사람이 3만 명이나 되었다.

일본의 참전으로 유럽의 전쟁이 동남아시아까지 확대되었기 때문에, 유럽 전쟁일 때와는 달리 인도도 더 이상 강 건너 불구경할 위치에 있지 않았다. 일본의 진주만 공격이 있기 직전 영국은 인도에 대하여 협조적 자세를 취하여 네루를 비롯한 국민회의 지도자들을 석방했다.

상황이 악화일로에 있게 되자, 영국이 인도문제를 해결하여 인도가 연합국 측의 전쟁에 긍정적 역할을 할 수 있기를 희망하는 미국을 비롯한 연합국들의 압력이 점차 거세졌다. 이에 처칠 영국 수상은 1942년 3월에 스태퍼드 크립스(Stafford Cripps)와 국방상을 인도에 보내, '전쟁이 종료된 후 가능하면 빠른 시일 내에 지방선거를 실시한다, 영연방국으로서 새로운 인도 자치국이 만들어질 것이다. 연방자치국에 합류하지 않는 주는 독립 체제를 유지할 수 있다. 소수 종파는 보호될 것이다.'라는 내용을 골자로 하는 일명 <크립스 제안(Cripps Proposals)>을 하게 된다.

그러나 이 제안에 대해 국민회의와 무슬림연맹 모두가 반대했다. 무슬림연맹은 이 제안에 '파키스탄' 문제를 제대로 언급하지 않았다는 이유로 반대했다. 국민회의는 <크립스 제안>을 전면 거부하면서 '이제 우리는 자치가 아니라 독립을 쟁취하겠다.'는 의지를 밝혔다.

결국 유럽에서 벌어진 전쟁의 강풍은 인도로 불어 왔고, 태풍의 눈 한가운데 놓여 대책을 부심하던 영국이 마침내 '사치국 지위 허락'을 제의한 것이다. 그러나 영국에 대한 신뢰와 우정이 사라진 인도인들에게 자치를 허락한다는 약속은 너무 늦은 것이었다. 이미 인도인들은 큰 목소리로 독립을 외치기 시작했기 때문이다.

77. 파키스탄의 깃발을 세우는 진나

진나는 국민회의 내각이 총사퇴한 1939년 12월 22일을 '구원의 날'로 선포했다. 그리고 무슬림연맹은 구원의 날 선포 3개월 후인 1940년 3월22일부터 24일까지 라호르의 민토공원(Minto Park)에서 연차 총회를 개최했다. 총회 첫날 진나는 지난 수개월 동안의 사건들을 열거하고, 무슬림 문제에 대한 자신의 견해를 피력했다. 인도에서 벌어지고 있는 문제는 국내적인 종파 문제의 성격을 띤 것이 아니라 명백히 국제적인 성격을 띠고 있기 때문에, 반드시 국제적인 성격으로 다루어져야 하며, 힌두와 무슬림의 차이는 너무도 깊고 심각해서 하나의 중앙정부 통치 아래 둔다는 것은 매우 위험한 일이라고 역설하면서, 두 개의 국가로 분리될 절호의 기회라고 강조했다. 이러한 진나의 견해를 바탕으로 <라호르 선언(Lahore Resolution)> 혹은 <파키스탄 선언>이라고 불리는 결의안을 채택했다. 이 결의안은 이후 파키스탄 분리 독립선언서와 같은 역할을 하게 된다.

<라호르 선언>이 채택될 무렵, 유럽의 전쟁 양상은 더욱 심각해지고 있었다. 1939년 말과 1940년 초에 독일과 프랑스 국경선에서는 지지부진한 전투가 지속되면서 장기화되고 있었고, 이틈에 러시아는 핀란드를 공격하여 영토를 할양 받았다. 1940년 6월에 파리가 점령되자, 영국 홀로 유럽을 휩쓴 히틀러에게 대항하고 있는 상황이 되었다. 이러한 위기를 극복하기 위해 처칠은 전시 연립내각을 구성하고 강력한 영도력을 보이면서 전쟁에 맞섰다. 그러나 1941년 봄에는 유럽의 거의 모든 나라들이 히틀러에게 무릎을 꿇었고, 터키와 스위스 등 몇몇 나라들만이 중립 상태를 유지하고 있는 형편이었다. 1941년 말 일본이 진주만을 공격함으로써 세계대전은 태평양을 건너갔다. 이제 미국까지 제2차 세계대전에 적극 개입하게 되었고, 동남아시아에서는 일본이 버마를 점령하는 등의 사태가 심화되어, 유럽에서 시작된 제2차 세계대전은 미국과 아시아까지 확대되었다. 그 전쟁의 소용돌이 한복판에 영국이 자리하고 있었던 것이다. 그래서 영국은 1942년 3월, 인도가 전쟁에 협조한다면, 전후에 인도를 자치령으로 만들겠다는 <크립스 제안>까지 하게 된 것이다.

그러나 <크립스 제안>에는 파키스탄을 인정하는 내용은 들어있지 않았기 때문에 진나의 무슬림연맹이 반발했다. 진나는 정치활동 조기인 1920년대 초까지는 힌두와 무슬림의 단합을 강조했던 인물이다. 진나는 1906년에 무슬림연맹이 창설될 때에도 무슬림연맹 창립대회에 참석하지 않고 국민회의 연차 총회에 참석했었으며 1913년에야 무슬림연맹에 가입했다. 그리고 1915년에 국민

회의와 무슬림연맹이 연차 총회를 같은 장소에서 개최하게 하고 1916년에는 합동회의를 개최하여 힌두와 무슬림 단합의 상징이 된 러크나우 협정(Lucknow Pact)을 체결할 수 있게 한 인물도 바로 진나였다. 그래서 당시 진나는 '힌두-무슬림 단합의 사절(使節)'이라는 평을 받기도 했다. 그런데 이러한 진나의 태도는 1920년대부터 달라지기 시작했고 1930년대에는 힌두와 무슬림의 분리를 주장하는 선봉에 섰으며 영국의 <크립스 제안>에 대해서도 파키스탄이 언급되어 있지 않다고 반발한 것이다.

진나의 태도가 이렇게 변화된 계기는 무엇일까. 대의제 확대와 그에 따른 무슬림의 위축 때문이었을 가능성이 높다. 거기에 더하여 1937년 선거에서 국민회의가 연정을 파기한 배신, 그 배신감이 진나의 태도를 바꾸는 결정적 계기가 되었을 것이다. 국민회의는 선거에서 승산에 대한 확신이 없을 때는 무슬림연맹에게 연합정부 구성을 제의하고, 선거에서 승리를 확인 한 후에는 연합정부를 구성하자던 제의쯤은 휴지조각처럼 구겨버렸다. 게다가 무슬림들에게 무슬림연맹을 탈퇴하고 국민회의 회원이 되어야 각료로 임명할 것이라고 통보했다. 이러한 국민회의 태도는 협조체제를 말살하는 것이다. 1937년 선거를 통해 진나는 국민회의에 대해, 더 이상 아무것도 기대할 수 없다는 것을 확인한 셈이다.

무슬림들은 힌두들과 어떠한 일을 협상할 때마다 이때의 경험을 예로 지적하며 우려를 표명했다. 연합정부 구성의 거부와 이후의 국민회의의 태도는 무슬림연맹으로 하여금 더 이상 하나의 나라에서 서로 다른 성격을 가진 두 개의 집단으로 존재할 가능성을 버리게 했고, 이크발의 주장과 라흐마트 알리의 '파키스탄' 운동을 현실화하는 계기가 된 것이다.

1940년 국민회의 연차대회가 람가르(Ramgarh)에서 열렸다. 의장을 맡은 사람은 무슬림인 아자드(Abul Kalam Azad)였다. 그는 의장 연설에서 "나는 무슬림이며 그 사실을 자랑스럽게 생각한다. 1300년간의 빛나는 이슬람의 전통은 나의 유산이다. 이슬람의 가르침과 역사, 예술과 문학 그리고 문명은 나의 자산이며 나의 운명이다. 이것을 지키는 것이 나의 의무이다. 또한 무슬림인 나는, 이 인도민족주의라는 건물의 일부이며, 나 없이는 이 찬란한 건물 구조가 완전할 수 없다. 나(무슬림)는 인도를 건설하는데 없어서는 안 될 요소이다. 나는 이 꿈을 결코 버리지 않을 것이다."라고 말했다. 아자드는 무슬림이면서 국민회의 의장을 맡은 인물이기 때문에 아자드의 생각이 인도 무슬림의 생각을 대변한다고 할 수는 없을 것이다. 그러나 '하나의 인도'에 대한 꿈은 무슬림 대중들에게도 있었을 것이다.

그러나 하나의 나라에서 소수집단으로서의 정체성 확립 여부가 불투명해지면서 무슬림 정치 지도자들은 그들의 꿈을 실현할 '또 다른 국가'를 꿈꾸게 된 것이다. <라호르 선언>이 나올 무렵, 분리를 인정하는 분위기가 확산 된 것은 암베드까르가 1940년에 쓴 글 '파키스탄 문제를 고찰한다'에서도 엿볼 수 있다. 암베드까르는 "이슬람교도들은 완고한 보수파이며, 이교도에 대해서 호전적이다. 또한 그들은 이슬람교도만을 동포로 인정하고, 결코 인도를 모국으로 보거나, 힌두교도를 형제로 인정하려 하지 않는다. 시금 그들은 새로운 국가를 건설하려고 한다. 인도에 강력한 중앙정부를 만들려면, 국내에 배타적이고 비협조적인 이슬람교도를 두기보다는 국외에 두는 것이 현명하다. 통일 인도를 고집하는 것은 위험하다. 분할해야 힌두교도와 이슬람교도 모두 파멸의 비극에서 구원될 수 있을 것이다."라는 말로 분할의 긍정적 측면을 인정했다.

진나는 <라호르 선언>을 채택하기에 앞서 한 연설에서 힌두와 무슬림의 대립적 위치를 극명하게 드러냈다. 진나는 "힌두와 무슬림은 두 개의 다른 종교, 사상, 사회 관습과 문학을 가지고 있다. 그들은 서로 결혼하지 않고 함께 식사하지도 않으며, 근본적으로 상충되는 사상을 가진 두 개의 다른 문명에 속해 있다. 그들은 다른 서사시와 다른 영웅들, 다른 일화들을 가지고 있으며, 종종 한쪽의 영웅은 한쪽의 원수이며, 한쪽의 승리는 다른 쪽의 패배와 겹쳐져 있다."라고 말했다. 이러한 진나의 연설은 힌두와 무슬림이 서로 다른 문화와 전통을 가진 분리된 집단이기 때문에 서로 다른 독립 국가를 형성해야 한다고 주장하는 근거가 되었다. 그러나 '한쪽의 영웅이 다른 한쪽의 원수'라는 표현 등은 '분리'보다는 '적대감'을 증폭시켜 심리적 갈등을 만들어 낼 수 있는 것이었다.

진나의 연설 내용을 굳이 문제 삼지 않는다고 하더라도 분리 독립을 위해서는 '다름'을 주장해야 하기 때문에 역사적으로 그들이 어떻게 화합하지 못했고, 어떻게 서로 충돌을 일으켰는지를 피력하지 않을 수 없을 것이다. 그렇기 때문에 파키스탄 분리 독립을 위한 선언인 <라호르 선언> 자체가 힌두와 무슬림 갈등의 증폭제

그림 66. 독립 70주년을 맞이하여 인도-파키스탄 국경인 와가(Wagah)에 진나의 대형 초상화가 걸리고 파키스탄 국기가 휘날리고 있다(2017년 8월 14일).

가 되는 것은 당연한 것이다. 그래서 간디는 이 선언에 대하여 '거짓'이라는 표현으로 극도의 우려를 표명했고, 네루를 비롯한 국민회의 지도부에서도 격렬하게 비난했던 것이다. 그러나 이러한 우려와 비난이 이후 국민회의 노선에 충분히 고려되지 못했기 때문에 갈등은 심화되어갈 수밖에 없지 않았을까.

이크발의 알라하바드 연설, 라흐마트 알리의 파키스탄 운동 그리고 이어지는 진나의 <라호르 선언>으로 파키스탄이라는 분리 독립 국가 형성의 터전이 마련된 것이다. 진나는 이후 모든 협상에서 '분리'를 강조했다. 분리가 전제되지 않는 대화는 무의미했던 것이다. 파키스탄의 깃발을 세우기 위해!

78. 이제 그만 물러가시오

제2차 세계대전 중에 유럽에서 고전하고 있던 영국은 1942년 3월에 <크립스 제안>을 했다. 그러나 <크립스 제안>을 통해 영국이 전쟁 중에 인도를 독립시킬 의지가 없음이 드러나자, 간디와 국민회의는 이를 전면 거부하고 "영국이 계속 인도를 지배함으로써 인도의 발전을 가로막고 약체화를 초래하여, 인도가 자국을 방위하고 세계의 자유를 위해 공헌할 수 있는 능력을 상실케 하고 있으므로, 인도를 위해 그리고 연합국의 목적 달성을 위해 영국은 즉시 인도의 자유를 승인하고 인도에서 물러가라. 그러면 인도국민은 임시정부를 수립하고 모든 군사력을 동원하여 연합국과 함께 인도를 방위하고 침략에 저항하는 일을 제1의 임무로 삼게 될 것이다."라고 선언했다. 이것이 1942년 7월에 와르다(Wardha)에서 한 <인도철퇴(Quit India) 선언>이다.

<인도철퇴 선언>에 대하여 진나는 즉각 비난했고, 영국정부는 인도철퇴 선언 다음날 간디와 네루를 비롯한 국민회의 지도자들

을 검거하며 강경 대응했다. 이로 인해 민중운동이 거세게 일어났고 영국 역시 더욱 강력한 대응을 함으로써 많은 사상자를 냈다. 통계에 의하면 940명이 사살되었고 1630명이 부상당했으며 국민회의 관련자와 동조자 6만여 명 체포되었다고 한다.

국민회의 지도부 거의 모두가 구속되자 국민회의는 마비상태에 이르렀다. 이때에 무슬림연맹은 그들의 정치적 행보에 박차를 가했다. 제2차 세계대전이 발발한 후 국민회의는 내각사퇴로 정치적 입지를 잃었고 인도철퇴 선언으로 상당수 국민회의 당원이 구속됨으로써 정치적 능력을 발휘할 수 없게 되었다. 이때 무슬림연맹은 정치적 입시를 상승시켜 국민회의와 힘을 겨룰 만큼 성장했다.

무슬림연맹은 소수인 자신들을 위해 영국정부와 국민회의가 타협과 양보의 자세를 가져주길 희망했었다. 그러나 이제 그러한 희망의 단계를 넘어서 이제 자신들만의 국가를 건설하겠다고 <라호르 선언>을 했다. 그런데 이 상황에서 국민회의는 무슬림 문제에 대해서는 신경을 전혀 쓰지 않고, 독립에만 관심을 집중시켜 <인도철퇴 선언>을 했다. 이 때문에 대다수의 국민회의 지지자가 투옥된 상태에서 무슬림연맹은 성장하고, 목소리를 높이게 되었으니, 힌두와 무슬림의 종파적 충돌과 폭동은 걷잡을 수 없게 되었다. 어떤 갈등이 표출될 때, 한쪽이 월등히 큰 힘을 가지고 있을 때보다 엇비슷한 상태에 있을 때 충돌의 소리는 더 큰 법이다.

일부 연구에 따르면 당시의 <라호르 선언>에 파키스탄이라는 말이 들어가 있지 않았지만 이것을 <파키스탄 선언>이라고 보도한 것은 힌두 측 신문들이었으며, 두 개의 국가 건설이라는 의미를 분명하게 만들어 전달한 것도 힌두 측이었다고 한다. 진나와 무슬림은 <라호르 선언>으로 독립의 염원을 담은 목소리를 키워 가고 있었다. 그런데 이들의 목소리를 외면한 채 '미친 계획', '거짓', '죄악' 등으로 몰아붙이고, 이후 무슬림들의 행보를 검토하는 데 소홀한 채로 대영 투쟁에 몰두하여 '영국은 그만 물러가시오' 라는 선언을 한 것은 성급한 것이었다.

<인도철퇴 선언>은 인도 독립운동의 차원에서는 큰 주춧돌이 되었던 것이 사실이다. 그러나 힌두-무슬림 갈등과 분리 독립의 심리를 재촉하는 역할도 동시에 했다. 힌두와 국민회의의 목표는 자치나 독립이다. 그러나 소수인 무슬림들의 입장에서는 독립에 앞서 힌두와의 관계 정립도 중요했던 것이다. 영국 지배 대신에 힌두의 지배를 받게 된다면, 무슬림들에게는 독립이 아무런 의미가 없기 때문이다.

무슬림에 대한 아무런 대안도 없이 '영국은 이제 그만 물러가시오'라고 한 선언은 무슬림들에게는 공포에 가까운 선언인 것이다. 그래서 간디가 '영국은 이제 그만 물러가시오.'라는 말을 했을 때 무슬림들은 '영국이 물러가기 전에 우리 문제부터 해결하시오.'라고 말할 수밖에 없었던 것이다.

국민회의 입장에서 보자면, 대영 투쟁을 시작하려 할 때마다, 무슬림들은 사사건건 반대하고 비난을 일삼으니 답답하기 짝이 없는 노릇이었을 것이다. 이럴 때마다 국민회의는 '일단 독립하자. 그리고 우리 둘의 문제는 그때 알아서 잘 처리될 수 있을 것이다.' 라고 말하는데, 무슬림의 입장에서 살펴보자면 그 반대의 상황이 되는 것이다. '우리 문제가 해결되어야 독립이 의미가 있다는데, 너희들은 어찌 일의 순서도 모르고 영국만 몰아내려하는가?'이렇게 응수할 수밖에 없는 것이 아닌가.

국민회의 입장에서는 '독립'이 최우선 과제이나 무슬림연맹 입장에서는 '무슬림의 정체성 확립'이 더 우선순위이니, 국민회의는 무슬림연맹을 '독립을 막는 매국적 단체'라고 비난하고, 무슬림들은 '영국대신에 너희들이 우리를 지배하려는 것 아니냐?'라고 비난하여 상호비방과 폭력이 난무할 수밖에 없었다.

그런데 당시의 식민지였던 아시아 여러 나라의 독립운동과는 달리, 종파적 갈등과 분열을 내재하고 있는 인도에서 과연 영국 지배를 벗어나는 것만이 최우선 순위가 될 수 있는 것인가에 대하여 재고할 필요가 있다.

네루가 진나의 두 국가 주장에 대하여 "왜 두개의 국가만인가? 종교에 근거한 국가라고 한다면 인도 내에는 수많은 국가가 있어야 한다. 두 형제 가운데 하나는 힌두이고 하나는 무슬림이라면 그들은 다른 국가에 소속되어야만 한다. 인도의 대부분 지역에는 다양하게 이 두개의 국가가 존재해야 함으로 국경이 없는 국가가 될 것이며 그들의 영토는 서로 겹칠 것이다."라고 했던 말에서 볼 수 있듯이, 무슬림의 '세력권 형성'에 대하여 크게 인식하지 못했거나 과소평가 하고 있었던 것이다.

그러니 제2차 세계대전의 한 복판에서 간디가 '영국은 이제 그만 물러가시오'라고 외친 것은 영국을 당황시켜 강경 대응하게 만들었을 뿐만 아니라 '파키스탄 건설'이라는 목소리가 커지고 있는 상황에서 무슬림연맹이나 진나와의 관계에도 부정적인 영향을 미쳤다.

79. 간디가 진나를 찾아가다

인도철퇴 선언으로 구속된 간디는 1944년 5월 6일에 석방되었다. 그 두 달쯤 후인 1944년 7월 17일, 간디는 진나에게 편지를 썼다. 회담을 제안하는 간디의 편지를 받은 진나는 간디와의 회담에 대하여 무슬림연맹의 견해를 물었다. 무슬림연맹의 동의로 진나는 간디와의 회담을 수락했다. 간디가 봄베이에 있는 진나의 집으로 찾아가 회담은 진나의 집에서 진행되었으며 9월 19일부터 24일까지 열넷 차례나 회담을 했다.

간디는 자신이 개인의 자격으로 진나와 논의하러 온 것이며, 힌두를 대표하지도 국민회의를 대표하지도 않는다는 말로 회담을 시작했다. 간디는 이 회담을 통해, 파키스탄 결의는 잘못된 것이라는 사실을 진나가 이해하기를 희망했다. 그러나 진나는 오히려 간디에게 파키스탄 분리 독립의 당위성을 역설했다.

회담이 거듭될수록 타협의 가능성은 사라졌다. 진나는 "라호르 선언은 무슬림뿐 아니라 인도로 남을 나머지 지역 모두의 진정한

그림 67. 간디와 진나의 회담(1944년 9월)

번영을 위한 것"이라고 분명히 말했다. 진나의 확언에 대해 간디는 '인도 전체의 불행이다'라고 전제하면서 "인도가 외국 지배를 벗어난 후, 무슬림이 다수인 지역은 그들이 원한다면 투표를 통해 조속한 시일 내에 분리 될 수 있을 것"이라고 답했다. 간디의 제안은 인도가 독립한 후에, 국민회의가 통치권을 확보한 상태에서, 분리를 원하는 지역은 투표를 통하여, 독립주권국가가 아닌 인도 연방의 일원으로서 독립성을 갖는 지역을 구성할 수 있다는 것이다. 간디는 그의 제안이 <라호르 선언>의 내용을 보증하는 것이라고 주장했으나 진나는 간디의 제안에 동의하지 않았고, 회담은 결렬되었다.

간디와 진나의 회담 그리고 회담의 결렬은 파키스탄 분리 독립과 힌두-무슬림 갈등 문제에 있어서 중요한 역할을 했다. 간디가 자신은 힌두의 대표도 아니고 국민회의의 대표도 아니며 개인 자격으로 진나에게 진심으로 인도의 장래를 위한 회담을 제의한 것이라고 전제했지만, 인도에서 간디의 행보는 결코 사적인 것이 될 수 없다.

1982년 리차드 아텐보로(Richard Attenborough)감독이 제작한 영화 <간디>에는, 간디가 진나를 만나러 가기 위해 출발하려는 순간 많은 힌두 젊은이들이 길을 막고 진나를 만나지 말기를 간청하는 장면이 나온다. 이들의 만류를 뿌리치면서 간디는 "나에게 무엇을 하지 말라는 것이냐. 너희들(힌두극우청년들)의 행동이 형제들(무슬림들)에게 두려움을 주는 것이다. 당장 그만둬라!"라고 강력한 어조로 말하고 있다. 이것은 영화의 한 장면이지만 실제로 간디가 진나를 만나 회담을 하려는 것에 대해, 당시의 힌두와 국민회의는 그리 환영하지 않았을 것이다. 간디가 진나를 초청한 것이 아니라, 간디가 진나의 사저로 찾아가서 회담을 하는 자체가, 보수적 관점에서 보면 간디가 지나치게 저 자세로 진나와 회담을 하려는 것으로 보일 수 있기 때문이다. 이러한 것이 당시의 극우 힌두 단체들의 심리를 자극했을 것이다.

한편으로 진나는 독립 후 투표로 무슬림 지역의 문제를 결정하자는 간디의 제안을 받아들일 수 없었을 것이다. 힌두들이 무슬림들만큼 분리 의식이 강하지 않았다고 가정하고, 국민회의가 힌두의 대표가 아닌 진정 인도를 대표하는 정당이라고 가정해보자. 그렇다고 해도 영국이 인도에서 물러간 후에 국민투표를 실시한다면, 힌두 수상과 힌두 대통령이 당선될 확률이 높다. 이러한 상황하에서 무슬림의 장래를 결정하는 투표를 한다면, 무슬림들에게 유리한 결과가 나올 가능성은 희박하다. 더구나 1937년의 선거 후 국민회의의 배신을 겪은 진나로서는, 일단 독립하고 나서 무슬림들을 위한 정책을 수립하겠다는 약속을 신뢰할 수 없었을 것이다.

회담의 결렬은 국민회의에게도 무슬림연맹에게도 심리적으로 불쾌한 일이 아닐 수 없었다. 무슬림연맹의 입장에서는 '위대한 영혼' 간디가 파키스탄 건국을 막기 위해 혼신의 힘을 쏟고 있는 모양새였다. 그러나 한편으로 간디-진나 단독 회담은 진나를 무슬림들의 대표로 인정하여, 진나를 간디와 맞먹는 입지로 부상시키는 계기가 되었고, 간디의 입장을 지나치게 낮춤으로써 무슬림연맹이 의기양양해지는 빌미를 준 것이다.

아울러 분리 독립이 아니라 '먼저 독립한 후에 분리'를 언급한 것이기는 하지만 무슬림 지역의 분리 독립의 필요성을 간디가 승인한 셈이 되어, 화해와 타협을 위한 회담은 분리 독립의 불길에 기름을 부어준 상황을 연출한 셈이다. 그래서 한쪽에서는 "힌두스탄 만세", "인도의 승리 영원하라!"는 구호를 외치고, 한편에서는 "파키스탄이여 영원하라!"라는 구호를 외치며, 작은 불씨로도 과격한 종파적 충돌이 발생할 가능성이 높아졌던 것이다.

간디가 진나를 찾아간 것은, 무슬림과 힌두의 갈등이 독립 못지않게 중요하다는 것을 간디가 제대로 인식하지 못하고 있음을 드러낸 것이다. 힌두-무슬림 협조 체제를 형성시키는 역할을 하지 못했을 뿐 아니라, 진나의 입지를 높임으로써 분리 독립을 향한 마지막 카운트 펀치를 날릴 기회를 진나에게 제공한 셈이다.

80. 애증의 강을 건너다

연합군은 1944년 6월에 로마에 입성했고, 이어 노르망디(Normandy) 상륙작전에 성공하여 독일의 방어선을 무너뜨리고 파리를 탈환했다. 독일이 1945년 5월 8일 베를린에서 연합군 앞에 무릎을 꿇음으로서 유럽에서의 전쟁에 종지부를 찍었다. 1945년 8월 6일, 미국은 일본의 히로시마에 원자탄을 투하했고, 일본이 8월 15일에 항복함으로써 제2차 세계대전은 막을 내렸다.

유럽에서 세계대전이 끝나자 와벨(Wavell) 인도 총독은 인도의 장래 문제를 영국 행정부와 논의하기 위해 런던으로 갔다. 거기서 논의된 결과물이 1945년 6월에 발표된 <와벨 계획안(Wavell Plan)>이다. 이 계획안에 따라 각 단체에서 지명하는 대표들로 총독집행위원회를 재구성하기로 하고 와벨은 1945년 6월 25일에 심라에서 회합을 열었다. 이것이 일명 '심라회합'인데 국민회의와 무슬림연맹의 대표들이 회합에 참석했다. 무슬림연맹은 그들이 인도에서 유일한 무슬림 대표 단체로 인정되어야하고 총독집행위원회의 무슬림 대표는 모두 무슬림연맹에서 지명해야 한다고 주장했다. 국민회의는 무슬림인 아자드(Maulana Azad)를 대표 위원장으로 파견했다. 국민회의는 인도에 있는 모든 단체의 대표이기 때문에 그들도 무슬림 대표를 지명해야 한다고 주장했다. 결국 협상은 교착상태에 빠져 <와벨 계획안>이 무산됨으로써 심라회합은 인도 미래에 어떠한 희망도 주지 못했다.

심라회합이 무산되자, 와벨은 1945년과 1946년에 중앙과 지방의회 의원 선거를 실시할 것이며, 그 후에 헌법제정을 위한 단체를 구성하고, 인도의 주요 정치 단체의 지지를 받는 총독집행위원회를 구성할 것이라고 발표했다.

그러나 총독집행위원회 구성을 놓고, 또 다시 국민회의와 무슬림연맹이 충돌했다. 사실 이 시기에는 어떠한 정책을 내놓아도 힌두와 무슬림이 단번에 받아들일 만한 상황이 아니었다. 타협할 마음을 가지고 있어도 쉽지 않을 고비를 겪고 있는 마당인데, 타협할 생각이 두 집단 모두 거의 제로에 가까웠기 때문이다.

그래도 일단 선거는 시작되었다. 영국 지배 하의 마지막 선거! 그 선거에서 국민회의는 무슬림이 주장하는 것처럼 힌두대표인지 아니면 인도 전체를 대표하는지를 평가 받는 셈이었고, 무슬림연맹은 인도 무슬림의 명실상부한 대표단체임을 확인받는 셈이었다.

무슬림연맹은 지방의회 선거에서 무슬림 의석 441석 가운데 425석을 확보했고, 중앙의회의 무슬림 의석 전부를 차지함으로써, 명실상부한 무슬림 대표기구로 부각되었다. 국민회의만큼 중요한 집단으로 다루어져야한다는 것을 영국에게 입증시키기에 충분한 의석을 차지한 것이다.

영국정부는 국민회의와 무슬림연맹의 화합을 도모했으나 모두 실패했고, 선거를 치르면서 오히려 힌두와 무슬림의 갈등은 더욱 극명해졌다. 이러한 갈등을 해결할 방법을 모색하기 위해, 영국 정부는 1946년 3월 24일 각료사절단(Cabinet Mission)을 인도에 파견하여 5월 16일에 제안서를 내놓았다.

각료사절단의 주요 과제는 독립할 인도의 헌법 구성 방법을 논의하고, 이 문제를 타결할 임시정부 혹은 집행위원회를 구성하는 일이었다. 사절단이 제시한 제안서의 주요 내용은 다음과 같은 세 가지로 요약할 수 있다. 첫째, 인도는 주(州)들로 이루어진 인도 연방이 될 것이며, 연방 정부는 외교 국방 통신 업무를 담당한다. 연방에는 행정부와 입법부를 둔다. 둘째, 잔류권한은 각 주에 귀속되고 모든 주는 3개의 권역으로 나눈다. 각 주에서는 첫 번째 보통선거를 실시한 후에 어느 권역에 소속될 것인지를 선택할 수 있다. 셋째, 주요 정치 단체들이 지지하는 임시정부를 구성할 것이다.

무슬림연맹은 각료사절단의 제안에 대체로 찬성했다. 제안 내용은 진나가 파키스탄을 요구했던 것과 같이 무슬림 지역의 자율성을 충분히 보증할 수 있는 것으로 이해되었기 때문이다. 국민회의는 무슬림연맹보다 앞서 제안서에 대하여 찬성한다고 밝혔지만 임시정부를 구성하는 문제에 대하여는 이의를 제기했다. 양당은 심라에 초대되어 일주일 동안 논의했으나 합의점을 찾지 못했다. 이에 총독은 정당간의 토론으로 임시정부 구성을 더 이상 지연시킬 수 없다는 견해를 표명하고 1946년 6월 16일에 임시정부 인시를 발표했다. 국민회의의 힌두 6명, 무슬림연맹의 무슬림 5명, 시크교와 파르시교도 그리고 인도의 기독교인 각각 1명씩이었다.

이에 대하여 무슬림연맹은 수긍했지만 국민회의에서는 '국민회의에 소속된 무슬림을 임시정부에 포함시키지 않는 것은 무슬림들이 의장직을 역임했던 국민정당으로써의 국민회의 정신에 어긋난다.'고 반대했다. 이에 각료회의에서는 더 이상 임시정부 수립 논의를 진행할 수 없다고 발표했고, 진나는 국민회의를 비난하면서 8월 16일을 '무슬림 직접 행동일'로 선포했다.

힌두-무슬림의 종교적 폭동과 학살이 확산되는 가운데, 영국정부가 '1948년 6월 30일에 인도에서 철수할 것'이라고 밝히며 새로운 마지막 총독으로 마운트배튼(Lord Mountbatten)을 임명한다고 발표하자 폭동은 잠시 소강상태에 들어갔다.

1947년 3월 22일에 인도에 도착한 마운트배튼 총독은 국민회의, 무슬림연맹 지도자들과 대화를 했다. 진나는 인도의 모든 무슬림들이 파키스탄 요구를 지지하고 있으며, 그는 그것을 철회할 의사가 전혀 없다고 못을 박았다. 파텔(Sardar Patel)을 비롯한 과격파들도 무슬림의 분리 독립 요구를 인정했다. 이에 마운트배튼 총독은 인도아대륙 분할을 위한 계획안 작성을 시작했다. 분리 독립 계획안은 1947년 4월 총독 위원회를 거쳐 런던에 전달되었고, 영국 정부의 승인을 거쳐 1947년 6월 3일에 정식으로 발표되었다. 독립 안이 발표되자 국민회의와 무슬림연맹은 각각 분리 독립을 위한 임시정부를 구성하여 독립 준비를 시작했다. 영국정부가 제시했던 1948년 6월 30일보다 10개월 앞당겨진 1947년 8월 15일 0

시, 영국의 200년 지배를 벗어난 인도아대륙에는 인도와 파키스탄 두 개의 나라가 탄생했다.

1945년 8월 15일, 제2차 세계대전이 막을 내렸을 때 아시아의 식민지들이 독립했다. 한국 역시 일본으로부터 독립했다. 그러나 인도는 이때부터 마지막 진통을 치렀다. 인도와 파키스탄이라는 이란성 쌍둥이를 낳기 위해 2년이라는 긴 진통을 치러야 했다.

왜 영국은 종전과 동시에 인도에게 모든 권한을 넘겨주고 물러가지 않았는가. 왜 인도의 임시정부구성을 영국의 관여 하에 해야 하는가. 그 소용돌이 속에서 중앙과 지방의 선거를 치르게 하여 힌두와 무슬림의 감정을 극단으로 몰아넣었는가. 물음표를 붙여야 할 많은 문장들이 있을 것이다.

종전 이후, 영국은 인도를 설득하여 영연방내의 자치국으로 잔류시키려 했다. 그러나 인도는 완전독립을 추구하고 있었다. 그러니 동상이몽의 상태였다고 할 수 있다. 영국이 인도가 하나의 나라인 채로 대영제국의 연방국으로서의 자치권을 갖기를 바라는 희망을 버리지 않았기 때문에, 영국의 지배 상태 하에서 장래 인도의 헌법을 제정하고자 했고, 실질적으로 국민회의와 무슬림연맹이 타협할 수 없는 제안서들을 내놓게 된 것이 아닐까. 외관상 국민회의와 무슬림연맹의 화합과 타협을 목표로 내놓은 제안들이 결과적으로는 국민회의와 무슬림연맹의 상호 다른 의견을 극명하게 표출시키는 역할을 한 셈이다. 또한 그러한 차이를 극명하게 드러내는 과정에서 국민회의와 무슬림연맹은 힌두와 무슬림 대중을 선동하여 지지를 확보하려 했고, 선거를 치르면서 이러한 대중적 영향과 갈등이 심화된 채로 독립을 맞이하게 된 셈이다.

영국 동인도회사가 플라시 전투로 인도를 독점하기 시작한지 200년, 영국 황제의 직접 지배로부터 100년의 시간을 영국과 인도는 함께 보냈다. 그렇지만 제2차 세계대전 후 동상이몽의 인도와 영국의 마무리는 깔끔하지 못했다. 200년을 함께 했는데 그리 쉽게 손을 놓을 수는 없었을 것이다. 그러나 영국이 빨리 손을 놓지 못하고 어정쩡한 상태로 붙잡고 있는 동안 인도의 상처는 깊어갔다. 1947년 8월 15일, 영국과 인도는 200년의 애증의 강을 건넜다. 사랑했던 날들보다 미워했던 날이 더 많은 200년을 뒤로 두고 작별의 손을 흔든 것이다. 그리고 인도와 파키스탄 역시 수많은 상처를 안고 돌아올 수 없는 애증의 강을 건너 다른 편에 섰다.

81. 동방의 등불을 노래한 타고르

타고르(Rabindranath Tagore: 1861-1941)는 인도에서 종교와 사회 개혁운동이 전개되고 있던 시기에 태어났다. 타고르는 6세 때부터 시를 썼고 13세에는 세익스피어의 『멕베스(*Macbeth*)』를 벵골어로 번역했으며, 14세 때에는 벵골의 정기간행물에 글을 기고하기 시작했다. 타고르는 주로 벵골어로 글을 썼으나 영국 유학 후에는 자신의 작품을 스스로 영어로 번역하여 발표하기도 했다.

타고르는 1913년에 아시아인으로서는 최초로 노벨 문학상을 받으면서 세계에 알려지기 시작했다. 1909년에 벵골어로 출판한 그의 시집 『기탄잘리(*Gitanjali*): 신을 찬미하는 노래』를 런던에서 영어로 발간했고, 그것으로 노벨 문학상을 받게 된 것이다. 그는 노벨 문학상을 받은 후 수련, 캐나다, 미국, 남미를 비롯한 여러 지역 그리고 중국, 일본, 동남아지역 등을 여행하면서 많은 강연을 했다. 80세의 생을 살았던 타고르는 그의 저술만으로 독립된 도서관을 세울 수 있을 만큼 많은 작품을 남겼다.

그림 68. 타고르 탄생 150주년을 맞이하여 대학로에 세워진 타고르 흉상
2011년 5월 18일 흉상 제막식에 참석하여 축사를 하는 인도 하원 의장 메이라 쿠마르 (Meira Kumar)

타고르의 이름이 우리에게 익숙해진 것은 '동방의 등불' 덕분일 것이다. 1929년에 타고르가 일본에 들렀을 때, 한국에도 방문해줄 것을 요청했다. 그러나 타고르는 한국에 오지 못하게 되자 '동방의 등불'이라는 글을 기고했다. 주요한이 번역하여 동아일보에 이 글이 게재되면서 타고르가 한국에 널리 알려졌다. 타고르의 시는 한국 문학계에도 많은 영향을 미쳤고 특히 한용운에게 미친 영향이 컸던 것으로 알려져 있다.

『기탄잘리』에 들어 있는 시와 '동방의 등불'에서 느껴지는 타고르의 시는 서정적이고 종교적인 느낌을 준다. 그는 인생의 전반기에는 서정적이고 온화한 글을 많이 발표했다. 그러나 인생의 후반기로 갈수록 세상을 향한 그의 목소리는 과격해진 편이다. 그는 시인이었고 교육 운동가였으나 정치인은 아니었다. 그럼에도 불구하고 인도 정치에 미친 영향도 적지 않다. 그는 정치 자체보다는 인도 민중의 자유를 위해 헌신했다고 표현하는 것이 적절할 것이다. 1905년 벵골 분리에 반대하면서 전국적으로 스와데시 운동이 일어날 때, 적극적으로 지지하는 글을 쓰기도 하고 연설도 했다. 또한 1919년 암리차르에서 발생한 시크교 대학살에 대해 유감을 표하면서 총독에게 서한을 보냈다. "펀잡에서 영국이 보인 포악성은 대영제국의 신민인 인도인의 마음속에 자신들의 무력한 처지를 충격적으로 느끼게 했다."고 전하면서 1913년에 노벨 문학상을 받았을 때 그가 영국으로부터 받은 훈장과 기사의 작위를 반납했다.

영국의 포악한 행위에 대해 작위를 반납하며 항의를 표했던 타고르였지만, 간디의 비협조 운동은 지지하지 않았다. 그는 도덕을 힘으로 바꾸는 것은 바람직하지 않을 뿐더러, 그것을 정치 투쟁으로 사용하는 것은 좋지 않다고 생각했다. 투쟁 전개 과정에서 부정적인 요소들이 끼어들 소지가 많기 때문이라는 것이다.

간디가 했던 비협조 운동과 같은 비폭력 저항의 방식은 타고르가 1909년에 발표한 「속죄(Prayaschitta)」라는 드라마 속에서도 볼 수 있다. 백성을 괴롭히던 왕의 이야기를 다룬 『속죄』에서 다난자이(Dhananjay)가 왕에게 저항하며 "나의 마음은 자유입니다. 당신은 나를 투옥할 수 있을지 모르지만 나는 당신의 부정한 법률에 굴복하지 않을 것입니다"라고 말하는 대사가 나온다. 이것은 간디의 사뜨야그라하 정신과 상통하는 점이다. 그러나 이러한 사상을 개인이 아닌 대규모 시위에서 사용하면 부정적 요소가 개입될 여지가 많다는 것이다.

타고르는 "내셔널리즘이 아니라 휴머니티라는 보다 넓은 관계에 기초한 새로운 교육을 확립할 필요가 있다"고 강조했다. 이러한 사상을 바탕으로 인도의 철학과 정신세계의 풍부한 유산들을 전 세계에 전파시키기 위해 국제대학인 비슈바 바라티 대학교(Visva Bharati University: 1921년 창립)를 설립하기도 했다.

또한 타고르는 서양의 근대 과학의 성과를 높이 평가하며, 근대 과학은 과거, 현재, 미래를 통틀어 유럽이 인류에게 가져다 준 위대한 선물이라는 사실을 인정해야 한다고 강조했다. 뿐만 아니라 인도인들이 뒤처져서 무력하게 허우적거리지 않기 위해서는 유럽의 손에서 그 선물을 스스로 받아 쥐어야 하며, 우물쭈물하고 있으면 현대라는 시대의 수확을 거둬들이지 못하게 될 것이라고 강조하기도 했다. 타고르는 동양과 서양의 이상을 조화시키는데 기여하면서 인도 민족주의의 바탕을 넓혔다. 국제주의자로서 국제협력을 신봉하고, 기계문명의 발달이 인도에 가져다 줄 발전을 희망적으로 바라보면서, 인도의 메시지를 다른 나라에 전하고, 서구세계의 메시지를 인도에게 전하는 일을 했다. 그는 국제주의적 성향을 가진 자유인이었으나, 그의 발은 늘 인도 땅에 닿아 있었고, 그의 정신은 우파니샤드의 샘물을 마시고 있었다는 평가를 받고 있다.

인도의 독립에 대하여 "영국통치자들에게 간청할 것이 아니라, 인도가 자립의 원리에 서지 않으면 안 된다."고 역설하던 타고르, 그는 제2차 세계대전과 독립투쟁의 회오리가 몰아치는 1941년 8

월 7일에 죽음을 맞이했다. 타고르가 사망하기 몇 달 전에 그의 생일을 맞이하여 쓴 '문명의 위기(The Crisis of Civilization)'라는 글에는 마치 독립 후 인도의 모습을 예견한 것 같은 느낌을 주는 내용이 들어 있다.

> 운명의 수레바퀴는 언젠가 영국이 인도에서 손을 떼게 하리라.
> 그러나 그들이 남겨 놓은 인도의 모습은 어떨까?
> 어떠한 지독한 참상을 남겨 놓을까?
> 수세기에 걸친 그들의 통치의 물줄기가 마침내 말라버렸을 때
> 어떠한 진창과 오물을 그들은 남겨 놓을 것인가!
> 나는 한 때 문명의 샘이 유럽의 심장에서 흘러나온다고 믿었다.
> 그러나 내가 세상을 떠나려는 지금, 나의 그 믿음은 산산조각 나고 말았다.

인도의 애국가(Jana Gana Mana)와 방글라데시의 애국가(Amar Shonar Bangla)는 타고르의 시이다. 스리랑카의 애국가(Sri Lanka Matha)는 비슈바 바라티 대학교에서 수학하여 타고르의 영향을 받은 사마라쿤(Ananda Samarakoon)이 작사 작곡한 곡이다. 뿐만 아니라 우리나라를 "아시아의 황금시기에 빛나던 등불"이라고 칭하며 희망의 메시지를 주었던 타고르의 시 '동방의 등불'도 아름다운 노래로 만들어졌다. 이처럼 타고르의 정신은 문학뿐만 아니라 노래를 통해서도 널리 전해지고 있다.

82. 마지막 피 한 방울까지 인도의 독립을 위해!

신의 이름으로, 인도의 자유와 3억 8천만 나의 동포들의 자유를 위해
나 수바스 찬드라 보세는 자유를 위한 신성한 전쟁을
내 숨이 끊어지는 날까지 계속할 것임을 맹세합니다.
나는 언제나 인도에 봉사할 것이며,
인도가 독립한 후에도
나는 인도의 자유를 위해 나의 마지막 피 한 방울까지도
기꺼이 흘릴 것입니다

이 연설은 1943년 10월 21일, 독립인도 임시정부(Azad Hind) 수상이며 인도국민군 사령관인 수바스 찬드라 보세(Subhas Chandra Bose)가 눈물을 흘리며 한 연설이다.

수바스 찬드라 보세는 오리싸 출신의 검사이며, 민족주의자였던 자나끼나스 보세(Janakinath Bose)의 아들로 태어났다. 캠브리지에서 공부하고 인도로 돌아와 1920년에 공무원시험에 합격했

다. 그러나 1921년에 사직하고 이후 독립운동가로 활약하다가 국민회의에 가입했다. 그가 국민회의에 가담할 무렵, 간디와 국민회의는 비협조 운동을 전개하고 있었다. 보세는 간디와 국민회의 노선에 공감하지 못하고, 캘커타로 돌아가 다스(Chittaranjan Das)와 함께 일했다. 다스는, 간디가 비협조 운동을 중지(1922년) 시킨데 불만을 가졌던 모틸랄 네루를 비롯한 국민회의 당원들과 함께 캘커타의 스와라지 당(Swarajya Dal)에서 활동했다.

보세가 처음으로 구속된 것은 1921년이다. 영국의 엘리자베스 여왕의 아들 웨일즈 왕자가 인도를 방문하게 되자 대대적인 환영 만찬이 준비되었다. 보세는 영국왕자를 인도인들이 환영할 이유가 없다는 이유로 환영행사 보이콧 운동을 벌이다가 체포되었다. 이것을 시작으로 보세는 투쟁하고 구속되기를 반복하며 청년시절을 보냈다.

보세가 국민회의와 작별하고 독자적인 독립투쟁을 시작한 시기는 1938년과 1939년 무렵이다. 보세는 1938년에 국민회의 의장을 맡았다. 그리고 그해 10월 국가계획위원회를 출범시켰다. 보세는, 인도에 필요한 것은 근대적이고 전투적이며 긍정적인 사고방식이며, 독립 투쟁은 근대적 무기로 쟁취될 것이라는 생각을 밝혔다. 간디가 주장하는 비폭력과 물레는 수동적이고 퇴보적인 경향을 만들 뿐이라고 생각했기 때문에, 보세는 국가계획위원회를 만들어 산업화를 추진하려 했다. 이러한 보세의 급진적인 사상을 받아들일 수 없었던 간디는 보세가 1939년에 국민회의 의장으로 재선되자, 여러 가지 권유와 압력으로 사퇴할 수밖에 없는 상황을 만들었다.

의장직을 사임한 보세는 "간디주의는 인도를 도랑에서 건져줄 것이다. 그러나 만일 독립한 인도가 간디의 비폭력 원칙에 의해 재건된다면 인도는 약탈적인 강대국들의 먹이가 되기 십상이다."라는 말로 간디의 독주에 대한 우려를 표했다.

이후 보세의 삶은 한 편의 드라마를 보는 것 같다. 마치 라마야나의 한 장면이거나, 마하바라타의 한 장면을 보고 있는 것이 아닌가 하는 생각이 들 정도이다. 보세는 인도 독립운동사에서는 보기 드물게 혁명적인 투쟁을 한 인물이었는데 강인하면서도 외로운 투쟁으로 안타까움을 자아내는 삶을 살았다.

1939년 9월, 제2차 세계대전이 발생했고, 영국이 일방적으로 인도 역시 참전 상태라고 선언한 것에 대한 반발로 대대적인 불복종운동이 벌어졌다. 보세는 캘커타에서 대규모 대중 저항운동을 조직하고, 1940년 7월 3일에는 캘커타의 블랙홀이라고 부르는 곳의 홀웰 기념비(Holwell Monument)[14] 철거 운동을 벌였다. 이로 인해 다시 투옥된 보세는 7일 동안 단식했다. 보세의 건강이 악화되자

14) 윌리엄 요새(Fort William)는 동인도회사의 무역을 보호하기 위해 건설되었다. 프랑스와 플라시 전투가 시작될 무렵 영국이 요새를 강화하자 당시 그 지역 지배자인 다울라(Siraj Ud-Daulah)는 요새의 부대 증원을 중단하라고 요청했다. 그러나 영국이 이를 받아들이지 않자 다울라는 윌리엄 요새를 포위했다. 영국군에서는 요새에 있던 영국인들에게 탈출하라고 명했으나 탈출하지 못한 사람들이 많았다. 이때 탈출하지 못한 150명 정도의 군인들과 많은 민간인들이 '작은 방'에 수감되었는데 다음 날 아침 생존자는 20여 명에 불과했다, 그래서 일명 '블랙홀'이라 불린다. 이때 죽은 영국인들을 추모하기 위해 만들어진 기념비가 홀웰기념비이다.

영국정부는 가택 연금을 명하여 보세를 석방했다. 그리고 1941년 1월 16일, 보세는 목숨을 건 대탈출을 시작했다. 아프가니스탄과 소련을 거쳐 독일로 탈출하면서 자신의 신분을 속이기 위해 올란도(Orlando Mazzota)라는 이탈리아인 신분으로 위장했다. 캘커타를 떠난 후 두 달 반이 지난 4월 1일에 보세는 베를린에 도착했다.

보세는 독일에 도착하자마자 당국과 접촉을 시도 했다. 4월 8일에 제출한 보세의 의견서에는 독립인도 임시정부 본부를 베를린에 둔다는 것, 인도의 독립을 선전하기 위해 방송국을 설립하며, 독립인도 망명정부 자금을 독일이 조달해 줄 것 등의 내용이 들어 있었다. 몇 개월 동안 답변을 받지 못한 보세가 거의 포기할 무렵 독일은 전폭적 지지를 약속하며 각서를 체결했고, 1941년 11월 2일 임시정부 센터와 방송국이 문을 열었다. 여기서 보세는 4개의 강령을 채택했다.

1) 자이 힌드(Jai Hind: 인도 만세)를 공식 인사말로 한다.
2) 타고르의 'Jana Gana Mana'를 국가로 한다.
3) 가장 널리 쓰이는 힌디어를 공식 언어로 한다.
4) 보세를 네타지(Netaji: 지도자)로 부른다.

인도에서는 영국에 협조하고, 전쟁이 끝나면 자치국의 지위를 보장해달라고 투쟁하고 있었지만 보세의 생각은 달랐다. 영국이 전쟁 후 인도에게 가져다 줄 독립이 아니라, 세계대전 기간 중에 영국이 불안정한 시기에, 영국을 공격해서 독립을 스스로 쟁취해야 한다는 것이었다. 스스로 독립을 쟁취하기 위해서는 영국과 싸울 군대가 있어야 한다. 그래서 보세는 베를린에서 전쟁포로가 된 인도인들을 모아서 인도독립군(Azad Hind Fauj: Indian National Army)을 창설했다. 1941년 후반기는 독일이 승승장구 하던 시기이기 때문에, 유럽 각 지역과 북아프리카에 많은 전쟁포로가 있었는데, 이들 가운데 인도인들이 상당수 있었다. 보세의 생각은 독일의 협조를 구해서, 이들을 독일이 훈련시키고, 인도독립군으로 만들어 영국을 공격하겠다는 것이었다.

보세는 인도독립군을 선봉에 세운 나치 군대를 이끌고, 소련을 거쳐 인도로 진격할 생각을 한 것이다. 보세는 인도독립군이 영국령인도를 공격한다면, 영국군에 속한 많은 인도인 병사들이 영국군에서 탈출해서 인도독립군에 합세하리라는 생각을 했다.

이 군대는 1942년 12월, 4개 대대가 되었고, 1943년 초에는 3500명의 군인이 인도독립군에 소속되었다. 1942년 5월, 영국은 싱가포르를 일본에게 빼앗겼다. 이에 사기가 충만해진 보세는 독일, 일본, 이탈리아 삼국이 함께 영국을 공격하는 삼국협약을 맺자고 촉구했다.

보세는 무솔리니, 히틀러, 그리고 일본의 도조 히데키(Tojo Hideki)에게 전보를 보내기도 하고 직접 달려가서 논의하기도 했다. 그러나 히틀러는 소련에 있는 독일군이 인도까지 진격하기에는 시기상조이므로, 시간이 더 필요하다고 주장했다.

히틀러의 판단은 상당히 현실적인 것이었지만, 보세에게는 실망스러운 것이었다. 1942년부터 인도독립군은 유럽의 전투에 배치되어 실전을 쌓아 가고 있었다. 군대는 늘어났으나 인도로 진격할 시간은 멀어지게 되면서, 인도독립군 유지를 위한 재정적 문제가 발생했다. 그래서 보세는 독일의 협조를 구했다. 당시까지 독일은 '독립인도 임시정부'를 위한 재정을 지원했고, 그 재정으로 임시정부에서 군인들의 봉급을 직접 주었다. 그런데 이제 독일에서 군인들의 봉급을 직접 지원받으면, 형식상 인도독립군은 독일군이 되는 셈이다. 여기서 보세는 외형적으로 독일 군대에 포함되지만, 인도독립군을 독립 군단으로 편성해 줄 것을 약속 받았다. 그리고 인도 독립군단이 사용할 깃발을 만들면서 국민회의의 삼색기에서 물레를 빼고 그 자리에 호랑이를 그려 넣었다.

보세는 "우리의 이름은 자유 인도의 역사에 금색 문자로 기록될 것이다. 이 성스러운 전쟁의 모든 순교자는 그곳에 새겨질 것이다."라고 외쳤다. 보세는 독일군이 스탈린그라드(Stalingrad)를 넘어 중앙아시아로 진군할 때 함께 진격해서, 우즈베키스탄과 아프가니스탄에 도착한 다음, 독일군의 선봉에서 서북인도로 진격하려고 했다. 보세의 계획은 독일의 러시아 공격에 달려있었다. 그러나 독일군은 스탈린그라드에서 멈췄다. 보세의 계획은 좌절 될 수밖에 없었다. 독일군이 스탈린그라드에서 더 진군하지 않고 철수하자 보세의 희망은 사라진 것이다. 더 이상 독일에 의존할 수가 없었다.

이때 보세는 희망을 버리지 않고 눈을 일본으로 돌렸다. 일본은 극동아시아에서 엄청난 승리를 올리고 있었다. 동남아시아의 인도인 지도자들도 보세를 환영할 준비가 되어 있었고, 이들 역시

그림 69. 국민회의 깃발. 인도국민회의가 1931년에 채택하여 게양한 국민회의당기

보세의 깃발. 보세가 1942년에 독일에서 창설한 인도 군단에서 사용한 깃발

일본의 지원을 받고 있던 상태였다.

보세는 1943년 2월 8일 독일 키엘(Kiel)항을 떠났다. 독일 잠수함으로 출발하여 일본 잠수함으로 옮겨 타고 수마트라 북부의 사방(Sabang)에 도착한 후에 다시 비행기를 타고 도쿄에 도착한 것이 5월 15일이었다. 그리고 3주일 후에야 도조 수상을 만나 자신의 의견을 피력할 수 있었다. 도조 수상은 보세의 의견을 수용하여, 6월 16일 "인도는 아직도 영국의 압제 하에 놓여있다. 일본은 인도가 독립하는데, 가능한 모든 것을 지원할 것이다. 인도가 독립하여 자유를 누리고 번영할 날이 그리 멀지 않았을 것이라고 나는 확신한다."고 의회에서 발표했다. 6월 18일 일본의 신문들이 일제히 인도의 지도자, 네타지 수바스 찬드라 보세의 일본 도착과 수상의 성명을 보도했다.

이에 세계의 이목이 주목되었다. 보세는 6월 19일 기자회견을 열고 "인도와 해외에 있는 민족주의자들이 힘을 모으면, 인도의 영국통치를 끝낼 큰 힘을 만들 수 있다. 비협조 운동은 실질적 혁명으로 전환되어야 한다."고 역설했다.

1943년 6월 27일 보세가 도쿄에서 싱가포르로 가자, 싱가포르에서 인도국민군을 창설했던 라슈베하리 보세(Rashbehari Bose)는 수바스 찬드라 보세를 환영하며, 인도국민군과 임시정부를 모두 보세에게 맡겼다. 이로써 보세는 독립인도 임시정부(Provisional Government of Free India)의 수반임과 동시에 인도국민군(Indian National Army) 총사령관이 되었다. 1943년 7월 5일, 보세는 싱가포르에서 인도국민군 총사령관으로서 선서와 역사적인 연설을 했다. 그 연설이 '가자 델리로!(Chalo Delhi!)'이다. 이 연설에서 보세는 인도에 군대가 필요함과 인도의 자유를 되찾아야 할 의무에 대해 역설했다.

보세가 이끄는 인도국민군과 일본이 인도로 진군하기만 하면, 머지않아 독립의 날을 맞이할 것처럼 보였다. 1944년 1월 7일, 일본 제국총사령부의 '버마 방위를 위해 임팔 주변과 동북인도에 있는 전략적 지역 점령'이라는 명령이 발효되었다. 전투에 참여한 인도국민군은 1944년 2월 4일 아라칸(Arakan)의 마유 계곡(Mayu Valley)에서 첫 승리를 거두었다. 이어서 아라칸과 칼라단(Kaladan) 지역에서의 승리가 이어졌고 '자유인도'를 향해 진군을 계속했다. 4월 8일에는 코히마(Kohima), 4월 14일에는 모이랑(Moirang)이 점령되었다. 이렇게 임팔작전이 시작되었다.

인도국민군은 3개월 동안 임팔에서 영국군을 포위하고 있었다. 임팔선이 장기화되면서 타이밍을 놓친 인도국민군에게 최대의 적은 영국군이 아니라 몬순이었다. 쏟아지는 빗속에서 보급이 끊어지고 전투는 중시되었다. 그러나 인도국민군은 사기를 잃지 않고 계속 진군해야 한다는 각오를 다지고 있었다. 그러나 곧 한계가 드러났다. 인도국민군은 자체 공중 방어력을 갖고 있지 않았기 때문에 일본군의 지원을 받아야 했다. 그러나 태평양전쟁에 몰두하고 있던 일본의 공중 지원은 부족한 상태였고, 우기의 여파로 말라리아를 비롯한 풍토병이 번지자 인도국민군은 임팔에서 후퇴할 수밖에 없었다.

여기서 보세의 역사적 진군은 끝이 났다. 1945년 8월 15일 일본이 항복했고 인도의 민족주의 열정을 세계에 알린 인도의 지도자, 네타지 수바스 찬드라 보세의 이후 행방은 미궁 속에 빠져있다. 1945년 8월 18일 비행기 사고로 사망한 것으로 되어 있는 보세의 죽음에는 전쟁 패배와 그에 따른 일본의 음모가 있었을 것이라는 추측이 아직도 나오고 있다. 특히 보세의 후손들과 보세 추종자들은 보세가 비행기 사고로 사망했다는 일본의 발표를 믿지 않고 있으며, 도쿄의 렌코지(蓮光寺)에 있는 보세의 유골도 그의 것이 아니라고 주장하고 있다.

인도에서 민족주의자들이 비폭력 강령에 묶여, 독립은 영국이 건네줄 선물로 생각하고 있을 때, 보세는 독일과 유럽 그리고 일본에서, 단신으로 마지막 피 한 방울까지 인도의 독립을 위해 흘리며, "독립은 영국이 주는 것이 아니라 우리의 힘으로 쟁취해야 한다."고 외쳤다. 그러나 인도의 독립운동사에서 그의 이름을 볼 수 있게 되기까지는 오랜 시간이 걸렸다. 1947년 8월 15일 인도가 독립을 맞이한 날, 대중매체들이 인도의 독립운동 지도자들을 칭송하는데 많은 시간을 할애했지만 보세의 이름은 거론되지 않았다. 인도의 독립은 비폭력으로 얻어낸 것이라는 이미지를 지키기 위해 무장 투쟁을 했던 보세의 이름이 거론되지 않았던 것이다. 또한 보세의 마지막 투쟁이 패전국인 독일이나 일본과 연결되어 있었기 때문일 수도 있다. 이처럼 독립 후 철저히 외면당했던 보세와 인도국민군의 이야기가 인도 독립운동사에 거론되기 시작한 것은 1980년대 이후이다.

83. 인도 공화국 헌법 공포

인도의 독립이 다가오고 있던 1945년에 진나는 '두개의 제헌의회를 구성해야 한다'고 주장했다. 그러나 국민회의는 '인도의 국민은 그들의 종교가 무엇이든지 간에 모두가 하나이며, 인도는 단일헌법 하에 결속된 한 민족이어야 한다.'고 주장했다. 1946년 영국정부가 파견한 내각사절단은 '인도는 단일국가가 되어야 한다. 하지만, 중앙정부의 권력은 외교, 통신 및 국방에 제한되어야 한다. 지방은 지리적으로 3개의 지역, 즉 무슬림이 우세한 지역, 힌두가 우세한 지역, 그리고 힌두와 무슬림이 대등한 지역으로 구분한다. 전-인도제헌의회의 예비모임 후에 주대표자들은 3개의 그룹별 의회(Group Assemblies)로 회합하여 개별 주와 종교집단을 위한 헌법의 기틀을 구성하도록 하고, 대표자들은 그룹별 제헌의회(Group Constituent Assemblies)로부터 전-인도 제헌의회(All-India Assembly)로 이행하여 국가헌법을 기초하기로 한다.'는 내용을 골자로 한 타협안을 제시하고, 1946년 5월 16일에 공표했다. 내각사절단의 계획에 따라 제헌의회선거가 치러졌는데, 보통선거가 아닌 지방의회를 통한 간접 선거 형식을 취했다. 영령 인도에 할당된 296개 의석의 선거는 1946년 7월과 8월에 시행되었고, 여기서 국민회의가 208석, 무슬림연맹이 73석을 획득했다.

1946년 12월 9일에 제헌의회가 소집되었다. 이에 앞서 네루, 진나 그리고 시크교도의 대표인 발데브 싱(Baldev Singh)이 통일을 향해 마지막 노력을 기울이며 런던으로 갔지만 화해 시도는 실패했다. 3년을 임기로 한 제헌의회가 12월 9일에 소집되었을 때, 무슬림 대표자들은 참석하지 않았다.

영국에 의해 소집된 제헌의회의 정체성에 대하여 간디를 비롯한 지도자들이 회의적인 평가를 했다. 그러나 아자드(Maulana Azad)와 네루를 비롯한 국민회의 지도부는 제헌의회의 활동이 내각사절단의 제한을 받기는 하지만, 제헌의회의 권위는 인도 국민으로부터 나온 것이기 때문에 주권적이라는 확신을 갖고 있었다. '제헌의회는 의원의 정수 2/3 이상의 결의에 의하지 않고서는 해산되지 않는다.'는 조항을 만들어 제헌의회의 주권적 권위를 유지할 수 있게 했다.

네루와 제헌의회 지도자들이 지속적으로 무슬림연맹 대표들의 동참을 설득했으나 1947년 1월말 제헌의회의 제2차 회기까지도 무슬림연맹은 제헌의회에 참여하지 않았다. 제헌의회는 국민의 기본권과 연방 제도를 기초할 위원회를 구성하고, 토후국들과의 협상에 착수하는 등으로 헌법 기초 사전 준비 작업에 들어갔다. 제3차 회기 때부터, 분리 독립의 분위기가 고조되었다.

1947년 6월 3일, 총독 마운트배튼(Mountbatten)은 '8월 15일에 영국은 인도아대륙에서 두 개의 독립국가, 인도와 파키스탄을 승인한다.'고 발표했다. 영국의회에서 통과된 <인도 독립법(The Indian Independence Act)>은 1947년 7월 18일 국왕의 재가를 얻고, 1947년 8월 15일자로 시행된다. <인도 독립법>에 의하면 인도와 파키스탄은 1947년 8월 15일자로 독립된 자치령(Dominion)이 되며, 새로운 헌법이 제정될 때까지 자치령과 주는 1935년의 인도 통치법에 따라 통치하고, 현존 제헌의회는 당분간 자치령의 입법부가 되며 제헌의회는 중앙의회로서의 권한을 갖게 된다.

독립을 맞이하면서 네루는 암베드까르를 초대 법무부 장관으로 임명했고, 헌법기초위원회에서는 암베드까르를 의장으로 선출하여 오늘날의 인도 헌법의 기초를 마련하게 되었다. 암베드까르는 헌법기초위원회 위원장으로써 141일 동안 작업 하여 헌법 초안을 마련하고 1948년 2월 21일에 제헌의회 의장에게 제출했다. 그 후 이 초안은 인도 각 지역 의회와 국민 등 일반에게 공개되어 다양한 의견과 비판을 수렴하는 과정을 거쳤다. 1948년 11월 4일 암베드까르는 헌법기초위원회가 작성하고 8개월간의 공개과정을 거친 헌법 초안을 제헌의회에 정식으로 상정했다. 최종적으로 395개 조문과 부칙 8조로 이루어진 이 헌법이 확정되기까지 11개 회기, 165일이 소모되었고 그 동안 논의, 심의된 의사록은 4600여 페이지에 달한다. 이 과정에서 수많은 수정 동의가 있었는데, 암베드까르는 각 조항마다 확신에 찬 태도로 그들의 의구심을 풀어주고 설명했다. 이에 대해 제헌의회 의장인 라젠드라 프라사드는 "건강이 악화된 몸으로도 그토록 열정적으로 헌신할 수 있는 사람이 이 헌법기초위원회의 위원장 암베드까르 말고 또 있을까 하는 생각이 들었다"는 말로 찬사를 아끼지 않았다.

암베드까르는 어떤 나라의 자유가 의미 있는 것이 되려면 그 나라 국민 모두의 자유가 보장되어야 한다고 역설하면서, 불가촉천민을 비롯한 하층민들을 위한 보장제도에도 심혈을 기울여 하층민을 위한 보류조항을 헌법에 명시했다.

1950년 1월 26일에 헌법이 공포 되었다. 이 날은 1929년에 완전독립을 결의하면서 1930년 1월 26일을 독립기념일로 정했던 그 1월 26일이다. 독립직전까지 20년간 독립기념일이었던 1월 26일은 이제 제헌절이 되었다.

새로 재정된 인도 공화국 헌법에는 사회적, 경제적 및 정치적 정의와 사상의 표현 및 신앙의 자유를 인정한다고 명시함으로써, 파키스탄이 무슬림국가를 지향한 것과는 달리 세속국가주의를 택하고 있음을 명시했다. 또한 신분과 기회의 균등을 목표로 개인과 국민의 권리와 권위를 보장했다. 또한 보통선거를 실시하는 것으로 규정함으로써 독립 후 첫 선거인 1951년에는 총 유권자가 1억 7천 3백만 명이었다. 이로써 세계 최대의 유권자를 가진 민주주의 국가가 탄생했다

84. 영원한 이별, 인도와 파키스탄

1947년 6월 3일, 총독 마운트배튼이 2개의 국가를 승인하는 독립안을 발표하자, 국민회의와 무슬림연맹은 '인도'와 '파키스탄'을 위한 임시정부를 발족시켰다. 분리 독립이 확정되자, 하나의 조국이 두개의 나라로 조각난 책임에 대해, 힌두와 무슬림은 상호 비방의 목소리를 높였고, 펀잡에서는 시크와 무슬림이 충돌해서 유혈사태가 벌어졌다. 유혈사태가 계속되는 가운데 인도아대륙은 1947년 8월 15일 영국의 200년 지배를 벗어나면서 인도와 파키스탄으로 분리되었다.

결국 제2차 세계대전이 끝나면서 전쟁의 폭풍에서 벗어나 독립의 깃발을 높이 들었으나, 휘날리는 깃발은 태풍을 몰고 왔다. 태풍 속에서 힌두와 무슬림은 피로 물든 구조선을 만들어 나누어 타고 새로운 항해를 시작하게 된 셈이다.

국민회의 지도자들은 8월 15일 독립을 맞이하여 '인도의 독립은 마하트마 간디의 영감으로 지도된 지도자들에 의하여 이루어

그림 70. 분리 독립한 인도와 파키스탄의 영토

진 것'임을 강조하여 간디를 '인도 민족의 아버지'라고 불렀다. 그러나 간디는 분열된 조국에 대하여 환멸을 느껴 독립 축하 식전에 참석하지 않았다.

파키스탄이 된 지역에 살고 있던 힌두와 인도가 된 지역의 무슬림은 고향을 등지고 이동해야 했다. 이 당시 거의 1500만 명 정도가 고향을 버리고 이동했다. 조상 대대로 살아오던 고향을, 종교가 다르다는 이유로 2개의 나라로 나눠 버린 정치인들 때문에 떠나야했다. 이동 중에 일어나는 사소한 충돌도 걷잡을 수 없는 감정의 충돌로 이어져, 국경선 근처의 마을은 물론이고 기차, 버스, 마차 등도 피로 물들었다.

종교가 다른 두 집단, 즉 힌두와 무슬림은 하나의 국가를 형성할 수 없다는 근거로 분리되었지만, 분리의 근본 원인은 종교에 있었다고 보기는 어렵다. 종교를 바탕으로 한 정치적 집단의 힘겨루기가 앞장을 서고, 뒤 이어 자극 받은 힌두와 무슬림 대중이 갈등의 회오리에 휩쓸린 것이다.

파키스탄이 분리 독립하는 시점에서 정치적 집단 이외에, 일반 대중이 어느 정도 힌두와 무슬림의 분리 독립을 실감하고 있었을까. 쿠슈완트 싱(Khushwant Singh)은 그의 소설 『파키스탄 행 열차(*Train To Pakistan*)』에서, 마을에 살고 있던 사람들은 이러한 정치 문제를 별로 인식하지 못하고 살고 있었음을 그렸다.

국경 마을 마노 마즈라, 이 마을에는 분리 독립이 확정된 후에도 시크, 무슬림, 힌두가 평화롭게 어울려 살고 있었다. 그러나 힌두와 무슬림이 파키스탄과 인도로 이동하면서 평화롭던 마을이 소용돌이 속에 휘말린다. 마을의 힌두와 무슬림들은 적대감 없이 대대로 함께 살아 왔다. 그러나 시체가 가득 찬 기차가 마을에 도착하면서 마을 사람들은 심리적 갈등을 겪게 되고, 결국 이 마을의 무슬림들은 안전을 위하여 마을을 떠날 수밖에 없었다. 고향을 등지는 이맘 바크시는 "우리가 파키스탄과 무슨 상관이 있습니까? 우리는 여기서 태어났고, 우리 조상들도 마찬가지입니다. 이곳에서 당신들과 형제처럼 살아온 것입니다"라고 말하며 통곡한다.

한 마을에서 종교가 달라도 함께 어울려 형제처럼 살고 있던 사람들. 그들이 파키스탄으로 혹은 인도로 피난을 해야 되는 비극적인 상황은 인도와 파키스탄이 분리 독립한 후에도 계속되었다. 결국 두 국가 이론이라는 것, 그리고 두 국가로 분리 독립하게 된 것은 힌두 정치가들과 무슬림 정치가들의 문제였고, 마을에 살고 있던 사람들 가운데 분리 독립의 필요성을 느낀 사람들은 그리 많지 않았다는 것이다.

이슬람 국가 파키스탄이 탄생했다. 이것으로 인도에서 일어나는 힌두-무슬림의 문제가 모두 해결되는 것이었을까. 이후 인도 역사를 보면 무슬림연맹 탄생 이후 50년간 발생했던 힌두-무슬림의 충돌은, 분리 독립 이후 70년의 역사에서도 반복되고 있다. 아직도 끝나지 않은 힌두와 무슬림의 갈등, 그리고 인도와 파키스탄의 갈등과 반목은 언제 끝날 것인지 예측할 수 없는 노릇이다. 그런데 이 당시 분리 독립을 바라보는 국민회의와 무슬림연맹 소속의 정치인들은 이들의 분리 독립이 영원한, 다시는 돌아올 수 없는 이별이라는 것을 알았을까? 그리고 그 이별이 남길 깊은 상처를 짐작이나 했을까?

85. 간디를 죽인 사람들

1948년 1월 30일 오후 5시 10분.

탕! 탕! 탕! 세 발의 총성이 뉴델리 하늘에 울려 퍼졌다.

"오! 신이시여(He Ram)"

간디는 그 한마디로 인도 국민들에게 하직 인사를 했다. 20세기의 절반을, 그의 인생 80년 가운데 50년 가까운 시간을 인도의 독립에 바친 간디는, 그렇게 떠났다. 간디가 원했던 인도의 독립, 그 독립된 인도에서 6개월 남짓 살아가면서, 간디는 여전히 또 하나의 독립을 위해 투쟁하다 떠난 셈이다.

1947년 8월 15일 0시를 기해 인도는 영국으로부터 독립했다. 14일 밤부터 뉴델리 시내는 인파와 불빛으로 가득했다. 그 운명의 시간, 국회의사당에서 역사적인 독립식전에 참여한 사람들로 가득한 그곳에서 초대수상이 된 네루는 '운명과의 밀회(A Tryst With Destiny)'라는 연설을 했다.

오래전 우리는 운명과 약속을 했습니다. 그런데 이제 우리의 맹세를 이행할 순간이 다가오고 있습니다. 비록 우리가 원하던 바를 다 이룬 것은 아니지만 만족할 만한 수준입니다. 온 세상이 고요히 잠들어 있을 자정이 되면 인도는 생명과 자유로 깨어날 것입니다. 역사적으로 유례가 없는 그 순간이 오면 우리는 낡은 것에서 벗어나 새로운 것을 향한 발걸음을 내딛을 것이며, 한 시대를 마감하고 오랫동안 억눌려온 국가의 혼이 되살아날 것입니다. 이 엄숙한 순간이야말로 우리가 인도와 인도인 그리고 인류를 위해 봉사할 것을 맹세해야 하는 바로 그 순간인 것입니다.

그리고 이어 독립식전에 참석하지 않은 간디를 '우리 시대의 가장 위대한 분'이라고 부르며 참석자 모두가 일어서서 간디에게 감사와 찬사를 보내게 했다. 그리고 새로 탄생한 나라 파키스탄을 향한 축하의 인사를 하고, 인도의 독립을 위해 죽어간 많은 영령들을 위한 묵념을 한 후에 '나는 인도와 인도국민을 위해 겸허하게 헌실 할 것입니다.'라는 말로 연설을 마쳤다.

곧이어 0시를 알리는 종소리가 울리자 인도는 영국의 '식민지'라는 굴레를 벗어 버리고 완전한 독립 국가가 되었다. 뉴델리 가득 울려 퍼진 '자이 힌드(인도 만세)'와 소라 고동소리는 막 태어난 '인도'라는 이름을 가진 새 생명의 울음소리였다.

자와할랄 네루는 독립한 인도의 초대 수상이 되었다. 네루는 1916년에 간디를 만나 국민회의에 가담했고, 이후 간디와 함께 인도의 독립을 이끄는 쌍두마차가 되었다. 인도의 초대 수상이 된 네루는 모틸랄 네루의 아들이다. 모틸랄 네루는 <네루제안서>를 작성한 인물이다. 그러니까 네루 부자는 함께 간디와 일하면서 인도의 독립을 위해 헌신했던 셈이다.

독립 후 첫 인도 정부는 네루, 파텔, 프라사드 세 명이 함께 기초공사를 했다고 해도 과언이 아닐 것이다. 거기에 한 명 더 보탠다면 암베드까르가 있었다. 초대 대통령을 맡은 프라사드(Rajendra Prasad)는 언론인 출신으로 간디의 비협조 운동에 동참했던 인물이며, 누구보다도 간디에 대한 존경심이 컸던 인물이다. 힌디로 된 주간지 『데슈(*Desh*)』에 기고하면서 힌디어를 국어로 정착시키는 운동을 벌였다. 1946년의 임시정부에서는 식량, 농업문제 담당 장관을 맡았고, 독립이 확정되면서 제헌의회 의장으로 인도 헌법 제정에 중추적 역할을 했다.

내무부 장관과 부수상을 맡은 사다르 파텔(Sardar Vallabhbhai Patel)은 탁월한 행정가였다. 독립 후 문제로 남아 있던 토후국들을 연방에 귀속시키는 협상에서 그는 뛰어난 솜씨를 발휘했다.

이렇게 새 정부가 구성되어 인도의 청사진을 만드는 동안, 간디는 지치고 힘든 몸을 이끌고, 아직 남은 또 하나의 독립, 힌두와 무슬림의 화해를 위해 애썼다. 독립 이전에 간디가 추구했던 힌두와 무슬림의 화합은 국내 문제였지만, 독립 후 인도에서는 국내 문제를 넘어서 국제 문제가 될 수 있다.

간디의 몸에 총을 겨눈 사람은 나투람 고드세(Nathuram Godse)였다. 고드세는 총을 세발 쏜 후에 그 자리에서 체포되었다. 간디 암살자와 그를 옹호하는 사람들은 간디를 암살한 것이 인도를 위한 일이었다고 주장했다. 파키스탄이 탄생하여 인도가 두 동강 난 것도 간디 때문이며, 파키스탄이 카슈미르에 침공했음에도 불구하고 그들에게 5억 5천만 루피를 주기로 한 약속을 지키라고 강요하며 간디가 단식을 했고,[15] 그래서 파키스탄이 호전적으로 변하고 있는 것이므로 인도를 위해 간디를 암살했다고 항변했다.

인도는 독립했지만, 독립 후에 인도와 파키스탄으로 이동하는 피난민의 대열은 끊어지지 않았고, 이동하면서 일어난 유혈 충돌은 헤아릴 수가 없었다. 그뿐만 아니라 이곳저곳에서 힌두와 무슬림은 서로 보복을 행하면서 상처를 더욱 깊게 만들고 있었다. 델리에서는 이슬람교도들이 살고 있던 집을 힌두들이 마구잡이로 차지했고, 이러한 상황은 파키스탄에서도 마찬가지로 일어나고 있었다. 간디는 델리에서 무슬림에 대한 대우가 안정되어야, 파키스탄의 힌두에 대한 대우를 요청할 수 있다고 생각했다. 그러나 간디와 같은 생각을 하는 사람은 별로 없었다. 네루와 파텔까지도. 그래서 간디는 1948년 1월 13일 "모든 종교 집단이 외적인 압력에 의해서가 아니라, 마음으로 재결합을 이루었다고 생각될 때까지 단식하겠다."고 선언하며 단식을 시작했다. 파텔은 무슬림들에게

15) 인도와 파키스탄의 분리 협정(Partition Agreement)에는, 분리 이전의 인도의 현금 잔고를 상호협정에 따라 분배한다고 규정되어 있었다. 분리 독립할 때 인도는 당시 현금 잔고인 37억 5000만 루피 가운데 2억 루피를 파키스탄에 지급했고, 11월 말 두 나라 대표는 5억 5000만 루피를 파키스탄 몫으로 지급하기로 최종합의 했다. 그러나 제1차 인도 파키스탄 전쟁이 발생하자 인도 내각에서 지불보류를 결정했다. 그런데 간디가 1948년 1월 13일 단식을 시작한 후 이 5억 5000만 루피를 파키스탄에 지급하라고 요청했다.

"솔직히 두 마리의 말을 탈 수는 없습니다. 한 마리를 고르십시오. 파키스탄에 가고 싶은 사람은 그곳에서 평화를 찾아야 합니다."라고 말했다. 이 말이 간디가 단식을 결심하게 한 동기라고 생각한 파텔은 간디를 찾아갔다. 간디에게 단식 중지를 위해 자신이 해야 할 일이 무엇인지를 묻자 간디는 "분리 독립할 때, 파키스탄에게 인도의 현금 자산의 일부인 5억 5천만 루피를 주겠다고 한 약속을 당장 이행하라"고 요청했다. 간디의 단식을 중지시키기 위해 파텔은 이것을 수락할 수밖에 없었다.

또한 이 무렵 네루와 파텔의 관계도 좋지 않았다. 정치적인 견해가 달랐던 두 사람의 충돌로 둘 중의 하나는 내각을 떠나야 하는 상황까지 벌어졌다. 이러한 상황 속에서 간디는 단식을 시작했고, 단식이 길어지면서 위태로운 상태에 빠졌다. 1월 18일 국민회의 의장인 프라사드는 간디가 받아들일 만한 종교집단의 합의서를 만들기 위해 모임을 가졌다. 이 모임에서 '이슬람교도들이 과거와 같이 그들이 살던 지역에서 마음 놓고 살 수 있게 하고, 힌두와 시크가 차지한 이슬람 사원을 되돌려줄 것이며, 파키스탄으로 떠난 델리의 이슬람교도들이 돌아오는 것을 반대하지 않으며, 이 모든 것을 군대나 경찰의 도움 없이 개개인의 노력으로 이루어 낼 것이다'라는 합의서를 만들었다. 이 합의서에는 힌두교도, 이슬람교도, 시크교도는 물론이고 극우 힌두파 단체인 힌두마하사바(Hindu Mahasabha)와 RSS(Rashtriya Swayamsevak Sangh) 단원들도 서명했다. 이에 간디는 단식을 중단했다.

고드세는 법정에서 간디를 죽인 이유에 대하여 많은 설명을 했

그림 71. 간디 암살과 공모로 기소된 사람들에 대한 재판(1948년 5월 27일 델리 특별법정)
앞줄 왼쪽부터 고드세(Nathuram Vinayak Godse) 압테(Narayan Dattatraya Apte),
카르카르(Vishnu Ramkrishna Karkar).

다. 그런데 간디의 마지막 단식은 힌두와 무슬림의 화합을 위해서가 아니라 파키스탄에게 5억 5천만 루피를 주기 위한 것이었다는 주장에는 무리가 있다. 그러나 간디가 아무리 종파 갈등 해소, 힌두와 무슬림 상호 보호를 목표로 했다 하더라도 파키스탄을 위한 일 혹은 무슬림만을 위한 일로 오해될 소지는 충분히 있었다. 그래서 간디가 평화를 회복하기 위해 했던 단식이지만 극우 힌두에게는 무슬림을 위한 단식으로 보일 수 있었을 것이다.

간디는 힌두와 무슬림의 갈등과 더불어 국민회의 내부에서 일어나고 있는 갈등에 대해서도 걱정이 많았다. 간디는 국민회의 당원들이 봉사 정신을 잃어버리고 권력을 누리려 하고 있으며, 민중은 심한 식량부족을 겪고 있는데 정부고관들은 만찬을 열고 있다고 비난했다. 또한 이기적인 마음으로 국민회의가 움직이고 있다고 충고하면서, 국민회의는 신의 종일 뿐 그 이상도 이하도 아니어야 한다고 강조했다. 그리고 1948년 1월 29일 간디는 "이제 국민회의가 목표했던 독립을 이루었으니, 국민회의는 해체해야 한다. 정치적 권력을 피하고 사회적, 도덕적, 경제적 개혁과 건설적 프로그램에 매진해야 한다."는 제안을 했다. 그러므로 당시 국민회의 지도부 역시 간디의 존재가 버거웠을 것이다.

1월 30일 오후 5시에 들린 총성으로 간디는 땅에 쓰러졌다. 그때 그곳(Birla Bhavan) 기도 장소에는 파텔을 비롯한 측근들이 가까이 있었다. 총성이 들리자 달려간 그들이 한 일은 총에 맞은 간디를 '집안으로!' 옮기는 일이었다. 병원으로 이송하지 않았다. 그리고 몇 분 후 간디는 숨을 거두었다.

간디에게 총을 쏜 고드세, 함께 공모한 압떼(Narayan Apte)는 1949년 11월 15일 교수형에 처해졌다. 총을 쏜 사람들은 벌을 받았지만, 간디를 죽인 사람이 이들 뿐이랴.

86. 불교로 개종하는 암베드까르

1956년 10월 14일 나그푸르, 60만 군중이 모였다. 1935년에 나시크의 예올라(Yeola) 집회에서 '힌두로 죽지 않겠다.'고 선언한 암베드까르가 불교로 개종하는 날이었다. 암베드까르와 함께 불가촉천민 60만 명이 힌두교에서 불교로 개종했다. 카스트 최하층 불가촉천민으로 태어나 불가촉천민의 정치적, 사회적, 경제적 자유를 추구했던 암베드까르가 힌두교에 작별 인사를 한 것이다.

암베드까르가 힌두교를 포기하고 불교로 개종하게 된 배경을 잘 이해 할 수 있는 단서는 1935년 10월 13일 예올라에서 한 그의 연설(일명 예올라 선언)에서 찾을 수 있다. 그는 불가촉천민들의 지위향상을 위한 법안 개정을 추구하기 위해 열린 예올라 집회에서 다음과 같이 말했다.

"불행하게도 나는 힌두 불가촉천민으로 태어났습니다. 그것을 예방한다는 것은 내 능력 밖의 일이었습니다. 그러나 천민으로서 무시당하는 굴욕적인 상황에서 살기를 거부하는 것은 내 능력 안

그림 72. 개종식에서 찬드라마니(Mahasthavir Chandramani)로부터 계를 받는 암베드까르(1956년 10월 14일).

에 있습니다. 나는 그대들 앞에서 엄숙히 말하건대, 나는 힌두교도로 죽지는 않을 것입니다."

간디의 단식으로 불가촉천민 분리선거권이 포기된 채로 1935년 인도 통치법이 발효된 시점에서, 암베드까르는 '힌두로 태어났으나 힌두로 죽지 않겠다.'고 선언한 것이다. 불가촉천민의 분리선거권을 거부한 간디는 "국민회의가 암베드까르의 무거운 짐을 나누어지겠다."고 했지만, 그렇게 말하고 실천하려한 사람은 실상 간디뿐이었다. 당시 간디의 1차적인 목표는 인도의 독립이었고, 불가촉성의 제거는 그 다음 문제였다. 간디의 단식으로 인도 사회에서 불가촉천민에 대한 인식을 새롭게 하는 분위기가 일시적으로 일어났으나 크게 개선되지는 않았다. 그렇지만 이후 20여년 동안 암베드까르는 여전히 힌두였고, 힌두 안에서 개혁의 기회를 찾기 위한 노력을 포기 하지 않은 불가촉천민이었다. 그러한 그의 노력의 결정체가 '인도 헌법'이다.

독립을 맞이하면서 암베드까르는 초대 수상인 네루의 요청으로 법무장관에 임명되었고, 헌법기초위원회의 의장으로 선출되어 인도 헌법의 기초 공사를 했다. 총 395개 조항에 부칙 8조로 구성된 헌법을 제정하는데 중추적 역할을 했다. 1949년 11월 26일 인도헌법이 최종적으로 제헌의회에서 통과되었는데, 불가촉천민으로서 그가 겪은 차별을 없애려는 염원이 15조에 그대로 들어 있다.

> 아래의 것들과 관련하여 종교, 인종, 계급, 성별, 출생지 또는 그 중 어느 것에 의해서라도 무자격, 책임, 제한 또는 조건을 두어서는 안 된다. (a) 상점, 공공 레스토랑, 호텔 및 공공 유흥 장소의 섭근 (b) 국가가 재정을 지원했거나 공공 사용을 위해 만든 우물, 저수지, 입욕 가트(ghats), 도로 및 공공장소.

이 하나의 조항에 암베드까르가 평생 투쟁했던 모든 것들이 들어 있는 셈이다. 암베드까르는 불가촉천민에게 물을 마실 수 있는 권리를 달라는 투쟁도 했고, 사원에 들어가게 해달라는 투쟁도 했다. 이제 인도 헌법에서는 암베드까르가 투쟁했던 모든 권리를 인정하고 있다. 그러나 법과 실제는 멀리 있게 마련인지도 모른다.

암베드까르는 헌법을 통하여 불가촉천민을 비롯한 하층민들의 자유와 독립을 실현하려고 노력했으나, 현실적으로 여러 차례 좌절해야 했다. 특히 여성문제와 관련된 결혼과 상속에 관한 '가족법안'을 통과 시키려 하다가 좌절되자, '똥 더미 위에 궁궐을 짓는다.'라는 요지의 연설로, 당시 인도사회를 통렬히 비난하며 법무부 장관직을 사임했다. 평등과 자유 정신으로 인도 사회법을 개혁하려는 그의 노력이 실패로 돌아간 후 1951년 9월 27일 암베드까르는 법무부 장관직을 사임한 것이다.

그리고 개종을 결심한 암베드까르는 BBC와의 인터뷰에서 불교를 선택한 이유에 대해 '자비와 평등 그리고 지혜를 제시하고 있는 종교이기 때문'이라고 밝혔다. 일부에서는 이 정신이 아쇼카 왕의 정신을 잇는 것이라고 평가하기도 한다. 암베드까르는 1956년 10월 14일에 개종식(Diksha Bhoomi)을 거행했다. 이 10월 14일이 아쇼카 비자야 다사미(Ashoka Vijaya Dasami)였다고 하는데, 이날은 아쇼카 왕이 칼링가를 정복한 후 무력에 의한 정복에서 다르마 정치 즉 불교의 평등정신을 반영한 새로운 정책으로 전환된 날이라고 한다. 어쨌든 아쇼카 왕이 불교를 정책의 중심으로 삼았던 요인이 '평등'에 있었고 암베드까르 역시 이 '평등' 정신 때문에 불교로 개종했음을 연결시킨다면 그리 억지스러운 것은 아닐 수도 있다. 힌두로 죽지 않겠다고 선언한지 20여년 만에 불교로 개종하고 그해 12월 6일에 암베드까르는 사망했다. 그의 평생에서 겨우 50일 정도 힌두가 아닌 불교도로 살다가 떠난 셈이다.

1967년 4월 2일 인도의 대통령 라다크리슈난이 참석한 가운데 암베드까르 동상을 국회의사당 앞에 세우는 제막식이 거행되었다. 동상에는 '억압받는 민중들의 구원자 바바사헤브 암베드까르 박사: 변호사: 경제학석사박사'라고 새겨져 있다.

암베드까르가 만든 민중교육협회(People's Education Society:

1945년 창설)에서는 암베드까르의 유지를 받들어 1956년에 설립한 4개 대학을 포함하여, 뭄바이에 5개, 아우랑가바드에 4개, 마하드에 1개, 푸나에 1개 등 모두 11개의 대학을 운영하고 있다. 또한 우물과 공원을 비롯한 공공시설 이용에 대한 불가촉천민 차별을 없애기 위해 노력한 암베드까르를 기리기 위해 많은 공원에 암베드까르 동상이 세워지고 있다. 일단 암베드까르 동상이 세워진 공원이나 공공장소는 불가촉천민이 자유롭게 다닐 수 있다. 그래서 불가촉천민들은 공원마다 암베드까르 동상을 세우려하고 이것을 막으려는 카스트 힌두들과 충돌하기도 했다. 인도 전역에 암베드까르의 동상이 세워지고 불가촉천민이 어디나 자유롭게 오갈 수 있는 날, 그날이 진정으로 인도가 자유와 독립을 쟁취한 날이 될 것이다. 나아가서는 그러한 동상의 상징이 없이도 힌두와 불가촉천민의 구별이 없어지는 날 그날이 인도 해방의 날일 것이다. 또한 그날이 바로 암베드까르가 불교로 개종하면서까지 추구하려 했던 평등정신이 실현되는 날일 것이다.

그림 73. 마라트와다 대학(Dr.Babasaheb Ambedkar Marathwada University)에 있는 암베드까르 동상

87. 네루의 홀로 서기: 비동맹 외교

독립 후 인도는 영연방으로 남았다. 인도는 영국과 산업구조나 무역관계가 공유되어 있었기 때문에 독립과 더불어 단절할 수 없었고, 국방과 외교 면에서도 영국과의 단절은 득보다 실이 많을 것으로 예측되었다. 그러나 영국으로부터 독립한 마당에, 연방으로 남는 것은 독립의 의미가 약하다는 주장도 없지 않았다. 영연방으로 남게된 것은 외교와 국방 그리고 경제적 측면을 고려한 네루의 주장이었지만, 결정적으로 영국과 인도가 멀어지면, 파키스탄과 영국의 연결고리가 강해질 것을 우려해서 국민회의 내의 반대세력, 공산당 그리고 사회주의당 등의 반대 목소리를 잠재울 수 있었다.

네루는 영국과의 협조체제를 유지한 채로, 국제 관계에서 독자적인 외교를 펼쳤다. 네루의 외교정책을 비동맹주의라고 부른다. 비동맹이란 큰 축을 이루고 있는 세력, 그 어디에도 속하지 않겠다는 것이다. 제2차 세계대전이 끝나고 공산권과 서방세계라는 축 즉 미국과 소련이라는 양대 축이 생겼다. 제2차 세계대전 후에 독립한 나라들은 이러한 시대적 상황 속에서 양대 세력에 의지할 수밖에 없었고, 강대국들은 경제 원조와 군사 원조 등으로 신생 독립국에 대한 영향력을 확대하려 했다. 이러한 현상을 간파한 네루는 양대 축 어디에도 소속되지 않는 독자적인 외교 정책을 추구했다. 어느 한쪽의 노선을 따르면, 양극체제의 소용돌이 속에서 자국의 독자적인 결정권은 제약될 수밖에 없다. 그래서 어느 쪽에도 속하지 않으면서 독자적인 노선을 지키는 것이 비동맹 외교이며, 비동맹을 택한 나라들을 제3세계라고 부른다.

비동맹을 선택한 제3세계가 형성될 수 있었던 것은, 미국과 소련을 축으로 하는 냉전체제를 극복해야 하는 신생국들의 특수한 상황과 식민지 지배를 경험한 나라들이라는 역사적 공통점 때문이었다. 비동맹 외교는 자칫 국제적으로 고립될 수 있는 위험이 있지만, 강대국과 동맹을 맺지 않음으로써 오히려 모든 국가와 우호적인 관계를 유지할 수 있다.

영국으로부터 독립한 인도의 최우선 과제는 아직 가라앉지 않은 상처를 치유하는 일이었다. 독립 후 계속되는 폭력사태와 경제적 빈곤이 네루 수상이 해결해야 할 우선 과제였다. 힌두와 무슬림 살상 뿐 아니라 펀잡에서 벌어지는 시크와 무슬림 충돌의 여파도 적지 않았다. 또한 3억이 넘는 인도 인구의 식량 문제도 해결해야 했다. 이렇게 산더미 같이 쌓인 국내 문제를 두고, 서방 세계 혹은 공산 세력 어느 한 쪽의 노선을 선택하여 양극체제에 휘말리면 경제발전보다 방어를 위한 군비확상에 막대한 예산을 소모하게 될 것이다. 그래서 네루는 어디에도 구속되지 않는 비동맹을 택했다. 비동맹 상태에서는 필요에 따라 소련과 미국 양쪽 모두에게 경제적 원조를 받을 수 있다는 계산도 있었다.

1950년 중국이 티베트를 점령했다. 영국이 지배하던 티베트 지역을 그대로 인도가 수용했고, 중국과는 국경도 연결되어 있다. 그래서 중국이 티베트를 점령하면서 인도와 중국이 충돌할 가능성이 높아졌다. 네루는 이러한 충돌을 피하기 위해, 인도에 편입되어 있던 티베트 지역을 포기했다. 그리고 중국과 협정을 체결하면서 양국이 평화적으로 공존하기 위한 5개의 원칙 즉 '평화공존 5원칙'을 수립했다(1954년). 상대국의 주권과 영토가 유지될 수 있도록 서로 존중할 것, 상대국을 침략하지 않을 것, 상대국의 국내정치를 간섭하지 않을 것, 국가 간의 평등과 서로의 이익을 보장할 것, 평화적으로 공존할 것 등이다.

이 상호 평화 공존 원칙은 네루와 저우언라이(周恩來) 사이에 맺어진 조약에 포함되어 있었을 뿐이다. 그런데 이것이 세계적인 비동맹의 원칙이 된 것은 인도차이나의 전쟁 때문이었다. 당시 인도차이나의 전쟁을 해결하기 위해 제네바 회의가 열리고 있었다. 동서간의 냉전과 식민주의 전쟁을 끝내고 세계 평화를 강화하기 위해서는 새로운 국제 관계의 원칙이 필요하던 때였다. 그래서 네루가 제시한 평화공존 5원칙이 세계를 향한 외침이 된 것이다.

이 평화공존 5원칙에 동의한 나라들은 평화지역을 형성하고, 평화지역을 점차 확대시키려 했다. 1954년과 1955년 사이에 버마, 베트남, 유고슬라비아, 이집트, 소련 등도 이 평화공존 5원칙을 승인했다. 1955년 4월에 인도네시아의 반둥(Bandung)에서 아시아-아프리카회의가 개최되었고 총 29개국이 참가했다. 이 회의에서는 평화공존 5원칙을 바탕으로 '평화 10원칙'을 채택했다. 이 평화 10원칙은 국제관계의 새로운 원칙으로 등장했다.

반제국주의, 반식민주의, 국제연합에 의한 분쟁 해결 등을 중심으로 하는 반둥의 평화 10원칙은 이후 신생국들이 국제 정치에 임하는 기본 철학이 되었다. 1961년에는 유고슬라비아의 티토 대통령의 제창으로 베오그라드에서 제1회 비동맹 수뇌 회의가 개최되었으며 이 회의에서 비동맹 회원국의 가입 조건을 결정했다. 즉 비동맹과 평화 공존에 입각한 독자적 정책, 민족 해방 운동 지지, 냉전에 휘말릴 수 있는 조약 거부, 외국군 주둔과 군사기지 설치의 거부 등의 조건을 갖춘 나라만이 가입할 수 있도록 한 것이다. 네루가 제창한 비동맹 운동은 신생국들의 공감을 얻어 그 세력이 급속히 확대되었고, 유고슬라비아가 참여함으로써 아시아, 아프리카를 넘어 유럽까지 확대된 제3세계가 형성되었으며 1980년에는 회원국 수가 120여 개에 이르게 되었다.

네루는 간디, 파텔 등과 더불어 인도의 독립운동을 주도했다. 물론 그의 활동은 긍정적 평가와 더불어 부정적 평가를 받는 부분도 적지 않다. 인도가 두 개의 나라로 분리 독립하게 된 원인이 네루에게 있다는 평가를 받기도 하기 때문이다. 1937년 선거 후, 무슬림연맹과 연합정부를 구성하기로 한 것을 외면함으로써, 진나가 국민회의를 더 이상 신뢰할 수 없다고 못 박아 버리는 원인을 제공했다는 것이다. 그러나 독립 후 인도의 초대 수상을 맡은 네루는 이러한 부정적인 평가를 떨쳐버리는 듯, 세속정치를 택했다.

그리고 무엇보다도 큰 네루의 업적은 비동맹 외교에 있다고 해야 할 것이다. 네루의 비동맹 외교는 인도의 현실을 제대로 파악하고, 국가 경제의 발전을 위한 최선의 선택이었다. 양극 체제에 휘말리지 않음으로써, 대외적으로 낭비될 군사비를 국내의 경제 개발에 쓸 수 있게 했고, 인도의 국제적 위상을 높이는데 기여했다. 또한 네루가 추진한 비동맹 외교로, 양극 체제의 완충지대로 제3세계가 형성됨으로써, 강대국 간의 긴장을 완화시키고 세계 경제의 발전과 정치적 화합을 위한 장을 열기도 했다.

1947년에 독립한 인도의 첫 수상이 된 네루는 1964년에 사망할 때까지 17년간 인도의 수상 자리에 있었다. 그 17년 동안 네루가 비동맹 외교를 추진함으로써 인도는 제3세계의 중심에 우뚝 설 수 있었다.

88. 잘 살아보세: 경제개발 5개년 계획

식민지배에서 독립한 대부분의 나라가 그러했듯이, 인도 역시 독립 후 시급한 과제는 배고픔을 해결하는 것이었다. 오랜 세월 식민지 지배를 받았던 인도는, 독립 직후 '자립' 이념이 다른 독립국보다 강했다. 그래서 외교 정책의 기본을 '자립'에 두어 비동맹 외교를 추진했다. 또한 경제 정책이나 경제 개발에 있어서도 '자립'을 우선 과제로 삼았다.

네루는 강력한 중앙집권 통제 하에 계획경제를 추진하는 소련 방식을 모델로 삼아 국가기획위원회를 설치했다. 사회주의 계획경제는 자급자족과 폐쇄성을 특징으로 한다. 네루가 추진한 것은 공공부문과 민간부문으로 나눈 혼합 경제 체제이다. 광업과 자본재, 중간 산업재, 기간산업과 중공업 등을 국가가 주도하는 공공부문으로 하고 소비재와 서비스부문은 민간이 참여하는 것이다.

제1차 경제개발 5개년 계획(1951-1956)에서는 농업에 주안점을 두었다. 이 시기에 인도의 농업 인구는 전체 인구의 70퍼센트에 가까웠으며, 농업 생산이 국가 수입의 절반을 차지하고 있었다. 농업 의존도가 높은 상태였기 때문에 우선적으로 농업 개발을 시도하여 제1차 5개년 계획 기간 동안 국내 생산은 15퍼센트 상승했고, 국민 소득은 8퍼센트 증가했다. 생산량 증가보다 국민소득의 증가가 낮은 것은 인구의 증가 때문이었다. 기대를 만족시킨 것은 아니었으나, 제1차 5개년 계획에서 얻은 성과에 자신감이 생긴 네루 정부는 제2차 5개년 계획 기간(1956-1961)에는 공업 쪽에 집중했다.

네루는 서구에서 공업이 경제 발전에 기여한 것에 주목하면서, 인도 경제의 근대화 역시 공업화를 바탕으로 이룩될 수 있다고 생각했다. 철강과 기계 그리고 중화학 등의 공업을 육성시켜 농촌의 유휴 인력을 흡수하면, 인도 경제 발전에 훨씬 더 박차를 가할 수 있을 것이라고 판단했다. 이러한 것은 한국의 경우와 유사하다. 한국의 경우 중공업 보다는 경공업과 수출 산업 위주로 진행되었다. 그러나 농촌 인구를 공업에 투입함으로써 국가 경제를 재건하고 국민의 배고픔을 해결하려 했던 측면에서는 비슷한 모습을 보였다.

공업과 공기업, 그리고 기간산업 발전에 주력한 제2차 경제개발 기간 동안에 공업은 100퍼센트 가까이 증가했다고 평가되고 있다. 이 기간 동안 가장 어려운 문제는 자본을 조달하는 것이었다. 정치적으로 불안정한 나라에서 나타나는 공통적인 현상은 저축률이 낮다는 것이다. 게다가 독립 직후 인도 국제 무역도 원활히 이루어지지 못했기 때문에 자본을 조달하는 어려움이 컸다. 대부분의 식민지들은 이러한 상황에서 외국의 원조를 받아 들였다. 그러나 이러한 도움은 반대급부가 있게 마련이다.

오랜 식민지 상태에서 벗어났는데, 외국의 자본으로 인도경제를 발전시킨다면, 경제적 식민지가 될 위험이 있다. 외국의 원조는 신생국들의 경제 발전에 필수적인 것이었지만, 원조를 받으면서 대외적 주권을 온전하게 보전하기란 쉽지 않은 것이다. 이때 적절하게 작용했던 것이 네루의 비동맹 외교이다. 모든 계란을 한 바구니에 다 담아야 하는 것은 아니라는 네루의 생각이 경제와 외교 부문에서 위력을 발휘해 주었다.

어느 나라와도 밀착된 동맹관계를 맺지 않음으로써 원조국의 다양화를 추구할 수 있었던 것이다. 1950년대 신생국들이 가장 두려워했던 말이 무엇이었을까? 강대국들의 '원조를 중단하겠다.'라는 말이었을 것이다. 이것은 1950년대에만 두려움을 준 말이 아니다. 신생국들은 강대국의 경제 원조 여부가 국가 경제를 흔들고, 국가 경제의 위험은 곧 해당 정권의 붕괴를 가져 올 것이기 때문이다. 이 때문에 신생 독립국들이 미국과 소련의 힘의 논리에 휩싸이고, 강대국의 기침소리가 신생국에 태풍을 몰고 올 수 있었던 것이다.

인도의 공업정책은 공기업 위주로 진행되었는데, 공기업들은 외국 자본을 유치하거나 민간 산업에 참여하지 못하도록 제한을 두었다. 뿐만 아니라 계획경제 하에서 사기업에도 많은 제약이 가해졌다. 공기업이 갖는 비효율성과 더불어 기업에 가해지는 많은 제약들이 인도 산업 발전에 장애를 초래했다. 이러한 문제점들은 네루가 죽은 이후 부각되어 또 다른 방향의 개방경제 정책을 추진하게 되는 원인이 되었다.

네루가 추진한 제3차 경제개발 5개년 계획의 시기까지는 정치적 민주주의와 경제적 사회주의를 혼합한 정책으로 자립과 발전을 꾀하던 시기였다. 이 시기에 네루 정부는 비동맹 외교 정책을 발판으로 외국원조의 통로를 다각화해서, 인도 경제를 살리고 인도인들의 배고픔을 덜어내는데 큰 몫을 했다.

89. 다람살라에 망명정부를 세운 달라이 라마

인도에 티베트인들이 이주하기 시작한 것은 1950년 무렵이다. 1949년 10월 1일 중화인민공화국 수립이 선포되었고 그 나음 해인 1950년에 중국은 티베트를 침공했다. 청나라의 영향권 아래 있던 티베트는, 1911년 신해혁명으로 청나라가 멸망하자 중국의 영향권에서 벗어났다. 13대 달라이 라마인 툽텐 갸쵸(Thubten Gyatso)는 티베트의 통치자로써 독립 주권을 확보했고, 이어 1940년에 텐진 갸쵸(Tenzin Gyatso)가 14대 달라이 라마가 되었다.

신해혁명 이후 중국에서는 공산당과 국민당이 두 차례의 내전을 벌였고 1949년에 내전이 종식되면서 중화인민공화국이 선포되었다. 내전으로 티베트 문제를 깊이 고려할 시간이 없었던 중국은 공산정권 수립이 완성되면서, 티베트를 점령하기로 한 것이다. 티베트는 밀려오는 중국 군대를 막을 상대가 되지 못했다. 중국이 티베트를 점령한 후 초기에는 회유정책으로 14대 달라이 라마의 협조를 얻으려고 했다. 그러나 공산주의와 티베트는 조화를 이룰 수 없었다. '종교는 아편과 같다'는 노선의 공산당과 종교와 통치가 일치된 티베트가 동일한 정권 하에 있다는 것 자체가 불가능한 것이기 때문이다.

부조화 속에 있던 티베트인들이 1959년 봉기하자, 14대 달라이 라마는 그 틈을 타 인도로 망명했다. 네루와 저우언라이가 평화공존 5원칙을 선언할 때(1954년)까지 인도와 중국은 친밀한 관계를 유지하고 있었다. 신생독립국으로써 제국주의 세력에 반대하는 공통점을 가지고 있었기 때문이다. 그러나 중국은 1956년에 신강과 티베트를 연결하는 도로를 악사이친(Aksai Chin)에 건설하면서 인도 땅의 일부를 점령했다. 이 때문에 중국과 인도가 불편한 관계에 있는 상태에서, 티베트의 달라이 라마가 인도로 망명한 것이다. 네루는 달라이 라마를 받아들이고, 맥로드 간즈(Mcleod Ganj)라는 곳에 망명정부를 세울 땅을 제공하기까지 했다.

1950년에 중국이 티베트를 침공했을 때부터 공산정권을 받아들이기 힘들었던 티베트의 불교도들이 불교의 고향인 인도로 이주하기 시작했고 티베트 망명정부가 인도에 세워진 후에는 이주하는 티베트인들이 점점 더 늘어났다.

다람살라(Dharamsala)에 세워진 티베트 망명정부[16]와 인도, 그리고 중국은 묘한 삼각관계를 유지하고 있다. 국경문제가 발생하자 저우언라이는 1960년에 인도를 방문해서 악사이친과 북동 변경주를 교환하자고 제의했으나 네루는 이를 거절했다. 1962년 동

---

16) 티베트 망명정부는 1959년 4월 29일에 우타르프라데시에 설립되었다가 1960년 5월 히마찰프라데시의 다람살라로 이전 설립되었다.

그림 74. 다람살라의 티베트 망명정부 건물(2006년)

부지역 국경에서 충돌이 벌어져 중국이 인도의 북동 변경지역과 라다크를 점령해버렸다. 영국과 소련 그리고 미국까지 인도를 지원했으나, 중국은 아쌈 지역까지 점령한 후에 휴전을 제의했다. 인도는 휴전을 거부하고 중국이 점령한 인도 땅에서 즉각 철수할 것을 요구했다. 그러나 중국은 인도의 제의를 거부하고 일방적으로 승리와 휴전을 선언하고 퇴각했다. 인도와 중국의 국경분쟁은 1970년대에도 재현되었다. 그러나 양국은 탈냉전 시대에 국경지역 안정을 추구하면서 직접적인 분쟁은 피하고 있는 상태이다.

이러한 인도와 중국 관계에서 티베트 망명정부(The Government of Tibet in Exile)의 역할은 무엇일까. 티베트 망명정부는 '달라이 라마의 중앙 티베트 행정부(The Central Tibetan Administration of His Holiness the Dalai Lama, 약칭 CTA)'라는 공식명칭을 사용하며, 티베트와 주변에 살고 있는 티베트인의 공식 정부로 인정되어 유럽의 여러 나라들도 공식적인 국가로 인정하고 있는 형편이다.

20세기 들어 '티베트 사자(死者)의 서(書)'로 티베트가 서방에 알려지면서, 티베트의 영적인 세계는 세계의 관심을 끌었다. 또한 1989년에 달라이 라마가 노벨평화상을 수상하면서 세계의 정신적 지도자로 떠올랐다.

중국은 티베트를 점령하고 봉건적 잔재를 청산한다는 이름으로 사원을 파괴하고, 승려들을 환속시켰으며, 티베트인들의 문화를 파괴했다. 특히 1966년부터 벌어진 중국의 문화대혁명 기간 동안 티베트는 최악의 사태를 겪었다. 중국의 티베트 점령으로 정신적 고향을 잃은 티베트 사람들은 그 정신적 고향을 다람살라의 망명정부와 인도에서 찾고 있는 것이다.

중국과 티베트가 충돌할 무렵, 인도 역시 중국과 국경문제로 불편해졌는데, 이때 달라이 라마가 인도로 망명하면서, 네루의 뛰어난 외교술이 빛을 발한 셈이다. 티베트를 품에 안으면서 자유를 추구하는 소수민족을 돕는다는 도덕적 이미지를 심었고, 한편으로는 경제적 실익도 챙겼다.

중국이 개방화 정책을 취하면서 중국, 인도, 티베트 관계에도 많은 변화가 일어났다. 2003년에는 양국 정상회담에서 인도는 '티베트가 중국 영토'라는 것을 인정했고, 티베트를 인정하는 대신 공동선언으로 '중국과의 무역 활성화 및 하이테크 인력의 파견'에 합의함으로써 실리를 챙겼다. '세계의 공장'으로 부상한 중국에서 경제적 실리를 챙기자는 인도의 실리 외교의 단면인 것이다.

2006년 7월 1일 북경에서 라사(Lhasa)로 가는 철도가 개통되었고, 티베트와 인도 동북부 시킴 지역을 잇는 '나투라(Nathu La)' 고갯길을 재개통하기로 합의했다. 인도와 중국은 경제적인 실리를 위한 협상에 발 빠르게 움직이고 있는 것이다.

인도 국내의 변화, 중국의 변화가 인도-중국 외교 변화의 중요 요인일 것이다. 그러나 티베트 망명정부를 안고 있는 인도와, 티베트를 중국의 일부로 확정지으려는 중국, 이러한 외교의 틀을 만든 것은 네루이다. 그래서 티베트 망명정부는 '인도와 중국의 다리'라고 불리기도 한다. 멀리 내다보는 네루의 외교가 돋보이는 순간이다.

그러나 1980년대 이후 중국과 인도 그리고 미국의 관계가 개선되면서 티베트 망명정부와 달라이 라마가 차지하는 외교적 역할이 약화되었다. 인도와 중국의 외교 관계에서 차지하는 티베트의 역할이 대교에서 돌로 만든 징검다리 정도로 약화되면서, 인도에서 티베트인들의 입지도 예전 같지 않다. 인도와 중국관계가 개선되고 있던 2006년 7월 말, 인도 당국이 도로 확장을 이유로 뉴델리 북동쪽에 있는 티베트 난민 집단 거주지를 철거하여 티베트인들이 새삼 나라 잃은 설움을 겪기도 했다.

그러나 다람살라는 여전히 티베트인들의 피난처이며 망명정부의 핵심이다. 2011년에, 14대 달라이 라마를 이어 망명정부를 이끌 새로운 지도자를 선출했다. 새 지도자 로브상 상계(Lobsang

Sangay)는 인도 서벵골에서 태어났으며, 미국 하버드대학에서 법학박사학위를 취득한 인재로 2007년 아시아 소사이어티가 선정한 '아시아의 젊은 리더 24인' 가운데 한명이다. 이제 로브상 상계가 티베트 망명정부를 이끌어 가겠지만, 달라이 라마와 같은 정신적 감화력을 발휘할 수 있을지는 미지수다. 오늘도 세계의 많은 사람들이 달라이 라마를 만나기 위해 '인도 속의 티베트'인 다람살라로 향하고 있다.

90. 이별 후에도 계속 되는 싸움

1947년 8월 15일, 인도와 파키스탄은 각각 다른 나라로 독립했다. 독립 이전 계속되던 힌두와 무슬림의 싸움은 두 나라의 탄생으로 일단락 지어진 셈이다. 그러나 힌두와 무슬림은 이별 후에도 싸워야 할 일들이 남아 있었다. 첫 싸움은 토후국들의 향방 문제로 시작되었다.

인도에서는 내무부 장관을 맡은 파텔이 뛰어난 수완을 발휘하여 대부분의 토후국들을 인도에 편입시켰다. 그런데 카슈미르에서 인도와 파키스탄의 줄다리기가 시작되었다. 1947년 10월20일에 델리에서 열린 무슬림 집회에서, 카슈미르 민족지도자 셰이크 압둘라(Sheikh Muhammad Abdullah)가 인도에 병합되기를 희망한다고 호소하자, 카슈미르 출신 무슬림들도 이 의견을 지지했다.

카슈미르의 향방이 불안해지자 초조해진 파키스탄은 카슈미르 수도인 스리나가르를 향해 병력을 투입했다. 이로써 제1차 인-파 전쟁이 시작되었다. 파키스탄에서는 카슈미르를 인도로부터 해방시킬 것이라고 외치며 동조를 호소했다. 카슈미르 토후국 왕인 하리 싱(Maharaja Hari Singh)은 인도에 도움을 청했다. 인도는 파병 후에 카슈미르가 인도에 병합될 것을 전제로 군대를 파견했다. 그러나 전쟁은 단기간에 마무리 되지 않았다. 2개월여에 걸친 양측 간의 전투와 협의 모두 결론을 내지 못하자, 네루는 이 문제를 유엔 안전보장이사회에 상정했다. 네루는 파키스탄에 대한 국제적 압력을 통해 침략자들을 철수시킬 수 있을 것이라고 기대했던 것 같다. 중재 위원회가 열리는 동안에도 파키스탄은 방어를 이유로 공격을 계속했지만, 결과적으로 유엔의 중재에 따라 1949년 1월 1일, 양국은 휴전에 합의했다.

서로 다른 두 나라를 인정한 후에 일어난 다툼은 이것으로 끝나지 않았다. 인도가 유엔의 결정을 무시하고 1964년 12월에 카슈미르는 인도 영토라고 선언하면서, 카슈미르 집권당(National Conference)을 국민회의에 합류시켰다. 이에 분노한 파키스탄에서 쿠츠(Kutch)를 공격했다. 구자라트 주의 쿠츠는 파키스탄 국경 근처이다. 이곳은 불모지로 인식되어왔는데, 석유매장량이 많은 것으로 밝혀지면서, 양국의 충돌이 자주 발생했던 곳이다. 이 분쟁이 제2차 인-파 전쟁의 도화선이라고 보기도 한다.

1965년 8월 초 파키스탄 대통령 아유브 칸(Mohammad Ayub Khan)은 게릴라 5천 명을 인도의 카슈미르로 침투시켰다. 게릴라 침투에 실패하자, 9월 1일 기갑부대를 투입 본격적인 전쟁이 시작되었다. 장비와 화력 면에서 파키스탄이 우세했지만, 전세는 인도에게 유리하게 전개 되었다. 제2차 인-파 전쟁 동안 미국은 파키스탄과 인도를 동시에 지원하는 묘한 입장에 놓였다. 파키스탄과 동맹을 맺으면서 많은 무기를 지원했고, 아울러 인도와 중국 전쟁 때, 인도에 무기를 지원했다. 결국 미국은 인도와 파키스탄 전쟁 당사국 양쪽에 무력을 지원한 셈이다. 이때 중국은 파키스탄과 가까워졌고, 소련 역시 양국의 화해를 위한 평화 회담을 주관하면서 남아시아 지역에 영향력을 확대했다. 제2차 인-파 전쟁의 마무리를 위한 타시켄트 회담에서, 양국은 전쟁 전의 위치로 철수하며 포로를 교환하고, 카슈미르 문제에 대해 무력을 사용하지 않기로 합의했다. 파키스탄의 아유브 대통령과 인도의 샤스트리(Lal Bahadur Shastri) 수상이 합의서에 서명함으로써 제2차 인-파 전쟁은 마무리 되었다. 파키스탄은 전쟁으로 많은 피해를 입고도 소득은 없는 전쟁을 한 것이다. 인도도 희생을 치렀지만, 카슈미르의 무력 사용 중지로 카슈미르의 안정을 얻을 수 있었다.

그러나 인도와 파키스탄의 싸움은 이것으로 끝나지 않았다. 동파키스탄과 서파키스탄의 내전의 불똥이 인도로 날아온 것이다. 1970년 12월, 파키스탄은 독립 후 처음으로 총선을 실시했다. 총 313석의 의석 가운데 동파키스탄에 162개 의석이 지정되었다. 무지부르 라만(Sheikh Mujibur Rahman)이 이끄는 아와미 연맹(Awami League)은 160석을 차지하여 압승한 반면, 다수당이 될 것으로 예상했던 파키스탄 인민당(PPP)은 81석을 얻는데 그쳤다. 결과적으로 160석을 차지한 아와미 연맹이 집권당이 되었고, 당수인 무지부르 라만이 파키스탄의 수상이 된 것이다. 부토와 야햐 칸(Yahya Khan)은 파키스탄의 수상 자리를 동파키스탄에 넘겨줄 생각이 없었다. 부토가 1971년 3월 1일에 개최될 의회의 개원을 연기하자고 제의하자 아햐 칸도 동의했다. 의회의 개회를 연기한다는 것은 사실상 의회의 해산을 의미하는 것이다.

의회가 해산되자 동파키스탄에서 대규모의 폭동이 일어났다. 아햐 칸은 폭동을 일으킨 아와미 연맹을 불법단체로 규정하고 3월 25일에 동파키스탄에 군대를 투입했다. 폭동과 시위는 진압되었고 무지부르 라만을 비롯한 정치지도자들은 체포되었다. 부토와 아햐 칸이 이끄는 군대가 동파키스탄을 점령함으로써 사태는 마무리 되는 듯했다. 그러나 지아우르 라만(Ziaur Rahman)이 치타공에서 방글라데시(Bangladesh, 벵골인의 나라)의 독립을 선언하며 모든 벵골인의 궐기를 촉구했다. 또 한편에서는 인도 캘커타로 피신한 아와미 연맹 지도부가 4월10일에 타주딘 아메드(Tajuddin Ahmad)를 수반으로 한 망명정부 수립을 선언함으로써 사태는 복잡해졌다. 두 개의 임시정부가 등장하고, 폭동이 계속되자 동파키스탄 사람들이 전란을 피해 인도로 이주해 왔다.

동파키스탄을 안정시켜 피난민을 줄이는 것이 인도로 봐서는 유리하다는 판단으로 1971년 12월, 인도가 동벵골의 파키스탄 군대를 공격함으로써 제3차 인-파 전쟁이 벌어졌다. 제3차 인-파 전쟁은 단시일 내에 막을 내렸다. 동파키스탄을 점령하고 인디라 간디가 의회에서 다카의 해방을 선언함으로써 방글라데시가 탄생했다. 파키스탄에서는 아햐 칸이 물러나고, 부토가 정권을 잡으면서 무지부르 라만을 석방했다. 무지부르 라만은 다카로 돌아가 방글라데시 초대 수상이 되었다.

인도와 파키스탄, 두 개의 나라가 탄생하면 평온을 되찾을 것 같았던 힌두와 무슬림은 독립 후에도 여전히 평탄한 관계를 유지하지 못하고, 싸움에 싸움을 거듭하면서 새로운 나라 방글라데시를 탄생시켰다. 그리고 아직도 끝나지 않은 싸움을 계속하며 얼굴을 맞대고 살아가고 있다.

91. 독선적인 인디라 간디

인도 최초의 여 수상, 네루의 딸, 독선적인 지배자 등의 수식어가 따라다니는 인디라 간디(Indira Gandhi: 1917-1984). 그녀는 네루가 간디와 함께 국민회의에 가입하여 독립운동을 시작하던 1917년에 태어났다. 정치에 바쁜 아버지와 결핵으로 늘 병상에 있는 어머니 카말라와 함께 알라하바드에서 살았다. 어린 시절의 인디라 간디는 자기 방어적이며 외로움을 잘 타는 성격이었다고 한다. 인디라 간디가 18세 때 오랫동안 결핵과 싸우던 어머니는 세상을 떠났다.

인디라 간디는 유럽에서 공부하던 중에 페로제 간디(Feroze Gandhi)를 만났다. 열렬한 파르시 콩그레스(Parsi Congress) 당원이던 그와 1942년에 결혼하여, 1944년에 라지브 간디(Rajiv Gandhi)를 낳았고, 1946년 산지아 간디(Sanjay Gandhi)를 낳았다.

인디라 간디 부부는 알라하바드에서 살았다. 남편 페로제가 국민회의 신문과 보험회사에서 일을 했기 때문이다. 그들은 비교적 평탄한 결혼생활을 하고 있었다. 1947년 인도가 분리 독립하자, 그녀는 초대 수상이 된 아버지를 도와 파키스탄에서 넘어오는 난민들을 위한 수용소를 만들고, 의료 봉사를 도맡았다. 이것이 그녀의 첫 공직 활동이며, 이때 경험한 것들이 후일 그녀의 공직 생활에 큰 도움이 되었다고 한다. 네루는 수상으로써 엄청난 스트레스를 받으며 혼자 델리에 살고 있었다. 이러한 상황에 놓인 아버지를 보좌하기 위해, 인디라 간디가 델리로 옮겨 가면서 부부 생활에는 문제가 생기기 시작했다. 인디라 간디는 네루의 보좌관이었고 친구였으며 간호사이기도 했다. 그런 그녀는 아버지 곁에 머물기로 결정을 했고, 아이들을 데리고 델리로 왔다.

1952년 선거가 나가오자, 인디라 간디는 아버지와 남편 두 사람을 위해 선거 운동을 했다. 페로제가 당선되어 델리로 왔으나 따로 살았다. 페로제는 국유화된 보험회사의 중요 스캔들을 폭로함으로써 부정부패에 대항하는 투사라는 평판을 얻게 되었다. 그러나 이 때문에 네루의 측근이었던 재무장관이 사임하게 됨으로써, 인디라 간디와 페로제의 불화는 깊어 갔다. 결국 인디라 간디는 별거중인 남편과 이혼했다. 1957년 선거에서 재선될 때, 그들의 이혼 사실을 숨겼던 것에 대해 페로제는 가책을 느꼈다고 한다. 카슈미르를 인도로 편입시킬 때 페로제가 도움을 주면서 가족은 다시 가까워지기 시작했다. 그러나 1960년에 인디라 간디가 네루와 함께 해외 순방 중일 때 페로제가 사망했다.

1959년과 1960년에 인디라 간디는 국민회의 의장으로 선출되었다. 그러나 그녀는 국민회의 의장의 업무보다는 아버지의 보좌관으로 활동하는 시간이 더 많았다. 게다가 아버지 네루가 친족 정치를 마땅치 않게 생각했기 때문에 그 다음해인 1962년 의장 선거에는 출마하지 않았다.

1964년 3월 24일 네루 수상이 세상을 떠났다. 새 수상 샤스트리는 인디라 간디가 정치 일선에 나오기를 권했다. 샤스트리 정부에서 인디라 간디는 정보 및 방송부 장관(Minister for Information and Broadcasting)을 맡았다. 그녀가 장관으로 취임 한 후에 힌디어를 국어로 지정하는데 반대하는 남부의 비-힌디어 지역에서 반란이 일어났다. 이 문제를 처리하기 위해 마드라스로 달려간 인디라 간디는 그 지역의 관리들에게 성난 민족 대표들을 일단 다독거리면서, 주변 지역에서 그러한 일들이 다시 일어나지 않도록 잘 감시하라고 지시했다. 인디라 간디의 발상은 예상 밖이었던 것이다. 인디라 간디가 특별히 자신의 정치적 목표를 가지고 이러한 처리를 한 것은 아닌 것 같다. 오히려 본능적으로 언론 매체에 대한 감각과 이미지 관리에 능숙했던 것으로 보인다.

인디라 간디의 뛰어난 이미지 관리는 제2차 인-파 전쟁이 벌어졌을 때도 위력을 발휘했다. 인도 파키스탄 전쟁이 벌어진 1965년 인디라 간디는 스리나가르 부근에서 휴가를 즐기고 있었다. 전쟁이 발생하면서 인디라 간디의 안전이 걱정된 측근들이 안전 지역으로 이동할 것을 권했지만, 인디라 간디는 그곳에서 주 정부 회의를 소집하여 언론을 집중시켰다. 그녀의 이런 모습은 전쟁으로 불안에 떨던 국민들에게 위안을 주었다는 평을 받고 있다.

제2차 인-파 전쟁은 소련의 중재로 파키스탄과 인도가 평화협정을 맺음으로써 막을 내렸다. 그러나 전쟁의 막을 내리는 협정서에 서명한 샤스트리는 바로 그다음 날 심장마비로 사망했다. 샤스트리 사망 후 정계의 시선이 인디라 간디에게로 모아졌다. 당시 수상 후보에 지원한 사람이 여러 명이었지만 합의를 보지 못한 상태에서, 당내 원로들이 인디라 간디를 지지했다. 인디라 간디는 압도적인 표 차이로 모라르지 데사이(Morarji Ranchhodji Desai)를 누르고 수상이 되었다. 인도 최초의 여 수상이 탄생한 것이다.

인디라 간디의 집권 기간에 일어난 변화 중에 가장 큰 것이 국민회의의 분당이다. 인디라 간디 집권 기간에 세 번의 분당이 있었다. 처음 분당은 1969년 대통령 선출을 놓고, 당내 원로들과 인디라 간디가 충돌하자, 원로들이 인디라 간디를 당에서 쫓아냈다. 인디라 간디는 새로운 당 <The Congress R(Requisitionists)>을 창당했다.

두 번째로는 인디라 간디가 1975년 6월 26일 국가 비상사태를 선포하자, 자그지완 람(Jagjivan Ram)을 비롯하여 인디라 간디의 노선에 반대하는 당원들이 탈당했다. 이들이 1977년 2월에 만든 당이 <The Congress for Democracy>이다. 세 번째는 1978년 1월에 당내 원로인 짜완(Y. S. Chavan)이 인디라 간디의 당 운영방식과 정부 통치형태에 불만을 품고 새로운 <The Congress U(U=Devraj Urs)> 당을 창당한 것이다.

처음 인디라 간디가 수상이 될 때 지원한 세력은 당내 원로들이었다. 이들 당내 원로 의원들은 인디라 간디를 만만하게 보았다. 그래서 국민회의 의장을 맡고 있던 카마라즈(Kumaraswami Kamaraj)는 "개인적으로 네루에게 무슨 일이 있어도 인디라 간디를 수상으로 만들겠다."는 약속을 했었다는 말까지 하며, 그녀를 수상 후보로 밀어서 인도 최초의 여 수상을 탄생시켰었다. 그러나 그들의 판단과는 달리 인디라 간디는 말하자면, 우파의 말을 잘 듣지 않았고, 독자적으로 행동했던 것이다.

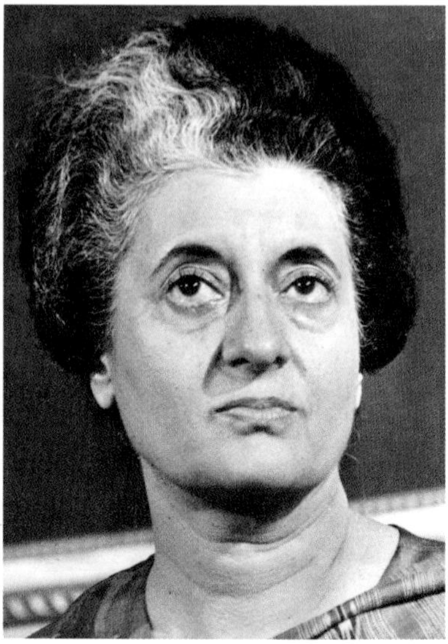

그림 75. 독선적인 인디라 간디라는 별명이 붙을 무렵인 1977년의 인디라 간디 사진

인디라 간디를 수상으로 만들었던 원로들은 이제 인디라 간디의 반대파, 적이 된 것이다. 그래서 인디라 간디는 새로운 당을 만들었고, 이에 대응하여 원로들이 또 다른 당을 만들었다. 게다가 인디라 간디가 만든 당 내에서도 다시 분당이 일어났는데 이유는 인디라 간디의 독선 때문이었다고 한다.

인디라 간디가 뛰어난 정치적 감각을 가졌다는 것은 잘 알려진 일이다. 그녀가 수상이 된 다음해에 가뭄 피해로 농업과 산업이 쇠퇴했고 이로 인해 많은 실업자가 발생했다. 그러나 인디라 간디는 녹색혁명으로 밀을 중심으로 곡물 생산량을 획기적으로 높여 놓았다. 한편으로는 농업 생산을 늘리기 위한 비료 공장과 수리 시설에 투자하여 실업률을 낮추었다. 또한 미국으로부터 식량 원조를 받고, 소련으로부터 철강과 항공기 제조 공장의 원조를 받아냈다. 그래서 소련과 미국과의 외교에서도 성공적이었다는 평가를 받고 있다.

인디라 간디가 수상 자리에 있었던 것은 1966-1977년까지, 그리고 1980년부터 그녀가 살해된 1984년까지이다. 처음 12년 동안 인디라 간디는 독선이라는 비평을 받았지만, 한편으로는 인도의 경제를 회생시키고, 외교적으로 미국과 소련 사이에서 실리를 챙기는 뛰어난 능력을 발휘했다. 특히 그녀의 탁월한 솜씨가 발휘된 것으로는 1974년에 핵실험에 성공함으로써 인도를 핵보유국으로 만든 것을 들 수 있다.

이처럼 뛰어난 정치 능력을 보였던 인디라 간디였으나, 독선이라는 수식어를 그녀의 이름 앞에 달고 다니게 된 이유는 무엇일까? 사실 인디라 간디의 독선이 드러난 것은 인디라 간디 자신에 의해서라기보다 국민회의 보수파들에 의해서였다고 보는 것이 더 타당할지도 모른다. 물론 1984년에 시크교도들의 독립운동에 강경 대응하여 시크교도들의 본산인 황금사원을 파괴했고 그로 인해 대형 참사가 발생한 것은 인디라 간디가 독선적이었다는 평가를 받을만한 사항이다. 그러나 1969년에 인디라 간디가 대통령 후보 추천 문제로 원로들과 대립했을 때, 1975년에 의회를 해산하고 비상사태를 선포했을 때, 1978년의 분당 사태 등의 경우는 인디라 간디의 독선에서 비롯된 것이라기보다는 인디라 간디를 만만히 보고 마음대로 휘두르려 한 원로들의 태도에서 시작된 것이라 볼 수도 있다. 그러므로 인디라 간디의 독선은 보수 세력에 맞서는 자기 방어 본능에서 출발한 것이라 해도 과언이 아닐 것이다.

92. 푸른 들판을 꿈꾸며

제2차 세계대전의 소용돌이에 놓여 있던 1943년, 벵골지방은 계속되는 가뭄으로 식량생산이 불가능한 지경에 이르렀다. 통계에 의하면 400만 명이 굶어 죽었다고 한다. 가뭄이 주요 원인이었지만, 세계대전을 치르던 영국 정부의 무관심도 한몫했다. 그런데 독립 후 4년 만에 벵골 기근의 악몽이 되살아났다.

거듭 되는 기근에 대한 대책이 독립 정부의 주요 과제로 떠올랐다. 네루 수상이 인도를 굶주림으로부터 해방시키겠다고 시작한 것이 제1차 경제개발 5개년 계획이다. 이 시기에 식량 생산을 늘리기 위해 인도 정부가 주안점을 둔 것은 농지 확대였다. 버려진 땅들을 농사를 지을 수 있는 땅으로 개간하여 농경지를 확대한 것이다. 그러나 이렇게 농사지을 땅을 늘려갔지만, 굶주림은 해소되지 않았다. 농지의 확대로 증대되는 생산량보다, 인구 증가율이 앞섰기 때문이다.

인도의 굶주림을 해결하기 위한 본격적인 대책은 인디라 간디

집권기에 수립되었는데 1967년부터 1978년까지의 녹색혁명이 그것이다. 이 시기는 인디라 간디의 첫 번째 집권기이며 추진된 녹색혁명의 표어는 '인도의 가난 추방'이었다. 인디라 간디의 녹색혁명에 관한 자료들을 읽을 때 생각나는 것이 우리나라의 새마을 운동이다. 박정희 대통령에 의해 추진된 새마을 운동과 인디라 간디 수상의 녹색혁명은 상당히 유사하다. 추진했던 인물의 역사적 평가까지.

녹색혁명(Green Revolution)이라는 말은 인도의 농업 혁명만을 일컫는 말이 아니라 제3세계를 비롯한 여러 나라에서 추진된 농업혁명을 총체적으로 가리키는 말이다. 다른 나라에서와 마찬가지로 인도의 녹색혁명도 세 가지 방향에서 추진되었다. 첫째는 경지면적의 지속적 확대이고, 둘째는 관개시설을 이용한 이모작 실시, 셋째는 다수확 품종의 개발이다.

경지면적은 독립 후 네루의 경제개발 5개년 계획에 힘입어 꾸준히 증가했다. 그러나 경지면적 확대만으로 수요를 감당할 수 없기 때문에 인도의 굶주림은 크게 개선되지 않았다. 경지 확대와 더불어 생산량을 늘릴 수 있는 후속 조치가 필요했던 것이다. 이에 인디라 간디 정부는 1년 2모작을 추진했다.

인도의 농업은 몬순에 의존한다. 그래서 몬순 시기나 강수량에 의해 농업 생산이 좌우되기 때문에 인도의 농업을 몬순의 도박이라 부르기도 한다. 한꺼번에 대량의 비가 내리고 난 후에 파종해서 1년 농사를 짓는 것이 보통이었다. 그러나 수확량을 늘리기 위해 인공적인 몬순 효과를 기대하면서 댐을 건설했다. 자연에 의한 몬순과 댐 건설로 만든 인공 몬순을 이용해서 1년에 두 번 수확할 수 있게 한 것이다.

네루가 추진했던 바크라 낭갈(Bhakra Nangal) 댐은 펀잡 지역 인공 몬순의 대표 주자였다. 1963년 바크라 낭갈 댐을 준공하면서 네루는 '바크라는 인도 발전의 상징이며 소생하는 인도의 새로운 사원(New Temple of Resurgent India)'이라고 선언했다. 이러한 댐 건설은 녹색혁명으로 더욱 확산되었다.

경지가 확대되고 댐이 건설되어 생산량이 증가되었지만 이것만으로는 충분하지 않았다. 그래서 세계의 관심이 신품종 개발에 쏠렸다. 농업혁명에 과학적 기술이 필요해진 것이다. 1929년에 영국 정부가 <인도 농업 연구 위원회(The Indian Council for Agricultural Research)>라는 기구를 만들었지만 별로 한 일이 없었다. 이 기구를 1965년에 재조직했고, 1973년에 한 번 더 개편하여, 신품종 개발의 전진기지로 삼았다. 이 위원회에서는 주로 밀과 쌀 그리고 기장과 옥수수의 다수확 품종을 개발했다. 그 중에 가장 특기할 만 한 것은 k68이라 불리는 개량종 밀이었다. 인도의 녹색혁명은 '밀 혁명'이라고 불릴 만큼 개량종 밀이 큰 위력을 발휘했다.

1967년부터 1978년까지 녹색혁명을 추진한 후 인도는 곡물 생산량이 2배 가까이 증가했다. 1966년 7600만 톤이었던 곡물생산량이 1978년에는 1억 3천만 톤으로 증가되었다. 제3세계와 신생독립국들이 녹색혁명을 추진했지만 인도만큼 수확량이 증가한 나라는 별로 없었다. 단위 면적당 생산량은 독립 당시보다 30퍼센트 증가했고, 녹색혁명 초기에 비해 말기인 1978년에는 신품종 수확 비율이 평균 22퍼센트 증가했는데 밀의 경우는 70퍼센트를 웃돌았다.

개발된 신품종들은 많은 물, 비료, 농약, 살충제 등의 화학제품을 필요로 했기 때문에, 농업혁명과 더불어 지방 산업도 발전하여 국내총생산(GDP)을 높이는데 기여했다. 또한 관개시설 확충을 위해 건설된 댐을 이용해서 수력발전을 함으로써, 일자리를 만들고 국민의 삶의 질을 높였다.

이와 더불어 인도의 농업혁명에 고무된 다른 여러 나라들은, 녹색혁명으로 경험을 쌓은 농부들을 인도에서 데리고 가려했다. 이것이 펀잡의 많은 농부들이 캐나다와 남미 여러 나라에 이주하는 계기가 되었으며, 이로 인한 외화 수입 증대라는 효과도 가져왔다. 10년의 녹색혁명으로 인도는 식량 수출국으로 바뀌었다. 정치적으로는 녹색혁명을 추진한 인디라 간디와 그녀의 정당이 강력한 정치적 힘을 갖는 요인으로 작용했다.

녹색혁명 이후 벵골의 기근과 같은 참혹한 굶주림은 발생하지 않았다. 그러나 인도 전체에 굶주림의 문제를 완전히 해결한 것은 아니다. 녹색혁명은 주로 곡물에 한정되었고, 모든 농산물의 품종 개량으로 연결되지는 않았다. 지역적으로는 펀잡과 하르야나(Haryana)에서 대성공을 거두었고, 갠지스 강의 동쪽 벵골 지역에서도 그런대로 성공을 거두었으나 다른 지역에서는 그리 큰 영향을 받지 않았다.

녹색혁명은 개발도상국에서 가난한 사람들에게 충분한 식량을 공급하고, 이들을 굶주림에서 벗어나게 하는데 목적이 있었다. 그러나 녹색혁명의 성공이 가난한 사람들에게 푸른 들판을 안겨주는데 성공한 것은 아니다.

다수확 품종을 개발하고 화학 비료를 사용하는 녹색혁명의 농업은 가난한 농민들의 농업이 아니었다. 수확한 밀이나 벼의 일부를 남겨서 다음해 씨앗으로 사용하는 것이 아니라, 해마다 신품종 씨앗을 구입해야 했다. 그리고 이러한 품종으로 제대로 생산량을 늘리기 위해서는 비료와 기계를 사용해야 한다. 그러니 녹색혁명의 혜택은 대출을 받을 수 있고, 토지와 기계 및 여분의 노동을 끌어들일 수 있는 이들에게 돌아감으로써 가난한 농민들의 생활 향상에는 오히려 부정적 요인으로 작용할 수 있었다.

또한 신품종 개발과 수확량 증가는 밀과 같은 곡물 위주로 추진되어, 콩 생산지역까지 밀 생산 농지로 대체 되는 상황이 확대됨으로써, 가난한 농민들의 단백질 섭취에 장애를 초래하기도 했다. 또한 국가가 더 많은 곡물 생산으로 생기는 이익 분배에 대한 적절한 대응책을 마련하지 않는다면, 곡물 생산 확대의 이익은 농민들에게 돌아가지 않는다.

푸른 들판을 꿈꾸며 추진된 녹색혁명은, 식량 생산을 늘려 굶어죽는 사람이 생기지 않게 하는 데는 큰 힘이 되었으나, 가난한 농민들의 삶의 질을 높였는가에 대해서는 오히려 부정적 평가를 받을 수 있다. 푸른 들판은 더 이상 농민들의 들판이 아니기 때문에.

93. 드라비다 독립운동

인도는 다양한 문화와 역사를 가진 여러 인종이 함께 있는 복합체이다. 그래서 정치에 있어서도 지역 정당이 중요한 역할을 맡고 있다. 그러나 연방제 인도에서 지역의 이익과 국가의 이익이 상충되거나, 중앙정부의 정책으로 그 지역이 불이익을 받는다는 감정이 심화되면, 지방 선거는 중앙에 조직기반을 둔 정당과 지역 정당 사이에 벌어지는 전쟁터나 다름이 없게 된다.

타밀나두(Tamil Nadu)는 지역 정당이 강세를 보이는 곳이다. 1967년 이래 지역 정당이 주정부를 장악하고 있기 때문이다. 타밀나두의 지역 정당은 정의당(Justice Party)에 뿌리를 두고 있다. 1916년에 비-브라만 출신의 엘리트들이 모여 비-브라만 운동을 전개하면서 타밀의 문화적 자존심을 지킬 정당을 만든 것이다.

1944년에 라마스와미(Ramaswamy)는 이 정당의 이름을 드라비다 연맹(Dravida Kazhagam, 약칭 DK)으로 바꾸면서, 드라비다어 사용지역에 <드라비다스탄(Dravidastan)>을 만들어야 한다고 주

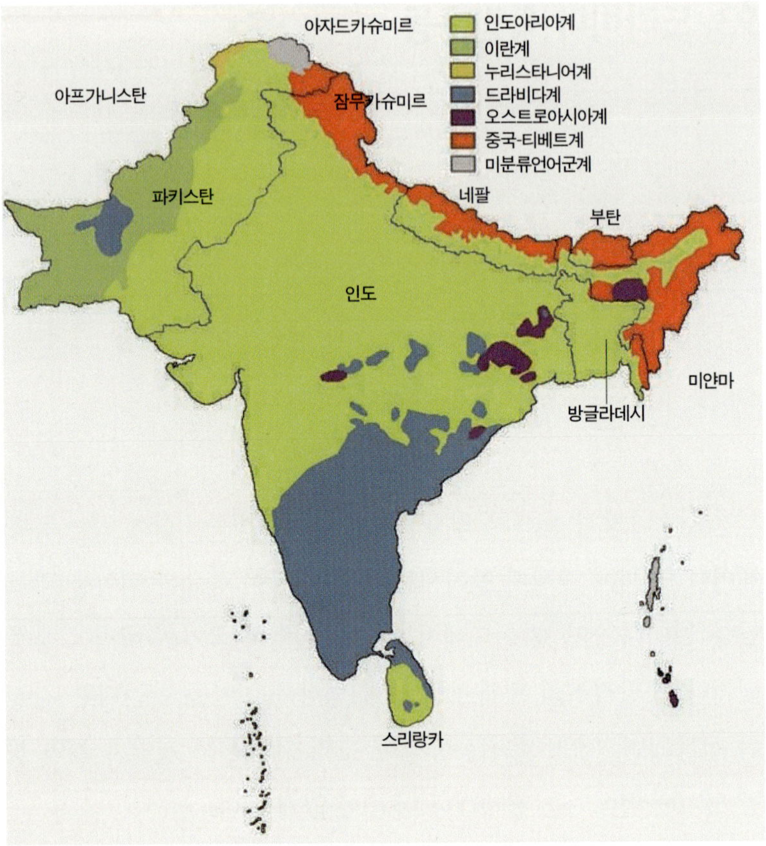

그림 76. 인도의 언어군

장했다. 라마스와미가 드라비다 연맹을 독단적으로 운용하는데 불만을 품은 안나두라이(C.N. Annadurai)는 탈당하여 DMK(The Dravida Munnetra Kazhagam)를 조직하고, 선거를 통해 타밀의 민족주의를 고양하며 타밀 국가를 건설해야 한다고 주장했다.

1947년 인도가 독립하면서, 인도 의회와 정부의 주요 요직은 모두 힌두가 장악했고, 힌디어를 인도 공식어로 지정하면서, 비-힌두들은 소외감을 느꼈을 뿐 아니라, 경제적인 측면에서도 같은 지역의 힌두들에 비해 차별당하고 있다는 불평이 증가했다. 힌두들에 대한 불만이 증가하면서 타밀에서는 드라비다스탄 분리 독립을 요구하기 시작했다. 남부 인도를 힌두-브라만들이 지배하는 것과 북인도의 아리아 문화를 남부인도에 전파시키려는 것에 반대하여, 드라비다 언어 사용 지역의 독립을 요구한 것이다.

그러나 DMK의 드라비다스탄 독립 요구는 1950년 이후 변화를 보이기 시작했다. 1954년 국민회의는 타밀나두에서 반-힌두, 반-브라만 의식이 강하게 작용하는 것을 인식하고. 주 총리에 비-브라만인 카마라즈(Kamaraj)를 임명했다.

또한 네루는 지역에서 분리 독립이 확산되는 것을 막기 위해 연방의회(Parliament)나 주의회(Assembly)의 모든 의원들에게 헌법을 수호하고 인도의 통합과 주권을 지킨다는 선서를 하게 했다. 한편으로 선거기간에 선거 슬로건으로 인도로부터 분리 독립을 공약으로 내걸지 못하게 했다. 또한 타밀의 방송과 언론을 통해 '우리는 옛날부터 하나의 인도인'이었다는 것을 선전하여 타밀 유권자들의 독립 의지를 약화시켰다.

이러한 분위기 속에서 1957년에 실시된 선거에 참여한 DMK를 비롯한 타밀의 지역 정당들은 드라비다스탄 독립 요구를 완화했고, DMK는 1963년에 드라비다스탄의 독립 요구를 철회하고, 대신에 힌디어를 공식 언어로 지정하는 것을 막기 위한 시위를 주동했다. 마침내 DMK는 1967년 타밀 선거에서 국민회의를 누르고 주 정부의 통치권을 장악하기에 이르렀다. 안나두라이의 건강이 악화되자, 1968년에는 카루나니디(M. Karunanidhi)가 주 수상에 취임했다. 1969년 안나두라이가 죽자 카루나니디가 DMK를 이끌었다. DMK를 이끌던 안나두라이와 카루나니디는 모두 영화 대본 작가였다. 그런데 이번에는 영화배우가 등장하여 당을 분당시켰다. 당시 유명한 영화배우인 라마짠드란(M.G. Ramachandran)이 탈당하여 '전-인도 안나 드라비다 무네트라 연맹(All-India Anna Dravida Munnetra Kazhagam, 약칭 AIADMK)'을 만든 것이다. 라마짠드란이 이끄는 AIADMK는 1977년부터 1989년까지 타밀 정권을 장악했는데, 그는 대단한 카리스마를 가지고 있었다. 그러나 그의 독단과 강압적인 지도력은 오히려 많은 분쟁을 일으켰다. 그가 죽고 난 이후 타밀은 다시 DMK와 AIADMK가 1989년과 1991년에 교대로 정권을 장악하면서 타밀이 불안정했으나 인디라 간디가 창당한 국민회의(I)는 AIADMK와 연합하여 타밀나두 의석의 다수를 장악했다.

외관상 타밀나두를 중심으로 한 <드라비다스탄> 독립운동은 끝났다. 그러나 아직도 <드라비스탄>의 독립을 주장하는 사람들이 있다. 그들은 타밀나두가 독립해야 하는 이유에 대해 첫째로 힌디어가 타밀에서 주도적 언어로 자리 잡는 것을 막아야 한다고 한다. 힌디어와 드라비다어 문제는 단순한 언어 영역의 문제가 아니라는 것이다. 관직에 나아가고 중앙 정치 무대에 진출하려면 힌디어를 해야 한다. 타밀에서 타밀어를 하는 것은 그들의 미래 직업 선택에 한계를 만들기 때문이다. 학교와 직장에서 힌디어를 사용하는 타밀 젊은이들이 늘어나면, 타밀은 문화적 정체성을 상실 할 것이고, 역사적으로 보존된 타밀 문화는 파괴될 우려가 크다. 한편으로 국영 공중파 TV는 힌디어 방송과 힌디어 문화의 우수성을 전파하는데 주력하고 있다. 지역 민영방송이 있기는 하지만 이들 대부분은 유선 케이블 방송이다. 지역 언어로 방송하는 유선 방송은 도시에서나 시청이 가능하기 때문에 도시 밖에 거주하는 지역 주민들은 힌디어 방송에만 노출되어 있는 상태이다. 그러므로 지역 전통 문화를 유지하기 어렵고 힌디어 문화에 융합되는 획일화가 가속화될 것이라는 우려의 목소리도 커지고 있다.

인도 내에서 타밀 문화의 쇠퇴와 더불어 세계 각국에 있는 타밀계 이주민들의 문화와 복지에도 문제가 생긴다는 주장이 있다. 유럽과 북미, 그리고 동남아시아의 여러 나라에 타밀인들이 살고 있으며, 그러한 지역이 오히려 인도의 타밀나두보다 타밀 문화를 더 잘 보존하고 있다. 그러나 그들의 고향 타밀나두에서에서 타밀의 정체성을 지키지 못하고 있기 때문에 해외 거주 타밀인들의 문화적 본국의 구실을 못한다.

현재 타밀이 독립해야 한다는 믿음을 갖고 있는 사람들은 이렇게 묻고 있다. "타밀나두 사람들에게 독립을 원하는가? 라는 질문을 던지고 투표를 실시하면 어떤 답이 나올까?"

실제로 투표에 붙였을 때의 답은 아직 알 수 없다. 그러나 정치인들이 "드라비다스탄을 요구하는 것이 정치적으로 유리하지 않기 때문에 안하는 것이지, 정치 구호가 사라졌다고 타밀 사람들의 마음에서 독립요구가 모두 사라진 것은 아니다."라고 하는 말은 새겨들을 필요가 있을 것이다.

94. 계속되는 작별 요청: 칼리스탄

영국이 인도를 지배하는 동안, 국민회의의 기본적 입장은 '전 인도를 대표'한다는 것이었다. 국민회의는 무슬림의 분리를 인정한 후에도, 시크의 분리는 인정하려 하지 않았다. 그러나 1935년 인도 통치법이 개정되면서, 분리선거권이 시크교도에게도 인정되었다.

1935년 통치법에 의한 선거가 시작되자, 펀잡 지역에서의 시크교 우세를 인식한 국민회의는 펀잡의 무슬림 의석을 줄이기 위해 시크교 단체의 정치적 권리를 인정하기 시작했다. 1940년대에 접어들면서, 세계대전이 장기화 되는 가운데, 국민회의는 인도의 완전 독립을 주장하고, 무슬림들은 서북인도에 무슬림 독립국가인 파키스탄을 건설하겠다고 주장했다. 이때 시크들도 그들의 나라 칼리스탄(Khalistan)을 구상하고 있었다. 시크교도들의 이러한 주장에 대하여 네루와 간디는 크게 반대하지 않았다.

시크교의 중심지역은 펀잡이다. 펀잡은 무슬림이 파키스탄을 건설하겠다는 지역이기 때문에, 이 지역에서 시크의 세력을 인정한다면, 그만큼 무슬림의 세력권이 줄어드는 것이다. 이 때문에 네루는 시크교도들이 원한다면 그 지역 안에서 자유를 누릴 수 있는 지역을 설정하겠다고 했다. 또한 1946년에는 '시크들이 자유를 누릴 수 있는 지역을 인도 북부에 설정하는 것도 나쁘지 않다'고 발표하면서, 독립이 가시화되던 기간 내내 국민회의는 '시크교도 자유 지역 설정'을 약속했다.

그러나 영국이 물러간 후, 국민회의는 독립운동 기간에 그들이 했던 모든 약속을 외면했고, 헌법기초위원회가 작성했던 시크교 보호에 대한 결의도 외면당했다. 이러한 상황에 대해 시크들은 실망했고, 1953년 전-인도 시크회의(All India Sikh Conference)에서 의장인 타라 싱(Master Tara Singh)은 "영국은 물러갔다. 그러나 우리 시크들의 독립은 오지 않았다. 우리에게 독립이라는 것은 하얀색의 주인이 검은색의 주인으로 바뀐 것일 뿐이다. 민주주의와 세속주의라는 허울 안에 우리의 자유와 종교는 파괴되었다."고 주장했다.

독립 이후 시크교도들에 대한 차별은 여러 형태로 나타났다. 게다가 인도 정부가 힌디어를 국어로 채택하려 하자, 여러 지역에서 거센 반발이 일어났다. 펀잡의 시크를 대표하는 단체인 아칼리 달은(The Shiromani Akali Dal)은 1950년부터 힌디어를 국어로 채택하는 것에 대한 반대 투쟁을 전개했다. 각 지역에서 힌디어 반대 운동이 일어나자, 1959년에 언어를 기준으로 주를 재편성했다. 그러니 펀잡어, 신드어, 우르두어에 대한 배려는 하지 않았다. 아칼리 달은 펀잡을 고향으로 하는 시크들에게 언어와 문화의 자유를 달라고 주장하면서, 펀잡어를 사용하는 지역의 독립 주 형성을 강력히 요구했다. 그러나 인도 중앙정부는 '펀잡 지역의 힌두들은 펀잡어를 사용하는 주의 독립을 원하지 않았으며, 아칼리 달의 요구가 해당 주민 다수의 동의를 얻은 주장이 아니기 때문'이라는 이유로 펀잡 주 독립 요구를 받아들이지 않았다. 이에 아칼리 달의 후캄 싱은 "다른 지역에서는 그들의 언어를 찾아가는데, 우리는 언어조차 빼앗겨야 하는가."라고 통탄했다.

이러한 여러 가지 요인은 펀잡에서 국민회의 정부와 아칼리 달의 사이를 악화시켰다. 아칼리 달은 펀잡어를 사용하는 주를 독립 주로 만들자는 운동의 선봉에 섰다. 1955년에는 이 운동에 참여한 시크교도 1만 2천 명이 체포되었고, 1960-61년 사이에는 2만 6천 명이 체포되었다. 이렇게 엄청난 희생을 치른 끝에, 인도 중앙정부는 1966년 9월 펀잡을 주로 독립시켰다. 이때 펀잡은 세 곳으로 나뉘었는데, 펀잡 남부 지역은 하르야나(Haryana) 주로 독립하고, 북쪽은 히마찰 주에 합쳐졌으며, 그 외 지역은 펀잡 주가 되었다.

펀잡(punjab)은 '다섯개의 강이 흐르는 곳'이라는 의미로 인더스 강의 지류인 젤룸 강, 체납 강, 라비 강, 베아스 강, 수트레지 강의 가운데에 위치하고 있다. 펀잡은 광대한 지역이었으나 독립 당시 그 절반쯤이 파키스탄에 편입되었다. 이 때문에 파키스탄 지역이 된 곳에 살던 시크교도들은 인도에 속한 지역으로 이주하는 고통을 겪었다. 1966년에 펀잡 주가 탄생하면서 또 나뉘어 지금은 아주 적은 지역만이 펀잡 주가 되었고, 펀잡 인구의 60퍼센트가 시크교도들이다.

1980년대로 접어들면서 펀잡은 소용돌이에 휩싸였다. 1981년 시크교도에 의해 힌드 사마짜르(Hind Samachar) 신문사 사장 나라인(Lala Jagat Narain)이 살해되었는데, 이것이 시크교 독립국가 칼리스탄 운동의 도화선이 된 셈이다. 나라인은 펀잡에 사는 힌두들에게 그들의 언어(힌디어)를 사용해야 한다고 주장했다. 이 때문에 신문사 논설위원들이 아칼리 달 지도부로부터 수차례 공격을 받았다. 그러다가 그가 살해되자 힌두들의 대대적인 소요가 일어난 것이다. 시크교도의 상점이 불타고, 시크를 대표하는 신문인 아칼리 파트리카(Akali Patrika) 사무실도 불에 탔다. 정부에서는 펀잡에서 가장 영향력 있는 빈드란왈레(Jarnail Singh Bhindranwale)를 소환했다. 빈드란왈레는 시크들의 정체성을 강조했고, 시크교도들의 독립과 자유를 위해 헌신하라고 설교하여 그를 따르는 무리가 많았다. 지방 신문들은 그의 설교문을 실었고, 팸플릿이나 포스터 뿐 아니라, 카세트테이프도 제작되었다. 빈드란왈레의 영향으로 종교에 무심하던 시크교도들도 종교적으로 헌신하는 독실한 신도로 변신했다. 그래서 중앙 정부에서는 문제 인물로 빈드란왈레를 소환한 것이다. 빈드란왈레는 자진 출두했다. 그러나 25일 동안 신문했으나 중앙정부에서는 그의 혐의를 밝힐 증거가 없었다. 석방된 빈드란왈레는 황금사원으로 돌아갔다.

1982년 아칼리 달은 아시안 게임이 열리는 동안 델리에서 평화적 시위를 하겠다고 밝혔다. 경찰은 시크교도들이 델리에 가는 것을 막기 위해, 델리로 향하는 모든 교통수단을 통제하고 시크교 승객들을 검문했다. 이렇게 검문당하는 시크교도들은 자신들의 미약한 위치에 대해 분개하지 않을 수 없었다. 아칼리 달은 군인 출신 신도 5000명으로 구성된 모임을 만들었다. 이들 가운데 170명은 대장 이상의 지위에 있던 사람이었다. 이들은 중앙 정부가 공직사회에서도 시크를 차별한다고 주장했다.

1984년 2월 아칼리 달은 또 하나의 불씨를 건드렸다. 시크, 불교도, 자이나교도는 힌두로 규정한다고 되어 있는 헌법 25조에 대하여 항의를 시작한 것이다. 이들은 인쇄된 헌법을 불태웠고, 중앙 정부는 아칼리 달 지도부 인사들을 구속했다. 중앙정부는 '황금 사원은 범죄의 온상이며 국론을 분열시키는 음모의 성'이라고 규정하며, 1984년 6월 4일 일명 <푸른 별 작전(Operation Blue Star)>이라 불리는 작전을 개시했다. 시크교도들과 빈드란왈레가 있는 황금 사원에 인디라 간디가 폭격 명령을 내렸고, 정부군대가 황금 사원을 포위했다. 이날은 구루 아르준(5대 구루) 순교의 날이었다. 사원에 방문하는 순례자들이 많은 날을 골라서 공격을 개시했기 때문에 더 많은 희생자를 냈다.

이 공격을 지시했던 인디라 간디는 자신의 경호원인 시크교도 2명에 의해 보복 사살되었다. 인디라 간디가 죽자 이번에는 힌두들에 의해 시크교도 대학살이 자행되었다. 이후 인도 정부는 펀잡주에 대해 비상사태를 선포했고, 이 비상사태는 8년이나 유지되었다. 비상사태가 해제된 후에도 투쟁은 간헐적으로 계속되었다. 1990년대 들어 힌두교도들과 시크교도들 사이에서 여러 가지의

그림 77. 뉴욕에서 칼리스탄을 외치며 시위하는 시크교도(2017년 4월 22일, 뉴욕)

평화노력이 모색되었지만, 깊은 상처는 치유될 수 없었다. 인도에 있는 시크들이 <칼리스탄>을 마음속에만 담아두고, 평온한 편잡을 만들어가고 있지만, 미국과 캐나다로 이주한 시크교도들에게는 아직도 칼리스탄 운동의 불씨가 남아 있다.

2004년 5월 22일 만모한 싱(Dr. Manmohan Singh)이 인도 제14대 수상으로 공식 취임했다. 국민의회의 총재인 소니아 간디(Sonia Gandhi)가 만모한 싱을 수상으로 추천했다. 만모한 싱은 최초의 시크교도 출신 수상이 된 것이다. 또한 인디라 간디의 며느리인 소니아 간디가 만모한 싱을 추천한 것이므로 시크교도들에게는 더욱 의미가 컸다. 20년 동안 쌓여온 시크교와 간디 집안의 원한이 풀릴 것이라는 기대도 높았다. 그러나 2006년 6월 6일 황금사원이 폭파된 참사 22주년을 맞아, 황금사원에서 추모식에 참석한 시크교도들은 독립을 요구하며 '칼리스탄 만세'를 외치는 시위를 벌였다. 인도 현지 경찰당국은 일부 급진 시크교도 사이에만 남아 있는 분리주의 구호가 이례적으로 나왔다고 전하면서 특별한 의미를 부여하진 않았다. 분리 독립의 구호가 완전히 사라졌다고 단언 할 수는 없지만, 시크교도 수상이 등장한 이후 인도에서의 칼리스탄 독립 주장은 훨씬 약해졌다.

95. 정치 무대에 오른 인디라 간디의 후손들

인디라 간디는 페로제 간디와 결혼하여 두 아들을 낳았다. 1944년에 낳은 라지브 간디는 부모님의 이혼으로 따뜻한 가정에서 자라지는 못했지만, 할아버지인 네루의 사랑을 많이 받았다. 둔 공립 고등학교(The Doon school)를 졸업하고 영국의 케임브리지 대학으로 갔다. 그곳에서 유학 온 이탈리아 출신의 소니아를 만났다. 소니아는 라지브와 함께 인도로 와서 1968년에 결혼했다. 정치에 별 관심이 없던 라지브는 소니아와 결혼하여 항공사의 조종사로 평범한 삶을 살고 있었다.

1946년에 태어난 둘째 아들 산자이(Sanjay Gandhi)는 형과는 달리 야망이 큰 아이였다. 대학에 입학하지 않고 롤스로이스 회사의 견습생으로 들어갔다. 스포츠카에 관심이 많았고, 비행기 조종사 자격증도 가지고 있었다. 일찍부터 정치에 참여해서 인디라 간디의 정치적 조언자 역할도 했다. 1974년 9월에 산자이는 편잡 출신의 마네카(Maneka Gandhi)와 결혼 했다.

1971년에 중산층을 위한 저가 자동차를 생산하기로 했을 때, 산자이는 생산 독점권을 갖고 자동차 회사(The Maruti Udyog Ltd)를 설립했지만, 홍보용 모델만 생산했을 뿐 실제로 자동차 생산은 추진되지 않았고, 국가 재정을 축내는 부패의 온상이 되었다는 비판을 받고 있다. 1974년 대중적인 소요가 일어나자 인디라 간디는 국가 비상사태를 선포하고 전시체제에 준하는 법으로, 선거를 연기하고, 출판물을 검열하고, 비-국민회의가 장악한 지방정부들을 해산했다. 이러한 비상시국에 산자이는 인디라 간디의 조언자로 등장했다.

인구 증가가 국가 경제 발전에 장애가 된다는 이유로 가족 계획법을 만들었다. 당시 개발도상국 혹은 후진국에서는 대부분 인구 증가율이 국민생산을 앞질렀기 때문에 가족계획법으로 인구 억제를 추진했다. 산자이 역시 인구 억제를 위해 가족계획법을 만들었는데, 실행과정이 과격했다는 평가를 받고 있다. 공직자를 대상으로 '2명 이상의 자녀를 둔 사람의 불임 수술'이 추진되었는데 이것을 가난하고 무지한 사람들을 대상으로 강요하기도 했다. 뿐만 아니라 불임수술자의 숫자를 늘리기 위해 미혼 남녀를 강제로 불임수술 시키는 경우도 있었다고 한다.

1977년 총선에서 인디라 간디가 패하자, 산자이는 인디라 간디에게 또 다시 '비상사태를 선포하여 억압할 것'을 권했다. 그러나 이때 인디라 간디는 산자이의 충고를 듣지 않았다. 자나타당(Janata Party)연합이 정권을 잡으면서, 산자이와 인디라 간디는 체포되었다. 산자이는 강제 정관수술, 고문, 살해, 뇌물수수 혐의로 기소되었다. 그러나 모두 증거불충분으로 풀려났다.

1980년 인디가 간디가 이끄는 국민회의(I)는 총선에서 승리를 거두었고, 산자이도 의원으로 당선되었다. 그러나 몇 달 후 산자이는 비행기 사고로 죽었다. 정치에 관심이 없던 라지브가 정계에 발을 들여놓은 것이 이때이다. 산자이 대신 라지브가 정계로 나온 것이다. 그 후 인디라 간디는 1984년 시크교의 황금사원을 폭파하는 '푸른 별 작전'을 지시한데 대한 보복으로 시크교도 경호원이 쏜 총에 맞아 사망했다. 인디라 간디의 죽음은 정국의 혼란을 가져왔다. 이때 자일 싱 대통령은 국민을 단합시킬 수 있을 것으로 기대하면서 의회 소집 없이 라지브 간디를 새로운 수상으로 지명했다. 정치적 경험이 없던 라지브는 동생의 죽음으로 의원직을 대신 맡고, 어머니의 죽음으로 수상이 되었다.

라지브 간디가 떠맡은 가장 긴급한 일은 시크교의 폭동을 진압하는 일이었다. 그는 청렴했고, 연방들의 자유에 대해 관용정신을 보였고, 경험 많은 노장들로 내각을 구성하여, 측근들보다 능력 있는 관리를 기용했다는 평을 받고 있다. 그러나 편잡 문제를 제대로 해결하지 못했고 경제정책도 부진했다.

1991년 5월 총선을 위한 유세 중에 폭탄테러로 라지브 간디가 죽자, 인도 정계에는 새로운 간디가 등장했다. 라지브 간디의 아내 소니아 간디와 산자이 간디의 아내 마네카 간디이다. 소니아 간디는 1977년에 인디라 간디가 수상직에서 물러났을 때도, 1980년에 산자이의 죽음으로 라지브가 정치에 발을 들여놨을 때에도 평소처럼 주부로써 가족을 돌봤다.

평범한 여인으로 살아가던 소니아는 1991년 5월 21일 그녀의 남편인 라지브 간디가 죽자 국민회의로부터 정치계로 나오라는 요청을 받았으나 거절했다. 그녀의 정계 진출 거부로 국민회의는 나라시마 라오가 이끌었다. 그러나 정계의 사정은 그녀를 평범하게 두지 않았다. 그래서 그녀는 1998년 총선 직전에 정치계에 등장했다. 1998년 당 총재를 맡았고, 1999년 총선에서 당선되어 13대 하원(Lok Sabha) 야당 당수가 되었다.

선거 유세기간 동안 BJP(Bharatiya Janata Party: 인도인민당)를 비롯한 반대파들은 그녀가 인도인이 아님을 강조했다. 결혼 후 15년 동안 이탈리아 국적을 그대로 가지고 있었고, 힌디어를 비롯한 어떤 인도어도 유창하게 할 수 없는 소니아가 국가를 이끌 수 없다는 것이었다. 결국 이 이유로 1999년 5월 소니아는 국민회의 의장직을 내놓을 수밖에 없었다. 2004년 총선에서, BJP가 '인도의 영광'을 부르짖을 때, 그녀는 '보통사람(Aam Aadmi)'을 슬로건으로 내걸었다. 5월 10일에 끝난 총선에서 국민회의가 이끄는 '연립진보연맹(United Progressive Alliance)'이 승리했다. 국민들은 인도의 영광보다는 보통사람을 선택한 것이다. 그리고 연립진보연맹에서 수상으로 소니아를 선출했다. 그러나 소니아에 대한 시비는 여전했다. 그녀가 '나는 인도인'이라고 외치고 있지만, 그는 여전히 외국인이다. 이러한 시비를 잠재우기 위해 소니아는 만모한 싱을 선택했다. 만모한 싱을 수상으로 추천하여 시크교도 수상을 배출했다.

그녀의 시어머니인 인디라 간디에 의해 시크교의 본산인 황금사원이 폭파되었다. 이 때문에 간디 집안을 보는 시크교도들의 시선이 고울 수 없다. 그러나 며느리 소니아가 시크교도 만모한 싱을 추천하여 수상의 자리를 맡겼기 때문에 감정의 벽이 조금은 약화되었을 것이다. 소니아 간디는 2017년 2월 15일까지 계속 국민회의 당 총재를 맡았다.

인디라 간디의 두 번째 며느리는 마네카 간디이다. 마네카는 모델출신이었고, 잡지(Surya India) 편집자였다. 산자이 간디가 죽고 난 후, 1982년에 정계에 발을 들여놓았다. 마네카의 정계진출로 인디라 간디와 마네카의 사이가 나빠졌다. 두 여인의 불화는 매스컴에서 적나라하게 다루어졌다. 마네카는 아들 바룬을 데리고 인디라 간디의 집을 떠나 따로 살았다.

마네카는 1983년에 산자이 비싸르 만츠(Sanjay Vichar Manch: 산자이의 사상을 기리는 플랫폼)를 만들었고, 1988년에 자나타 당(Janata Dal)에 들어갔으며, 1989-1991년까지 환경부 장관을 지냈다. 1996년과 1998년에는 무소속으로 출마하여 당선되었고, 당선된 후 BJP에 입당하여 장관(Social Justice and Empowerment) 직을 맡았다. 2018년 현재 BJP정부의 여성아동부 장관을 맡고 있다.

인도는 1947년 영국에서 독립한 이래 1991년 라지브 간디가 죽을 때까지 44년 중 39년 동안 네루와 그의 후손들이 수상 자리에 있었다. 1991년 이후 인도 정치의 변환기를 맞이하여 새로운 정치세력이 등장했지만, 네루의 후손들이 정치 뉴스를 장식하는 상황은 여전하다.

라지브 간디가 사망한 후 등장한 그의 아내 소니아 간디가 국민회의 당 총재를 맡았으며 2017년 12월 16일에 그의 아들 라훌

그림 78. 라훌 간디 인도국민회의 총재 취임 2017년 12월 16일
왼쪽부터 라훌간디, 소니아 간디, 만모한 싱

(Rahul Gandhi, 1970~)이 당 총재 자리를 물려받았다. 또한 그의 딸 프리양카(Priyanka Gandhi: 1972~) 역시 정계에서 활동하고 있다. 그리고 산자이의 아내 마네카 간디는 정계에 등장하면서 소니아 간디와 대립하여 BJP에 입당하여 활동하고 있으며, 산자이의 아들인 바룬(Varun Gandhi, 1980~)도 BJP당에 입당하여 현재 BJP 당 총서기를 맡고 있다.

2014년 총선에서 국민회의의 라훌이 패하고 BJP의 나렌드라 모디(Narendra Modi)가 승리했다. 이 무렵부터 '끝없이 추락하는 네루 가문'이라는 이야기가 나돌고 있지만 언제 다시 재기하여 '가문' 정치를 이어갈지는 알 수 없다. 국민회의가 정권을 장악한다면 라훌과 프리양카가 정계의 핵심인물이 될 것이고, BJP가 정권을 이어간다면 마네카와 바룬이 정계의 핵으로 떠오를 가능성도 없지 않다.

96. 네루 가문에 도전한 BJP

1996년 총선에서 BJP가 국민회의를 제치고 인도연방정부 제1당이 되었다. 1977년에 인디라 간디가 비상사태를 철회하고 총선을 실시하기로 했을 때, 야당이 연합하여 자나타당을 결성했다. 이때 인디라 간디와 산자이가 자나타당에게 패하여 자나타당의 모라지 데사이가 수상이 되었다. 야당이 연합했던 자나타당이 내부 분열로 약화되자, 1980년에 인디라 간디가 이끄는 국민회의가 승리하여 다시 집권했다. 이때 자나타당에 연합했던 힌두 잔 상(Jan Sangh) 소속 지도자들이 중심이 되어 새로운 당을 창당했는데 그것이 BJP이다.

아드바니(Lal Krishna Advani)가 이끄는 BJP는 1984년 총선에 처음으로 참여했으나, 전체 545개 의석 가운데 겨우 2개 의석을 차지하는데 그쳤다. 그러나 1989년의 하원 선거에서는 88개 의석을 차지했고, 1991년의 하원 선거에서는 제1야당으로 급성장했다. 그리고 마침내 1996년 총선에서 국민회의를 제치고 집권당이 된 것이다.

네루 이후 절대 아성을 쌓아올린 국민회의를 제치고 BJP가 승리하게 된 요인은 무엇일까. 인도는 세속주의 국가이다. 다시 말해서 국교가 없는 나라가 인도이다. 그러나 인구의 종교 비율은 힌두교 85퍼센트, 이슬람교 12퍼센트, 시크교 3퍼센트, 기독교 2퍼센트, 자이나교 1퍼센트, 불교 0.7퍼센트로, 힌두교가 압도적이다.[17] 이러한 절대 다수의 힌두교도들을 끌어내는데 성공함으로써 BJP가 정권을 잡은 것이다.

BJP는 극우 힌두 정당이며, 인도 고유의 종교와 문화를 수호하는 정당이라고 자처하고 있다. 그들이 당 명칭에 사용하고 있는 Bharat라는 말은 '국민', 혹은 '인민'으로 번역되는 말이다. 그렇기 때문에 BJP당이 반드시 힌두들만을 위한 정당은 아니라고 해석할 수 있다. 그러나 실제의 BJP활동은 힌두근본주의에 뿌리를 두고 있다. BJP는 단지 보수주의, 민족주의에 바탕을 둔 정당일 뿐이고, 어떤 종교적이거나 문화적인 편견을 가진 것이 아니라고 표명하지만, 이것은 말 그대로 발표용일 뿐이다.

BJP가 제1 야당으로 급부상하게 된 것은 1991년 선거에서이다. 이 선거를 앞두고 BJP의 의장 아드바니는 솜나트에서 아요드야까지 행진을 했다. 트럭으로 신화에 나오는 전차를 만들어 그야말로 신들의 대행진과 같은 행렬을 했는데, 전차 위에는 라마 신

17) 이 종교 비율은 1990년대 기준이며 2011년 센서스에 따르면 힌두교(79.8%), 이슬람교(14.23%), 기독교(2.3%), 시크교(1.72%), 불교(0.7%), 자이나교(0.37%), 기타(0.9%) 등으로 종교 인구 비율이 조금 바뀌었다. 그러나 힌두교가 절대다수를 차지하고 있는 상황에는 변함이 없다.

으로 분장한 아드바니가 타고 있었다. 이 행사는 RSS(Rashtriya Swayamsevak Sangh: 민족자원봉사단)의 후원을 받아 VHP(Vishwa Hindu Parishad: 세계힌두연맹)가 주관한 것이었다. 그러나 이 행진이 다음 해의 선거에 미친 영향은 엄청난 것이었다. 결국 BJP는 1991년 선거에서 제1야당으로 부상하고, 이어진 1996년 선거에서 집권당이 되었다.

BJP의 승리는 곧 수십 년 동안 유지되어 오던 국민회의의 패배인 셈이다. BJP에 패한 국민회의는 다시 일어설 전략을 찾아야 했다. 그때 국민회의는 '피'를 들고 나왔다. 네루의 후손, 소니아 간디인 것이다. 네루의 외손자 며느리를 무대에 올린 것이다. 1996년 BJP에 패한 후 1998년 소니아 간디를 정계에 등장시키고, 국민회의 총재를 맡은 소니아 간디는 1999년 선거에서 일단 국민회의를 제1 야당으로 만들었으며 2004년 선거에서 BJP를 무너뜨리고 국민회의를 집권당의 자리에 올려놓았다.

BJP가 정권을 잡고 있던 1998년에서 2004년까지 바즈파이(Atal Bihari Vajpayee: 1924-2018)가 수상을 맡았고, 아드바니가 부수상을 맡았다. 집권은 <인도 민족 민주 연합>이라는 정당들의 연합체를 구성함으로써 이루어졌고, BJP가 단독으로 정권을 잡은 것은 아니었다. 18개 정당이 연합한 상태이기 때문에, 통일적 정치이념을 갖지 못했고, 각 당이 자신들의 선거구와 이익을 중심으로 정책을 수립하여 마찰을 빚었다. 더구나 1996년 6월 이후 연립정부들은 5년의 임기를 채우지 못하고 무너졌기 때문에, 선거 역시 5년 만에 한번이 아니라 1-2년 간격으로 치러졌고, 선거를 위한 선심정책이 난무했다. 결국 장기적인 국가 정책을 수립하기보다는 그때그때 국민들의 요구나 자신을 당선시킨 선거구 주민의 취향에 맞는 정책을 수립했다. 그러다 보니 충돌하는 계층이나 지역간의 마찰을 조정하지 못했다.

BJP는 집권기간 동안 민족주의 성향을 보였으나 대외적으로는 개방경제를 추구했다. 정부소유의 국영기업들을 매각했고, 정보자유법과 자유무역에 대한 규제들을 철폐했다. IT산업에 대한 지원을 확대하고, 이 분야에 종사하는 산업체와 중산층 종업원들에 대한 감세안도 마련하는 등 경제 발전을 위해 노력하여 2004년에는 파키스탄, 네팔, 방글라데시, 부탄, 스리랑카, 몰디브 등과 남아시아 자유무역 협정을 체결하기도 했다.

또한 집권 초기에 군대를 동원해서 카르길 지역을 공격해서 파키스탄 점령 지역이었던 곳을 다시 빼앗아 분쟁의 우려를 낳기도 했고, 1998년에 라자스탄(Rajasthan) 주의 포크란(Pokhran)에서 다섯 차례 핵실험을 강행하기도 했다. 그러나 집권 후반에는 파키스탄과의 평화문제도 급진전 되었다.

이러한 상황에서 2004년 선거가 치러졌다. BJP는 선거 결과를 낙관할 만한 여건을 갖추고 있었다. 네루 가문의 소니아 간디가 야당의 당수로 등장하기는 했지만, 바즈파이는 국민회의가 승리할 가능성은 별로 없다고 낙관했다. 소니아 간디가 인도의 피를 갖지 않았다는 것을 강조함으로써, 인도의 피가 흐르고 있는 유권자들이 '외국의 피에 의한 지배'를 선택할 리가 없다고 생각한 것이다.

그러나 2004년의 선거 결과는 예상을 뒤엎고 국민회의의 승리로 끝났고, 바즈파이는 수상의 자리를 만모한 싱에게 넘겨주게 되었다. 이 선거 결과에 대해 바즈파이와 BJP뿐 아니라, 정치 분석가들도 당황하지 않을 수 없었다. 바즈파이와 BJP는 여전히 대중들의 인기를 끌고 있었고, 경제도 급성장을 하고 있었기 때문이다. 일부 학자들은 파키스탄과의 평화 관계 개선이 BJP 패배의 요인이라고도 한다. BJP의 정치적인 기반은 우파 힌두민족주의인데, 이슬람 국가인 파키스탄과의 우호관계를 수립하려는 노력이 힌두민족주의 지지자들에게 달갑지 않게 보였을 것이라는 것이다. 그러나 인도의 모든 정치 상황을 힌두-무슬림으로 양극화시키는 분석에는 문제가 있다.

독립 이후 네루와 그 핏줄들에 의해 인도 정계가 장악되었다. 인도의 독립을 위해 투쟁한 네루에 대한 존경과 신뢰로 국민회의가 40여년 동안 인도를 지배할 수 있었던 것이다. 그러나 1980년대 경제 정책으로 인한 지역 간의 불균형과 녹색혁명 결과 발생한 빈부 격차 그리고 국민회의의 부패 등으로 대중들은 국민회의에 등을 돌렸다. 이때 BJP는 '힌두주의'를 앞세워 정계에 등장한 것이다.

1987년대 말 인도의 서사시 『라마야나』와 『마하바라타』가 TV 드라마로 제작되어 방영되면서 수많은 시청자들을 매혹시켜 종교적 정책에 호의를 갖게 했다. 이러한 분위기 속에서 세속주의는 쇠퇴하고 종교주의 혹은 힌두주의가 등장했다. 이때 힌두의 영광을 부르짖으며 등장한 BJP가 급속히 성장한 것이다. 그러나 BJP의 등장은 엄청난 피를 불렀다. 아요드아 사태와 구자라트 사태 등의 종교를 앞세운 테러는 '종교주의'의 위험성을 드러내기에 충분했다. 종교주의가 불러온 피를 우려하는 대중은 다시 '핏줄'로 돌아왔다. 네루 가문의 핏줄에 대한 기대가 소니아 간디가 이끄는 국민회의를 집권당의 자리로 돌려놓은 것이다. 종교정치에서 다시 네루 가문의 핏줄로 돌아온 인도의 세속정치가 언제까지 지속될 수 있을까.

정치를 종교로 움직여서도 안 되지만 핏줄로만 움직일 수도 없다. 결국 2014년 총선에서 라훌 간디가 이끄는 국민회의는 모디가 이끄는 BJP에 패했다. 네루 가문의 후손인 라훌을 황태자 혹은 왕자에 비유하고, 하층 계급 출신인 모디를 거지에 비유하여 '왕자와 거지의 대결'이라는 비유가 나오기도 했다. 그러나 구자라트에서 경제 정책으로 빛을 발한 모디, 그에 맞설 정책을 내세우지 못한 라훌의 대결은 '거지의 승리'로 끝났다. 정책이 핏줄을 이긴 것이다. 2019년 4월에 인도의 총선이 시작된다. 이번 총선도 종교나 핏줄을 전면에 내세우지 않고 진정한 정책 대결로 치러질 수 있을지는 의문이다.

97. 힌두교를 국교로 만들고 싶은 사람들

영국 지배를 벗어나 인도와 파키스탄 두 개의 나라로 분리 독립할 때, 파키스탄은 이슬람 국가임을 명백히 했다. 그러나 인도는 국교를 인정하지 않았다. 인도는 헌법에 '사상의 표현 및 신앙의 자유를 인정한다.'고 명시함으로써 세속주의를 택한 것이다. 인도가 세속주의를 택할 수밖에 없었던 여러 사정이 있었을 것이다. 이슬람교도의 분리를 주장하면서 파키스탄이 분리 독립했지만, 인도에는 파키스탄에 있는 숫자보다 더 많은 무슬림이 있었다. 뿐 아니라 펀잡의 시크교도의 숫자도 무시할 수 없었고, 미미하지만 불교와 자이나교 그리고 기독교인들이 있었다.

진나가 파키스탄의 분리를 주장하면서 인도에는 문화와 전통을 달리 하는 두개의 집단이 존재한다고 강조하고, 힌두와 무슬림 문제는 국내의 문제라기보다 다른 집단 간의 문제로 국제적인 성격을 띠고 있다고 주장했다. 이때 네루는 종교가 다르다고 해서 다른 국가를 만들어야 한다면, 인도에 두 개의 국가가 아니라 수많은 국가가 만들어져야 할 것이라고 강변했었다.

파키스탄은 명백히 이슬람교를 내세워 분리 독립했기 때문에 국교를 정할 수 있었으나 인도의 사정은 달랐던 것이다. 무슬림 다수 거주 지역을 파키스탄에 주고, 나머지 모두를 인도에 병합시켜야 하는 인도로서는 세속주의를 택할 수밖에 없었다. 그러므로 인도는 국교가 없는 종교 자유 국가이다.

그런데 이것이 모든 인도인들이 수용할 수 있는 것이었을까. 독립하면서 하나의 나라가 두 개의 나라로 분리된 원인이 종교에 있었다. 즉 무슬림들이 그들의 안전과 행복한 미래를 보장받고자 이슬람 국가인 파키스탄을 요구했기 때문이다. 그렇다면 인도에서는 더 이상의 힌두와 무슬림 문제나 갈등이 발생하지 않아야, 하나의 조국을 둘로 나눈 정당한 대가를 받는 것이 아닐까. 그렇기 때문에 인도에서 발생하는 힌두-무슬림 문제에 대하여 무슬림들 보다는 힌두들의 반발이 거센 것이 어쩌면 당연한 것인지도 모른다.

종교적 근거만으로 하나의 국가를 따로 건설해야 하는 정당성에 대하여, 무슬림연맹은 '온전한 의미의 한 개의 국가 개념'이라고 강조했었다. 그러나 종교가 같은 동파키스탄과 서파키스탄이 내전을 겪고 두 개의 나라로 다시 분리되었다. 그렇기 때문에 종교만으로 온전한 국가의 개념이 형성된다는 주장은 설득력을 잃을 수 있다. 그러나 기왕에 종교 때문에 나라가 두 조각이 났으니, 조각 난 이후 인도에서 힌두-무슬림 갈등이 사라지기를 희망하는 것도 무리가 아닐 것이다.

기딴잘리슈리(Geetanjali Shree)가 1998년에 쓴 『우리 도시 그해에(*Hamara Shahar Us Baras*)』라는 소설에 등장하는 "이미 너희들에게 파키스탄을 주었는데 왜 여기에 앉아 있느냐, 다른 파키스탄을 만들면서?"라는 대목에 인도에 있는 힌두의 심리가 잘 드러나 있다.

인도에 있는 힌두들의 이런 심리를 잘 이용해서 정치적 세력을 형성한 것이 BJP이다. BJP가 힌두근본주의를 모토로 정치를 장악했으나, 힌두근본주의는 훨씬 오래 전에 등장했다. 힌두근본주의라는 말의 기원은 사바르까르(V.D. Savarkar)까지 거슬러 올라갈 수 있다. 사바르까르는 1923년에 힌두를 정의하면서 '인도 땅을 조국으로 여기며, 이 땅을 자신이 믿고 있는 종교의 요람으로써 성스러운 땅으로 여기는 자'라고 정의했다. 이어서 헤드게와르(K.B. Hedgewar)는 힌두민족주의를 바탕으로 한 힌두민족국가를 건설해야 한다는 목표를 세우고 1925년에 RSS를 조직했다. 골왈까르(M.S. Golwalkar)는 힌두 문화운동과 힌두민족국가(Hindu Rastra) 건설을 주장하면서, 무슬림의 인도 침략은 어머니를 욕보인 것과 같은 행위이며, 무슬림은 인도를 더럽힌 힌두의 적이라고 규정했다.

또한 사바르까르는 1937년 12월에 아흐메다바드에서 개최된 힌두마하사바 연차대회 의장연설에서 "독립의 진정한 의미는 단순히 인도라 불리는 땅덩어리의 지리적 독립을 의미하는 것이 아니다. 힌두에게 힌두스탄의 독립은 그들의 힌두뜨와(Hindutva)[18] 즉

18) 힌두뜨와(Hindutva)는 힌두(Hindu)와 따뜨와(Tattva)가 결합된 용어이다. 따뜨와는 본실, 원리, 주의 등을 뜻하는 말이다. 그러므로 힌두뜨

그들의 종교적·인종적·문화적 정체성이 확보되어야 가치가 있는 것이다. 우리의 힌두뜨와 그 자체를 희생해야 얻을 수 있는 독립을 위해 죽도록 싸우는 것이 아니다."라고 주장했다.

독립 이전의 이러한 힌두근본주의 운동은, 네루가 집권하면서 강력한 지도력으로 세속국가의 원칙을 지켜 나갔기 때문에 정치 전면에 나서지 못했다. 그러나 인디라 간디 때 정치적 지지기반이 약화되자, 힌두들의 종교적 정서를 정치적으로 이용했다. 인디라 간디가 친-힌두 성향을 드러내자 RSS는 즉각 인디라 간디를 지지했다. 이때부터 세속적인 정치가 쇠퇴하고 종교근본주의가 정치에 등장하기 시작한 것이다. 무슬림들의 입장만 대변한다고 비난하며 마하트마 간디를 살해했던 인물들의 배후 조종자로 지목된 단체가 바로 RSS이다. 이 단체는 그 정당의 지도자가 누구인지, 어떤 정치적 견해를 표출하는지에 초점을 맞추기보다는 '친-힌두교 성향을 가진' 사람 혹은 정당을 지지한다. 인디라 간디를 지지하는 것으로 정치적 영향력을 발휘하기 시작한 RSS는 그 다음 타자로 BJP를 선택했다. 물론 이유는 같은 것이다. 힌두근본주의를 지지하는 정당이었기 때문이다.

BJP가 제1 야당이 되고, 다시 집권당이 되어 정치를 장악할 수 있었던 배경에는 이러한 힌두근본주의자들과 RSS의 지지가 있었다. 그렇기 때문에 BJP는 힌두를 위한 선거 구호를 내세우고, 인도를 힌두의 나라로 만들겠다는 암시를 했다. 이 때문에 바브리 모

와는 힌두 원리, 힌두성 등으로 해석될 수 있는 말이며 때로는 힌두민족주의 혹은 힌두근본주의와 동의어로 사용되기도 한다.

스크가 폭파되는 아요드야 사태 그리고 이어지는 종교 관련 테러가 끝없이 벌어졌다.

네루의 세속국가주의와 간디의 비폭력 화합 정신이 살아 있던 시대에는 종교근본주의가 전면에 드러나지 않았다. 그러나 외국지배의 기억이 희미해져 가는 시점에서 독립이라는 역사적 사건을 돌아볼 때, 외부지배로부터의 해방이라는 의미를 되새기기보다는 '왜 우리는 두 개의 국가로 분리되었는가?'에 더 강한 의문부호를 붙일 수 있다. 파키스탄에 살던 힌두는 자신의 고향이 이슬람의 땅이 되었기 때문에 고향을 버리고 인도로 피난 왔다. 또한 극단적인 예로 형제가 서로 다른 종교를 갖고 있어서, 무슬림인 형제를 파키스탄으로 보낼 수밖에 없었던 경우도 있었을 것이다. 또한 합리적인 이유는 아니겠지만, 독립운동 과정에서 힌두와 무슬림이 충돌했고, 그 과정에서 무슬림들로부터 피해를 본 힌두도 있을 것이다. 이들은 파키스탄이 이슬람교의 나라가 되었다면, 인도는 당연히 힌두교 나라가 되어야 한다는 생각을 할 수 있는 것이다. 그러한 심리를 정치적으로 이용하여, 인도를 '힌두국가'로 만들려는 단체와 정당들이 세력을 확장했던 것이다.

인도가 종교 자유국가가 아닌 힌두교의 나라가 되면 힌두와 무슬림의 갈등이 사라질 것인가. 힌두들 다수가 힌두교가 국교인 인도가 되기를 희망하는 것일까. 그 답은 2004년의 선거에서 BJP가 패배한 것에서 찾을 수 있을 것이다. 그러나 2014년 다시 BJP가 정권을 잡았다. 모디 정부 정책의 근간에는 '힌두민족주의 재기(再起)'라는 의식이 사리 잡고 있다. 2014년 총선 이후 힌두민족주의 부활을 목표로 역사 다시쓰기를 추진하고 있는 데서 그런 의식을 엿볼 수 있다. 이러한 경향은 BJP가 처음 정권을 잡은 1998년부터 드러났다. 기존의 역사 교과서 내용 가운데 힌두교 혹은 힌두문화를 비판하는 내용이나 이슬람교에 우호적인 내용들이 삭제되기 시작했다. 2014년 재집권한 BJP는 이러한 경향을 더욱 강화하여 힌두 왕조와 문화를 중심으로 역사 다시 쓰기를 추진하고 있다. 뿐만 아니라 언어 역시 '힌디어' 위주 정책으로 선회하고 있다. 교육과정에 힌디어를 필수 과목으로 지정하고 있으며, 국가공인시험도 힌디어를 주요 매개로 출제되고 있고, 인도의 웹사이트 언어 역시 힌디어로 전환되고 있다. 모디 정부의 힌디어 위주 정책은 그의 연설에서도 잘 드러난다. 유엔총회에서 인도의 국가 원수들은 주로 영어로 연설을 해왔으나, 모디는 2014년 9월 27일 유엔 총회에서 힌디어로 연설했다. 또한 2015년 5월에 한국을 방문했을 때 역시 힌디어로 연설했다. BJP가 극우 힌두 정당이기 때문에 정당 차원에서는 이러한 행보가 당연한 것인지도 모른다. 그러나 인도를 힌두의 나라로 만들어 가는 이러한 움직임은 다양성을 가진 인도의 미래에 어두운 그림자를 드리울 수 있다는 우려가 커지고 있다.

98. 고깔모자 같은 땅 카슈미르의 운명

카슈미르 분쟁의 뿌리를 찾으려면 멀리는 파키스탄 운동부터, 가까이는 인노 독립까지 거슬러 올라가야 한다. 1933년에 『*Now or Never*』라는 소책자가 발간되면서 등장한 파키스탄이라는 말은 (P)unjab, (A)fghanistan, (K)ashmir, (S)ind 그리고 나라를 의미하는 'stan'이 조합된 말이다. 그러니까 파키스탄이 분리 독립되면 당연히 펀잡, 아프가니스탄, 카슈미르, 신드 지역은 파키스탄이 되어야 하는 것이다. 그런데 문제는 카슈미르였다. 영국 지배 시기에 카슈미르는 독립 토후 국가였다. 독립 당시 내무부장관이었던 파텔의 활약으로 대부분의 독립 토후들이 인도에 합류했다. 남아있던 3개 토후국은 하이데라바드, 주나가드(Junagadh), 카슈미르였다. 하이데라바드는 주민은 힌두가 다수였지만 토후는 무슬림이었다. 독립 당시 토후는 인도연방에 소속되지 않고 독립국가로 남으려했지만, 파텔이 '폴로작전(Operation Polo)'이라는 이름으로 군대를 투입했다. 폴로작전의 성공으로 1948년 9월 17일 파

그림 79. 카슈미르 지도

텔은 하이데라바드의 토후로부터 인도 합병 동의서에 서명을 받아냈다.

주나가드 역시 주민의 다수가 힌두였지만, 토후는 무슬림이었다. 토후는 파키스탄으로 편입되기를 원했다. 그러나 파텔은 주나가드를 점령하고 1948년 2월 20일에 주나가드에서 국민투표를 실시했다. 20만 명 가까운 투표자 가운데 인도에 병합되는데 반대한 사람은 100명도 안되었다. 이로써 주나가드도 인도에 편입되었다.

그리고 남은 것이 카슈미르이다. 분리 독립의 기본 원칙은 무슬림 주민이 다수인 지역은 파키스탄으로 한다는 것이었다. 그렇기 때문에 하이데라바드와 주나가드는 지배자가 무슬림이라 하더라도, 주민 대다수가 힌두였기 때문에 인도로 병합되는 것이 당연한 것이다. 그런데 카슈미르의 경우는 앞의 두 지역과 상황이 반대인 셈이다. 지배자는 힌두인데 주민 대다수가 무슬림인 지역이 카슈미르이기 때문이다. 다수의 종교를 근거로 인도 혹은 파키스탄으로 편입되어야 한다면 카슈미르는 당연히 파키스탄이 되어야 한다. 그러나 카슈미르는 이 원칙을 따르지 않았다. 주민의 70퍼센트가 무슬림임에도 불구하고 힌두 토후가 1948년 인도 편입에 서명했기 때문이다.

독립 직후인 1947년 10월22일 파키스탄 병력이 카슈미르로 진격했고, 이 세력을 막기 위해 토후 하리 싱은 인도에 도움을 요청했다. 인도는 카슈미르의 인도 합병을 전제로 카슈미르에 지원군을 보냈다. 이때 카슈미르의 토후인 하리 싱이 인도 합병에 서명한 것이다. 파키스탄으로서는 어이없는 일이 벌어진 것이다. 파키스탄은 주나가드가 국민투표로 인도에 편입된 사례를 카슈미르에도 적용해야 한다고 주장했다. 그러나 인도는 카슈미르 토후의 결정이기 때문에 재론의 여지가 없고 파키스탄은 종교국가이지만, 인도는 국교가 없는 세속국가이고, 파키스탄에 있는 무슬림 숫자보다 인도에 있는 무슬림 숫자가 더 많기 때문에, 카슈미르에 무슬림이 더 많다는 사실이 문제될 것이 없다고 주장했다.

파키스탄이 보낸 '카슈미르 해방군'이 카슈미르에 진입하면서 제1차 인-파 전쟁이 발생했다. 전쟁이 장기화되면서 네루가 유엔의 중재를 요청했고 <유엔 인도-파키스탄 위원회(UNCIP)>가 구성되었다. UNCIP에서는 양측은 즉각 휴전하고 군대를 철수하며, 카슈미르의 정치적 장래는 카슈미르 주민들에게 맡긴다는 중재안을 내놓았다. 네루는 이 중재안을 받아들였다. 그러나 파키스탄에서는 카슈미르에서 주민 자유투표가 제대로 실시될지 확신하지 못한다는 이유를 들어서 반대했다. 그러나 결국 1949년 1월 1일, 양국은 휴전에 합의하고, 7월27일에는 카슈미르에 정식으로 휴전선이 그어졌다. 북서부의 파키스탄령 '아자드(자유) 카슈미르'와 남동부의 인도령 '잠무·카슈미르'로 나누어지게 된 것이다. 이때 그어진 휴전선이 카슈미르 통제선(Line of Control)이다.

카슈미르는 인도나 파키스탄 두 나라 모두에게 중요한 지역이다. 양국의 전략적 요충지인 카슈미르 문제로 인도와 파키스탄은 네 번에 걸친 전쟁을 치렀다. 1948년, 1956년, 1972년 세 차례에 걸친 카슈미르와 관련된 인도-파키스탄 전쟁은 파키스탄의 패배로 끝난 셈이다.

완전한 평화를 이룬 것은 아니지만 20여년 동안 그런대로 평화를 유지하던 카슈미르에 다시 전쟁이 시작된 것은 1999년이다. 1999년 파키스탄 군대는 반군들과 함께 인도의 잠무·카슈미르로 침투했다. 인도 군대는 겨울에 고산지대 주둔이 불가능하기 때문에 저지대로 이동해 있었는데, 이러한 상황을 이용해서 반군이 카르길(Kargil)의 정상을 점령해버린 것이다. 이 때문에 인도 군대와 카슈미르 반군 사이에 치열한 전투가 벌어졌다. 카르길 전투가 핵전쟁으로 확산될 것을 우려한 미국이 파키스탄의 퇴각을 촉구했다. 파키스탄은 일단 군대를 철수했다. 이 사태 이후 인도는 정찰병과 레이더로 1년 내내 산 정상을 관리하고 있다.

카슈미르에서는 인도와 파키스탄의 줄다리기로 전쟁이 끊임없이 발생했는데 이와 더불어 또 하나의 문제가 등장했다. 친-파키스탄파와, 인도와 파키스탄 어디에도 속하고 싶지 않은 카슈미르 독립파의 갈등이 벌어지기 시작한 것이다.

1977년에 영국에서 <카슈미르 해방 전선(Jammu Kashmir Liberation Front, 약칭 JKLF)>이 결성되었다. 1982년에는 파키스탄 영토인 아자드 카슈미르에, 1987년에는 인도의 카슈미르에 지부가 설립되었다. 이들은 파키스탄과 중동 이슬람 국가들의 지원을 받고 있으며, 카슈미르 독립국가 건설을 추진하고 있다. 카슈미르에는 <카슈미르 해방 전선> 외에도 카슈미르 독립을 추구하는 여러 단체들(Lashkar-e-Toiba, Save Kashmir Movement, Freedom Force and Farzandan-e-Milat)이 있다. 1990년대 이후 카슈미르에서는 이들 단체들이 주도하는 투쟁과 이를 막는 인도 정부군의 충돌로 유혈사태가 자주 발생했다.

잠무·카슈미르 주 내부에서는 이슬람교도와 힌두교도간의 반목과 대립 그리고 반군의 테러와 게릴라전이 벌어졌지만 유엔의 정전 감시 활동으로 카슈미르의 통제선은 비교적 평온해졌다. 한편으로 인도와 파키스탄 정부는 1994년 이래 다섯 차례의 정상회담을 개최하면서 회해 분위기 조성을 위해 노력했다. 그런데 이러한 노력은 2000년대 초에 위기를 맞이했다. 2001년 12월 13일 인도 국회의사당 테러사건이 발생했을 때 테러단 중 한명이 사살당하면서 "파키스탄 진다밧(파키스탄이여 영원하라)"이라고 외침으로써 이 테러가 파키스탄에 의해 자행되었음을 드러냈기 때문이다.

이로 인해 2001년 12월 이후 카슈미르 지역의 긴장은 더욱 고조되었고, 카슈미르 국경지역에서 교전이 벌어졌다. 전면전이 벌어질 위기는 넘겼으나 파키스탄과 인도의 긴장상태는 곧바로 카슈미르에 영향을 미친다. 카슈미르에서도 차량 폭파 사건이 잇따라 일어났다.

이후에도 인도와 파키스탄은 카슈미르 평화를 위해 협상을 계속했지만 평화 협상이 진전되는 동안에도 테러는 계속되었다. 2004년 만모한 싱 인도 수상이 무샤라프 대통령과 회담을 거쳐 카슈미르에 주둔한 인도 병력 일부를 철군한다고 밝혔다. 그리고 2005년 4월 7일에는 58년 만에 두 나라 카슈미르를 연결하는 셔틀버스 노선도 개통되었다. 양국 정상회담을 통해 카슈미르 문제가 완전히 해결되지는 않았지만, 양국 관계가 어느 정도 평화를 유지하면 카슈미르의 평화도 유지될 것이라는 희망도 없지는 않았다.

그러나 그 희망은 그저 희망일 뿐이었던 것 같다. 2014년 인도 총선 기간(2014년 4월 7일~5월 12일)에 극우 힌두정단인 BJP 집권이 확실해지자 이를 우려하여 카슈미르 분리주의자들이 총격전을 벌였다(2014년 4월 21일). 2016년 7월에는 카슈미르의 분리파 이슬람 반군의 청년 지도자 부르한 와니가 인도군인에 의해 사살되어 긴장이 고조되었고 8월 내내 분리주의자들이 시위를 벌였으며 10월 13일까지 시위대와 경찰의 충돌로 90여 명이 숨지고 1만 2천여 명이 부상을 당하는 사태가 벌어졌다. 2017년에는 인도와 파키스탄 모두 독립 70주년을 맞이하면서 상호 평화를 표방했다. 그럼에도 불구하고 같은 해 10월 3일 또 다시 국경수비대가 카슈미르에서 총격전을 벌였다. 2018년에 접어들면서도 이러한 분위기는 달라지지 않았다. 4월 2일, 현지 군경과 분리주의 세력이 충돌하여 20명이 숨지고 50여 명이 부상당했으며, 5월 5일에는 인도령 카슈미르에서 반군을 소탕하면서 7명이 또 숨졌다.

카슈미르는 인도와 파키스탄의 갈등이 발생하면 언제라도 전쟁이 벌어질 수 있는 위험성을 안고 있다. 인도와 파키스탄의 대립, 힌두와 무슬림의 갈등이 해소되어 양국의 평화 공존이 정착되지 않는 한 카슈미르는 전쟁의 공포에서 벗어나기 힘들 것이다. 고깔모자 같은 카슈미르에 평화가 찾아오기를 기대할 수 있을까? 카슈미르의 눈물이 마를 날이 오기는 할까? 이 물음에 답을 할 수 있는 사람은 없을 것이다.

99. 태풍의 눈이 된 람 신의 고향

아요드야는 우타르프라데시 동쪽에 있는 자그마한 도시이다. 고대부터 번창한 도시였고, 4국시대의 강대국인 코살라의 수도이기도 했다. 힌두 사원과 무슬림 사원들이 많으며, 마우리아와 굽타 왕조 시대에 세워진 불교 유적들도 많은 곳이다. 또한 자이나교의 성인인 24명의 티르탕카라 가운데 다섯 명이 이곳에서 태어났다고 한다. 그래서 신들의 도시, 혹은 사원의 도시라고 불리며, 『아타르바베다』에는 '신들이 세운 낙원'으로 묘사되어 있기도 하다.

특히 인도에서 가장 이상적인 왕으로 거론되는 『라마야나』의 주인공 람(Ram)의 탄생지로 알려져 있어서 매년 100만 명 이상의 순례자들이 다녀가는 유명한 힌두 성지이기도 하다.

이렇게 아름답고 성스러운 도시 아요드야가 태풍의 핵이 된 것은 바브리 모스크(Babri Mosque) 때문이었다. 이 모스크는 무굴제국의 바부르가 람의 탄생 장소에 있던 사원을 허물고 그 자리에 세웠다고 전해지고 있다.

바브리 모스크와 관련된 사건은 영국 지배 시기에도 일어났다. 람의 탄생지에서 의례를 올릴 수 있도록 요구하는 힌두와 무슬림의 충돌이 일어나자 1885년에 영국 식민정부는 힌두와 무슬림이 각기 다른 문을 이용하여 모스크에 드나들도록 조치했다. 1934년에 암소도살 사건이 발생했을 때 바브리 모스크 근처에서 힌두와 무슬림이 충돌하자 식민정부는 바브리 사원을 폐쇄하고 출입을 금지시켰다.

독립 후인 1949년 12월에 힌두교 단체(Akhil Bharatiya Ramayana Mahasabha)가 이 모스크 근처에서 『람짜리트마나스(*Ramcharitmanas*)』[19]를 며칠 동안 계속 암송하는 행사를 진행했고, 그 행사가 끝나는 22일 밤에 모스크에 람과 시따(Sita)의 신상을 안치했다. 다음날부터 람과 시따가 자신이 태어난 장소에 스스로 현신한 기적이 일어났다는 소문이 퍼졌다. 이에 열광한 힌두들이 기도하기 위해 사원으로 몰려들었다. 그러나 무슬림들은 우상숭배를 금지한 이슬람 사원에 우상이 안치된 것은 종교 모독이라며 맞섰다. 사원으로 들어가려는 힌두들과 막아야 하는 경찰들 사이에 심한 몸싸움이 벌어졌다. 이때 네루는 우타르프라데시 주 수상인 판트(Govind Ballabh Pant)에게 안치된 신상을 치우라고 지시했다. 경찰들에게 신상 철거 명령이 내려졌지만, 힌두인 경찰들은 힌두들의 보복이 두려워서 지시에 따를 수 없다고 탄원서를 냈다. 이에

19) 16세기에 툴시다스(Tulsidas)는 산스크리트어로 된 『라마야나』를 힌디어로 개작하여 『람짜리트마나스』를 발표했다. 이 작품이 발표된 이후 『라마야나』가 대중에게 널리 알려지고 람 혹은 라마로 불리는 주인공이 숭배의 대상이 되었다.

정부에서는 이 지역을 분쟁지역으로 선포하고 사원의 문을 폐쇄했다.

그렇게 분쟁에 휩싸였던 바브리 모스크는 30여년이 지난 1980년대 중반에 다시 갈등의 핵으로 등장한다. 1984년 6월 18일 VHP 주도로 람 탄생지 해방 전선(Ramajanmabhoomi Muktiyajna Samiti: RMS)을 설립하여 '람을 이슬람 사원이라는 감옥에서 해방 시키라'고 외치며, 바브리 모스크를 힌두들에게 개방할 것을 요구한 것이다. 1986년에 지방법원이 '바브리 모스크를 개방하여 힌두들이 자유롭게 의례를 지낼 수 있게 하라'는 명령을 내리자 람 사원을 복원하려는 운동이 북인도를 중심으로 거세게 번졌다. 이에 대하여 무슬림들은 바브리 마스지드 행동위원회(Babri Masjid Action Committee: BMAC)를 만들어 이 판결에 저항하면서 정부의 친 힌두 성향에 대하여 강력히 비판했다. 이렇게 바브리 모스크 문제로 힌두-무슬림의 갈등이 심각해지자 중앙 정부를 이끌고 있던 라지브 간디는 바브리 사원을 폐쇄하라고 명령을 내렸다.

바브리 사원 문제로 무슬림들의 지지가 이탈하는 것을 우려한 라지브 간디는 무슬림들에게만 적용되는 별개의 법률인 '무슬림 여성법(The Muslim Women Act 1986)'[20]을 통과시켰다. 이에 BJP, RSS, VHP와 힌두들은 라지브 간디 정부가 세속주의를 위반하고 무슬림을 우대하는 정책을 펴고 있다는 비난을 퍼부었다.

---

20) 이 법의 정식 명칭은 "The Muslim Women(Protection of Rights on Divorce) Act 1986"이다. 이 법은 이혼한 이슬람 여성의 재산과 권리를 보호하기 위해 제정된 것이다. 이 법에 따라, 이혼한 무슬림 여성은 전 남편으로부터 합리적이고 공정한 생계유지비를 받을 권리를 갖게 된다.

1990년대에 접어들면서 힌두민족주의를 부르짖으며 힌두들의 지지를 높이고 있던 BJP는 아요드야 사태를 적극적으로 선거에 이용했다. 1990년 10월, BJP의 의장 아드바니는 토요타 트럭을 인도의 신화에서 등장하는 전차로 꾸미고 자신은 인도의 라마 신과 같은 모습으로 분장한 뒤에 구자라트 주의 솜나트(Somnath)에서부터 아요드야까지 '람신의 전차 순례(Ram Rajya Rath Yatra)' 행진을 전개했다. 이러한 행진으로 힌두민족의식을 강화시키면서 BJP는 1991년 선거에서 대승을 거두었다.

이 선거 승리에 대한 답례가 아요드야에 있는 람을 해방시키는 것이었다. 1991년 6월 우타르프라데시 주 선거에서 BJP가 승리하자, 칼얀 싱(Kalyan Singh)이 이끄는 주정부는 관광 진흥을 이유로 바브리 모스크 주변 땅을 사들였다. 이에 중앙정부에서는 부당하다는 판결을 내리고 원상태를 유지하도록 명령했다. 그러나 주정부는 다시 1992년 3월에 람 탄생지 근처의 땅 48에이커를 확보했다. 그리고 7월 9일에는 아요드야에 새로운 힌두 사원 건립을 추진한다고 밝혔으나 라오 수상이 이를 저지하여 연기되었다. 12월 5일에 전국 각지에서 수십만 명이 아요드야로 몰려들었다. 그리고 다음날인 12월 6일에 경찰과 군인들이 멀리서 지켜보는 가운데 바브리 모스크는 파괴되었다. 이로 인해 인도 전국에서 힌두와 무슬림의 쌍방 학살이 시작되어, 사망자만 대략 2,000~3,000명으로 추산되고 있다.

아요드야의 바브리 모스크의 파괴는 1991년 선거에서 승리한 BJP의 답례 성격을 띠고 있으며, BJP는 이후에도 '아요드야 다음으로는 마투라와 바라나시 그리고 전국으로'라는 구호를 내세우며 종교적 이슈를 정치적으로 장기간 이용할 포석을 두었다.

이슬람 사원이 붕괴되자, 당시 집권당인 국민회의는 즉각적으로 이슬람 사원 재건을, BJP는 람사원을 짓겠다고 공약했다. 그러나 인구의 80퍼센트 이상이 힌두인 나라에서 모스크를 재건하기는 버거운 일이었다. 이 사태를 계기로 지역정당이었던 BJP는 전국정당으로 도약할 수 있는 계기를 만든다. 1996년도 총선국면을 맞이한 BJP의 선거운동은 힌두를 자극하기에 충분했다. 힌두교의 신들인 람, 시따, 락슈미, 하누만 등이 하늘로부터 땅으로 재림하여 수십 대의 마차에 올라타고 행진하는 연출을 했다. 물론 배우들과 정치인이 연출한 이벤트였지만 람이 본격적으로 선거에 이용되기 시작한 것이다. 힌두들의 열광 속에서, BJP는 선거공약으로 '람신의 정치재현'을 내세웠다.

이후 아요드야 사태는 지방 선거를 넘어 중앙정부의 총선으로 번졌다. BJP는 여기에 승부수를 걸었다. 선거 결과 집권당이던 국민회의는 260석에서 140석으로 줄어드는 패배를 했고(득표율 29.77퍼센트), BJP는 161석을 확보하여 제1당이 되었다(득표율 23.5퍼센트).

아요드야 람사원 재건을 공약으로 내걸었지만 집권당이 된 BJP는 선거 공약을 지키기 어려웠다. 집권당의 임무는 사태의 수습이기 때문에 사태를 확대시킬 람사원 건립을 적극적으로 추진할 수 없었을 것이다. 여당이 이처럼 람사원 재건에 미온적 태도를 보이자 이번에는 VHP가 람사원 재건을 재촉하다가 2002년 2월 27일

구자라트의 열차 테러가 발생했다.

힌두 성지를 순례한다는 명목으로 아요드야의 람사원 재건 행사에 참여했으나 바브리 모스크 붕괴 지역에는 접근 금지령이 내려진 상태였기 때문에 행사를 제대로 치르지 못했다. 이에 분개한 힌두들이 기차를 타고 돌아오던 중에 무슬림 여성을 희롱했고, 그 소식이 전해지면서 무슬림들의 방화로 150여 명이 탄 기차에 화재가 발생하여 59명이 죽었다. 이에 대한 보복으로 힌두들은 무슬림들에게 무차별 공격을 가했다. 기차 화재가 발생한 고드라(Godhra) 지역은 이슬람 신도 비율이 전국 평균 12퍼센트보다 높은 40퍼센트에 달해, 양측 충돌이 더욱 심했다. 힌두교도 2,000여 명이 28일 아마다바드 등 주요 도시에서 이슬람 사원에 돌을 던지고 상점과 주거지에 불을 질렀다. 구자라트 주 당국은 자체 경찰력으로 폭동 저지가 어렵다고 보고 군 병력 출동을 요청했으며, 주요 도시에 무기한 야간통행금지령이 내려졌다. 인도 내무장관은 병력 1,000명을 파견했다.

당시 수상인 BJP의 바즈파이는 집권한 이후부터 종교 갈등을 피하기 위해 상호대화를 유도해 왔다. 2002년 사태 이후에도 힌두사원 재건 불허 입장을 밝히고, VHP에 대해서도 사원건립 운동 중단을 촉구했다. 그러나 강경파인 VHP는 '사원 건축은 양심의 문제'라며 법원의 판결에 상관없이 사원 건립을 강행하겠다고 맞섰다.

2010년 9월 30일, 우타르프라데시 고등법원은 아요드야 모스크 인근 토지 64에이커(약 258,000㎡)를 3등분으로 나눠, 3분의 1

그림 80. Rama Rajya Rath Yatra 2018: Ayodhya to Rameswaram(2018.02.13 ~ 03.25)

은 무슬림, 3분의 1은 이곳을 람신의 출생지라고 믿고 있는 힌두, 남은 3분의 1은 야요드야 지역의 힌두교 종교 단체의 소유로 인정한다고 판결했다. 그러나 극우 힌두들은 이 결정을 받아들이지 않고 계속 이의를 제기했다. 2017년 7월에는 집권당인 BJP의 스와미(Subramanian Swamy) 의원이 고등법원 판결에 이의를 제기하는 청원서를 제출했고, 대법원에서는 이 청원서를 접수하여 12월 5일에 최종 심리를 열기로 했고 최종 판결이 2018년 3월에 내려질 예정이었다. 이에 VHP에서는 '2018 Ram Rajya Rath Yatra(2월 13일~3월 22일)'를 추진하여 아요드야에서 타밀의 라메스와람(Rameswaram)까지 41일 동안 6개 주를 거치며 람신의 전차 순례 행진을 거행했다. 그럼에도 불구하고 2018년 3월 14일 대법원에서 스와미 의원의 청원은 기각되었다.

종교 문제와 사회 내부의 갈등에 대해 인도 정치인들은 소신 있는 판단을 하지 못한다. 유권자를 의식하기 때문이다. BJP는 유권자를 의식하여 힌두민족주의를 부추겨야 하고, 국민회의는 세속주의라는 당의 강령으로 힌두와 무슬림 사이를 왔다 갔다 하고 있다. 아요드야가 태풍의 눈이 되고, 람의 고향에 종교 갈등이 만연된 이유는 정치세력들이 종교를 정치에 이용하기 때문이다. 5년마다 돌아올 선거, 그 선거 때마다 아요드야는 종교 갈등으로 고통 받을지도 모른다. 2019년 선거를 준비하는 인도, 또 다시 아요드야에 어떤 태풍을 몰고 올지 우려된다.

100. 정치의 핵으로 떠오른 후진 계급

인도 현대 정치에서 후진 계급 혹은 하층카스트들이 정치의 핵으로 등장하게 된 것은 만달정책이 실시된 이후부터이다. 1977년에 인디라 간디가 낙선하고 자나타 당이 정권을 잡으면서 데사이가 수상이 되었다. 데사이는 만달(B.P. Mandal)을 위원장으로 하는 5명의 위원들로 구성된 <제2차 후진 계급 위원회>를 구성했다. 그리고 이 위원회에서 후진 계급을 결정할 기준을 만들고, 사회적 후진 계급을 위한 정책을 마련하도록 했다.

독립 후 헌법에서는 불가촉천민제도 폐지를 명시했고, 불가촉천민을 비롯한 하층 계층에 대한 보상책을 마련하여 그 대상이 되는 계급으로 지정카스트(SC: Scheduled Caste), 지정부족(ST: Scheduled Tribe) 등을 부칙에 명시해놓았다. 그런데 만달위원회는, 이들 외에 후진 계급에 속하는 사람들에게 우선 배정 정책(Reservation Policy)이 필요하다고 보고했다.

만달보고서에 의하면 전체 인구의 52퍼센트가 '여타후진계급

(OBC: Other Backward Castes)'에 속하는데, 이것은 인도 전체 인구에서 힌두가 아닌 사람들과 상층카스트를 제외한 전부에 해당된다고 한다. 만달위원회는 1978년부터 조사활동을 시작해서, 인디라 간디가 다시 집권한 1980년 12월 31일에 최종 보고서를 발표했다. 인디라 간디 정부는 후진계급에게 관심을 가질 이유가 없었기 때문에 이 보고서는 '보고서'에 그치고 말았다.

만달보고서와 여타후진계급이 다시 정치 문제로 등장한 것은 프라탑 싱(Viswanath Pratap Singh)에 의해서였다. 라지브 간디 정권에서 국방장관을 맡고 있던 프라탑 싱은 국민회의(I)를 탈당하고 자나타당, 민중당 등의 야당 세력들을 모아 자나타 달(Janata Dal)을 결성하고, '여타후진계급'을 대표하는 정당을 표방하면서 1989년의 제9대 총선에 참여했다. 이 선거에서 라지브 간디가 이끌고 있던 집권당인 국민회의(I)가 패배함으로써 자나타 달과 연합한 민족전선(National Front)이 정권을 잡게 되었고, 프라탑 싱은 수상의 자리에 올랐다.

민족전선이 정권을 잡을 수 있었던 것은 이들이 '여타후진계급'의 이익을 대변할 수 있을 것이라는 기대감 때문이었을 것이다. 이러한 기대에 부응하여, 10년 전에 보고된 만달보고서의 내용을 수용하여, '여타후진계급'을 위한 <보호차별정책(Protective Discriminatory Action)>을 실시하겠다고 발표했다.

프라탑 싱의 이러한 발표로 전국이 시끄러워졌다. 하층카스트 가운데 만달보고서에 포함되지 못한 집단들은 그들도 포함되어야 한다고 시위를 벌였고, 상층카스트들은 역차별에 대한 항의 시위를 벌였다. 시위 확산과 정치 내부의 분열로 결국 1990년 11월 10일 하원의 신임 투표에서 패하자 프라탑 싱은 수상 직을 사임했다. 프라탑 싱의 사임으로 1991년에 다시 선거가 실시되었고, 라지브 간디는 이 유세 중에 폭탄 테러로 희생되었지만, 국민회의(I)가 승리하여 나라시마 라오가 수상이 되었다.

프라탑 싱이 <보호차별정책>을 실시한 것은 여타후진계급의 지위 개선을 위한 것이라기보다 인디라 간디 시절 녹색혁명으로 부를 축적한 농민 대다수, 즉 수드라의 이익을 대변하여 정권을 장악하려는 정치적 의도가 강한 것이었다고 평가되고 있다. 또 한편으로는 이미 세력을 키워 상층카스트와 대립하고 있는 하층 수드라의 욕구를 충족시켜 사회적 불안을 해소하려는 노력의 일환이었다고 평가할 여지도 있다.

프라탑 싱이 실시한 <보호차별정책>이 정치적 의도였든, 이미 폭발 직전에 있던 하층 계급의 욕구를 해소하여 인도의 정치적 안정을 꾀하려했던 것이었는지를 불문하고, 결과적으로는 만달보고서와 보호차별정책으로 인해 카스트주의가 인도 정치 전면에 등장하게 된 것이다.

1991년 이후에는 불가촉천민이 중심이 된 BSP(Bahujan Samaj Party)의 등장이 주목되고 있다. 1995년에 우타르프라데시에서는 불가촉천민 출신의 마야바티(Mayabati)가 주 수상이 되었고, 1997년에 재임되었다. 마야바티는 집권 후에 불가촉천민 위주의 정책을 폄으로써 우타르프라데시는 불가촉천민들의 정치적 터전이 되기도 했다.

불가촉천민이나 여타후진계급들은 힌두 상층부와 연계하여 그들의 세력을 확대하려 노력하기도 하고, 하층카스트들이 연합한 독자 정당을 만들어 정계의 진출을 꾀하기도 했다. BJP 세력이 확대되면서 보호차별정책은 힌두민족주의 정책에 밀려나기는 했지만, 만달정책에서 보고되었던 건의한 사항들 즉 '보호를 위한 차별'은 각 주 정부에 받아들여져서 공직이나 의원직 그리고 대학 입학시험에서 여타후진계급들은 보호적 차별이라는 우대를 받고 있다.

1990년대 이후는 힌두민족주의를 위한 구호와 더불어 후진 계급을 위한 구호가 정치를 좌우하는 힘이 되었다. 이러한 후진 계급을 위한 보호는, 이 범주에 들지 못하는 계층, 다시 말해서 후진의 개념에 들어야 하는데 포함되지 못한 계층이거나, 후진 계급 보다 조금 낫지만 거기서 거기인 계급들에게 상대적 박탈감을 주었다. 그뿐만 아니라 상층카스트가 겪는 역차별의 억울함도 적지 않을 것이다.

2006년 5월초부터 뉴델리에 있는 의과대학(AIIMS)에서, 국립병원 7곳에 소속된 4,000명의 레지던트들이 진료를 거부하고 단식투쟁을 벌였다. 이유는 <보호차별정책>으로 국립대학 정원의 27퍼센트를 여타후진계급에게 할당한다는 것 때문이다. 이들의 투쟁에는 현직 의사들도 합세하여 '교육의 질을 떨어뜨리는 정략적인 발상'이라고 비판했다. 진료거부 사태가 길어지자 환자들의 원성이 빗발치고, 언론에서는 이러한 사태를 대서특필했다. 결국 대법원에서 파업중단과 진료 복귀를 명령하여 5월 31일에 파업은 끝났다.

그런데 이어 델리의 인도공과대학(IIT)에서도 이러한 사태가 벌어졌다. 학생 70~80명이 캠퍼스에 천막을 치고 단식 농성에 들어갔으며, 인근 자와할랄네루대학(JNU)의 일부 학생들도 교정에서 단식 투쟁에 돌입했다.

1950년 헌법에서는 SC와 ST에게 각각 공무원의 15퍼센트와 7.5퍼센트를 할당했고 같은 비율로 국립대학의 정원도 할당되었다. 그런데 2006년에 만모한 싱 수상은 만달위원회의 보고서를 근거로 이를 27퍼센트로 확대한다고 발표했다. 만모한 싱 수상이 이렇게 여타후진계급의 할당에 신경을 쓴 것은 연립정권이라는 정치적 불안감이 배경이 되었을 것이다. 그렇기 때문에 병원과 대학의 학생들은 이 쿼터 제도 확대에 반대하는 시위를 하고 있지만, BJP를 비롯한 정당들은 만모한 싱의 정책에 반대할 입장이 못 되는 것이다. 여타후진계급은 인도 전체 유권자의 50퍼센트에 달한다. 반을 차지하는 유권자들에게 혜택이 돌아가는 문제를 놓고 정면으로 반대할 수는 없는 노릇이다. 그렇다고 상층카스트의 표도 의식하지 않을 수 없으니 진퇴양난이다. 그래서 BJP에서는 정책에 대해서는 찬성하면서 '능력 있는 학생들이 피해를 보지 않도록'이라는 단서를 달아 애매한 입장을 표명했다.

현재 후진 계급 보상차별 제도는 더 뜨거운 감자가 되어가고 있다. 2015년 8월 25일에는 구자라트 주의 파티다르(Patidars) 카스트가 자신들을 여타후진계급에 포함시켜 할당제를 적용해주거나 하층민 우대 정책을 폐지하라고 요구하며 시위를 벌이며 경찰과 충돌하여 9명이 사망했다. 2016년 2월 20일에는 하르야나 주의 자트 카스트들이 시위를 벌이며 뉴델리로 향하는 상수도를 차단하고 도로를 봉쇄하여 뉴델리의 학교들이 휴교를 하고 공장 조업이 중단되었으며 19명이 사망하고 200명 이상이 부상당하는 사태가 발생했다. 이처럼 자신들의 카스트를 보호대상에 포함시켜달라는 요구가 계속되고 있다.

한편으로 이 할당제를 힌두 카스트에게만 적용한다고 발표함으로써 종파 갈등으로 확산될 위험을 안고 있다. BJP가 집권한 직후인 2014년 10월에 사회정의부(Department of Social Justice)의 겔로트(Thavar Chand Gehlot) 장관은 기독교도와 이슬람교도는 카스트와 무관하므로 해당 종교의 하층민들에게는 할당제를 인정할 수 없으며, 비논리적 평등권 주장에 강력 대응할 것이라고 발표했다. 이에 대하여 기독교와 이슬람교 달리트 지도자들이 항의함으로써 후진계급 보호차별 제도는 종파갈등으로 확산되고 있는 상황이다.

101. 캘커타 거리에서 기도 하는 마더 테레사

마더 테레사(Mother Teresa: 1910-1997)는 지금의 마케도니아 공화국 수도인 스코페(Skopje)에서 태어났다. 수녀가 되기 전까지의 이름은 아그네스 곤히아 브약스히야(Agnes Gonxha Bojaxhiu)였다. 어린 시절부터 예수회 소속의 청년단체에서 활동하면서 선교사에 대한 관심을 갖기 시작했고, 1928년에 18세의 나이로 로레토 수녀원(Sisters of Loreto)에 들어갔다. 로레토 수녀원은 인도에서 선교활동을 하는 단체였는데, 아그네스는 어린 시절부터 인도에 가고 싶어 했기 때문에 아일랜드에 있는 로레토 수녀원을 찾았던 것으로 알려져 있다. 여기서 그녀는 마리아 테레사(Sister Mary Teresa)라는 세례명을 받았다. 1929년 1월 6일에 캘커타에 도착한 테레사는, 1931년 5월 1일에 첫 서원을 하고 로레토 엔톨리(Loreto Entally)에 들어갔다. 이곳에서 그녀는 성 마리아 여학교(St, Mary's school for girls)의 교사로 일했다. 1937년 5월 24일 종신서원을 함으로써 '마더 테레사'가 되었다. 마더 테레사는 성 마리아 여학교에서 계속 교사로 일하다가 1944년에 교장이 되었다.

이 시기까지 마더 테레사의 수녀로서의 삶은 평범한 편이었다. 그녀는 학교 교사 생활이 진정한 사도의 길이었고, 하나님의 사랑을 수행하는데 헌신하는 행복한 시간이었다고 회고했다. 그녀의 삶의 전환기는 1946년에 찾아왔다.

마더 테레사는 1946년 9월 10일, 해마다 하는 대피정(大避靜)을 위해 캘커타에서 다즐링으로 가는 기차를 탔다. 마더 테레사가 '영감의 날'이라고 불렀던 그날, 기차 안에서 기도를 하고 있던 그녀는 '수도회를 떠나 가난한 사람들 가운데 살면서 헌신하라'는 목소리를 들었다고 한다. 그녀는 이 목소리의 명령을 죽을 때까지 따랐던 셈이다.

수녀로서 수도원을 떠나 세상 속에 살아간다는 것은 상식적인 일이 아니었다. 수도원을 떠나 가난한 사람들 곁에서 살 수 있도록 허락을 받는데 2년이 걸렸다. 1950년 10월, '자선 선교회'를 만들 수 있는 허가를 교황청으로부터 받았다. 그리고 이 해에 마더 테레사는 인도의 시민권을 받아 인도로 귀화했다. 이 '자선 선교회'에서는 가난하고 힘없고 병든 사람들을 돌보는 일을 했다. 세상 속에 살기 시작하면서 수녀복을 벗고 흰색 사리(Sari: 인도여성 전통의상)를 입었다.

1952년에 캘커타 관리들의 도움으로 처음으로 임종의 집을 열었다. 버려진 힌두 사원을 죽어가는 사람들을 위한 집(Kalighat)으로 만든 것이다. 힌두 사원을 모독하고 기독교를 전파하려 한다는 비난을 받았지만 그녀는 '사랑은 힌두가 힌두답고 무슬림이 무슬림다운 것이며, 힌두는 최선의 힌두가 되어야 하고, 무슬림은 최선의 무슬림이 되어야 한다.'는 말로 사람들을 설득했다. '순수한 마음을 가진 집(Nirmal Hriday)'이라고 이름 붙인 이곳에서 죽어가는 인도인들에게 사랑을 전했다.

1953년에는 집을 구입하여 '자선 선교회' 본원으로 삼았다. 이곳에서는 수녀들이 버림받은 고아들을 돌보았는데, 이 고아들은 대부분 임종의 집에서 죽은 사람들의 자녀들이었다. 1955년에는 '어린이의 집(Nirmala Shishu Bhavan)'을 열어 고아들과 미성년 젊은이들을 돌보는 일로 확장했다.

1962년에 마더 테레사는 인도 정부가 수여하는 상을 비롯해, 동남아시아의 시토(SEATO) 국가들이 수여하는 막사이사이상을 수상했다. 마더 테레사의 '자선 선교회'가 전 세계에 알려지면서 각 지역에 분원이 생겨, 1971년에는 전 세계에 걸쳐 50개가 넘는 분원이 설립되었다.

그림 81. 마더테레사(1993년)

그리고 1979년 10월에 마더 테레사는 노벨 평화상을 받았다. 1986년 2월에는 요한 바오로 2세가 캘커타를 방문하여 '자선 선교회'를 둘러보았다. 이것을 계기로 로마의 바티칸에도 '마리아의 선물'이라고 이름 붙여진 집 없는 사람을 위한 집이 마련되었다.

자신을 돌보지 않고 사랑의 선교회 일로 과로한 마더 테레사는 심장마비로 쓰러졌다. 다행히 목숨을 건지고 회복되었으나, 이후에도 자신을 돌보는 일은 '자선 선교회' 일의 다음 순위로 밀려났다. 건강이 악화되어 1990년 4월에 '자선 선교회' 대표 자리에서 물러났으나, 5개월 후 다시 대표직을 수락하지 않을 수 없었다.

1991년 1월에 걸프전이 일어나자 전쟁으로 죄 없는 사람들이 고통을 받고 있음을 미국과 이란에 호소했고, 전쟁이 끝나자 '자선 선교회' 수녀들이 바그다드로 달려가 전쟁으로 상처 입은 사람들을 돌봤다.

1995년 10월 워싱턴에 '아동을 위한 테레사의 집'을 만들었다. 1993년 8월부터 눈에 띄게 건강이 악화되었지만 1994년에 미국을 방문하여 평화와 생명 존중에 대해 호소했다. 1996년 8월 말라리아로 입원했고, 심장도 나빠졌다.

인도에서 인도인들보다 더 인도인들을 사랑으로 돌보았던 그녀, 종교 갈등으로 수많은 사람들이 죽어가는 인도 땅 캘커타에서 굶주림과 병든 사람이 있는 골목에서 기도를 하던 그녀, 세계 평화를 위해 전쟁을 끝내라고 미국과 이란에 호소하던 그녀, 고아와 미혼모 그리고 죽어가는 사람을 돌보던 그녀, 마더 테레사는 1997년 9월 5일 세상을 떠났다. 마더 테레사는 인도에 복음을 전한 것이 아니다. 그녀가 믿는 하나님을 전한 것이 아니다. 죽어가는 사람의 손을 잡고, 캘커타 거리에서 기도하던 마더 테레사가 전한 것은 사랑이었다. 인류에 대한 사랑, 인간에 대한 사랑, 모든 종교의 근원에 있는 사랑이었다.

102. 우리는 결혼하기에는 너무 어려요

2005년 3월, 차티스가르(Chhattisgarh) 주의 라즈난드가온(Rajnandgaon) 시에서 소녀들이 시위를 벌였다. 그녀들이 내건 시위의 슬로건은 "우리는 결혼하기에는 너무 어려요!", "나는 이제 중학생이고 계속 공부하고 싶어요."라는 것이었다.

인도 혼인법에 의하면 남자 21세, 여자 18세가 되어야 결혼 할 수 있다. 그러나 이것은 법일 뿐이다. 실제로 오늘 이 시각에도 10세가 안된 아이들이 결혼식을 올리고 있기 때문이다.

결혼 연령에 문제를 제기한 것은 1800년대 중반의 인도 사회 개혁가들이었다. 브라흐모 사마즈와 아르야 사마즈에서는 유아혼(child marriage) 금지 운동을 펼쳤다. 유아혼 금지를 외치던 1860년대, 인도 여성들의 결혼 연령은 8-9세 이하였다. 1860년대부터 유아혼에 대한 논의가 있었지만 이것을 법적으로 문제 삼게 된 것은 1880년대이다.

풀르마니(Phulmani)라는 11세의 여자 아이가 남편의 강제 성행

그림 82. 조혼 반대 캠페인에 참여한 어린이들(2017년 4월 27일)

위 때문에 죽은 사선이 발생하면서 승낙연령 문제가 제기되었다. 14세 이하의 여자 아이를 결혼시키지 못하게 해달라는 탄원서를 작성하고 500명의 여자 의사들이 서명해서 총독에게 보냈다.

1884년에는 파르시교도인 베람지 말라바리(Behramji Malabari)가 유아혼과 과부재혼금지 문제를 비판하고 공론화했다. 어린 나이에 어머니가 되는 여자는 성장이 억제되어 건강을 제대로 지킬 수 없을 뿐 아니라 키도 작고 나약한데, 이보다 더 큰 문제는 조혼으로 여성교육에 막대한 장애가 생긴다는 것이다. 이에 동조하여 유아혼 금지 운동이 일어났으며, 1891년에 '승낙연령법(Age of Consent Act of 1891)'이 제정되었다. '승낙연령법'은 혼인을 했더라도 남녀가 일정 연령이 되기 전까지는 성적 결합을 금하는 것으로 이때 승낙연령법에서는 12세 이전에 남녀가 결합하는 것을 금했다. 1929년에 제정된 유아혼 제한법(Child Marriage Restraint Act

1929)에서는 남자 18세 여자 14세 이하의 결혼을 금했다. 그러나 유아혼 제한법이 공포된 후에도 뿌리 깊은 인도의 관습인 유아혼은 사라지지 않았다.

말라바리는 12세 이하의 어린이 결혼을 적절한 결혼이라고 규정한 힌두법전은 없다고 주장했다. 『리그베다』에는 '여자가 아버지의 집을 떠나기 전에 육체적 정신적으로 충분히 성장되어 있어야 하고, 남자들은 여자의 육체가 완전히 성숙된 다음에 결혼해야 한다.'고 되어 있다. 『라마야나』, 『마하바라타』 그리고 일부 수트라 등에도 '완전한 성장 후의 결혼'이 적당하다고 묘사 되어 있다. 즉 첫날밤은 결혼식 직후 혹은 며칠 후에 치러져야 하며, 초경 전에 치러서는 안 된다는 것이다. 신랑 역시 성숙되어 있어야 한다고 되어 있는데, 이러한 것들을 종합해 볼 때 힌두교 성전에서는 초경 후에 결혼해야 한다고 규정한 것으로 해석된다는 것이다.

그런데 『라마야나』에는 시따가 납치 되었을 때 "나는 18세이고 남편은 25세인데 우리는 12년 동안 부부였다"는 구절이 있다. 그렇다면 라마가 13세 때 6세인 시따와 결혼한 셈이다. 이에 대해 일부학자들은 라마야나가 수차례 개작되었기 때문에 문제가 되는 그런 구절들은 후에 추가된 문장이라고 주장한다. 『마하바라타』에는 초경 후 3년이 지나서 남편을 얻어야 한다는 구절이 있기 때문에 결혼 연령은 14세 전후였던 것으로 생각할 수 있다.

『마하바라타』와 『라마야나』 등의 서사시가 만들어진 시대로부터 후대로 갈수록 결혼 연령이 낮아지고, 초경 이전에 결혼을 해야 한다는 의식이 확산된 것 같다. 『카마수트라』에는 초경에 이른 여자와의 결혼은 피하라고 충고하고 있고, 『야갸발캬 다르마샤스트라(*Yājñavakya Dharmaśāstra*)』에는 7세에서 10세 사이에 결혼하는 것이 적절하다고 설명되어 있으며, 『마누법전』에서는 남자는 여자 나이의 3배가 적당하고 남자 30세와 여자 12세 혹은 남자 24세와 여자 8세에 결혼하는 것이 바람직하다고 되어 있다. 초경 전에 결혼해야 한다는 인식은 여성의 결혼 연령을 더 낮추는 경향이 있다. 여성들이 빠르면 10세 늦으면 15세 정도에 초경을 한다고 보면, 언제 시작될지 모르는 초경에 대한 불안감을 떨치기 위해서라도 10세 이전에 결혼시키는 현상이 벌어지고 있는 것이다.

사회 개혁가들이 강조했던 것처럼 여성의 조혼은 건강상에 막대한 장애를 초래할 뿐 아니라, 인도 사회에서 여성의 지위를 열악하게 만드는 요인이다. 어린 나이에 결혼하면 제대로 교육받을 기회도 갖지 못할 뿐만 아니라 남편집안에서 발언권도 제대로 행사할 수 없다. 거기에 더해서 어린 여자아이를 나이 많은 남자와 결혼시키기 때문에 일찍 홀로 되는 '어린 과부'가 많다는 것도 심각한 문제이다. 인도에서 대부분의 과부들은 남은 생애 동안 흰색 사리만 입고 아무런 장신구도 하지 못한 채 사회와 차단된 생활을 하게 된다.

남인도보다는 북인도에 조혼 전통이 더 강하게 남아 있는데 특히 라자스탄의 경우는 조혼의 대명사로 불릴 정도이다. 그러한 라자스탄에서 2012년 4월, 18세의 여성 락슈미 사르가라(Laxmi Sargara)와 20세의 남성 라케슈(Rakesh)가 결혼 무효 확인서에 서명했다. 이들의 부모는 1세인 락슈미와 3세의 라케슈를 결혼시켰다. 락슈미는 18세가 되어서야 자신이 이미 결혼했다는 사실을 알게 되었다. 락슈미가 18세가 되자 그녀의 부모가 락슈미를 남편의 집으로 보내려 했기 때문이다. 락슈미가 혼인 무효 신청을 했으나 라케슈는 이를 받아들이지 않았다. 그러나 락슈미의 요청을 받은 민간단체의 끈질긴 설득으로 라케슈가 혼인 무효 확인서에 서명했고 마침내 혼인은 무효 처리 되었다.

'2017 유니세프 보고서'에 따르면 18세 이전에 결혼한 인도여성 조혼 비율은 47퍼센트로 세계 10위이다. 1위는 아프리카의 니제르(Niger)로 76퍼센트가 조혼을 했다. 그런데 인도 인구는 12억이 넘는다. 그 절반이 여성이라고 볼 때 47퍼센트가 조혼을 했다면 조혼 여성은 2억을 훌쩍 넘는 숫자이기 때문에 세계 조혼 여성의 1/3 이상을 인도가 차지하고 있는 것이다. 인도 중산층 이상의 소녀들이 20세쯤 결혼하는 반면, 농촌이나 빈곤층의 소녀들은 15세를 전후하여 결혼하는 비율이 높다. 취학을 했더라도 결혼과 함께 학교를 그만두는 경우가 많기 때문에 제대로 교육을 받지 못할 뿐더러 일찍 출산하여 건강에도 부정적 영향을 준다. 또한 이렇게 조혼한 경우가 20세 이후에 결혼한 경우보다 가정 폭력에 시달릴 위험도 높다. 그래서 유니세프를 비롯한 여러 단체에서 조혼 풍속 개선을 위해 노력하고 있지만 그리 희망적이지는 않다고 한다. 게다가 1990년대 이후 힌두근본주의가 확산되고 있으며, 그에 따라 드라마 '라마야나'가 새롭게 제작되거나 재방영되면서 선풍적 인기를 끌고 있고, 여성의 롤 모델로 『라마야나』의 시따가 계속 부각되고 있다. 이러한 분위기가 조혼 풍습에 부채질을 하지 않을까 우려된다.

103. 남편과 함께 불타는 여인

인도에는 죽은 남편과 함께 아내를 불태우는 사띠(sati, suttee)라는 풍속이 있다. 이 사띠의 현장이 어떠했을지 상상해보자.

장작을 쌓고 있다. 울음소리는 들리지 않는다. 친척들과 마을 사람들 그리고 친구들이 장작더미 위에 놓인 시신을 바라보고 있다. 아름다운 결혼식 옷을 입은 여인은 장작불을 향해 걸어간다. 장작더미 위에 누워 있는 남편의 시신을 바라보던 여인이 잠시 머뭇거린다. 주변에서는 "이제 곧 당신도 남편 곁으로 가게 될 거예요."라는 말이 들려온다. 또 다른 사람은 "스스로 몸을 불사르면, 남편에게 가게 되고, 당신은 순결한 어머니가 되는 겁니다."라고 말한다. 머뭇거리던 여인은 다시 발걸음을 떼어 장작더미 위로 올라가 눕는다. 사람들은 그 위에 장작을 덮고 사두(Sadhu)는 마지막 축복을 내리는 뿌자를 행한다. 악사들의 연주가 시작되고 장작에 불이 붙여진다

이런 모습이 자발적으로 행해졌다는 사띠의 장면일 것이다. 남아 있는 사띠에 관련된 기록이나 그림을 보면, 아내가 스스로 남편을 화장하는 장작불 위에 같이 눕거나 앉아서 불에 타기도 하고, 남편의 시신이 타고 있는 불길에 뛰어들기도 한다. 이것이 인도의 사띠라는 풍속이다.

2006년 4월 22일, 인도 비하르 주에서 78세의 시따 데비(78) 역시 이렇게 사띠를 행했다. 시따 데비는 남편을 태우는 불길로 뛰어들었다고 전해지며, 경찰이 달려왔을 때는 이미 시따 데비가 까맣게 탄 재로 변해 있을 때였다.

뉴스를 접하는 것만으로도 오싹해지는 이러한 사띠의 풍속은 언제부터 생긴 것일까. 『마하바라타』와 같은 서사시에는 사띠의 풍속이 보이지 않는다. 마케도니아의 알렉산더가 인도 원정을 했을 때 따라 왔던 그리스 역사학자의 기록에 의하면, 탁실라 지방에서 인도 병사가 죽었을 때 그의 두 아내가 다투어 남편을 화장하는 불로 뛰어들었다고 한다. 또한 굽타 시대 이전의 기록에 죽은 시신을 태우는 불더미에 자진해서 몸을 던진 기록이 있는데 이것은 반드시 죽은 사람의 부인에 해당되는 것은 아니었다. 이것은 아누마라나(anumarana)라 부르는 것으로, 남녀를 불문하고 죽은 사람에 대한 충성심 혹은 극도의 애정을 표현하는 것으로 흔한 것은 아니었지만 죽은 사람과 관련된 누구라도 할 수 있는 일이었다.

이러한 풍습은 인도에만 있는 풍습은 아니다. 일본의 막부시대나 이집트의 파라오 통치 시절에도 충성을 보이기 위해 따라 죽는

그림 83. 아크바르 황제의 힌두 공주가 사띠를 행하는 장면을 그린 리사(Naw'i, Mohammad Riza)의 작품(17세기)

경우가 보이기 때문이다. 그러니까 이러한 '따라죽기'와 사띠는 다른 것이다. 지금 우리가 여기서 문제 삼고 있는 사띠, 즉 '남편 따라 죽기'는 굽타시대 말기인 기원후 500년경부터 시행된 것으로 알려지고 있다. 이 시기는 불교가 쇠퇴하고 카스트에 근거한 힌두 문화가 확산되던 시기이다.

또 한편으로는 굽타 제국을 멸망시킨 훈족에 의해 사띠가 전래된 것이라는 주장도 있다. 사띠 기념비인 사띠석(sati-stone)이 세워지기 시작한 것이 이 무렵이기 때문일 것이다. 사띠석은 마드야프라데시의 사가르(Sagar)에 있는 것이 가장 오래 된 것이라고 한다. 굽타시대는 힌두교의 전성시대이며, 그 말기에 훈족의 침입으로 제국이 멸망했고, 이어지는 시기가 라지프트 시대와 이슬람 침입 시대이다. 이때 외래 종족에 대항하고 힌두교의 카스트 질서를 강화했는데, 사띠는 카스트 결속을 다지고, 사띠를 행한 사람이 속한 카스트의 지위를 강화시키는 역할을 했다. 이후 후대로 가면서 라자스탄에 사띠석이 많이 세워졌다. 사띠석을 세워서 사띠로 죽은 여인을 기념하고 숭배하는 예배의 장소로 삼았다. 라자스탄에서 주로 행하던 사띠는 10세기 무렵 인도 전체로 확산되었고 이런 풍습은 19세기까지 지속되었다.

사띠의 시행이 자발적이었는가에 대한 의문이 많다. 기록이 실제 상황을 얼마나 솔직히 기록했는지는 의문이지만, 일반적으로 전해지는 문헌들에는 일단 자발적으로 이루어졌다고 되어 있다. 사띠 금지법이 제정된 후에, 이 법이 헌법에서 보장한 개인의 행복추구권을 제한하는 것이라고 주장하는 사람도 있는 것을 보면,

그림 84. 카르나타카의 케다레슈바라(Kedareshvara) 사원에서 수집된 사띠석(1206년경)

스스로 기꺼이 사띠를 행한 사람도 없지 않았을 것이다. 이러한 주장에 따르면 남편이 죽고 혼자 남은 여인이 사띠를 행하여 사랑하는 남편에게로 가고, 그렇게 함으로써 자신과 남편 그리고 후손들이 천상에 태어날 과보를 받는 것인데, 그러한 사띠를 행할 권리를 법으로 박탈하는 것은 행복추구권에 위배된다는 것이다. 그러니 정말 기꺼이, 완벽한 자발적 선택으로 사띠를 행한 사람도 없지 않았을 것이다.

그러나 상당수의 사띠에는 심리적 강요가 있었을 것이다. 제일 큰 심리적 압박은 인도에서 남편이 먼저 죽은 과부로 살아간다는 것이 얼마나 어렵고 힘겨운 삶인가 하는 것이다. 남편이 죽으면 살아남은 아내는 그날부터 산목숨이 아니다. 하얀 사리로 갈아입고, 장신구를 해서도 안 되며, 경제력이 없는 여인은 신에게 바쳐져 데바다시[21]로 살아간다. 그렇게 사는 것보다는 남편을 따라 함께 불타면서, 천국을 꿈꾸는 것이 행복한 일일 것이라는 심리적 압박이, 반쯤은 가족의 시선이라는 강요를 포함한 자발적 선택인 셈이다.

중국에도 이와 비슷하게 자발적 자살의 형태를 띤 여인들의 죽음이 있다. 소위 탑대(塔臺)라는 것이 그것이다. 청나라 시대는 여성의 순결을 지키는 '열녀'에 대한 강박관념이 극에 달한 시대이다. 청나라 때 세워진 열녀비가 수도 없이 많았다. 여성의 순결, 과

21) 신에게 바쳐진 여인으로 사원에서 신을 모시는 역할을 하는 여인들이 데바다시이다. 그러나 실제로는 사원의 사제를 비롯한 남성의 성적 노예처럼 살기도 했다.

부의 순결을 상징하는 열녀문이 많아지자, 이것보다 더 강한 순결의식을 발휘한 것이 탑대이다. 남편이 죽으면 길일을 택해서 친척들을 불러 모으고 단을 쌓는다. 그리고 남편을 먼저 보낸 과부는 그 단위로 올라가 걸려 있는 줄에 목을 맨다. 순결을 위해 공개적으로 죽는 것이다. 명문가일수록 이러한 탑대가 성행했고, 심지어는 정혼한 남자가 죽을 경우 혼인도 하지 않은 어린 여자 아이를 탑대에 희생시킨 경우도 적지 않다.

쌓아 올린 단위로 걸어 올라가는 수절과부의 발걸음이 자발적인 것이었을까. 기록에 의하면 정혼한 남자가 죽자, 그 남자와 정혼한 딸을 가진 어머니는 탑대를 거부하지만, 아버지의 '가문의 영광' 요구에 어쩔 수 없이 딸을 탑대로 보내며 가슴을 쳤다는 기록도 있다.

마찬가지로 인도의 사띠도 자발적인 것이 전혀 없었다고 할 수는 없겠지만, 강요에 의한 사띠가 성행했을 것으로 추측된다. 일상적으로 인도의 장례는 사람이 죽은 당일이나 다음날 치른다. 그렇기 때문에 3일장이나 5일장을 하는 우리와는 달리, 남편을 태우는 장작더미에 미망인이 같이 누우려면 신속히 결정을 내려야 한다. 오래 동안 병석에 있어서 죽음을 대비한 죽음이라도 함께 죽을 준비를 하기는 시간이 촉박하다. 갑자기 죽은 경우는 말할 것도 없다. 남편이 죽자마자, 결혼식 때 입었던 옷을 챙기고, 남편의 시신 옆에 누워야 한다. 물론 남편이 멀리 길을 떠나 그곳에서 죽은 경우는 남편의 장례가 치러진 다음에 아내가 사띠를 행하기도 했다.

죽은 남편과 살아 있는 아내는 장작더미 위에서 또 한번의 결혼식을 하는 것이다. 이것으로 결혼이 완성되었음을 주변에 알리는 셈이다. 간혹 기록과 그림에, 장작에 불이 붙여진 후 뛰쳐나가는 것을 방지하기 위해 여인을 묶어둔 것도 보이고, 때로는 정말 잔혹하게도 여자가 뛰쳐나갈 것에 대비하여 긴 막대기를 들고 서있는 남자의 모습이 함께 그려진 그림도 있다.

조금은 다행스러운 것으로는 상징적으로 사띠를 행해서, 죽은 남편의 장작 옆쪽에 여인이 눕고, 결혼식을 올리고, 불을 붙여 남편을 화장 한 후에, 여인은 함께 타죽지 않고 살아서, 일상의 삶을 살았던 경우도 있다고 한다.

사띠 풍속은 시대와 지역에 따라 다른 모습을 하고 있다. 특히 사띠가 성행했던 지역은 라자스탄과 벵골 그리고 비하르이다. 이 지역에서는 18세기 후기와 19세기 초기에 상당히 많은 사띠가 행해졌다는 보고가 있다. 19세기 초에 벵골 주에서 행해진 사띠만 한해에 1200건에 달했다고 한다. 1818년, 벵골 주에서 벌어진 사띠가 838건이었는데, 그중의 544건은 벵골의 주도인 캘커타에서 벌어졌다. 영국은 사띠 금지법을 제정하여 벤팅크 총독(Lord William Bentinck: 1828-1835)이 이를 공포했다. 1829년에 벵골에서, 1830년에 봄베이(지금의 뭄바이)와 마드라스에서 사띠 금지법이 공포됨으로써 사띠는 공식적으로 금지되었다. 또한 인도의 람모한 로이를 비롯한 인도의 사회 개혁가들도 사띠 금지 운동을 벌였다. 그러나 최근까지도 위에 언급한 지역을 중심으로 사띠가 행해졌다는 소식이 뉴스를 통해 전해지고 있다.

1987년에 18세의 루프 깐와르(Roop Kanwar)가 라자스탄에서 사띠를 행했다. 사띠는 시내 한복판에서 버젓이 그리고 신속하게 시행되었고, 그녀가 죽은 후에 그녀는 순결한 어머니(sati mata)로 추앙되었다. 루프 깐와르의 사띠 시행 이후 인도 정부는 사띠 금지법<The Commission of Sati (Prevention) Act, 1987>을 재정하여 사띠를 금지 시키겠다는 강력한 의지를 표명했다. 그러나 루프 깐와르의 사띠가 강제된 것이었다는 주장으로 기소된 11명은 10년도 넘게 걸린 재판에서 최종적으로 모두 증거 불충분이라는 이름으로 무죄판결을 받았다. 이러한 정부의 태도는 사띠를 방치한다는 비판을 받기에 충분하다.

또한 1990년 이후 확산된 힌두민족주의 운동으로 힌두 관습의 복고적 경향이 보이고 있어서 사띠가 다시 확산되지 않을까 하는 우려를 낳고 있다. 사띠를 강제한 주변 인물에 대한 강력한 처벌이 사띠 금지의 가시적 효과를 낼 수 있는 방법이 아닐까.

2000년대에 접어들어서는 2002년에 마드야프라데시에서 쿠뚜(Kuttu, 65세)가 사띠를 행했고, 2006년에는 4월(시따 데비, 78세)과 5월(Vidyawati, 35세) 그리고 8월(Janakrani, 40세) 등 3건의 사띠가 있었으며, 2008년 10월에 베르마(Lalmati Verma, 78세)가 사띠를 행했다. 그리고 2015년 4월 1일에 우샤(Usha, 50세)가 남편을 화장한 곳에서 사망했는데 사띠인지 여부는 분명히 밝혀지지 않았으나 일부에서는 사띠일 가능성이 높다고 추정하기도 했다. 자발적이든 강제적이든 이제는 사띠라는 말이 사라질 때도 되지 않았을까.

104. 힘을 과시하다: 핵실험

네루는 비동맹 외교 중립주의를 택하면서 핵개발은 중단되어야 한다는 입장을 취했다. 핵무기 개발로 과학기술이 인간의 가치를 높이는데 사용되지 않음을 인식했기 때문일 것이다. 그러나 무기가 아닌 에너지 개발로써의 핵개발이 필요하다는 것을 인식하면서, 네루의 핵에 대한 생각이 바뀌었다. 원자력 발전소를 건설해서 부족한 전력을 공급함으로써 인도의 낙후된 경제를 살릴 수 있다는 것이다.

호미 자한기르 바바(Homi Jehangir Bhabha)는 1945년에 타타 기초 연구소(Tata Institute of Fundamental Research, 약칭 TIFR)를 봄베이에 세웠다. 이 연구소에서는 수학, 화학, 컴퓨터 분야의 기초과학자들을 배출했고, 이러한 인적 자원을 바탕으로 인도의 과학기술은 비약적인 발전을 이루었다. 원자력 연구의 선구자였던 바바에 의해 설립된 TIFR를 중심으로 핵개발을 시작하고, 1948년에는 원자력법(Atomic Energy Act)을 제정했다. 이때부터 우라늄광의 탐사와 원자력 개발을 추진할 목적으로 원자력 위원회를 설치하고, 연수를 위해 관련 과학자들을 미국과 영국 그리고 캐나다로 보냈다. 1954년에는 행정부 안에 원자력부가 신설되었으며, 바바 원자 에너지 연구소(Bhabha Atomic Energy Research Center, 약칭 BARC)도 설립했다. 네루는 원자력부를 직접 관장하면서 원자력 발전에 박차를 가했다. 또한 원자력 개발을 외국에 의존하지 않고 자체적으로 완성할 수 있도록 추진했고, 그 결과 BARC에서 원자로를 자체 개발 생산하기에 이르렀다.

인도가 핵원자로를 자체 생산할 수 있었던 것은 축적된 기술과 네루의 적극적 지원 정책 덕분이었다. 그러나 무엇보다도 중요했던 것은 핵원자로의 연료가 되는 토륨의 매장량이 풍부했다는 것이다.

인도는 '원자력의 평화적 사용'이라는 것을 표방하면서, 인도 핵 개발의 국제적 협력을 이끌어 냈다. 캐나다의 지원을 받아 1960년 키루스(CIRUS) 원자로를 건설했고, 독일의 협조로 1962년에는 중성자 감속제 제조를 위한 중수시설을 건설했다. 1965년에는 트롬베이(Trombay)에서 핵 재처리 시설을 가동했다.

인도가 원자력 기술을 개발한 첫 번째 목적은 인도 경제개발을 위한 것이었다. 부족한 전력을 공급해서 농촌을 발전시키고, 나아가서 산업의 동력으로 사용하여 인도 경제의 전반적 발전에 기여할 수 있기 때문이다. 다른 한편으로 원자력 기술을 발전시키는 것이 국제사회에서 인도 위상을 높이는 데 도움이 될 것이라는 생각도 있었다. 식민통치에서 벗어났으나, 절대 빈곤에 허덕이는 인도는 국제적 지위가 하락되면 경제적으로 타국에 종속될 수 있다는 위기의식도 있었을 것이다. 네루가 평화적 개발이라는 목표를 내세워, 핵개발과 연구소를 적극 지원한 이면에는 고도의 기술이 필요한 핵개발에 성공한다면, 국제사회에서의 위상도 그만큼 높아질 것이라는 기대도 있었다.

국제 사회의 위상을 높이기 위한 인도의 핵개발은 마침내 핵실험을 실시하는 단계까지 도달했다. 1974년 5월 18일 '미소 띤 붓다(Buddha is smiling)'라고 이름 지어진 핵실험을 실시했다. 붓다 탄신일이 우리나라에서는 1974년 4월 29일이었지만 인도에서는 5월 18일이었다. 베삭(Vesak) 혹은 붓다 푸르니마(Buddha Poornima)라고 부르는 날이다. 남방불교에서는 인도 달력으로 바이샤키월 보름달이 뜨는 날을 붓다탄신일로 기념하는데, 바로 그날 5월 18일에 인도는 라자스탄의 포크란(Pokhran)에서 '미소 띤 붓다'라는 이름을 붙여 핵실험을 실시한 것이다. 키루스 원자로에서 배출된 연료를 트롬베이에서 재처리하는 과정에서 플루토늄을 축출했는데 이때 축출된 플루토늄을 1974년 핵실험에 사용했다. 이로써 인도는 미국, 영국, 소련, 프랑스, 중국에 이어 세계에서 여섯 번째 핵보유국이 되었다.

당시 집권하고 있던 인디라 간디 정부는 정치, 경제적 위기에 놓여 있었다. 녹색혁명으로 농업 경제는 성장하고 있었지만, 1973년 중동 전쟁의 발발로 시작된 석유파동의 영향으로 기름 값이 폭등했고, 그 여파로 공업 생산의 차질을 물론이고, 물가가 폭등하면서 비싼 비료와 전기를 사용하는 농가의 타격도 심했다. 한편으로

1971년 총선에서는 승리했으나 국민회의 내부갈등이 확대되어 정치적인 안정도 보장되지 않았다.

이러한 상황에서 인디라 간디는 수상, 내무장관, 원자력 개발 장관을 겸임하면서 핵개발을 추진했다. 1965년에 중국이 핵실험을 할 때는 맹렬히 비난했던 인디라 간디였지만, 인도에서 행한 핵실험에 대해서는 '핵 보유 국가와 핵무기 보유 국가는 다른 의미'라고 일축했다. 또한 인도는 핵을 개발하되 핵무기를 가질 의향은 없다고 강조하며, 핵실험의 당위성을 피력했다.

미국, 소련, 영국은 1968년에 <핵무기 확산방지조약(Treaty on the Non-Proliferation of Nuclear Weapons)> 안을 유엔군축위원회에 제출했다. 핵보유국이 핵무기, 기폭장치, 그 관리를 제3국에 이양하는 것과 비핵보유국이 핵보유국으로부터 핵무기를 수령하거나 자체 개발하는 것을 막기 위한 내용으로 구성된 <핵무기 확산방지조약>은 핵보유국과 비-보유국을 포함하여 40개국이 동의함으로써 1970년 3월 5일에 발효되었다. 그러나 인도는 여기에 서명하지 않았다. 이 조약은 핵보유국에 대한 강제 조항보다는 비-보유국들이 핵을 갖지 못하게 하는데 중점을 두었기 때문에, 핵을 가진 국가와 갖지 못한 국가가 동등하게 취급되지 못하고 있다. 이에 대해 인디라 간디는 강력히 항의 하면서 서명하지 않았다. 그리고 1974년에 인디라 간디는 '미소 띤 붓다'로 세계를 놀라게 한 것이다.

인도는 인-파 전쟁과 중-인 국경분쟁을 겪으면서, 강대국들의 힘의 논리에 충격을 받았다. 1970년대로 접어들 무렵, 인도는 비동맹외교의 중심에선 제3세계의 대표 국가로 인식되었다. 그러나 미국과 소련 등 강대국 사이에 당당히 설 수 없었다. 그래서 인도의 힘을 세계에 보여야 했다. 그것이 인디라 간디 정부로 하여금 핵실험을 하게 한 심리적 요인일 것이다.

1970년대 인도가 핵개발을 할 때에도 국제적 시선은 곱지 않았다. 그리고 1998년 5월 11일에 샤크티-98(Shakti-98)이라는 이름으로 다시 포크란에서 핵실험에 성공했을 때에는 국제적인 경제 제재가 따랐다. 미국은 인도에 대한 원조를 중단하고 세계은행(IBRD)과 국제통화기금(IMF)의 인도에 대한 차관 보증을 철회하며, 미국 정부와 민간 금융업체들의 인도에 대한 차관제공을 중단한다고 선언했다. 이러한 미국의 결정에 일본과 캐나다 등도 동참했다.

인도의 핵개발에 냉담하던 미국의 태도가 바뀐 것은 2005년 무렵이다. 2004년 5월 수상으로 취임한 만모한 싱이 2005년 7월 18일부터 20일까지 미국을 방문하여 부시 대통령과 만났다. 두 나라 정상은 2005년 7월 18일에 공동성명을 발표했다. 공동성명의 내용은 '인도의 민간 핵 기술에 대한 제재를 해제할 수 있도록 의회와 관계국에 요구할 것이다. 인도는 핵 기술을 보유한 책임 있는 국가로써 핵에너지 분야에 관한 한 다른 나라와 같이 혜택을 받아야 할 것이다.'로 요약될 수 있다. 이 공동 성명으로 사실상 미국은 인도에 대한 핵 제재를 해제한 셈이고, 법률상 절차가 있기는 하지만 어찌되었든 인도는 사실상 핵보유국임을 미국이 인정한 것이다.

바즈파이 수상이 핵실험을 했던 1998년, 그렇게 차가운 시선으로 모든 지원을 중단하겠다고 선언한 미국이, 8년 후인 2005년에는 인도의 핵개발을 돕겠다고 나선 것이다. 미국이 인도에 대해 적극적인 미소를 짓는 것은 중국을 의식한 것이라는 평가가 있다. 정치, 경제, 군사력에서 급성장하고 있는 중국을 견제하기 위해 인도와 가까워질 필요성이 있다는 것이다. 미국이 인도와 가까워진다는 의미는, 미국과 인도의 관계를 친밀하게 해서 중국 세력 확장에 대응한다는 의미도 있지만, 한편으로는 인도와 중국이 가까워지는 것을 막는 효과도 얻을 수 있기 때문일 것이다.

또 다른 한편으로는 브라질, 러시아, 인도, 중국을 한데 묶어 브릭스(BRICs)라고 하는데, 이 브릭스의 성장에 세계가 놀라고 있기 때문이다. 브릭스 가운데 러시아, 인도, 중국은 인접해 있는 국가이다. 가능성이 높은 것은 아니지만 그 세 나라가 협조체제를 구축한다면, 미국으로서는 감당하기 힘든 세력이 될 수 있다. 그 가운데 특히 친디아(China+India=Chindia)라고 부르는 인도와 중국이 협력 관계를 구축한다면, 탈냉전 시대의 균형이 깨질 수도 있다. 미국이 세 나라 가운데 하나를 택한다면 인도일 수밖에 없고, 중국과 인도 두 나라 가운데 선택을 한다 해도 인도일 수밖에 없는 입장일 것이다. 특히 인도의 IT산업 성장과 미국은 밀접한 관계에 있기 때문에 더욱 그러하다. 그러한 측면에서 미국은 인도에게 익수를 청할 수밖에 없는 것이다.

어쨌든 네루가 핵실험의 기초를 닦아서 인디라 간디가 핵실험에 성공했고, 그에 이은 수차례의 핵실험 덕택에, 이제는 미국이 손을 내밀 정도로 힘을 과시할 수 있는 인도가 된 것이다.

105. 바뀌는 인도 이주민의 역사

인도인들의 해외 이주 역사는 다양하게 전개 되었다. 그 가운데 근대에 접어들어 인도인들이 이주한 대표적인 곳으로 남아프리카 공화국을 들 수 있다. 인도인들의 남아공 이주 역사 연구에 따르면, 인도인 노동자들이 남아공으로 이주하기 시작한 것은 1860년이라고 한다. 당시 남아공에 세워진 나탈(Natal) 식민지 정부는 사탕수수 플랜테이션의 부족한 노동력을 보충하기 위해 인도인 노동자들을 받아들였다.

1860년 10월, 마드라스 항을 출발한 배가 1860년 11월 나탈의 더반(Durban) 항구에 도착했다. 160여 명의 인도인 계약 노동자들을 실은 배였다. 1860년부터 인도인 노동 인력을 수입하기 시작한 나탈 정부는 1911년까지 50여년 동안 모두 15만 명이 넘는 노동자를 수입했다. 대부분의 인도인 노동자들은 3년이나 5년 계약으로 남아공으로 이주했다.

이때 남아공으로 간 인도인 계약 노동자들은 노동 집약적인 사탕수수 플랜테이션에서 노동을 감당할 수 있는 젊은이들이었으며, 지역적으로는 남인도 출신이 70퍼센트 정도였고, 북인도 출신이 30퍼센트 정도를 차지했다고 한다. 종교적으로는 힌두 86퍼센트, 무슬림 12퍼센트, 기독교인 2퍼센트 정도였다. 신분적으로는 대부분 하층민 출신으로 수드라와 불가촉천민이 60퍼센트, 바이샤가 30퍼센트 정도였고 크샤트리아와 브라만 출신도 일부 있었다.

남아공의 사탕수수 농장에서 노동자로 출발한 인도인들은 계약기간이 끝난 후에도 남아공에 그대로 남아 재계약을 하거나, 다른 일을 하기도 했다. 이들 중 일부는 공장 노동자나 철도 노동자로 직업을 전환 하거나 사유인도인으로 장사를 시작한 사람들도 있다. 1870년대부터는 초기 이주 인도인들보다는 교육수준이 높은 상인들이 이주했다. 이들을 중심으로 인도인 상인들이 성장하면서, 남아공의 상권을 두고 인도인들과 백인들 사이에 경쟁이 벌어지기 시작했다. 이에 남아공에서는 1897년에는 상인 허가증 개정법안을 만들어 인도 상인의 남아공 이주를 제한했다. 즉 상인 이주는 '영어를 습득하고 25파운드 이상의 재산을 소유한 자'로 제한했기 때문에 1913년 이후 남아공으로 이주한 인도 상인은 보기 힘들게 되었다.

또 다른 이주로는 녹색혁명 이후 캐나다 등에 펀잡의 농민들이 이주한 것을 들 수 있다. 그리고 최근 들어 가장 눈에 띄는 인도인의 이주는 실리콘밸리로의 이주이다. 2000년대 접어들면서 인도의 IT인력에 세계의 이목이 집중되었다. 인도의 IT 인력이 세계의

그림 85. IIT 23개 캠퍼스 위치

주목을 받을 만큼 배출되고 있는 것은 독립 직후 추진된 두뇌 기술 인력 양성 정책 덕분이다. 네루는 독립 직후부터 두뇌 기술 양성에 관심을 기울였다. 그 결과로 설립된 것이 인도공과대학이라 불리는 IIT(The Indian Institutes of Technology)이다.

서벵골의 카라그푸르(Kharagpur)에서 인도공과대학의 첫걸음이 시작되었다. 1950년 카라그푸르에서 착공식을 갖고 1951년에 최초의 IIT(IIT Kharagpur)가 설립되었다. 네루는 카라그푸르 인도공과대학의 출범이 인도의 열망, 인도의 미래를 보여주는 상징이라고 여겼다. 이에 1956년 9월에 '인도공과대학법(Indian Institute of Technology Act)'을 제정했다. 이 법에 따라 봄베이(1958), 마드라스(1959), 칸푸르(1959), 델리(1963)에 IIT가 설립되었다. 그 이후부터 한편으로는 IIT를 설립하고, 한편으로는 기존의 대학들에게 IIT 지위를 부여하여 IIT로 전환시켰다. 이로써 2016년까지 인도 전역에 있는 IIT는 모두 23개가 되었다. IIT를 비롯한 인도의 공과대학을 통해 배출되는 IT인력은 매년 12만 명에 달한다.

인도 정부는 국가 지원으로 배출된 인재들의 해외 진출을 막지 않았다. 인도에 그러한 인력을 고용할 기반이 구축되어 있지 않았기 때문이기도 하고 한편으로는 해외 기술 습득을 기대할 수 있기 때문이기도 했다. 인도에서 배출된 IT전문 인력들이 주로 진출한 곳은 미국의 실리콘밸리였다. 당시 IT전문 인력이 부족했던 실리콘밸리에서는 인도 인재들의 입국 쿼터를 늘릴 정도로 인도 인재들을 높이 평가했다. 그 결과 2014년 기준으로 세계 유수기업인 IBM 엔지니어의 28퍼센트, NASA 직원의 32퍼센트, 실리콘밸리 창업자의 15퍼센트가 IIT 졸업생이다. 또한 미국에 있는 인도 출신 사업가 레키(Kanwal Rekhi)와 고엘(Prabhu Goel) 그리고 매사추세츠 공대 교수인 파틸(Suhas Patil)이 주축이 되어 1992년에 TIE(The Indus Entrepreneur)를 설립했으며, 이를 통해 인도 출신들의 벤처 창업과 자금을 지원함으로써 인도인들의 파워를 확대시키고 있다.

인도 IT 기술자들이 실리콘밸리에 진출하거나 이주하여 정착할 수 있었던 것은 그들의 기술력의 힘만은 아니었다. 그들은 뛰어난 기술력과 더불어 영어를 능숙하게 구사한다는 장점이 있었기 때문이다. 영어를 사용하는 과학기술인력 보유 측면에서 미국에 이어 인도가 세계 2위의 국가라고 한다. 인도 기술 인력의 최대 장점을 영어로 꼽는 사람들도 있을 정도로, 영어는 인도인들의 우수한 기술력 발휘에 톡톡히 한 몫을 했다. 다른 지역의 기술자들과는 달리 인도의 기술 인력들은 실리콘밸리에 도착 즉시 현장에 투입해도 언어로 인한 불편이 발생하지 않는다. 대만과 중국 역시 IT 전문 인력이 상당하지만, 실리콘밸리의 진출이 저조한 것은 언어 때문이다. 언어만으로 진출할 수는 없지만, 충분한 기술력에 언어 장애가 전혀 없는 인도인들의 실리콘밸리 진입과 성공은 영어 덕분이라고 해도 과언이 아닐 것이다.

영국의 200년 식민지 지배를 받은 인도가, 영국으로부터 받은 선물이 영어인 셈이다. 인도인들이 영어를 배움으로써, 지역 간 언어소통이 되지 않던 장벽을 넘어 각 지역의 인사들이 모여 인도의 독립을 논의할 수 있는 기회가 마련되기도 했다. 그리고 이제 영국이 준 선물 영어가 인도의 IT 기술 인력이 미국의 실리콘밸리에 정착하고 성공하는데 또 한 몫을 하고 있는 것이다.

남아공의 계약노동자로 간 인도인들은 인도의 하층이었다. 이들은 자신의 하층카스트와 가난에서 벗어나기 위해 남아공의 노동자로 이주해 간 것이다. 물론 영구 이주가 아닌 계약노동자로 시작한 것이지만, 남아공의 백인들 사이에서 유색 아시아인으로 많은 차별을 받으면서 남아공에 어렵게 정착했다. 남아공에 정착한 인도인들은 단합할 힘이 없었다. 타밀어, 텔루구어, 힌디어 등을 사용하는 노동자들은 언어의 장벽과 문화의 차이 때문에 결속력을 다지지 못한 채로 남아공 인도인(South African Indians)이 되었다.

인도 최고의 IT 기술자들은 미국의 실리콘밸리로 그들의 꿈을 펼치기 위해 간다. 남아공으로 이주한 인도인들과는 달리, 최고 수준의 학력을 가진 전문 기술자들이 그들의 꿈을 펼칠 곳, 실리콘밸리로 가는 것이다.

1996년에 인도출신 사비어 바티아(Sabeer Bhatia)가 핫메일(Hotmail)을 창업하고, 나빈 제인(Naveen Jain)이 인포스페이스(Infospace.com)를 창업하면서 실리콘밸리에서 인도인들이 두각을 나타냈으며 이러한 경향은 지금까지 이어지고 있다. 샨타누 나라옌(Shantanu Narayen)은 어도비(Adobe) 회사에서 2007년부터 최고경영자로 활동하고 있고, 라지브 수리(Rajeev Suri)는 핀란드에 본사를 둔 노키아(Nokia) 그룹에서 2014년부터 최고경영자로 활동하고 있다. 뿐만 아니라 2014년에 사트야 나델라(Satya Nadella)가 마이크로소프트(Microsoft)의 최고경영자가 되었으며, 2015년에는 순다르 피차이(Sundar Pichai)가 구글(Google)의 최고경영자가 되었다.

최근 들어 '인도의 실리콘밸리'로 불릴 정도로 벵갈루루(Bengaluru)에 신흥 IT 도시가 형성되어 우수한 IT 인재들이 인도로 돌아오는 양상을 보이고 있다. 이제는 IT 인재를 수용할 수 있을 정도로 인도 IT 산업 기반이 구축되었기 때문에 이러한 양상은 지속될 것으로 예측된다. 그러나 실리콘밸리에 정착하여 자신들의 능력을 발휘하는 인도인이 줄어들 가능성은 적어 보인다. 실리콘밸리에 인도인들의 진출이 지속된다면 언젠가 이들의 후손들은 자신들을 실리디언(실리콘밸리 인도인) 혹은 실리콘 인디언이라 부르게 될지도 모른다.

106. 인도의 교육과 입시지옥

인도는 독립하면서 연방제를 채택했다. 이에 따라 교육 역시 각 주에 일임되어 있었다. 그러나 지금은 중앙정부, 주정부, 지방자치단체가 유기적으로 연결된 연대 책임 형태의 교육체제를 갖추고 있다. 특히 1985년 교육부가 인적자원개발부(Ministry of Human Resource Development, MHRD)로 개정되면서 인적 자원 개발과 문맹 퇴치를 위한 교육진흥 사업을 추진하고 있다. 개괄적으로 보자면 중앙 정부 기구인 국립교육연구훈련원(National Council of Educational Research and Training: NCERT)에서 인도 전체의 학교 체제와 커리큘럼을 관장하고, 각 주에 있는 주 정부 교육위원회(State Government Boards of Education)에서 NCERT의 기본 규정에 순하여 각 주의 교육을 관장한다.

인도의 교육체계는 대부분의 주에서 15(10+2+3)년 과정으로 되어 있다. 10년은 초중등과정에 속하며 초등교육 4년과 중등과정 6년으로 나뉜다. 그리고 2년의 주니어 칼리지(Junior colleges) 과정을 거쳐 학사 학위를 받을 수 있는 3년 과정의 대학에 진학한다.

초등학교 취학 연령은 6세이며, 2010년에 초등 교육의 무상의무교육이 실시되면서 취학률이 꾸준히 높아지고 있다. 일부 자료에 따르면 초등학교 취학률이 전체인구의 75퍼센트 정도라고 되어 있기도 하나 2011년 인구조사 통계자료에 따르면 초등학교 진학률 95퍼센트, 중등학교 진학률은 69퍼센트, 대학 진학률 25퍼센트이다.

인도의 취학률이나 대학진학률이 꾸준히 증가하고 있지만 선진국 수준에 비하면 턱없이 낮은 상태이다. 그러나 인도 중산층 이상 학부모들의 교육 열기는 어디에도 뒤지지 않을 수준이며 명문대학 진학을 위한 경쟁도 치열하다. 인도상공회의소(ASSOCHAM)에 따르면 2014년 기준으로 인도에는 700개의 종합대학교, 3만 5천 개의 단과대학교에 2,500만 명 이상의 대학생이 재학 중이다. 이 가운데 전국에 있는 23개의 IIT 입학 정원은 5,000명 정도인데 매년 140만 명 정도가 응시하여 경쟁률이 평균 250대 1이 넘는다.

이렇게 많은 학생들이 응시하는 것은 IIT에 입학하는 것만으로도 90퍼센트 이상 장래가 보장되기 때문이다. 현재 우리나라에서는 명문대학을 졸업했다는 것만으로 미래가 보장되지는 않는다. 그러나 인도의 경우는 IIT 입학과 졸업 그 자체만으로도 그들의 미래가 보장된다. 2017년 기준으로 인도의 1인당 GDP는 2,000달러 정도인데 IT분야에 종사하는 IIT 졸업생들의 연평균 소득은 4만 달러를 넘고 있다. 그래서 IIT에 진학하기 위해 거의 총력전을

그림 84. 코타의 반살학원

벌인다고 해도 과언이 아니다.

그러한 총력전을 위해 새로운 도시가 생겨나기도 했다. 그 대표적인 도시가 코타(Kota)이다. 라자스탄에 있는 코타는 현재 자이푸르, 조드푸르 다음으로 큰 도시이다. 번왕이 다스리던 코타(Kotah) 왕국이 영국령 인도로 편입된 것은 1880년대 중반이었다. 영국 지배를 받던 코타 왕국은 독립 후 라자스탄 주의 일부가 되었다.

그런데 이 도시가 갑자기 입시학원의 메카로 떠올랐다. 그 출발점은 반살(Vinod Kumar Bansal)이 과외 지도를 시작한 1985년이다. 처음에 8명의 학생을 지도했는데 그 학생들이 모두 IIT 입학시험에 합격했다. 입학시험인 JEE는 매년 4월에 실시되는 1차 시험과 5월에 실시되는 2차 시험으로 구성되어 있다. 이 JEE는 18세와 19세, 딱 두 번만 응시할 기회가 주어진다. 그래서 입시 경쟁은 더욱 치열하며, 이 시험을 준비하기 위해 학생들은 사설 입시 학원을 찾는다. 반살의 과외지도가 알려지면서 많은 학생들이 반살의 지도를 받기 위해 몰려들었고, 반살은 개인지도를 넘어서 대형 입시 학원을 설립했다. 이어 여러 사설 입시 학원이 코타에 설립되면서 코타는 이제 입시 학원의 도시로 유명세를 타고 있다. 한국의 학원들 역시 코타에 진출해 있으며, 이 진출은 더욱 확대될 것으로 전망되고 있다.

입시 경쟁의 열기는 사설학원에서 뿐만 아니라 인터넷 강의 사업에서도 느낄 수 있다. 특히 최근에는 한국 기업들이 인도에 진출해 값싼 인터넷 강의를 내세워 돌풍을 일으키고 있다는 뉴스도 보도되고 있다. 입시 학원을 다니면서 인터넷 온라인 수업을 보충수업용으로 활용하는 학생들도 적지 않다고 한다.

명문대학에 진학하려는 입시 열기는 많은 나라에서 느낄 수 있을 것이다. 그러나 인도는 그 열기가 훨씬 강하다. 왜 그럴까? 인도는 독립하면서 카스트에 의한 차별을 철폐한다고 헌법에 명시했다. 그리고 하층카스트를 위한 보호 쿼터를 지정했다. 그럼에도 불구하고 인도 사회에서 카스트 차별은 쉽게 사라지지 않았다. 하층카스트 출신 젊은이들이 사회에서 성공할 수 있는 길, 그 지름길은 IIT와 같은 명문대학에 들어가는 길이다. 다시 말해서 IIT의 입학으로 신분 상승과 경제적 성공 모두를 보장하는 길이 열리는 것이다. 그러나 엄밀히 말해서 하층카스트 학생들이 과외열기에 동참하여 명문학원에 다니기는 쉽지 않은 일이다. 그만큼의 비용을 감당하기 어렵기 때문이다. 그래서 하층카스트의 경우 1명의 IIT 입학생을 내기 위해 온 집안 혹은 온 카스트의 능력을 총동원하여 뒷바라지하기도 한다. 그러니 그 스트레스와 중압감이 결코 적을 수가 없다. 입시 학원의 도시 코타에서만 2014년에 45명, 2015년에 17명의 학생이 입시 스트레스로 자살하는 사건이 발생했다고 보도될 정도로 그 중압감은 엄청난 것이다.

그렇게 어렵게 입시를 치르고 입학해야 하는 명문대 입학 정원에 대해 정부가 '하층민 쿼터 높이기'를 실시하면서 많은 명문대 학생들이 반대 시위를 벌이기도 했다. 어쨌든 입시의 뜨거운 열기, 그 열기 속에서 많은 젊은이들이 오늘도 자신의 미래를 여는 '길'을 닦기 위해 땀을 흘리고 있다.

107. 코먼웰스(Commonwealth of Nations)

코먼웰스는 53개 독립 국가들의 연합체이다. 구성국은 대영제국의 식민지에서 독립한 나라들이기 때문에 서로 독특한 관계를 맺고 있다. 코먼웰스(Commomwealth)를 '영연방(英聯邦)'이라고 부르기도 한다. 그런데 회원국 가운데는 오스트레일리아, 뉴질랜드, 캐나다와 같이 영국 국왕을 공유하는 군주제 국가도 있고 인도나 가나와 같이 독립적 정체성을 가진 공화제 국가도 있기 때문에 엄밀한 의미에서 '연방'이라는 말은 적당치 않다.

코먼웰스는 두 단계로 나눌 수 있다. 첫 단계는 1884년부터 1947년까지이다. 1884년 로즈베리 경(Lord Rosebery)이 오스트레일리아를 방문했을 때 처음으로 코먼웰스(Commonwealth of Nations)라는 말을 사용했다. 이후 1887년에는 영국과 영국 자치령 수장들로 이루어진 '제국회의(Imperial Conferences)'를 개최했다. 1926년 제국회의에서는 영국과 그 자치령들은 황제에 대한 공통의 충성심을 갖되 각국의 국내문제와 국제문제에 대해 자유로

우며 어느 한쪽이 우월적 지위에 있지 않고 평등하다는 것과 자유의지로 참여한다는 것을 재확인했다. 1931년 웨스트민스터 헌장(Statute of Westminster)에 의해, 자치령의 독립적 지위가 확립되어 오스트레일리아, 캐나다, 뉴질랜드, 남아프리카 등이 독립적 지위를 얻었다.

이렇게 형성된 초기의 코먼웰스는 이를테면 혈연관계를 가지고 있는 셈이다. 코먼웰스 참가국은 모두 영국 국왕을 공통의 왕으로 삼고 있었기 때문이다. 아울러 이들 국가들은 문화적으로나 인종적으로 공통점을 갖고 있었다. 그러나 제2차 세계대전이 끝나고 아시아와 아프리카의 영국식민지들이 독립하면서 다른 양상이 벌어졌다. 다양한 인종과 다양한 문화를 가진 나라들이 코먼웰스에 참가하면서 혈족적인 연대의식은 사라졌다.

둘째 단계는 1949년부터이며 이것이 현재의 코먼웰스의 시작이다. 그 계기는 인도의 코먼웰스 참가이다. 인도는 영국 국왕에 대한 충성을 거부하고 공화제 국가가 되었다. 그러나 국제적 관계와 경제적인 측면에서 영국과의 관계를 완전히 단절할 수 없었던 인도는 코먼웰스 회원국이 되었다. 한편으로는 인도가 코먼웰스에 동참하지 않을 경우 파키스탄과 영국이 더욱 밀접한 관계를 갖게 되는 것은 인도에게 이로울 것이 없다는 정치적 계산도 들어 있었을 것이다.

이때 코먼웰스에서는 영국의 왕을 코먼웰스의 수장으로 인정하는 국가는 공화제 국가라도 회원국이 될 수 있다고 승인했다. 1949년 코먼웰스 정상회의에서는 '영국국왕은 독립된 연방의 자

그림 85. 런던 의회 광장에 있는 코먼웰스 회원국 국기

유로운 결합의 상징이며 그러한 의미에서 코먼웰스의 수장'이라고 선언했다. 이후 영국 국왕은 코먼웰스의 수장으로 관념적인 충성의 상징이 되었고, 그 상징성을 받아들이면 회원국이 될 수 있었다. 그러므로 초기 코먼웰스는 민족적, 문화적 공유점을 가진 집단이었지만, 현재의 코먼웰스는 인종적으로나, 문화적으로 그리고 영국 국왕에 대한 충성심의 여부가 모두 다른 국가 연합체이다.

코먼웰스는 가입국 국민들의 공통의 관심사를 위해 상호 협조하고 자문하는 단체로 기능하고 있다. 모두 53개국이 가입되어 있고, 해당 인구는 세계 인구의 1/3에 해당한다. 이 가운데 영국 국왕을 해당국가의 국왕으로 받아들인 회원국 16개는 영연방이라 불린다. 그리고 5개 국가는 왕국이기는 하나 영국 국왕이 아닌 개별 국가의 국왕이 따로 존재한다. 그리고 32개 국가는 독립적 수장을 가진 공화제 국가이다.

코먼웰스를 지배하는 성문법은 존재하지 않으며 2개의 헌장을 근간으로 하고 있다. 첫 번째 헌장은 1971년에 만들어진 '싱가포르 헌장(Singapore Declaration)'이다. 이 헌장에는 세계 평화, 자유, 인권, 평등, 자유무역 등 14개 항목이 포함되어 있다. 그러나 당시의 냉전체제 속에서 이러한 것들을 적극적으로 추진할 수 없었다. 두 번째는 '하라레 헌장(Harare Declaration)'이다. 1991년 짐바브웨의 하라레에서 회원국의 기준과 코먼웰스의 목적을 재확인하는 선언을 했다. 이 선언을 바탕으로 1995년에는 회원 국가들의 자격 요건 충족 여부를 결정할 수 있는 권한을 가진 집행부(Commonwealth Ministerial Action Group: CMAG)를 구성했다.

이 집행부에서는 하라레 헌장에 위배되는 상태에 있는 국가에 대하여 코먼웰스 회원 자격을 중지시키기도 했다. 니제르가 1995년부터 1999년까지 회원자격이 정지되었고, 파키스탄이 1999년부터 2004년까지 중지되었다. 짐바브웨는 2002년 회원 자격이 정지되자 2003년에 코먼웰스를 탈퇴했다가 2018년 5월에 재가입했다.

인도와 파키스탄은 모두 코먼웰스에 가입했었다. 그러나 1972년에 동파키스탄과 서파키스탄의 내전이 발생했고, 이때 동파키스탄은 방글라데시로 독립했다. 그런데 영국을 비롯한 코먼웰스 회원국들이 방글라데시를 승인하자 이에 항의하면서 탈퇴했다가 1989년에 다시 가입했다. 그러다가 1999년에 파키스탄에서 군사쿠데타가 발생하자 코먼웰스 집행부에서 회원 자격을 정지시켰다가 헌정질서가 회복된 2004년에 자격을 회복시켰다.

코먼웰스는 1960년에 장학기금재단을 만들었고, 1965년에는 코먼웰스 재단을 창설했으며, 1971년에는 기술협력을 위한 코먼웰스 기금을 마련했다. 이어서 1981년에는 약소국들이 유엔의 협상에 참여하는 것을 돕기 위해 뉴욕에 '약소국 사무소(Small States Office)'를 설치했다. 이처럼 1980년대까지는 주로 인종차별과 개별도상국의 경제적 지원을 논의하던 코먼웰스였지만 1990년대로 접어들면서 환경문제에 관심을 갖고 환경운동을 펼치고 있다.

코먼웰스에서 하고 있는 행사 가운데 눈에 띄는 것이 코먼웰스 게임(Commonwealth Games)이다. 코먼웰스게임 제1회는 1930년에 캐나다의 해밀턴에서 개최되었다. 이후 4년마다 개최되는데, 월드컵 경기가 열리는 해와 겹치고 있다. 2010년 코먼웰스게임이 델리에서 개최되었으며 가장 최근인 2018년 4월에는 오스트레일리아 퀸즐랜드주 골드코스트에서 개최되었고 다음 경기는 2022년에 영국에서 개최된다.

수영, 육상, 배드민턴, 농구, 복싱, 사이클, 체조, 크리켓 등 스포츠 전 종목 경기가 열리는 코먼웰스게임은 일종의 코먼웰스 회원국들의 올림픽 경기인 셈이다. 주로 오스트레일리아, 영국, 캐나다가 메달을 휩쓸고 있지만 인도의 금메달 소식도 접할 수 있다. 특히 2010년 델리에서 개최된 코먼웰스게임에서는 인도 여자 레슬링 역사상 처음으로 금메달을 획득했다. 자매가 나란히 출전하여 언니인 기타 포갓(Geeta Phogat)이 금메달을 획득했고 동생인 바비타 포갓(Babita Phogat)은 은메달을 획득했다. 이 자매를 길러낸 것은 한 때 레슬링 선수로서의 꿈을 가졌던 아버지(Mahavir Singh

Phogat)였다. 보수적인 하르야나 주에서 여자 레슬러가 탄생하고 금메달까지 차지하게 된 이야기는 영화 당갈(Dangal)로 제작되었고, 우리나라에서도 2018년 4월에 상영되면서 인도 영화로는 드물게 10만 관객을 동원하기도 했다.

그림 86. 코먼웰스 게임 2018 개막식: 여성 대표단이 네이비블루 상의와 바지를 입고 입장 (2018.04.04.)

2018년 코먼웰스 게임은 인도 여성에게 또 다른 의미 하나를 추가시켰다. 월드컵, 올림픽, 코먼웰스게임 등을 불문하고 모든 스포츠 행사 입장식에서 인도 여성 운동선수들은 전통의상인 사리를 입었다. 그러나 2018년 4월 4일 인도 여자 대표단은 코먼웰스 개막식에 사리가 아닌 복장으로 입장했다. 이에 이어 2018년 8월 18일 자카르타에서 개최된 아시안게임에도 인도 여자 선수들은 사리를 입지 않았다. 코먼웰스게임을 통해 여성들의 의복에 대한 제약에 변화가 일어나고 있는 것이다.

영국식민지 지배를 받았던 나라들, 이들은 독립했지만 영국의 우산을 벗어버리지는 않았다. 독립된 신생국가들에게 코먼웰스는 경제적으로도 중요했다. 식민지시절부터 연결된 경제 고리가 있었고, 독립 후에 국제사회의 경험이 없던 신생국들에게 영국의 우산은 나름대로 의미가 있는 것이었다. 1973년 영국이 EC(유럽연합)에 가입하기 전까지는 '코먼웰스 특혜관세'를 적용했기 때문에 신생국들로서는 코먼웰스에 가입되어 있는 것이 상당히 유리했다. 영국이 EC에 가입한 후 경제적 도움은 줄어들었지만, 아직도 코먼웰스 가입국들은 여러 가지 형태로 상호 협조와 공존을 유지하고 있다.

108. 한국과 인도

한국과 인도의 교류는 오랜 역사를 가지고 있다. 가장 오래된 기록은 『삼국유사』에 등장하는 김수로왕과 왕비 허황옥에 대한 것이다. 『삼국유사』의 「가락국기(駕洛國記)」에는, 바다 서남쪽에서 붉은 돛과 기를 단 배가 북쪽을 향해 왔고, 배에서 아유타국의 허황옥과 일행이 내렸으며 김수로왕이 신하들을 보내 맞이했다고 되어 있다. 이때 허황옥은 "내가 너희들과 평소에 알지도 못하는데 어찌 경솔하게 따라가겠느냐"라고 했지만, 김수로왕이 예를 갖추어 맞이하게 하니 허황옥은 본인은 16세이며 아유타에서 왔고 부왕과 모후가 꿈을 꾼 후에 가락국의 왕에게로 가서 왕비가 되라고 보내서 왔다고 했다는 것이다.

가야 지역에는 허왕비와 관련된 여러 유적이 있다. 그러한 유적 가운데 하나로 부산광역시 강서구 봉월산 흥국사에 있는 높이 60cm 너비 80cm 좌불과 불상 좌우의 코브라가 새겨진 석물을 들 수 있다. 코브라(뱀)를 새긴 조각은 북방으로부터 전래된 우리

그림 87. 흥국사 석불 조각, 좌우에 코브라가 새겨져 있다.

나라 불교조각에서는 흔치 않은 것이다. 그래서 이런 석물은 인도 불교남방전래설을 주장하는 입증 자료로 거론되기도 한다.

삼국유사의 기록이 사실을 반영한 것인가에 대한 논란이 적지 않다. 『삼국유사』의 내용은 후대인들이 허왕비 시조전승을 신성화 하는 작업의 일환으로 불교의 권위를 이용한 것이라는 추론이 있다. 또 한편으로는 불교가 우리나라에 전래된 시기와 가락국 사람들이 인도라는 나라를 알기 시작했을 것으로 추정되는 시기는 허황옥이 가락국에 도착했다고 기록된 시기보다 훨씬 후대라고 보는 주장이 있다. 그러므로 허황옥과 관련된 기록은 사실보다는 신화에 가까운 것으로 평가해야 한다고 주장하고 있다.

그런데 또 다른 한편에서는 역사적으로 밝혀진 것보다 훨씬 일찍 불교는 남방을 통해 한반도에 전해졌고, 허황옥이 한반도에 도착한 1세기경 가락국 상류층은 이미 인도와 불교에 대한 지식이 있었다고 주장하고 있다.

2006년에 캐나다 토론토에서 '한국타밀연구회(Korean Society of Tamil Studies)'가 결성되었다. 전문 역사학자들로 구성된 연구회는 아니지만, 김수로왕의 왕비는 타밀 출신이며, 신라의 탈해왕도 타밀에서 왔다는 발굴기사를 게재하기도 했다. 이러한 기사들은 한국유전자학회에서 가야시대 왕족의 것으로 추정되는 유골을 분석할 결과 인도 남방계의 DNA 구조와 유사하다고 발표한 것(2004년) 그리고 이러한 내용이 2006년에 조선일보에 게재된 것과 무관하지 않을 것이다.

최근 들어 한국과 인도의 긴밀한 관계를 위해 '허황옥'이 거론되는 많은 행사가 개최되고 있으며 이를 주제로 한 학술대회도 여러 차례 개최되었다. 『삼국유사』의 기록에 대해, 한국고대사 연구자와 언어학자들의 연구결과 진행에 따라 사실 여부가 더 밝혀지겠지만, 허황옥의 이야기가 어디까지가 신화이고 어디까지가 사실인지는 판명되기 어려울 것으로 보인다.

『삼국유사』 이후 한국과 인도의 연관성은 대부분 불교와 관련된 것들이다. 당나라에서 인도로 경전을 구하러 떠났던 법현이나 현장과 마찬가지로 한반도에서도 중국을 거쳐 서역으로 가는 승려들이 많았던 것으로 추측되고 있다. 그 가운데 혜초는 인도에 다녀온 이야기를 담은 『왕오천축국전』을 남겼다.

신라의 혜초는 중국에서 공부하다가, 723년경 인도에 가서 각 지역의 유적을 탐방하고, 중앙아시아 여러 나라를 거쳐 727년경에 중국에 돌아온 것으로 알려져 있다. 프랑스의 동양학자 폴 펠리오(Paul Pelliot)가 1908년에 돈황의 천불동 석실에 있던 자료들을 파리로 가져가 프랑스 국립박물관에 보관했는데 여기에 혜초가 쓴 『왕오천축국전』이 있었고, 『왕오천축국전』이 세상에 알려진 것은 중국의 나옥진(羅玉振)이 출판하면서부터였다

혜초 외에도 고구려, 백제, 신라의 고승들이 인도에 갔을 것이지만 기록이 남아있지 않기 때문에 백제의 겸익 등이 인도에 갔다는 토막 소식 외에는 자세히 알려진 것이 없다. 그러나 삼국시대 이후 고려가 불교 왕조였던 것을 감안하면 적지 않은 승려들이 인도에 갔을 것으로 추측된다.

그 이후 인도에 대한 기록은 우리나라의 사서에서 찾아보기 힘들다. 20세기에는 한국과 인도 모두 식민지 국가였다는 공통점이 두 나라를 연결해 주는 고리가 되기도 했다. 1919년 조선의 독립을 외치던 3.1운동이 일어나자 이 소식은 인도에도 전해졌다. 1919년은 인도에서는 간디가 등장하여 비협조 운동을 시작하던 때였다. 이때 조선의 소녀가 태극기를 흔들며 독립운동에 앞장섰다는 소식이 인도에 전해지면서, 인도 독립운동에도 자극을 주었다. 네루는 이때 깊은 감명을 받았고, 그가 받은 감동을 1932년 12월 30일, 옥중에서 편지로 써서 그의 딸 인디라 간디에게 전했다. “아침의 나라라는 뜻을 지닌 조선은 일본의 총칼아래 민족정신을 무참하게 유린당했다. 일본은 처음 얼마간 근대적인 개혁을 실시했으나 곧이어 마각을 드러냈고 조선 민족은 독립 항쟁을 계속했다.

그 중에서도 중요한 것은 1919년의 독립만세 운동이었다. (중략) 조선의 젊은 여성과 소녀가 투쟁에 중요한 역할을 했다는 것을 듣는다면 너도 틀림없이 깊은 감동을 받을 것이다."라는 편지를 쓴 것이다. 이 편지 내용을 통해, 조선의 식민지 상황과 독립운동이 인도에 상세히 알려져 있음을 알 수 있다.

그리고 네루가 한국의 신문에 등장한 것은 1950년 한국전쟁 때였다. 냉전 시대에 벌어진 한국전쟁에서 인도는 미국과 동조하여 북한을 침략자로 규정하고 유엔군 파견에 동의하고 군대가 아닌 의료지원단을 파견했다. 그러나 중국과의 관계를 우려한 네루는 한국에 적극적인 우호관계를 표명하지는 않았다. 그리고 유엔군이 북한으로 진군하고 주둔하는 것에 대해서는 우려를 표명했으며, 중국군의 남침을 묵인했다. 이로 인해 한국에서의 네루에 대한 이미지는 그리 좋지 않았다.

1953년 7월27일, 판문점의 휴전협정에서 인도는 중립국송환위원회의 중책을 맡게 되었고, 3천여 명의 보호군을 파견해서 전쟁 포로들을 인도로 송환했다. 중립국으로 가기를 희망한 전쟁 포로들이 인도로 가게 된 것이다. 인도는 중립국, 비동맹국으로서의 역할을 다했으나, 한국 측에서 보면 그리 좋은 모습은 아니었던 것이다.

서먹해진 인도와 한국은 1962년에서야 총영사를 파견하는 외교관계를 맺게 되었다. 이승만 대통령이 물러나고 박정희 대통령이 집권하면서, 6.25로 불편해진 양국 관계가 개선되기 시작한 것이다. 그러나 한국과 인도의 교류는 활기를 띠지 못했다. 그러다가 비동맹 국가에서 차지하는 인도의 영향력을 인식하면서 관계 개선에 나서, 1973년에 인도에 대사를 파견함으로써 외교관계를 맺기 시작한 후 10년이 지나서야 수교국가가 되었다. 1974년 8월에 무역 협정과 문화협정을 체결했고, 1976년 3월에는 과학 기술협정을 체결했다.

그러나 이후에도 한국에서의 인도에 대한 인식은 명상의 나라, 종교의 나라 수준에서 크게 벗어나지 못했다. 많은 사람들이 인도를 향해 발을 내딛었지만 대부분은 불교의 나라, 명상의 나라, 혼이 살아 있는 나라에 대한 호기심과 경외심으로 인도 땅을 밟았다.

그런데 1990년 무렵부터 이러한 상황은 좀 달라지기 시작했다. 인력이 부족한 3D업종(Dirty, Difficult, Dangerous)에 외국인 근로자들을 고용하기 시작하면서 한국에 와서 몇 년간 돈을 벌어 인도로 돌아가는 인도인들이 늘어났다. 인도인들에게 한국은 '돈 벌 수 있는 나라'가 되었다. 다른 한편으로 한국에서 여행의 나라, 명상의 나라 인도가 'IT강국'으로 인식되기 시작했다. 친디아라는 이름으로 중국의 용과 인도의 코끼리가 세계 경제의 발 빠른 선수로 등장했고, 브릭스라는 이름으로 브라질, 러시아, 인도, 중국이 떠오르고 있다. 인도의 IT산업이 발전하고, 인도의 기술 인력이 미국의 실리콘밸리에서 주가를 올리면서, 한국에서도 경제적 측면에서의 인도에 대한 관심이 뜨거워졌다.

2000년대 접어들면서 한국과 인도는 '동반자 관계 형성'을 위해 뜨거운 포옹을 시작했다. 2004년 노무현 대통령은 인도행 비행기를 탔다. 인도와 한국이 수교한지 30년 만에, 노무현 대통령과 만모한 싱 수상이 정상회담을 가진 것이다. 노무현 대통령의 인도 방문은 '양국 관계에 새벽이 밝아온다', '한국과 인도가 경제적 협력관계를 격상시켰다'는 보도에서 보듯이 양국 정상이 만나 '경제관계 활성화'를 논의하고, 한국과 인도가 포괄적 경제파트너가 될 길을 모색한 것이다. 2006년 2월 7일에는 압둘 칼람(Abdul Kalam) 대통령이 한국을 방문하고 정상회담을 가짐으로써 한국-인도 동반자 관계의 거리를 더욱 좁혀졌다. 상품 및 서비스교역, 투자, 경제 협력 등을 포함하는 양국간 포괄적 경제동반자협정(Comprehensive Economic Partnership Agreement: CEPA)에 관한 협상을 3월부터 추진하기로 합의했기 때문이다.

포괄적 경제동반자협정은 상품 및 서비스교역 그리고 투자 등 경제관계 전반을 포괄하는 협정이다. 본질적으로 자유무역협정(FTA)과 유사하나 포괄적 경제동반자협정이 더 광의의 개념이다. 한국과 인도는 2009년 8월 7일 정식서명을 통해 양국 간의 포괄적 경제동반자협정(CEPA)을 체결했으며, 이 협정은 2010년 1월 1일을 기점으로 정식 발효되었다. 이 협정에는 상품 무역과 원산지 규정, 무역 원활화 및 관세 협력, 서비스 무역, 통신시장 개방, 인력 이동, 투자, 지적재산권, 무역 분쟁 해결 등 다양한 분야에 대한 내용이 포함되었다. 2015년부터 거의 헤미디 CEPA 업그레이드 협상, 개선 협상 가속화를 추진했고, 2018년 5월 29일부터 30일까지 양일간 서울에서 CEPA 제5차 개선협상을 개최하여 양국의 주요 관심품목 및 분야를 중심으로, 실질적 성과 도출 방안을 집중적

그림 88. 한국-인도 CEPA 서명식(2009년 8월 7일)

으로 모색했다.

이제 우리에게 인도는 더 이상 명상의 나라, 종교의 나라로 머물러 있지 않게 되었다. 우리에게 인도는 실질적 경제 교류 우선 대상 국가가 되었기 때문이다. 뿐만 아니라 현재 문재인 정부에서는 기존의 4강 중심 외교에서 탈피하여 아시아로 관심을 돌린 '신남방정책'을 수립했는데 그 중심에 인도가 있다. 이러한 신남방정책이 추진되면서 그 한 축으로 '허황옥'의 이야기는 다시 인도와 한국을 잇는 주요 소재로 등장하고 있다. 현재 한국에 있는 인도인도 적지 않을 뿐더러 2017년 기준으로 인도에 머물고 있는 한국 교민의 수는 1만 5천 명을 넘고 있다. 예전 같으면 이들 상당수가 종교와 문학 등 인문학과 연계된 사람들이었을지도 모른다. 그러나 지금은 이들 교민 가운데 경제교류와 관련된 인구가 훨씬 더 많은 상황이며 이러한 추세는 앞으로도 계속될 것으로 보인다.

참고문헌

고경희(2003), 『인도의 외교정책과 국제관계』, 인간사랑.

김경래(2013), “'초기' 불교의 종교적 정치이상과 Mahāsammata의 개념”, 『한국불교학』 65.

김우조(2002), “문학사적 관점에서 본 박띠(bhakti)운동의 배경”, 『남아시아연구』 7(2).

디완 찬드 아히르, 이명권 옮김(2006), 『암베드카르』, 코나투스.

박금표(2015), 『간디와 맞선 사람들』, 그린비 출판사

요게시 차다, 정영목 옮김(2001), 『마하트마 간디』, 한길사.

이은구(2003), 『IT혁명과 인도의 새로운 탄생』, 세창미디어.

이재숙(1996), 『우파니샤드』 I, II, 한길사.

장용규(2003), “‘남아공 인도인’ 이주사: 1860-1948”, 『인도연구』 8(2).

조길태(1993), 『인도 민족주의 운동사』, 신서원.

조길태(1994), 『인도사』, 민음사.

현대경제연구원(2005), 『한국경제의 새로운 미래 BRICs』, 한국경제신문.

山崎元一(1979), 『インド社会と新仏教』, 東京: 刀水書房.

中村平治(1977),『南アジア現代史—インド』, 東京: 山川出版社.

Basham, Arthur Llewellyn(1961), *The wonder that was India*, London: Sidgwick and Jackson.

Basham, Arthur Llewellyn(1983), *A Cultural history of India*, Delhi: Oxford University Press.

Brown, Judith Margaret(1985), *Modem India*, Delhi: Oxford University Press.

Chandra, Bipan and M. Mukherjee, et al.(1989), *India's Struggle for Independence, 1857-1947*, New Delhi: Penguin Books.

Chhabra, G. S.(2005), *Advanced Study in the History of Modern India*, New Delhi: Lotus Press.

Forbes, Geraldine(2005), *Women in colonial India*, New Delhi: Chronicle Books.

Goden, Sophie(2011), "Monumental Visions: Architectural Photography in India, 1840-1901", PhD Thesis, SOAS, University of London.

Goldman, Robert P. ed.(1984), *The Rāmāyaṇa of Vālmīki-An Epic of Ancient India* Vol. I~VI, New Jersey: Princeton University Press.

Gottschalk, Peterlk(2005), *Beyond Hindu and Muslim*, New York: Oxford University Press.

Kosambi, Damodar Dharmanand(1985), *An Introduction to the Study of Indian History*, London: Sangam.

Kulkarni, Chidambara Martanda(1974), *Ancient Indian History and Culture*, Bombay: Orient Longman.

Lorenzen, David N.(2006), *Who Invented Hinduism*, New Delhi: Yoda Press.

Majumdar, Asoke Kumar(1977~1983), *Concise history of ancient India*

Vol. 1~3, New Delhi: Munshiram Manoharlal Publishers.

Majumdar, Bimanbehari(1940), Principles of Political Science and Government, Calcutta: Mondal Bros.

Majumdar, Ramesh Chandra(1962-1963), *History of the Freedom Movement in India* Vol. 1~3, Calcutta: K.L. Mukhopadhyay.

Majumdar, Ramesh Chandra, H.C. Raychaudhuri, K. Datta(1974), *An Advanced History of India*, Delhi: Macmillan India.

Marshall, John ed.(1931), *Mohenjo-Daro and the Indus Civilization* Vol.1~3, London: Arthur Probsthain.

Masselos, Jim(2005), *Indian Nationalism*, New Delhi: New Dawn Press.

Metcalf, Barbara Daly & Thomas R Metcalf(2012), *A Concise History of Modern India,* Cambridge: Cambridge University Press.

Mookerji, Radhakumud(1962), *Asoka*, New Delhi: Motilal Banarsidass.

Olivelle, Patrick(2005), *Manu's Code of Law*. New York: Oxford University Press.

Omvedt, Gail(1976), *Cultural Revolt in a Colonial Society*, Bombay: Scientific Socialist Education Trust.

Prasad, Rajendra(1947), *India Divided*, Bombay: Hind Kitabs.

Punja, Shobita(2004), *This is India*, London: New Holland Publishers.

Reddy, Kittu(2004), *History of India*, New Delhi: Stanmdard Publishers,

Sangharakshita(2006), *Ambedkar and Buddhism*, Delhi: Motilal Banarsidass.

Sen, Amartya Kumar(2006), *The Argumentative Indian*, London: Penguin.

Sen, Amiya Prosad(2003), *Social and Religious Reform*, New Delhi: Oxford University Press.

Sharma, Shripad Rama(1947), *Ancient Indian History and Culture*, Bombay: Hind Kitahs.

Smith, Robert Aura(1947), *Divided India*, New York: McGraw-Hill Book.

Tagore, Rabindranath(1915), *Songs of Kabir*. New York: The Macmillan Company.

Thapar, Romila(1978), *Ancient Indian Social History*, New Delhi: Orient Longman.

Thapar, Romila(1997), *Asoka and the Decline of the Mauryas*, Oxford: Oxford University Press.

Truschke, Audrey(2017), *Aurangzeb: The Life and Legacy of India's Most Controversial King*, California: Stanford University Press.

Upider Singh(2008), *A History of Ancient and Early Medival India*, Delhi: Pearson Education India.

Vivekahanda, Swami(1958), *Complete Works of Swami Vivekananda* Vol. 1~8, Calcutta: Advaita Ashrama.

Wallbank, Thomas Walter(1963), *A Short History of India and Pakistan*, New York: Mentor Books.

Walsh, Judith E.(2006), *A brief history of India*, New York: Facts on File.

Zakaria, Rafiq(2011), *The Man who Divided India*, Mumbai: Popular Prakashan.

연표

기원전

50만 년~30만 년 전	소안 문화 구석기 시대
7000-6000년 전	신석기 도구 사용
3000-2000년경	인더스 문명 시대
1700-1500년경	인더스 문명 몰락
1500년경	아리아인의 인도 침입
1500-1000	베다 시대
1000년경	철기 사용
1000-800	브라흐마나 시대
800-600	우파니샤드 시대
600-200	다르마수트라 형성
600-500	16국, 4국시대
624-544년경	불교창시자 고타마(1956년 세계불교도대회 결의 연대)
540-468년경	자이나교 창시자 마하비라
545-494년경	마가다, 빔비사라 왕 재위
494-462년경	마가다, 아자타사트루 재위

430-362년경	시수나가 왕조
362-321년경	난다 왕조의 지배
327-325	알렉산더 인도 원정
320년경	찬드라굽타가 마우리아 왕조를 창건
321	난다 왕조 멸망
305	셀레우코스 왕조 인도 원정
305-299	셀레우코스 왕조의 사절인 메가스테네스가 마우리아 수도 파탈리푸트라에 머묾
293-273년경	빈두사라 왕의 지배
269-232년경	아쇼카 왕 지배
261	칼링가 정복, 인도의 통일 제국 완성
256	불교 사절단을 헬레니즘 세계와 아시아에 파견
255년경	디오도투스가 박트리아 지역에 그리스 왕국을 세움
251	마헨드라와 불교 사절단 스리랑카(티싸 왕)에 파견
250경	파탈리푸트라에서 불교 제3차 결집
230경	에우디데무스가 디오도투스 2세를 살해하고 즉위
230경	사타바하나 왕조 창건
185	푸샤미트라가 마우리아를 멸망시키고 슝가 왕조 세움
180년경	에우디데무스의 아들 데미트리우스 인도 침입 시작
150-135	데미트리우스 2세의 뒤를 이은 메난드로스 왕의 서북인도 지배
80년경	샤카 왕국의 모가 왕(Moga, Maeus) 간다라와 탁실라 점령
75년경	슝가 왕조 멸망, 바수데바가 칸바 왕조 건설
75-30년경	칸바 왕조

기원후

40 년경	카드피세스 1 세가 월씨족을 통합 쿠산 왕조 창건
78-103(또는 128-151)	쿠산의 3대 왕 카니시카 통치 시대, 대승불교 전파
106-130	사타바하나 왕조 고타미푸트라
130-158년경	사타바하나 왕조 바시스티푸트라 풀루마이
165-195년경	사타바하나 왕조 야즈나 사타카르니
1세기-3세기	간다라 미술 발달, 간다라와 마투라 불상 조성됨
3세기 중엽	쿠산 왕조 쇠퇴
320~335	찬드라 굽타의 굽타 왕조 창건과 지배
335-380	사무드라 굽타 지배
380-413	찬드라 굽타 2세. 샤카족 정복, 카티아와르 점령, 남인도 진출
405-411	중국의 구법승 법현의 인도 여행
415-455	쿠마라 굽타 시대
450년경	나란다 대학 건립
448년경	훈족의 서북인도 침입 시작
455-467	스칸다 굽타 지배. 훈족의 잦은 침입으로 제국 약화. 지방의 군소 왕국의 독립
606-647	하르샤 바르다나 지배 641년 중국에 사신 파견 643년 당나라 사신 왕현책 하르샤 궁전에 옴
629-645	현장의 인도 구법 여행
5세기-8세기	나란다 대학의 발전과 번성 시기
675-685	당나라 의정 나란다 대학에서 수학
609-642	찰루캬 왕조의 풀라케신 2세 지배
630-668	팔라바 왕조의 나라싱하바르만 지배

	찰루캬 왕조의 풀라케신 2세의 공격을 물리침
	642년 찰루캬 왕조의 수도 바다미를 점령함
670-695	팔라바 왕조 파라메슈와라 바르만 1세 지배
695-722	팔라바 왕조 나라싱하 바르만 2세 지배
	중국에 사신을 파견하고 문화적 발전을 도모
712	무하마드 빈 카심 신드 침입
723-727	신라의 혜초, 인도로 구법 여행
753	라슈트라쿠타 왕조 흥기
757	라슈트라쿠타 왕조에 의해 찰루캬 왕조 멸망
	동찰루캬 왕조는 10세기까지 지속하다 촐라 왕조에 의해 멸망
848년경	팔라바의 영주였던 비자얄라야가 촐라 왕조 건설
848-871	촐라 왕조 비자얄라야 지배
871-907	촐라 왕조 아디트야 1세 팔라바 정복
897	촐라왕조에 의해 팔라바 왕조 멸망
985-1014	촐라 왕조의 라자라자 왕 지배
	동찰루캬, 강가, 체라, 스리랑카의 일부까지 차지
998-1030	가즈니 왕조의 마흐무드 지배
	1001년 샤히 왕조의 자야팔라 왕을 물리침
	1018년 바라나시까지 침략
	1024년 솜나트 침략
1012-1044	촐라 왕조 라젠드라 1세 지배. 해상 무역의 실권 장악
1163-1203	고르의 무함마드 재위
1186년경	고르의 무함마드에 의해 가즈니 왕조 멸망
	고르의 본격적 인도 진출
1206	쿠트브 웃딘 아이바크가 델리에서 술탄 선언
1206-1290	델리술탄 노예 왕조(Mamluk dynasty) 시대

1214-1236	일투트미슈가 아이바크의 뒤를 이어 재위
1229	바그다드의 칼리프가 일투트미슈를 델리의 술탄으로 승인
1231-1232	델리에 쿠트브 미나르 건설
1236-1239	일투트미슈 사망. 그의 딸 라지야가 지배
1290	알라 웃딘 킬지(1290-1296)가 왕조 건설
1290-1321	델리술탄 킬지 왕조 시대
1320	기야스우딘 투글루크(~1324)가 왕조 건설
1321-1388	델리술탄 투글루크 왕조 시대
1336	하리하라와 부카라야 형제가 힌두 왕국 비자야나가르(~1660경) 건설
1347	알라 웃딘 바흐만샤가 이슬람 왕국 바흐마니(~1538) 건설
1414-1451	델리술탄 사이이드 왕조 시대
1451	바흐룰 칸이 로디 왕조 건설
1451-1526	델리술탄 로디 왕조 시대
1469-1539	바바 나낙. 15세기 중엽 시크교 창시
1498	바스코 다 가마 캘리컷에 도착
1509	포르투갈 알부케르케 총독 인도에 도착
1510	포르투갈의 고아 점령
1517	프란시스코 선교단 인도에 도착
1526	파니파트 전투. 바부르가 승리하여 무굴 제국 황제 선포
1527	바부르가 라나상가가 이끄는 라지푸트 군 격파
1529	바부르가 가그라 전투에서 승리. 비하르와 벵골 점령
1530	바부르 사망. 후마윤(~1556) 즉위
1540	후마유이 세르칸에게 패하여 신드와 페르시아로 망명
	포르투갈이 고아에서 힌두 사원을 부너뜨림. 이후 종교 재판소 설치
1555	후마윤이 왕위에 복귀

1556	후마윤 사망. 아크바르 즉위(~1603)
1571	무굴 제국의 수도 파테푸르시크리 건설
1572-1573	아크바르가 수라트 침공, 아라비아와 페르시아로 향하는 무역항 장악
	아크바르가 구자라트, 벵골, 카슈미르, 오리싸, 신드 지역 정복(~1592)
1579	예수회 선교단 아크바르 접견
1582년경	아크바르가 딘 이 일라히 선포
1595	아크바르의 데칸 정복. 살림 왕자(자한기르)의 반란 진압(~1601)
1600	영국 동인도회사 설립
1602	네덜란드 동인도회사 설립
1605	자한기르 즉위(~1627)
1606	쿠스로 왕자 반란과 망명. 쿠스로의 망명을 도운 시크교 5대 구루 아르잔 순교
1611	자한기르와 누르자한 결혼
1612	영국의 공식 상관이 수라트에 설치됨
1622	자한기르의 아들 샤자한이 반란을 일으킴(~1623)
1627	샤자한 즉위(~1658)
1631	샤자한의 왕비 뭄타즈 마할 사망
1632	타지마할 건설 착수(1643년경 영묘 완공, 1649년경 부속 건물 완공)
1633	오리싸에 영국 무역 공관 설립
1639	마드라스에 영국 공관 설립. 성 조지 요새 건설
1648	무굴 제국 수도를 아그라에서 델리로 옮김
1658	아우랑제브 즉위(~1707)
1661	포르투갈이 영국에게 봄베이를 양도

1664	프랑스 동인도회사의 활동 시작
1668	프랑스 상관이 수라트에 설치됨
1674	쉬바지(1627-1680)가 마라타 왕국을 세우고 즉위
	프랑스 동인도회사가 퐁디셰리에 본부를 세움
1675	아우랑제브가 시크교 9대 구루 바하두르(1664~1675) 처형
1679	아크바르가 폐지했던 지즈야를 아우랑제브가 부활시킴
1707	아우랑제브가 아흐메드나가르에서 사망. 바하두르샤 1세 즉위(~1712)
1712	바하두루샤 1세 사망. 이후 무굴 제국 급격히 쇠퇴
1775	제1차 마라타 전쟁(~1782)
1803	제2차 마라타 전쟁(~1805)
1817	제3차 마라타 전쟁(~1818)
1757	영국과 프랑스의 플라시 전투
1739	페르시아 제국 사파비드 왕조의 나디르샤가 델리 점령
1765	로버트 클라이브가 벵골 지사로 재부임(~1767)
1773	영국 의회에서 인도 통치 규제법 확정
1774	초대 인도 총독 워런 헤이스팅스 부임(~1785)
1798	웰슬리 총독부임(~1805). 영토 확장 정책 추진
1813	동인도회사의 특허법 갱신
1816	캘커타에 힌두 대학(Hindu Mahavidyalay) 설립
1823	공교육위원회가 설치됨
1828	벤팅크 총독(~1835)이 부임하여 사띠, 조혼 등을 금하는 사회 개혁 단행
	람모한 로이가 브라흐모 사마즈 창립
1835	마코올리 위원장이 영어 교육 도입. 법정 언어로 영어 사용
	캘커타에 프레지던시 칼리지(Presidency College) 설립

1845	제1차 영국과 시크 전쟁(~1846)
1848	달하우지 총독(~1856)이 서구화 정책과 영토 병합 정책 추진
	제2차 영국과 시크전쟁(~849). 영국이 펀잡을 병합함
1853	인도 최초의 철도 개통
1857	세포이 항쟁 발생(~1858)
1858	바하두루샤 2세 폐위. 빅토리아 여왕 인도 지배 시작
	인도참사회법으로 총독이 임명하는 입법참사회 구성
1874	영국 동인도회사 폐지
1875	다야난다 사라스와티가 아르야 사마즈 창립
1876	리튼 총독 부임(~1880). 전진정책 추진
1880	리폰 총독 부임(~1884). 자유주의 개혁 추진
1882	지방자치제 도입
1885	인도 국민회의 창립
1893	비베카난다(1863~1902)가 시카고에서 열린 세계종교회의 참석
1897	5월 비베카난다에 의해 라마크리슈나 미션 출범
1905	벵골 주를 동과 서로 분할
1906	전-인도 무슬림연맹 창설
1909	몰리-민토 개혁. 분리선거제 도입. 무슬림 분리선거권 인정
1910	바라뜨 스뜨리 마하만달 창립
1914	7월 28일 제1차 세계대전 발발
1916	무슬림연맹과 국민회의 제휴, 러크나우 협정 체결
1919	몬터구-첼름스포드 개혁. 시크교도 분리선거권 인정. 로울라트 법안 통과
	4월 6일 간디가 주도한 비폭력·비협조 운동 시작
	4월 13일 암리차르 대학살 발생

1920	킬라파트 운동(~1922)
1927	암베드까르가 차우다르 저수지 개방을 위한 투쟁 시작
	전-인도여성협의회(AIWC) 창립
1928	새로운 통치법 개정을 위한 사이먼위원회 출범. <네루 보고서> 발표
1929	<진나 14개조> 발표
1930	국민회의가 1월 26일을 독립기념일로 선포, 독립선언서 낭독
	3월 12일~4월 6일 간디의 소금행진
	11월 제1차 런던 원탁회의 개최(~1931년 1월)
	12월 29일 이크발의 의장연설. 2개 민족 이론 활성화
1931	3월 5일 간디-어윈 협정 체결
	9월 7일 제2차 런던 원탁회의 개최(~12월)
1932	8월 16일 <커뮤날 재정> 발표
	9월 20일 간디가 불가촉천민 분리선거 반대를 위한 난식 시작
	9월 24일 푸나협정 체결. 간디 단식 종료
	11월 17일 제3차 런던 원탁회의 개최(~12월)
1935	인도 통치법 개정. 인도 연방제 실시
1937	차우다르 저수지 불가촉천민에게 개방 결정
1939	9월 1일 독일이 폴란드를 침공하여 제2차 세계 대전 발발
	12월 국민회의 내각 총사퇴. 무슬림연맹이 <구원의날> 선포
1940	3월 진나의 <라호르선언(파키스탄선언)>
1941	8월 7일 타고르 사망
	11월 2일 찬드라 보세가 베를린에 임시정부센터와 방송국 개원

1942	3월 스태포드 크립스 국방상 인도 방문과 <크립스 제안>
	8월 간디의 <인도철퇴(QuitIndia)선언>
1943	7월 5일 싱가포르에서 수바스 찬드라 보세가 인도국민군 총사령관 선서를 함
1944	간디-진나 회담(9월 19일~24일)
1945	8월 15일 제2차 세계대전 종전
1946	3월 24일 각료사절단 인도 도착
	6월 16일 임시정부 인사발표
	8월 16일 무슬림 직접행동일 선포. 힌두-무슬림 충돌로 많은 사상자 발생
	9월 2일 자와할랄 네루가 구성한 임시정부출범
1947	3월 마지막 총독 마운트배튼 인도에 도착
	6월 국민회의가 분리 독립 인정 승인
	8월 15일 인도와 파키스탄 분리 독립
	10월 제1차 인-파 전쟁
1948	1월 30일 마하트마 간디 암살됨
	9월 11일 진나 사망
1950	1월 26일 인도 공화국 헌법 공포. 초대 대통령 라젠드라 프라사드
1951	제1차 경제 개발 5개년 계획(1951~1956) 시작
1954	4월 네루와 저우언라이 평화 공존 5원칙 공동 선언
1956	10월 14일 암베드까르와 불가촉천민 불교 개종식
1959	달라이 라마가 인도로 망명. 무수리에 티베트 망명정부 수립
1960	티베트 망명정부 다람살라로 이전 설립
1962	중국이 인도 국경 침공
1964	3월 24일 네루 사망. 샤스트리가 수상이 됨

1965	4월 제2차 인-파 전쟁
1966	인디라 간디(1966~1977, 1980~1984)가 수상이 됨
1967	녹색 혁명 시작(~1978)
1969	인디라 간디에 의한 국민회의 분당
1971	12월 제3차 인-파 전쟁. 동파키스탄이 방글라데시로 독립
1974	5월 18일 인디라 간디가 '미소 띤 붓다' 핵실험 성공
1975	6월 26일 인디라 간디가 국가 비상사태 선포
1977	총선에서 인디라 간디가 패함
	카슈미르 해방 전선(JKLF) 결성
1980	인디라 간디가 이끄는 국민회의(I)가 총선에서 승리하여 재집권
1984	시크교 칼리스탄 독립운동
	6월 4일 인디라 간디가 푸른 별 작전 명령. 시크교 황금사원 폭격
	10월 31일 인디라 간디가 시크교 경호원에 의해 암살됨. 라지브 간디가 수상 승계
	힌두와 시크 상호학살로 펀잡 비상사태 선포(8년 동안 비상사태 유지)
1989	달라이 라마 노벨 평화상 수상
1990	10월 BJP가 솜나트에서 아요드야까지 Ram Rajya Rath Yatra 행진
1991	5월 21일 라지브 간디가 총선 유세 중 폭탄 테러로 사망
	연립정부 구성. 나라시마 라오가 수상에 취임
	BJP가 제1야당으로 급부상
1992	12월 6일 바브리 모스크 폭파
1996	BJP가 제1당이 되어 집권
1997	9월 5일 마더 테레사 사망

1998	소니아 간디가 국민회의당 총재를 맡음
	5월 11일 바즈파이 수상이 포크란에서 '샤크티-98' 핵실험
2001	12월 13일 국회 의사당 테러 사건 발생
2002	2월 27일 구자라트 열차 테러 발생
2003	미국의 증권 회사인 골드만삭스 그룹 보고서에 의해 브릭스(BRICs)라는 용어 등장
2004	총선에서 국민회의당 승리. 만모한 싱 수상 취임
	노무현 대통령 인도 방문
2005	만모한 싱 수상이 미국을 방문(7월 18일~20일). 공동 성명 발표
2006	2월 7일 압둘 칼람 대통령 한국 방문, 정상 회담
	3월 인도-미국 핵협력 협정 논의
	12월 18일 부시 대통령이 미-인도 핵협력 협정에 서명
2007	7월 25일 12대 대통령으로 인도 최초로 여성 대통령 파틸(Pratibha Patil) 취임(~2012년 7월)
2008	11월 이슬람 테러리스트에 의한 뭄바이 테러 발생. 164명 사망 300여 명 부상
2009	8월 7일 한국-인도 CEPA협정 서명(2010년 1월 1일 발효)
2010	3월 9일 상원에서 여성 의원할당제 통과. 국민회의에서 법안을 철회하여 하원에 상정되지 못함
	9월 30일 우타르프라데시 고등법원에서 아요드야 성지 토지 분할 판결
	10월 3일 뉴델리에서 코먼웰스게임 개최(~10월14일)
2011	티베트 망명정부 새 지도자 로브상 상계 선출
2012	7월 25일 무케르지(Pranab Mukherjee) 대통령 취임
2014	총선에서 BJP 승리가 유력해지자 카슈미르 분리주의자들이 총격전을 벌임(4월 21일)

	총선에서 BJP승리. 모디 수상 집권
2015	5월 18~19일 모디 수상 한국 방문
	8월 25일 구자라트 파티다르 카스트가 OBC에 편입을 요구하며 시위
2016	2월 20일 하르야나 자트 카스트가 시위. 델리 상수도 차단
2017	8월 15일 인도와 파키스탄 독립 70주년
	12월 16일 라훌 간디 국민회의 총재 취임
2018	2월 13일 VHP가 주도한 2018 Ram Rajya Rath Yatra 행진 시작(~3월 22)
	3월 14일 아요드야 판결에 대한 스와미 의원의 이의 제기 청원이 대법원에서 기각됨
	7월 8일 문재인 대통령 인도방문(~7월 11일)
	8월 16일 바즈파이 전수상 사망

다시 읽는 인도사 108장면

초판 인쇄 2019년 6월 10일
초판 발행 2019년 6월 17일

지은이 박금표
발행인 김인철
총괄 · 기획 가정준 Director, University Knowledge Press
편집장 신선호 Executive Knowledge Contents Creator
기획 · 물류 이현진 Planning Expert
도서편집 박헌정 Contents Creator
사전 · 도서편집 정준희 Contents Creator
도서편집 장혜린 Contents Creator
재무관리 강현주 Managing Creator
발행처 한국외국어대학교 지식출판콘텐츠원
02450 서울특별시 동대문구 이문로 107
전화 02)2173-2493~7
팩스 02)2173-3363
홈페이지 http://press.hufs.ac.kr
전자우편 press@hufs.ac.kr
출판등록 제6-6호(1969. 4. 30)
디자인 · 편집 디자인퍼브 02)2254-4308
인쇄 · 제본 네오프린텍 02)718-3111

ISBN 979-11-5901-584-7 03910 정가 32,000원

*잘못된 책은 교환하여 드립니다.

HUiNE은 한국외국어대학교 지식출판콘텐츠원의 어학도서, 사회과학도서, 지역학 도서 Sub Brand이다. 한국외대의 영문명인 HUFS, 현명한 국제전문가 양성(International +Intelligent)의 의미를 담고 있으며, 휴인(携引)의 뜻인 '이끌다, 끌고 나가다'라는 의미처럼 출판계를 이끄는 리더로서, 혁신의 이미지를 담고 있다.

다시 읽는 인도사 108장면